高校秘书学专业系列教材　总主编◎杨剑宇

U0662848

秘书应用写作

主　编◎郝全梅

副主编◎邹海燕　李　鑫

编　写◎郝全梅　邹海燕　李　鑫

　　　　孟秀珍　常　靖

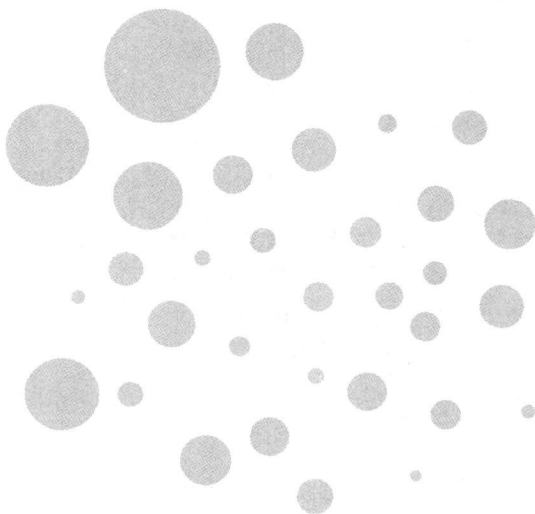

华东师范大学出版社

·上海·

图书在版编目(CIP)数据

秘书应用写作/郝全梅主编. —上海:华东师范大学出版社,2013.2
高校秘书学专业系列教材
ISBN 978 - 7 - 5675 - 0348 - 9

Ⅰ.①秘…　Ⅱ.①郝…　Ⅲ.①公文-写作-高等学校-教材　Ⅳ.①H152.3

中国版本图书馆 CIP 数据核字(2013)第 035821 号

秘书应用写作

主　　编　郝全梅
项目编辑　范耀华
审读编辑　王风扬
责任校对　高士吟
装帧设计　卢晓红

出版发行　华东师范大学出版社
社　　址　上海市中山北路 3663 号　邮编 200062
网　　址　www.ecnupress.com.cn
电　　话　021 - 60821666　行政传真 021 - 62572105
客服电话　021 - 62865537　门市(邮购)电话 021 - 62869887
地　　址　上海市中山北路 3663 号华东师范大学校内先锋路口
网　　店　http://hdsdcbs.tmall.com

印 刷 者　常熟高专印刷有限公司
开　　本　787×1092　16 开
印　　张　19.5
字　　数　422 千字
版　　次　2013 年 6 月第一版
印　　次　2021 年 9 月第六次
书　　号　ISBN 978-7-5675-0348-9/Ⅰ·942
定　　价　38.00 元

出 版 人　王 焰

(如发现本版图书有印订质量问题,请寄回本社客服中心调换或电话 021-62865537 联系)

高校秘书学专业系列教材
编委会

总　序

　　秘书学专业已于2012年被正式列入教育部本科专业目录。我们努力了30余年,终于使学科正式跻身于高等教育本科专业之林,这是学科发展史上里程碑式的跨越,是学科正规化大发展的起步。秘书学科的春天真正来临了!

　　教材建设成为专业建设的首要任务之一。近年来,全国多家出版社纷纷组织编写秘书学专业系列教材,呈现出百家争鸣、百花齐放的势头,这是专业兴盛的表现;同时,通过竞争,教材也能越编越好。

　　回顾30余年来,秘书学专业的教材大致经历了两代。

　　第一代教材产生于20世纪80年代前期,名称有《秘书学概论》、《秘书工作》、《秘书学和秘书工作》、《秘书学》等等。各书的内容一般分三部分:对秘书工作粗浅简单的经验总结;大部分篇幅是文书工作程序介绍和法定行政公文的介绍及写法;再加些秘书工作、档案工作等法规的附录。对这一代教材,宽容者称之为集专业教材、学术著作、工作手册三位一体的连体。批评者斥其难以用作教材,不成工作手册,更远非学术著作,属生硬拼凑、不伦不类的三不像和大杂烩。客观而论,与文史哲等成熟的学科教材相比,这一代教材确实粗糙、幼稚,难登大学殿堂。然而,任何学科总是从低级到高级,从幼稚逐步到成熟的,因此,其开拓、铺路之功不可抹杀。

　　第二代教材产生于21世纪初,以全国统编秘书专业自考教材为代表作。其主要标志是将秘书学专业的内容分解为“论”、“史”、“应用”三部分,出现了《秘书学概论》、《中国秘书史》、《秘书实务》、《文书学》、《档案学》、《秘书写作》、《公共关系学》等教材。这些课程教材既有相对独立的内容和理论框架,又彼此联系,初步形成了学科体系。但是,这一代教材一定程度上存在着基本概念含混、学科界限不清、研究对象欠明、体系不够完整等不足之处。

　　近年来组织编写的一系列教材,总结了30余年来的经验,是为第三代教材。本系列教材就是试图弥补第二代教材的缺陷,希望成为第三代教材中的集大成者。为此,我们要求各册做到基本概念明确、研究对象明确、课程界限明确,体系基本完整。

　　本系列教材具有专、全、新的特点:

　　专——秘书学已成为独立的本科专业,其系列教材应当具有明显的专业性，即：

第一，每册教材都有各自专门的基本概念、研究对象、课程界限、基本体系。而不再是既夹有"史"，又有所谓"论"，还有文书写作、实务等等于一书的三不像和大杂烩，也不能是相互混淆、重叠的复制品。

第二，本系列教材全部由长期从事该课程教学、研究的具有高级职称的专业教师对口主编，凝聚了他们十多年或者几十年的教学经验和研究成果。例如：我们邀请了四川大学知名文书学专家杨戎教授、知名档案学专家黄存勋教授主编《文书处理和档案管理》，邀请山西省写作学会会长、山西大学郝全梅教授主编《秘书应用写作》，邀请从事秘书专业管理学课程教学近20年的常州工学院人文学院院长钱明霞教授主编《管理学原理》，等等，以此保证本系列教材的专业性和高质量。

全——我们同时着手编撰秘书学专业系列教材和涉外秘书专业系列教材，这两个系列教材可相互交叉使用。这是迄今最全的秘书学本科专业系列教材。

秘书学专业的主干课程，经学界在哈尔滨、杭州、厦门等召开的几次全国研讨会上反复讨论，认为应以七门课程为核心课程，并在此基础上编写教材，即《秘书学导论》、《中国秘书史》、《秘书实务》、《秘书应用写作》、《秘书公关原理与实务》、《文书处理和档案管理》和《管理学原理》。本系列教材除此七册外，还包括了专业主要课程《秘书心理学》、《秘书实训》等教材。

鉴于涉外秘书专业与秘书学专业有明显区别，我们策划、组织一批长期从事涉外秘书课程教学的专家编写了涉外秘书专业系列教材，共七册，包括《涉外秘书导论》、《涉外秘书实务》、《涉外秘书英语综合》、《涉外秘书英语阅读》、《涉外秘书英语写作》、《涉外秘书英语听说》和《涉外商务单证》。

新——各册尽可能增加新内容、新观点，选用新案例、新数据、新材料。同时，文风和版面适应新时代大学生的需求，力求新鲜活泼，一改秘书专业教材严肃、刻板的面貌。

参与这两套系列教材编写的专业教师，多达几十人，来自各高等院校，北到哈尔滨、南到湛江、东起上海、西到广西，遍布全国，是一次学界的大兵团作战。我们希望将教材编写得尽可能好些，能成为受大家欢迎的教材，我们为此也付出了不少努力。但是，由于秘书学专业尚是发展中的新专业，还在摸索探讨中行进，也由于参编人员能力有限，所以，书中不足之处难免，还望学界同仁批评指正，不吝赐教。

总主编：杨剑宇

2012 年 12 月于上海

前　言

　　《秘书应用写作》是为了适应高等院校秘书学专业教学,公务员岗位培训,全国初、中、高级秘书资格证的考试之需而撰写的;也是为各级党政机关、社会团体、企事业单位、办公室人员以及秘书学相关专业的学生学习各类应用文写作而撰写的。

　　《秘书应用写作》是以中共中央办公厅 2012 年 4 月 12 日颁布的《党政机关公文处理工作条例》为依据,对公文写作进行了比较全面、规范的界定,并结合时代的发展和秘书工作的实际情况介绍了一些常见的应用文书,对各类文书写作的含义、特点、作用、格式、方法都作了较详细的阐释,每种文书后面都列举了最新的或典范的案例,并作了比较详尽的点评,增强了实用性。全书共分十三章,即秘书应用写作概述,秘书应用写作构成要素,公文写作的体式、规则与稿本,指挥性公文写作,报请性公文写作,知照性公文写作,商洽性公文写作,法规性文书写作,机关常用文书写作,会议文书写作,社交文书写作,经济文书写作,法律文书写作。

　　《秘书应用写作》力求突出四个特点:其一,内容新颖。采用了中办发〔2012〕14 号文件的最新内容,既运用了新的角度,新的成果,又结合实际,搜集了新的文种,真正给读者一个全新的感觉。其二,突出写法。将每一文种的写作过程详尽地进行阐述,且附有具体实例,具有一定的借鉴性和可仿性,增强了实践的指导性。其三,科学分类。所选文种不是简单的堆砌,而是尽量科学有序地划分类别,构建合理的科学体系,使人感到清楚明晰,条理井然。其四,体例完备。该书不仅有基础要素,而且有具体写法与范例以及思考题,还有附录作为依据,使读者有例可援,有章可循,有法可依,能够迅速提高写作水平。

　　《秘书应用写作》融理论性与应用性、思想性与知识性、完整性与系统性于一体,是一本务实性和可操作性强的非常适用的教学用书,也是广大文秘工作者的良师益友,希望得到读者的欢迎和好评。

目　录

第一章　秘书应用写作概述

秘书应用写作水平的高低与本单位的知名度、美誉度、管理效益是密切相关的,因此,每个秘书人员必须懂得应用写作的含义、特点;必须认识应用写作的性质、作用;必须掌握应用写作的途径、方法。要努力提高自己的政治素质与理论水平,不断地学习、观察、积累,借鉴前人的成功经验,仔细琢磨,反复实践,逐步掌握写作规律。只有这样,才能使自己的写作达到左右逢源、得心应手、自然天成的境界,也才能拥有真正过硬的写作本领。

第一节　秘书应用写作的含义与特点

一、秘书应用写作的含义

秘书应用写作是指秘书人员对自己本职工作范围内的各类公务文书及其他应用文体的写作。在飞速发展的现代生活中,秘书应用写作的应用性更广,在政治、经济、军事、文化等各个领域都发挥着不可替代的作用。它是机关、团体、企事业单位的治理者依法行使治理权力的重要工具,也是组织与组织、组织与个人、个人与个人之间沟通信息、共建和谐社会的重要桥梁,它还能帮助有关单位总结经验、提高治理水平和工作效率。同时,秘书起草的各类文稿还能客观地反映事物的发展、衍变的过程,具有较强的史实与凭证作用。目前,秘书应用写作的种类更多、内容更广、体式更完备。因此,秘书人员一定要认真学习,刻苦钻研,努力掌握各类文种的写作。

二、秘书应用写作的特点

秘书应用写作与文学写作相比,有共性,也有个性,我们学习秘书应用写作,更重要的是认识并把握它的个性,以便更好地提高应用写作的能力。秘书应用写作的特点,大致可以归纳为以下几点:

(一) 内容翔实,真实可靠

文学作品反映生活所要求的真实是指艺术的真实,作者可以运用形象思维进行合理想象、虚构,对生活素材进行再创作。"所写的事迹,大抵有一点见过或听到过的缘由,但决不全用这事实,只是采取一端,加以改造,或生发开去,到足以几乎完全发表我的意见为止。人物的模特儿也一样,没有专用过一个人,往往嘴在浙江,脸在北京,衣服在山西,是一个拼凑起来的角色。"(鲁迅《南腔北调·我怎样做起小说来》)秘书应用写作则迥然不同,它所用的材料必须真实可靠,符合实际,不允许有任何虚构,所交代的时间、地点、人物、事件、语言、数字甚至细节,都必须做到绝对真实,不能有一丝一毫的臆测。否则,任何疏忽和失实,都会给工作带来不应有的损失,造成不良后果和影响。

(二) 语言朴实,准确严谨

文学作品语言,讲究形象性、生动性、趣味性和含蓄性,大量地运用比喻、夸张、拟人等修辞手法。而秘书应用写作的语言,则讲究实用性。它只要把情况讲清楚,把问题说明白即可,任何拖泥带水的修饰都不要。因此,秘书应用写作的语言必须做到朴实、准确、庄重、精炼、严谨。朴实,即语言平直自然,是非清楚,明白晓畅,恰如其分,通俗易懂;准确,即表情达意时,语言真实确切,褒贬得当,语意明确,界限清楚,符合实际;庄重,即语言端庄,格调郑重严肃;精炼,即语言简明扼要,精当不繁;严谨,即语言含义确切,文句严谨,细致周密。秘书应用写作的表达方式主要运用叙述、议论、说明,一般不能用文学写作惯用的描写和抒情手法进行表达。

(三) 格式固定,遵循常规

文学作品要求构思巧妙,形式新颖,方方面面都要求有独创。秘书应用写作则不同,大多数文体都有相对稳定的格式。这种格式不是谁杜撰出来的,而是在长期的使用过程中,形成的一些较为稳定的内容要求及惯用格式。按照惯用的程式去办,就有利于阅读和处理。最为典型的莫过于通用的公文写作,其格式有严格的规定,任何机关单位或个人都不得另搞一套,标新立异,自行其是。其他如机关常用文书、书信类等的写作,也都有惯用的格式。这是由实用性的特点决定的。格式固定,规范统一,有利于提高办事质量和效率。另外,在电脑写作逐步代替"手写",传递手段日益现代化的今天,秘书应用写作更要讲究形式的规范化。

(四) 讲究时效,针对性强

文学作品可以写历史题材,也可以写现实题材,还可以幻想未来的世界,反映生活不受时间限制。作品的审美价值,一般也不受时间限制,特别是那些优秀作品,具有永久的魅力。而秘书应用写作则不然,它的主导目的是为了开展工作、指挥生产、指导社会实践。它必须及时地为现实生活服务,今天要发的文书不能等到明天,明天才允许发出的文书今天不能发出,以免提前泄露机密。可见,各单位所制作的文书都是为了达到某一实用目的而撰写的。如下级机关为某一问题向上级机关请求指示,上级机关为解决某一实际问题予以批复,平级机关相互之间商洽问题等等,秘书应用写作的立足点就是解决当前的问题。

第二节　秘书应用写作的性质与作用

一、秘书应用写作的性质

写作,是人类特有的高级精神活动,也是复杂而又精细的精神生产过程。而秘书应用写作,它既有系统的理论性,又有很强的实践性。

人类的写作活动一开始就是实用的,它由于社会生产、生活的实际需要而产生,随着社会生产、生活的发展而发展。应用文体在我国源远流长,可以追溯到《尚书》中的《尧典》、《舜典》、《汤誓》、《牧誓》等,以后历代皇帝就职、禅位时的誓辞,军旅出征时的檄文,臣下对君上的奏疏,就其实质意义而言,无一不是应用文体。随着社会的进步,生产力的发展,应用文体也越来越多,终于形成了门类齐全的家族系列。它既有通用的公文写作,也有机关常用的文书写作,还有各级各类机关使用的交际文体的写作等等。目前,应用文体越来越显示出它旺盛的生命力和蓬勃发展趋势,这是时代进步、人类文明的必然结果。

《秘书应用写作》是秘书学专业的核心课程,着重阐明公文与各种常用文体的特点、写法、要求等,是注重科学性、理论性和适用性的课程,它强调的不是理论的娴熟,而是理论联系实际的应用能力。其功能在于让学生从整体上对秘书应用写作要遵循的原则、方法、规律等形成基本认识,掌握基本要领,培养学生分析问题和解决问题的能力,使学生具备从事秘书写作的基本技能。在信息化特征日益显著的当代社会,秘书应用写作的重要性越加突出,它已成为各级党政机关、企事业单位开展公务,实施有效管理的一种重要工具。

二、秘书应用写作的作用

秘书应用文体是一种工具,有着重要的社会作用。它宣传党的路线、方针和政策,解决和处理公务、私务的各种实际问题,反映着人们之间的团结合作、平等友好、互助互利的关系。在人们的生活和工作中,它的使用范围十分广泛,发挥着重要的、不可低估的作用。具体地说,主要表现在以下几个方面:

(一) 约束言行、规范行为的作用

社会是由人组成的,为了社会的安定与进步,必须要对人的行为进行规范,否则,人们就不可能团结,社会就不可能安定。秘书应用写作中的许多文体,就是规范人们的思想与行为的。它具有法纪、政纪、党纪的威力,又具有引导、疏导、指导的力量,能够起到准绳和规范的作用。

(二) 商洽交流、组织协调的作用

在社会生活中,有着各种公共关系。社会政治集团之间,各级政府之间,各部门、各单位之间,需要经常保持联系,互相配合,彼此沟通,协调行动。其间相当一部分都要靠应用文体来完成。它可以使有隶属和没有隶属关系的各级机关形成有机的整体,发挥整体的协调效能。

(三) 传递信息、辅佐决策的作用

当今时代,是信息时代。信息的获得,信息的创造,信息的贮存,信息的识别,信息的处理,信息的表达,信息的传递,无不依靠书面语言。而秘书应用文体就是信息的载体,并以法定的渠道保证信息的传递,以法定的职责保证信息的质量。它满载着各种可靠的信息为领导决策服务,起到了不容忽视的辅佐作用。

(四) 增强修养、宣传教育的作用

一个国家要政治稳定,经济发展,离不开对广大人民群众进行政治思想的、科学技术的教育。各种报纸、电台、电视台以特有的新闻传播方式不断地宣传党的方针政策,政府的决定、决议、经济发展计划等,进行有关方面的宣传教育。对此,秘书应用写作也承担着大量而艰巨的任务,它可以增强公民的法制观念,可以提高群众明辨是非的能力,可以增强人们各方面的修养,可见,它在传播途中,也是发挥着不可缺少的宣传教育作用。

(五) 积累资料、存储凭证的作用

秘书应用文体是机关履行职能、真实记录公务活动的工具。为了贯彻上级精神、解决实际问题、商洽有关事宜,需要靠应用文体如实记录。它对当前工作中统一思想、统一行动、检查效果、分辨是非具有依据和凭证作用。同时,所留存的记录,还具有积累历史资料、作为有关部门或个人研究问题的参考等作用。

第三节　秘书应用写作的目的与方法

一、学习秘书应用写作的目的

从目前国内外的发展趋势来看,开设秘书应用写作课是非常必要的。具体地讲,学习秘书应用写作的目的主要有以下几点:

其一,通过学习秘书应用写作,逐步认识和了解秘书应用文体在整个社会生活中是起着沟通、联结和维系的作用。大至国家大事,小至日常生活,无不与之相联系,因此,学习秘书应用写作是十分必要和有用的。

其二,通过学习秘书应用写作,努力掌握各种类型的文体的基本写作知识,如含义、特点、作用、方法等等,以迅速指导自己的写作实践,真正写出观点正确、结构合理、表达清晰、标点正确的应用文来,也真正写出领导满意、群众欢迎、切合实际的篇章来。

其三,通过学习秘书应用写作,认真掌握其写作规律,加强基本功的训练。材料的收集,内容的表达,结构的安排,语言的锤炼,都要努力学习与掌握,从而进一步激发写作热情,提高写作水平和增强写作能力。

其四,通过学习秘书应用写作,能够准确阅读和评鉴应用文书,能对具体的应用文书就观点、材料、格式、语言等方面加以分析评鉴。不仅要会写作,还要会评析,真正夯实自己的基本功,以满足今后工作之需。

二、学习秘书应用写作的方法

秘书应用文体能够对人们的实践活动直接产生影响,必须认真对待,采用有效的方法提高质量和效率。具体的方法主要有以下几种:

(一) 提高政策水平

大多数秘书应用文体政治性、政策性都很强。有些甚至是直接宣传、贯彻党和国家的方针、政策的。因此,必须认真学习马克思主义理论,学习党和国家的路线、方针、政策、法令,提高理论、政策水平。只有这样,才能以正确的立场、观点、方法分析问题,解决问题,推动各项工作的顺利进行,也才能写出观点鲜明,符合党的方针政策,促进社会和经济健康发展的文章来。

(二) 理论联系实际

学习秘书应用写作,目的就在于实用,即用来解决学习、工作和生活中的问题。但如果没有理论指导,是不会取得良好效果的。秘书应用写作有它特殊的写作方法和写作规律,这种基本理论知识,是无数前辈知识的积累、经验的精华。为了少走弯路,多受启迪,必须掌握其理论知识。而且,要将理论转化为一种现实能力,还需要加强实践训练。在实践当中熟悉理论体系,在实践当中摸索理论的最佳运用。这样,有了理论的实践,才会更有理性,更有目的性。

(三) 博览古今典范文书

要写好秘书应用文体,必须博览古今典范作品。古代文书虽然受时代的限制,但也不乏佳作。譬如李斯的《谏逐客书》、刘邦的《求贤诏》、晁错的《论贵粟疏》、贾谊的《论积贮疏》、诸葛亮的前后《出师表》等等,都是脍炙人口的好公文,我们应从中汲取有益的营养。现代文书接近我们的生活,许多优秀之作也应多读,譬如毛泽东的《向全国进军的命令》、《三个月总结》、《湖南农民运动考察报告》等。周恩来、刘少奇、邓小平、陈云也写过不少优秀的实用文书,思想、文字水平都很高,值得我们很好学习。各级党政机关的公文,也有许多佳作,值得借鉴。

(四) 练好语言文字基本功

语言是构成文章的基本要素。"工欲善其事,必先利其器",只有学好语言,才能写好文章,语言文字基本功不过关,则很难写出令人满意的文章。而且,秘书应用文体在语言文字方面比一般写作的要求更严格,更规范,这就需要撰写者有较深的语言文字功底。即要了解和掌握相当数量的词语和句式以及逻辑知识,要善于用"唯"的字眼,准确而清晰地表达意图。此外,还必须多练多写。这样,久而久之,熟能生巧,就会提高驾驭语言文字的能力,写作起来也就会达到左右逢源、得心应手、自然天成的境界。

【思考题】

1. 秘书应用写作的含义和特点是什么?
2. 秘书应用写作在现实生活中能发挥哪些作用?
3. 结合实际谈谈学习秘书应用写作的方法。

第二章　秘书应用写作构成要素

秘书应用文写作的构成要素包括主旨的确立、材料的选取、结构的安排、表达的方式、语言的运用以及修改与审定。任何一篇文章都需要把这些要素有机地组织起来,才能成为优秀的篇章。主旨是"灵魂",材料是"血肉",结构是"骨骼",语言表达是"外衣"。从这些形象的比喻中,完全可以看出这些要素之间的关系是多么密切。主旨是行文的目的和基本观点;材料是写作的基础,是说明观点的佐证,是表现观点的支柱;结构是对内容恰当的组织安排;表达的方式主要用叙述、议论和说明;语言的运用讲究平实、准确;公文写完后还需要进行认真修改,在此基础上,才能定稿。

第一节　主旨的确立

一、主旨的含义和作用

历代文章大家都十分强调文章的立意,强调"作文一篇,定有一篇之主脑"(李渔《闲情偶寄》)。无论什么文章"俱以意为主"(王夫之《画斋诗话》)。他们所说的立主脑、立意,实际上就是指确立主旨。主旨的"主"指主要的、基本的;"旨"指用意、态度、目的等。简言之,主旨就是主要目的和意图。譬如发一个通知,意在使受文者及时按要求行动;写一份总结,意在总结过去的经验教训等等。可见,各类文章都有自己的写作目的,但不同文体,表达方式也不尽相同。议论文要通过概念、判断、推理表明作者赞成什么,反对什么;文艺作品要通过形象、情节的自然流露,间接地反映作者的目的;而应用写作则是指作者在传达政策、发布命令、周知事项、汇报工作、总结经验或交流思想时,通过全文来表达基本意图或意见目的。

在一篇文章中,主旨是极为重要的。首先,从内容上分析,看它观点是否正确,对工作的指导是否明确,揭示的问题是否深刻,从这个意义上说,主旨是文章的灵魂。其次,从主旨与材料、结构、语言的关系而言,主旨又是统帅。材料的详略取舍须按主旨的需要来确定;结构的安排,须从表现主旨出发;语言的运用,也得为表现主旨服务。一切都要受到主旨之制约,并以它为核心组成一个有机的整体。再次,从文章构思、写作的过程来看,主旨又起着纲领的作用。如果事先主旨不明确,心中无数,纲目零乱,想到哪里写到哪里,杂乱无章,文章就不会写好、写成功。

二、怎样确立主旨

主旨的确立,实际上就是解决如何立意的问题。我们认为秘书应用写作主旨的确立应从以下几个方面去考虑：

（一）党和国家以及上级文件是主旨确立的直接依据

机关工作要根据上级文件精神进行，因此，主旨的确立往往直接依据中央和上级的精神，按照党的政策和国家的规定考虑。有时甚至要在文稿中直接地具体地写上根据中央或上级的哪个文件，本着什么精神，按照什么规定，要解决的是什么问题。所以，认真地学习、深刻地领会和全面地掌握中央和上级文件精神，对于公文主旨的确立是十分重要的。

（二）领导意图是主旨的具体要求

党政机关和企事业单位所撰写的公文，其作者是法定的某一机关、团体或某一个事业单位，或者是法定的某一级组织的领导人。所以，一篇公文是一个领导集体在工作活动中的产物。拟稿者在接受公文起草任务后，必须领会领导意图，这是公文主旨确立必不可少的重要条件。

（三）工作实践是确立主旨的直接因由

我们在具体工作进程中，必然随时提出一些实际问题，要立即回答、处理、解决；或者要求制定政策、布置执行；或者要求反映情况、提供参考；或者要求进行商洽、研究方法等等。这就是说，一篇公文主旨的确立，是有一个实际工作中直接因由的。这就要求我们占有大量材料，注意不同时期的发展特点，进行全面分析研究，提出解决问题的正确见解。

三、主旨的要求

（一）正确

就是指主旨必须符合党的路线、方针、政策和国家的法律、法规，必须符合客观实际情况，能反映出客观事物的本质规律，对工作起到积极的指导作用，经得起实践的检验。由于实用写作是传达贯彻党和国家的方针、政策，联系和处理公务的重要工具，因此，具有很强的思想性和鲜明的政治性，必须遵照执行，决不能偏离违背。

（二）集中

就是指主旨要集中单一，不可多中心，"意多乱文"。只有主旨集中，文章才有好的表达效果，才容易被对方理解，使有关事项便于处理，有关规定便于执行；只有主旨集中，文章才能写得深刻，重点才会更突出、鲜明。为了做到主旨集中，作者不能塞进与主旨无关的材料而节外生枝，不能下笔千言，离题万里。应坚持"一文一事"的原则，切忌繁冗庞杂。

（三）鲜明

就是指一篇文章的基本精神或观点，要清楚明白，拥护什么，反对什么，肯定什么，否定什么，要解决什么问题，达到什么要求等，都必须一清二楚。要做到主旨鲜明，首先，要有针对性，要回答现实中需要解决的问题，要有的放矢，不能遇事绕道走，说不着边际的话，失之空泛；其次，要清晰明确，对其内容的解释必须是唯一的，不能模棱两可，语言必须准确达意，不能含糊其辞；再次，要有完整性，要做到提出问题，分析问题，解决问题，不能只提问题，不去解决或含而不露，让受文者去体味，去猜测。

四、怎样表现主旨

明白显露，直陈其言，是应用写作表现主旨的特殊方式。主旨的表现大体有以下几种：

（一）题目明旨

在题目中概括点明主旨。例如：《山西省人民政府关于严厉打击非法出版活动有关事项的通知》，标题本身就是主旨。

（二）开篇点旨

写作者开篇就用简明扼要的语句把主旨明确地表达出来，使人一目了然。例如《国务院关于保障民用航空安全的通告》的开头："为了保障民用航空的安全，防止劫持、破坏民航飞机和破坏民用航空设施事件发生，确保公共财产和旅客生命财产的安全，特通告如下"。另外，法规、规章文体也常常在第一条中标示主旨。

（三）卒章显志

在文章结尾一语道破，或前提后点，开头提示文章内容重点及方向，结尾亮底，点明主旨。例如：《中共××区委关于表彰李×同志秉公办事不受礼的通报》，在既概括而又典型地介绍了该同志的先进事迹后，结尾写道："李×同志工作兢兢业业，不吃请，不受礼，秉公办事，体现了一个共产党员的高贵品质，区委决定予以通报表扬。希望全区干部职工向李×同志学习，为我区两个文明建设多作贡献。"这就点明了全文的主旨。

（四）片言居要

在文章中间内容重大转折之处揭示主旨，能起到承上启下的作用。例如：《国务院关于大力开展城市节约用水的通知》，首先分析了许多城市资源缺乏、供水能力不足的各种原因，接着表明了"必须坚持开源节流并重的方针"的基本观点，起到了画龙点睛的作用。用一句精辟的话，将主旨点明，给人以深刻印象。

（五）一线贯通

主旨分散于一篇文章各个部分的小标题、小观点中，起到一种穿针引线的作用。例如：《北京市小学生高消费探源》这篇调查报告，其小标题有三个：一是溺爱和攀比掀起高消费大潮；二是企业家为高消费推波助澜；三是德育教育软弱无力。把各个小标题结合起来就是全文的主旨。

第二节　材料的选取

一、材料的含义和作用

材料，就是指撰写者在表现主旨时选用的具体事实、基本情况以及数字、引语等。选材，就是对占有的材料进行鉴别、筛选，把最有价值的材料选进文稿。

材料是构成文章的重要因素之一。如果说主旨是灵魂，那么材料就是血肉。没有材料，主旨就不能确立。材料是公文写作的基础，是说明观点的佐证，是表现观点的支柱，没有材料，就无从谈写作。所以，应注意精心选材。材料过多会淹没主旨，材料失真会破坏主旨，材料平庸会冲淡主旨，材料陈旧会削弱主旨。可见，必须从严选材，做好查实、鉴别、筛选工作。

二、材料的占有

材料的占有应多多益善。材料多了,选择起来就有余地;表达才能得心应手,左右逢源;分析和认识问题才可能达到相应的深度和广度。

(一) 直接材料和间接材料

凡是凭借五官接触的事物,通过耳闻目睹获得的第一手材料,就叫直接材料。它是通过自己的观察得到的切身感受,因而最新鲜,最实在,最有活力,但是,个人经历毕竟有限,事事躬亲,既不可能,也没必要,还得借助第二手材料,这就是间接材料。例如:听取介绍,查阅简报、记录、报表等。这类材料也较真实、具体、广泛、客观,也很有价值。只有掌握了这两类材料,才能写出有说服力的公文。

(二) 现实材料和历史材料

应用写作的任务,在于解决现实生活中提出的各种问题,因此,搜集和掌握现实生活中实际情况的材料是非常重要的。但是,对任何一个事物,仅仅看到它的现在还是不够的,还要看到它的发生、发展以及它的过去和将来,也就是不能忽略其历史材料。可见,应用写作,既要首先着眼于现实材料,又要尽可能多地了解有关的历史材料,做到知古知今、知中知外,这样才能洞察和了解事物的纵横方面。

(三) 具体材料和概括材料

具体材料就是"点"上材料;概括材料就是"面"上材料。这两者的有机结合,对于加强应用写作的针对性和指导性有着重要的积极意义。点面结合在汇报性、论说性文件中尤为重要。没有"点"上的材料,就往往导致文件的一般化,缺乏足够的说服力;没有"面"上的材料,就往往说不清问题,不能给人以宏观、全局的概念,同样会影响文件的社会效果。掌握这两方面的材料,也是应用写作的一个必备条件。

(四) 正面材料和反面材料

正面材料就是指应当肯定、赞成、褒扬的材料;反面材料就是指应当否定、反对、贬斥的材料。有比较才能鉴别,有鉴别才能决定取舍。掌握这两方面的材料,便于进行比较研究,揭示事物本质,无论对确立主旨还是表现主旨,都有不可忽视的意义。有的应用文体主要以正面材料作为事实根据,有的则主要以反面材料作为依据。特别是在规范人们行为而提出限定要求时,往往要借助反面材料。

三、选材的要求

(一) 真实

真实就是指观点和材料都必须实事求是,经得起实践和历史的检验。也就是指材料不能虚假,必须是实有的事物;材料本身必须能够反映事物的本质。要保证材料的真实,必须克服一些"常见病",即:凭空编造,合理想象;道听途说,以讹传讹;移花接木,任意拔高;以偏概全,一叶障目;片面,绝对,自相矛盾;引证失实,数据失真。如果失实,对上来讲,容易导致决策的失误;对下来讲,容易降低公文的严肃性。因此,对于材料的真实与否,决不能等闲视之。

（二）准确

准确就是指选用的材料要能够准确地说明主旨。其一，就整篇文章来说，选用的材料，必须从不同的侧面，紧扣主旨，针对性极强地说明主旨。就一个观点来说，选用的材料必须针对观点，加以准确的说明，决不能材料和观点相互脱节而成为"两张皮"。其二，要选用能突出、明确、具体地说明主旨或观点的材料，给人以深刻的印象和清晰的认识，不能笼统含糊，使人印象朦胧，不得其要。在准确地围绕主旨选择材料时，必须克服一些易犯的毛病：或者是材料分散，使主旨游离，造成"群龙无首"的情形；或者是材料堆砌，淹没观点，导致主旨不明的状态；或者是各自为政，不听调遣，形成多中心的局面。可见，只有根据主旨的需要来选择材料，才能准确地表现主旨。

（三）典型

典型就是指材料能深刻地揭示事物的本质，具有代表性和说服力。这样的材料，由于能起到"以一当十"的作用，因而在文件的撰写中常常引人注目。因此，我们应当根据主旨和观点的需要，在同类材料中选取最生动、最有特点、最富有说服力的材料。我们也可以选择不同类型的典型，或者选优型，即先进的、正确的、正面的典型；或者选劣型，即落后的、错误的、反面的典型；或者选转化型，即由后进转化为先进、先进转化为后进的典型；或者选一般综合型，即能反映事物的一般的、平均发展水平的典型，这种材料所反映的问题往往具有广泛的代表性。

（四）新颖

新颖就是指材料能反映客观事物的发展变化趋势，说明客观事物的最新面貌，回答现实生活中人们最关心的、最迫切需要了解的新问题、新人、新事、新成果、新数据、新经验、新思想等。要善于选择新颖的材料，作者就要有敏锐的观察力、较强的采集力，要有见微知著的本领。这样才能发现新事物、新苗头。

四、材料的安排

在应用文中，观点和材料是相互依存、相互制约的辩证统一体。如果离开材料，应用文中的观点就显得空洞干瘪，毫无价值；如果离开观点，材料就像一盘散沙，什么问题也说明不了。因此，必须用观点统帅材料，用材料说明观点，做到二者的有机统一。常见的方法有以下几种：

（一）先亮观点，后列材料

这样安排先声夺人，头绪清楚。常在段首概括亮出观点，然后列举事例陈述、说明、解释观点。

（二）先列材料，后摆观点

先介绍事实，或列举数字、依据，然后水到渠成地归纳概括出观点。这样安排从事到理，说服力强。

（三）边列材料，边摆观点

夹叙夹议，既摆事实，又说道理，由浅入深，便于理解。

无论采用哪种方法，都要注意材料和观点之间的必然逻辑关系，即通过归纳、演绎、因果逻辑推导，从材料中得出必然的结论，不要使材料和观点相互脱节或者相互矛盾。

第三节　结构的安排

一、结构的含义和作用

结构就是指文章内部的组织构造,亦即对内容恰当的组织安排。具体地说,就是要使主旨清晰地、有条有理地贯穿全文,连缀成篇,做到首尾呼应,取舍得当,考虑好各部分的分合接榫,使全篇文章完整严密,内容充实丰满而不零乱。

文章的结构,实质上是一个如何认识和反映客观事物的问题,是客观事物的内部联系,通过作者的构思,在文章中有层次的反映。如果把文章主旨喻为灵魂,材料比作血肉,那么,结构就是文章的骨架。文章离开了结构,主旨、材料就失去了组织文章的依托。例如:写同样的文体,有的写得头头是道,条理清晰,而有的却写得杂乱无章,前言不搭后语。原因之一就在于安排结构的本领高下不同。可见,在写作中结构是不可缺少的重要因素。这就如同修建房屋之前,必须先搞好总体设计,画出蓝图一样,只有按图施工,质量才会得到保证。

二、结构的组成部分

(一) 标题

"题好一半文",标题是文章的"眼睛",必须重视标题的设计。标题要力求做到切题、简明、醒目、得体。切题,就是指在构思过程中,应依据主旨确定标题,然后围绕标题展开文章内容;简明,是指标题要简洁明快,不能过繁过长,拖泥带水;醒目,是指标题要鲜明突出,有吸引力;得体,是指什么文稿用什么类型的标题,有一定之规,不可乱用。

标题有两种基本形式:一种是公文式标题,程式性较强,表达平直。另一种是新闻式标题,采用单标题和双标题两类。单行标题有说明式、提问式、警句式,表示祈使、禁止、祝愿等意思。双行标题正标题突出主旨,副标题说明内容范围及文种。

(二) 开头

公文的开头常常是开门见山,下笔入题,起句发意。或者开篇就点题,或者揭示全文内容的走向,领起下文。常见的开头方法有以下几种:

1. 概括情况:介绍情况要切题,材料要准确、典型,表达要简明、概括。
2. 说明根据:常用"根据"、"遵照"等词语领起下文,行文有据,增强了文章的权威性。
3. 介绍目的:开宗明义,表明行文目的,常用"为了"、"为"、"为此"等领起下文。
4. 交待原因:有的用"由于"、"鉴于"、"因为"等领起下文,有的直接陈述原因。
5. 阐明观点:开头先提出结论性意见,下文再具体解释、说明、阐述。
6. 表明态度:开头先对转发、颁发的文件提出看法和评价。
7. 提出问题:设问句开头,提示文章主旨或主要内容,引起读者思考与共鸣。
8. 慰问祝贺:常用于礼仪性的文章、讲话稿。
9. 引述公文:常用于针对来文而撰写的公文。
10. 不另写开头,直接列写序号开始。

（三）结尾

结尾必须做到言尽意明,既不能虎头蛇尾,草率了结,也不能画蛇添足。常见的结尾方法有以下几种:

1. 收篇点题:用简练的语言,画龙点睛,水到渠成似的提出主旨;或对全文主旨简要概括,总结全文,形成完整印象;或针对文章开头交待的论题和初步揭示的主旨,前提后点,结尾点明主旨;或者进一步说明、深化中心,形成深刻印象。

2. 提出希望、号召:或由作者发出,或在文中说明谁发出,以指明努力方向,激励读者。

3. 提出意见、建议:或者针对文中主体部分对情况、问题的分析,提出解决的意见、措施,或者简略地提出贯彻、处理的要求。

4. 说明有关问题:根据行文的特殊要求,交代、说明一些与内容有关的事项。

5. 表示祝贺、慰问。

6. 自然结尾:在主体部分已言尽意明者,就不必另加多余的一段文字来结尾了。

（四）层次和段落

层次就是指文章思想内容的表现次序。实用文体的层次,要体现出客观事件的发展和阶段性、客观事物组合的系统性、客观事物内部的条理性和作者认识、表现客观事物的程序性。事物发展的一个阶段、事物特征的一个方面、诸多问题中的一个问题、分析推论的一个分论点等等,都可以组成一个层次。层次常常有外部标志,如部分的序号、层首句、小标题等。

段落是指一个个自然段。一般来说,它在文中是一个最小的可以独立的意义单位,具有空两格另起一行的换段标志,从形式上很容易辨认。

层次和段落二者之间既有区别又有联系。层次着眼于内容先后次序的划分;而段落着眼于表达过程中的间歇、转折和强调。一般来说,层次大于段落,常常是几个段落表达内容的一个层次,有时层次和段落也正好一致。

另外,划分段落必须注意单一、完整、有序、合理。单一,是指一个段落只说一个意思,不要把几个意思混在一起讲;完整,是指一个意思要在一个段落里说完,不要割裂成几段;有序,是指一段内的句子间要有逻辑顺序,文章的各段的组合要有逻辑联系,注意连贯性;合理,是指段落的划分要从表达思想内容的需要出发,考虑文章的总体表达效果,要长短适度,疏密相间。

（五）过渡和照应

文章要做到脉络清楚,联缀成篇,文气贯通,浑然一体,就离不开过渡和照应。

过渡,是指层次、段落之间的衔接与转换。它是上下文连贯的纽带,能够起到一种承上启下、穿针引线的作用,使全篇内容组织严密,浑然一体。常见的过渡方式有:

1. 段落过渡:在较大转折的情况下,安排一个简短的自然段承上启下。

2. 句子过渡:或在前一段的末尾,或在后一段的开头,多用富于提示性的句子或者设问句加以过渡。

3. 关联词或词组过渡:在层次段落之间加上承上启下或表示关联、转折的词语。例如:"因为"、"所以"、"然而"、"综上所述"、"由此可见"等等。

照应,是指文章中不相邻的层次、段落的关照和呼应。即前面提到的,后面有着落;后面说到的,前面有交代。这样有助于加强前后内容的内在联系,增强文章的整体感。常见的照应方式有:

1. 首尾照应:一般开头提出问题,结尾作出结论,或者结尾深化结论,形式上使首尾圆合,内容上通过照应概括全文,突出主旨。

2. 前后照应:内容上反复强调重点,随时自然合理地加以照应,结构紧凑。

3. 题文呼应:在开门见山、收篇点题、片言居要等处照应标题。

三、结构的安排

应用文的结构安排一般都比较稳定,但并不意味简单、呆板,我们应认真探索它的结构规律。常见的结构安排方式有以下三种:

(一)纵向组合结构

1. 直叙式:或按时间先后为序,或以事情的发生、发展或变化过程为序。这种结构比较单一,事情的来龙去脉十分清楚。常用于内容单纯、叙事性强的文种。采用这种方式时,要按照发展顺序,把事件恰当地纵剖成几个阶段,使层次正确、清晰。但要注意突出重点,兼顾一般,切忌平均使用气力,平铺直叙。

2. 递进式:就是作者在安排层次时,往往按事物事理的逐层深入关系来组织材料。这种关系,可以是由表及里、由点到面的层层剖析,也可以是由浅入深、由感性到理性的步步升华。但不管采用哪种形式,材料和材料之间的关系必须是步步深入的。采用这种结构形式,摆情况要翔实、简明;作分析要有理有据,观点鲜明;下结论要明确、具体;解决问题的办法、措施要切实可行。它的重点是结论部分,摆情况、作分析必须围绕结论逐步深入,这样才能自然地引出令人信服的结论来。

(二)横向组织结构

这种结构的思路是横向铺排的。或按事物的组成部分展开;或按空间分布展开;或按事物的性质归属关系展开。常见的横向组织结构有:

1. 并列式:就是作者在安排层次时,往往将性质相同的材料归纳在一起。或者是一个问题的几个方面;或者是一个事物的几种存在形式;或者是一个部门的几种典型……但不管哪种情况,材料与材料之间的关系必须是并列的。

2. 总分式:作者在安排层次时,往往按事物的从属关系来组织材料。有的采用"总——分——总"的形式,就是先有一段"总说",即公文的前言,通常包括情况、存在的问题和写作目的等。再就是"分",它是公文的主体部分,包括解决问题的意见、方法、措施等。最后一个"总",是指内容的归纳、总结,或提出希望、要求等。另外,也有的采用"总——分"的形式,或采用"分——总"的形式。但无论采用哪种形式,材料与材料间的关系,必须是整体与部分的关系。

(三)纵横交叉结构

有些内容丰富、容量较大、篇幅较长的公文,常采用这种结构形式。采用这种结构,常常有主有从,要注意交叉,又不能杂乱无章。同一个层次的材料,一般按一种定向组合结构为好,便于控制、驾驭。先按纵向结构组织,可以看出事物发展的全过程;先按横向结构组织,可以分出事物各部分间的联系和区别。应根据具体情况,适当处理。

四、结构安排的要求

(一)必须围绕主旨安排结构

在写作时,不仅选择和确定材料应根据主题的需要,而且组织和安排材料也必须根据主旨的需求,努力为表达主旨服务。刘勰认为:"凡大体文章,类多枝派,整派者依源,理枝者循干。是以附辞会义,务总纲领。驱万途于同归,贞百虑于一致。使众理虽繁,而无倒置之乖;群言虽多,而无棼丝之乱。"(《文心雕龙·附会》)这就是说一篇文章内容尽管纷繁复杂,但在谋篇布局、结构文章时,必须围绕中心来选材。不能齐头并进,多中心;不能喧宾夺主,转移中心;不能节外生枝,离开中心。只有以主旨为提纲组织材料,安排结构,才能使主旨明确,完整统一。

(二)必须要有明确、清晰的层次

层次是安排文章内容的逻辑次序,是文章的意义段、逻辑段、结构段、部分。层次的划分与安排,具体地展示了文章结构,体现了作者思路,直接关系到结构安排的优劣成败。因此,要做到层次清晰,必须正确反映客观事物内部联系的规律。

(三)必须做到完整、严谨、匀称

完整,是指文章的中心线索要连贯,有过渡有照应,有头有尾,不能顾此失彼,残缺不全;严谨,是指划分层次段落精当,组织严密,联系紧凑,无懈可击;匀称,是指层次和段落的大小不能过分悬殊,主次详略得体,各个部分应搭配相当。只有精心组织,恰当安排结构,才能更好地表达文章内容,体现主旨,突出重点。

第四节 表达的方式

表达,是指作者运用语言文字对客观事物、事理、情感进行的表述。而应用写作的基本任务在于传达和贯彻党的方针、政策,发布法规,请求和答复问题,指导和商洽工作,报告情况,交流经验等等。其表达方式是叙述、议论、说明。

一、叙述

叙述是一种陈述事物状况和变化过程的方法。在应用写作中,主要用来介绍情况,交代问题,说明原委。

叙述作为一种最基本的表达方式,主要作用是保证内容完备简明,让人一目了然;头绪清楚,增强文章的条理性;详略得当,中心突出。叙述主要包括"写人"和"写事"。而在应用文中一般不专门写人,叙事则是常用到的。其主要表现如下:

(一)请示性、陈述性公文中的情况反映

请示性、陈述性公文中的情况反映,是形成具体措施的根据,如何反映情况,关系到形成什么具体措施,这其中,叙述起很大作用。

(二)商洽性公文中的事由

商洽性公文是平行机关或不相隶属机关之间经常用的一种公文,目的在于商洽工作。而商洽的事由和根据,必须通过叙述表达。如公函等就是这样。

(三) 指示性公文中提出的存在问题

指示性公文中提出的存在问题,是作为指示的根据出现的。因而指示才显得有的放矢,其提出解决问题的办法,才具有坚实的基础。如决定就是这样。

(四) 答复性公文提出的来文所要求解决问题的情况

答复性公文是针对来文提出的问题而发的,在行文中必须先有对来文提出问题的情况叙述,然后才指出解决问题的办法,这样才有针对性。如批复等公文就是这样。

叙事有以下两点要求:

其一,叙事清楚。叙事时,必须交代清楚有关的关系。如在叙述事由、反映情况或存在的问题时,有的要写事件的始末,有的要写事件的产生及变化情况,有的要陈述事件的结果。这些情况都需做到脉络清楚,线索分明。

其二,叙事简括。叙事时,要求文字必须简洁、概括。公文中常常采用"概括叙述"而少用"具体叙述",采用概括叙述,既可以交代清楚情况事件,使人有个总的清晰印象,又可以保证篇幅短小,使之便于批阅和处理。

二、议论

议论即议事论理,也就是作者对所述情况或事件进行分析阐述,或者加以评论,以阐明自己的观点,表明态度。

公文中的议论,主要作用是用来揭示层次的意义,证明文章的观点,揭示人们阅读时理解的方向。

公文中的说理,一般建立在叙事的基础之上,是对问题的分析和判断。主要表现在:

(一) 在上行文中提出的需要解决问题的理由或者是存在问题的原因

上行文既然是被领导机关向所属的上级领导机关发送的公文,必然向上级领导机关汇报有关工作情况,请示问题,或者请求予以指导,这就要陈述理由、分析原因等,这正是公文说理的具体表现。例如:报告、请示等等。

(二) 在平行文中提出的意见和要求

平行文既然是同级机关或不相隶属的机关之间发出的公文,就必须相互协商问题,联系工作。因此,提出的意见和要求就必然成为"说理"的主要内容了。如公函等。

(三) 在下行文中提出的解决问题的原由和意见,以及应注意的事项和应采取的措施

例如:命令、决定、批复等等。

说理有以下两点要求:

其一,言之成理。既然公文的"理"建立在"事"的基础之上,那么,说理就是对问题的分析。所有提出的办法、意见或措施、要求等,都必须从叙事中得出合乎逻辑的观点。

其二,直截了当。公文中的说理重在一个"说"字,因而不需像议论文那样写出一个完整的论证过程,而只需用三言两语,把问题的性质、结论性的意见等点明就可以了;或者用论述性语言对重要问题加以论证;或者用判断性语言对是非加以判断;或者用肯定或否定的批示性语言对下行文进行批复。总之,要直截了当,态度鲜明。

三、说明

说明是对客观事物的介绍和解说,目的是使人们了解事物的情况、性质、特征以及内在的规律。

说明这种表述方式在公文中占有很大比重,起着十分重要的作用。如命令、指令中的办法、措施,决定、决议中的内容等等,都是说明的具体运用。再如调查报告、工作总结、广告、合同等等,更是说明大显身手的地方。

公文中的说明有以下要求:

(一) 客观翔实

就是指作者在进行说明时,"态度是非常冷静的。道理本该怎样,作者把它说清楚就算完事,其间掺不进个人的感情呀,绘声绘色的描绘呀这一套。"(叶圣陶《文章例话》)可见,说明事物态度必须冷静客观。

(二) 简而得要

就是指说明的语言要求,要简练而道出本质,有明确的规定性。不论是定义说明,还是法规性、条例性说明,都要在分寸上、界限上体现出解释的单一性和规定的确定性。对原则性公文,更要体现出这一点。

(三) 言之有序

就是指说明要有条理性。事物本身是呈条理而存在的,我们说明事物也应按一定的条理去反映。这样才会给人明晰的印象。

第五节 语言的运用

应用文语言的运用,除了应具备朴实、简洁、准确、严密的一般特点外,还有自身独特的语言习惯,其主要表现如下:

一、规范性词语的运用

应用写作中的规范性词语,反映了其工作程序和引文关系。我们在具体使用时,可根据文种需要,酌情选取。主要有以下情况:

(一) 开端用语

表示行文目的、依据、原因、伴随情况等。例如:根据、为了、遵照等等。

(二) 引叙用语

即引叙来文时的用语。例如:前接、现接、现经、收悉、已悉等等。

(三) 称谓用语

例如:我(局)、本(公司)、该(同志、单位)、贵(局)等等。

(四) 表态用语

即根据表态程度不同,讲究用语分寸。例如:照办、可行、不同意、同意等等。

(五) 征询用语

即表示征求、询问对有关事项的意见和态度的用语。例如:当否、妥否、如无不妥、是否可行等等。

（六）期请用语

即表示发文者某种期望和要求的用语。例如：恳请、希望、切盼、请等等。

（七）结尾用语

例如：希望认真贯彻执行、现予以公布、为荷、为盼、此布、此告等等。

二、大量使用介宾结构

公文语言中介宾词组运用的频率很高。例如：表示目的、手段的介词："为了"、"为"、"按照"；表示对象、范围的介词："对"、"对于"、"关于"；表示依据、方式的介词："在"、"根据"、"遵照"，等等。介宾词组在公文语言运用中，一般都充当状语或定语，并且连续运用，起限制、修饰作用，从目的、范围、对象、依据等各个方面对表述对象和内容进行限定，从而使其更加明确、严密。

三、无主句运用繁多

在公文中，无论是国家公诸于众的条例，还是某单位拟订的规章守则，无主句者俯拾皆是。例如："对于涉及国家机密的证据，应当保密。"（《中华人民共和国刑事诉讼法》）这是国家颁布的条文，这里的主语是指国家机关及有关人员，但无需补足说明，否则反而显得啰嗦。所以，单用无主句既能明确地表义，又在文字上显得简洁精炼。

四、简缩和模糊语言

简缩是公文习惯用语的一个特点。它是一种高度简化紧缩的句式，是在原来句式基础上的重新概括与组合。例如：中纪委、十八大等等。但使用简缩必须注意：一要约定俗成，不可随心所欲；二是避免歧义，注意地方性和区域性。

模糊语言，是指自然语言中带有模糊性的语言。它与含糊不清、模棱两可、易生歧义的语言有本质的区别。这种模糊性是相对具体性而言的。实际上有些话不可能说得十分具体，一具体反而不准确了。例如：我们学习了某某文件，提高了认识，进一步明确了意义。但提高的程度如何？进一步有多大？这是模糊的，然而表达的意思却很清楚明朗。如庸俗地理解表述的精确，反倒不好去表述了。因此，使用模糊语言有其积极的作用：一是对某些带有模糊性的概念，或不便使用准确语言进行具体表述的对象，利用模糊语言可以达到表述的准确性；二是运用模糊语言能够使一些问题的表述留有回旋余地，具有一定的灵活性，便于因地制宜，变通执行，防止机械地搞一刀切；三是运用模糊语言对公文表达内容进行高度概括，可以明显减少公文的字句，避免某些表述内容的冗长。

第六节　修　改　与　审　定

一、修改的意义

文章的修改工作是贯穿在整个写作过程中的。起草之前，选择材料、提炼主题、谋篇布局，实际其中已有修改；起草之中，对字、词、句、段各个部位要进行修改；定稿时，还要作全面集中的修改。总之,修改,就意味着起草人对事物的反复认识和对表达形式的反复选择。有人说,好的文章不是写出来的,而是改出来的,这确实是经验之谈。

二、审定的范围

对于写好的文稿,从内容到形式都要进行全面的检查和修正工作。审定的范围有以下六个方面,即"六查":

(一) 查有无矛盾抵触之处

这包括以下两层含义:第一,要检查所草拟的文件的文字内容,同党和国家的方针政策、有关的条例和规定、上级的指示或决议,以及业务主管机关和本机关已经发布的文件精神,有无相互矛盾和抵触之处。第二,要检查所草拟的文件本身前后段落、条款之间,有无自相矛盾、前后不一的现象,以免受文机关为此往返问复,或者给受文机关造成混乱。

(二) 查政策界限是否明确

要检查指示、决定、条例、规定等指导性文件的内容,对于应该怎样做和不应该怎样做,交代是否清楚;在政策界限上有无规定过死、过宽、烦琐、笼统和模棱两可、含糊不清等现象;有无下级受文机关不易理解或难以划清界限的地方。

(三) 查措施落实

要检查文稿所提出的措施和办法,是否符合实际,切实可行,由谁执行,怎样执行,以及完成期限和规定是否符合实际情况,涉及的有关问题如何解决,是否都已作了妥善安排等。

(四) 查程序和手续

要检查使用什么名义发布合适,是否需要提交一定的会议讨论;对内容涉及的部门是否经过协调,意见是否一致;是否需要经有关机关会签或上级机关审批等。

(五) 查文字表达

要检查文字表述是否符合起草文稿的原意;是否概念准确,简明扼要,条理清楚;是否合乎语法;有无文字错漏、标点不当、数目字写法杂乱等现象。

(六) 查文件体式

要检查文种使用是否得当;文件标题是否简明;主送与抄送的机关;文件的密级、缓急时限;标注是否合理;语气与发文机关身份地位是否相符等。

三、修改的方法

修改的方法多种多样,往往因人而异,因文而异。有的以自己修改为主,这样做有利于提高自己的写作能力;有的是采用集体修改的方法,对一些重要的公文文稿来说,修改是一种集体的劳动。例如:为了建立一套新的军衔制,统帅机关曾对《军衔条例》稿修改了二十多次,为此组织了专门机构,先后召开了上千次座谈会,参加人数达四万人。常见的修改符号与方法有以下几种:

(一) 增补

这一方法能使行文更为准确、完善,增强行文的鲜明性、完整性。

（二）删节

这一方法与写相反相成，是一个过程的两个侧面：写得好的本领就是删掉写得不好地方的本领。删节之所以被重视，原因就在于它能使行文内容突出重点，分清主次，使语言更加精炼。

（三）颠倒和移位

这是对语言层次的合理调整，其作用在于使行文逻辑严密，文意贯通，语言运用合乎语法规范。

（四）分段和连接

这种方法的主要作用是在立定格局上。段落是行文结构的基本单位，而段与段之间怎样紧密地连接起来，这也是很有学问的。

（五）离空

这一方法的使用，是出于行文格式或文面的考虑，不能忽视具体的校对符号及其用法。

【思考题】

1. 结合写作实际谈谈怎样确立文章主旨。

2. 安排材料的方法有哪几种？

3. 结构的内容包括哪几部分？

4. 常见的开头和结尾的方法有哪几种？

5. 应用写作的表达方式有哪些？

6. 审定中的"六查"指的是什么？

7. 请阅读下面一文，回答后面的问题。

不见山　招来一顿打

明洪武九年（公元 1376）十二月，刑部主事茹太素呈上了一份洋洋洒洒的《陈时务书》，长达 17000 字，共谈五件事，朱元璋叫中书郎读给他听。读了 6370 字时，还没有谈到正题。朱元璋不禁勃然大怒，下令将茹太素打了一顿；第二天，叫人接着读，一直读到 16500 字时才读到所谈的五件开门事，五件事仅有 500 字，且有四件事可行。

（1）按照公文的写作要求，茹太素所呈奏折存在的主要问题是什么？

（2）如此公文若出现在当今，将会给党政机关、企事业单位的秘书管理带来怎样的影响？

（3）我们在现实工作中应如何避免类似问题的发生？

第三章 公文写作的体式、规则与稿本

根据中办发〔2012〕14 号的文件规定,公文必须做到格式规范,标志明确,不可标新立异,自行其是。因此,对公文的含义与特点、分类与作用要认真理解,对公文的版头、主体、版记等格式要仔细把握,对公文的规则、稿本等要深刻领会。为维护公文的严肃性、权威性、准确性与有效性,每个公文写作者一定要执行好《党政机关公文处理工作条例》,真正做到科学化、制度化、规范化,努力写出群众欢迎、领导满意的公文来。

第一节 公文的概念与特点

一、公文的概念

根据中共中央办公厅 2012 年 4 月 12 日发布的《党政机关公文处理工作条例》的第三条,公文就是指党政机关实施领导、履行职能、处理公务的具有特定效力和规范体式的文书,是传达贯彻党和国家方针政策,公布法规和规章,指导、布置和商洽工作,请示和答复问题,报告、通报和交流情况等的重要工具。这就科学地阐明了公文的本质属性与主要作用。

二、公文的特点

公文与其他文体相比,有其独特之处。主要表现如下:

(一) 公文是由法定的作者制成和发布

公文不是谁都可以随便写的,它是由法定的作者制成和发布的。所谓"法定的作者",主要是指依法成立并能以自己的名义行使权力和担当义务的组织。

公文的作者一般来说有两种:一种是指合法存在的党政机关、社会团体和企事业单位。它们都是依据法律、条例、章程、决定、决议等建立和合法存在的,都是法定的作者。如"国务院文件"、"山西省人民政府文件"、"中共中央办公厅文件"、"山西省委办公厅文件"等;另一种是指法定机关的法定领导人。如国家主席、国务院总理、人大常委会委员长等。这里需注意,用国家领导人或机关首长名义发布,是领导人行使职权的一种表现。该领导人的职务,是经过委任或经过选举程序后,由上级批准的。因此,他们也是法定作者,并不是以个人的身份出现的。至于按照机关内部分工从事公文撰拟的人员,不能视为公文的法定作者。

(二) 公文具有法定的权威和效力

公文法定的权威性,是指公文在法定的时间与空间范围内能对受文者的行为产生强制性影响,如强制予以贯彻执行;强制予以阅读与办理;强制要求予以复文等。公文之所以具有权威性,就是由于它传达了制发机关的决策与意图,体现了制发机关的意志与权力。例如:中共中央文件,代表党中央的意见;国家行政领导机关发布的文件,代表人民政府的职权和意图,具有行政领导和行政指挥的权威,它是通过一定的立法程序产生的,违反了就要受到法律制裁,这也就是法定的权威性。

公文还具有特定的效用,即它总是为了现实的特定工作或为了完成特定的现实任务而作。而公文的执行效用又具有明显的时间性,可以说没有一份公文是永远有效的。虽然有的公文具有历史文献的价值,但从总体上说,它还是着眼于现实效用,它是在现行工作中形成,在现行工作中使用,为推动现行工作服务的。一旦某项现行工作完成了,该项工作中形成并使用的公文材料其作用也随之结束,并将被立卷归档。

(三) 公文具有特定的体式和处理程序

体式,即文件的格式、程式。正因为公文代表了制发机关的法定权威,所以制发公文是一件非常严肃的工作。为了维护公文的严肃性、权威性、准确性与有效性,党和国家规定了统一的文种格式。任何机关不得违背这一规定原则,另搞一套,标新立异,自行其是。

处理程序,即指机关内部公文运转处理的一系列程序,也就是撰制对外文件、内部文件和处理收来文件的一系列环节。公文处理的各个环节之间应前后衔接,环环相扣,有一定的排列顺序,总起来构成公文运转处理的整个流程。科学地组织与安排公文处理程序,有利于公文的正常运转,有利于文书工作的科学化、系统化和标准化,有利于提高工作效率。

第二节　公文的分类与作用

一、公文的分类

公文分类是必要的,便于"对号入座",发挥其重要的工具作用,提高工作效率。公文分类的方法多种多样,现就常用的几种分法介绍如下:

(一) 按公文来源分

1. 对外文件:即指本机关对外发出的文件。它由本机关拟制,对外传达本机关的意图,发给需要与之进行联系的机关。如本机关给上级机关的请示、报告,本机关给下级机关的批复、通知等等。

2. 收来文件:即指本机关收到外机关发来的文件。它由外机关拟制,将制成机关的意图,传达到本机关。如上级机关发来的决定,下级机关送来的请示、报告,平级机关送来的通知、函等等。

3. 内部文件:即指本机关拟制,并在本机关内部使用的文件。如本机关内部撰写的通知、通报、通告等等。

(二) 按行文关系分

1. 上行文:即指下级被领导机关向它所属的上级领导机关发送的文件。如给上级机关的请示、报告等等。

2. 平行文：即指同级机关或者不相隶属的机关之间来往的文件。如中央各部之间、省与省之间、军事机关与地方机关之间的通知、函等。

3. 下行文：即指上级领导机关对所属下级机关的发文。如国务院给各部委和各省、自治区、直辖市人民政府的发文,省委给所属各县县委的发文等。

（三）按作者性质分

1. 法规文件：即指由国家权力机关和行政机关制定与颁发的文件。包括条例、决定、决议等等。

2. 行政文件：即指国家行政机关处理日常工作使用的文件。如为行政指挥、领导指导工作、公务联系等发的命令、决定、通知、函等等。

3. 党的文件：即指由党的机关和组织制发的文件。它反映党对各项工作的领导和党的领导活动、党的工作、党的建设等。其中只在党的组织和党员中间阅读传达的,又叫党内文件。

此外,还有各民主党派的文件、各人民团体的文件、各企业和事业单位的文件等。

（四）按阅读范围和机密程度分

1. 公布文件：即指向人民群众或国内外公开发布的文件。如公告、公报、通告和法规性文件,以及党和国家制定的需要使群众家喻户晓的某些重要的方针政策性文件和领导人的讲话等等。这类文件不涉及机密,而且是需要广泛宣传以使人人周知的。通常利用广播、电视播发,报刊登载,或予以张贴,或口头传达等方式公布。

2. 绝密文件、机密文件和秘密文件：即指内容涉及党和国家机密的文件。它们需要在一定时间内限定阅读范围,以保障机密的安全。绝密文件,是党和国家最高一级的核心机密;机密文件,是党和国家重要的秘密;秘密文件,是指党和国家的一般秘密。绝密、机密、秘密这三者依次由高到低,表明了机密的级别。这些文件通常由指定的专人传递、处理和保管。否则,如有任何泄漏,都会给党和国家的利益、工作和活动造成损害以至重大损失。

3. 普通文件：即指内容不涉及党和国家秘密的文件。但普通并不意味着可以随便处理,也应该谨慎、安全地处理和管理。除公布文件外,普通文件都是在机关内部范围运转的,随便放置和丢失,同样会给工作带来不利和损失。

（五）按办文时限分

1. 特急公文：又叫特急件。即指在办理时间上要求特别紧急的公文。它们事关重大而又紧急,必须以最快的速度形成和处理,不能有丝毫的拖延和懈怠,有时以特急电报的形式出现。

2. 加急公文：又叫急件。即指在办理时间上要求紧急的公文。一般也是涉及重要工作,需要急速形成和处理的,只是相对特急件而言时限稍宽,有时也以急电形式出现。

3. 常规公文：又叫平件。即指按正常规定的时间办理的公文。它可以按正常速度和程序去处理,但不可理解为允许慢吞吞办理,以免造成积压。

（六）按使用范围分

1. 通用文件：即指党、政、军各级机关,各社会团体、企事业单位在工作中普遍使用的文件。现专指《党政机关公文处理工作条例》规定的十五类十五种。

2. 专业文件：即指在具有专门业务范围的工作活动中，根据特殊需要而专门形成和使用的文件。如外交、司法、军事、教学等专业方面的文件。

3. 机关常用文：即指通用文件和专业文件以外机关经常使用的一些文章形式。如计划、总结、调查报告、简报以及礼仪性文书等等。这类常用文体一般不用文头、文号。有些常用文，一经用正式文件或作为正式文件的附件形式发出或颁布，就具有正式公文的效力。

二、公文的作用

公文的作用，就在于它是党和国家具体领导与管理政务，机关之间相互联系与机关处理工作的一种工具。具体地说，公文的作用主要表现如下：

（一）法规约束作用

法规包括法律、法令和行政法规。立法机关发布的法律、法令和行政领导机关根据法律、法令制定的行政法规，都是人们行为的规范和准则，不能触犯。例如：全国人民代表大会制定发布的《中华人民共和国宪法》就是法规性文件。法规性文件一经制定发布生效，即由国家权力保证或强制执行，在没有废止之前，始终有效。在有效的时间和范围内，人人必须遵守，违者要追究法律责任。

（二）领导与指导作用

公文是上级机关对下级机关的工作进行领导与指导的一种工具。领导机关下发的公文，将意图、做法、安排见诸文字，形成公文，对下级机关的工作具有明显的领导作用。而对下级机关提出明确的工作任务和政策界限，提出开展工作的具体方法和有效措施，要求下级认真贯彻执行，它又起着十分重要的指导作用。

（三）沟通商洽作用

公文是机关之间协商与联系工作，协调行动的重要手段。不同机关通过公文这一桥梁，还可以交流思想、沟通情况、接洽工作。例如：上级机关向下级机关发出命令、决定，传达意图，使下级据以贯彻执行；下级机关向上级机关提出报告、请示，反映情况、要求，以便上级明了下情，予以批复；同级或不相隶属的机关之间发公函或通知，沟通情况、商洽工作、解决问题，以便相互了解信息，协调有关工作等等。可见，公文起着很重要的沟通、知照联系作用。

（四）宣传教育作用

颁发公文，对于人民群众和所属干部具有宣传和教育作用。很多公文在颁布政策法规、布置工作任务的同时，不仅规定了人们怎么做，而且还说明为什么要这样做，使人们了解领导意图，掌握政策方针，提高思想认识，统一协调行动，将上级精神变为群众的自觉行为。可见，公文既是做好工作的重要依据，又是进行宣传教育的极好的教材。

（五）凭证依据作用

公文是各级机关意图的最忠实的凭证。一份公文，既是制发机关意图的凭证，也是收阅机关贯彻执行、开展工作的依据。上级发出了命令、决定，下级据此采取措施和行动；下级呈送报告或请示，上级要据此发批复。可见，公文就是为传达贯彻意图时作为凭证和依据的需要而出现的。另外,有些公文本身就是为了作为文字凭证而存在的。例如纪要等,在其现实使命完成之后,还要转化为珍贵的档案史料保存,以作历史的凭证和依据,继续发挥其应有的作用。

第三节 公文的体式

公文的体式,是公文的整体格局、外部形式。具体指公文各个组成部分的排列顺序、位置和标注等程式。公文体式是在长期的实践过程中逐渐形成的,不是任何人主观臆造的。严格按照公文规范格式拟制公文,是保证公文质量,提高办事效率,便于处理和存档的需要。

通用文书的体式,一般包括公文的书面格式和公文的排版形式两个方面。

一、公文的书面格式

公文的书面格式是指公文的数据项目在公文文面上所处的位置和书写样式。一篇完整的公文是由一些规定的数据项目构成的,这些数据项目就是公文的组成部分。《党政机关公文处理工作条例》提出的要求是:格式规范、标识明确、全国统一。这也是公文具有权威性和法定效力在形式上的具体表现。在其第三章第九条中明确规定:"公文一般由份号、密级和保密期限、紧急程度、发文机关标志、发文字号、签发人、标题、主送机关、正文、附件说明、发文机关署名、成文日期、印章、附注、附件、抄送机关、印发机关和印发日期、页码等组成。"公文有其特定的格式,必须认真遵守。

公文格式各要素划分为版头、主体、版记三部分。公文首页红色分隔线以上的部分称为版头;公文首页红色分隔线(不含)以下、公文末页首条分隔线(不含)以上的部分称为主体;公文末页首条分隔线以下、末条分隔线以上的部分称为版记。页码位于版心之外。

(一)份号

公文印制份数的顺序号,即将同一文稿印刷若干份时每份公文的顺序编号。涉密公文应当标注份号。公文如需标注份号,一般用6位3号阿拉伯数字,顶格编排在版心左上角第一行。

(二)秘密等级和保密期限

保守党和国家的机密必须慎之又慎。根据文件内容和阅读范围准确地划分密级,才能更好地保守机密。秘密等级是公文保密程度的一种标志。秘密公文应当分别标明"绝密"、"机密"、"秘密"。"绝密"是国家秘密的核心部分,一旦泄露,就会使国家的安全和利益遭受严重的危害和重大损失;"机密"是国家秘密中比较重要的部分,一旦泄露,会使国家遭受较大的危害和损失;"秘密"是国家秘密中的一般部分,一旦泄露,会使国家受到一定的危害和损失。但是,并不是所有公文都要划分密级。确定密级必须根据党和国家的有关规定和要求,做到准确、恰当。如需标注密级,用3号黑体字,顶格编排在版心左上角第二行,两字之间空一字,保密期限中的数字用阿拉伯数字标注;如需同时标识秘密等级和保密期限,用3号黑体字,顶格标识在左上角第二行,秘密等级和保密期限之间用

"★"隔开。

（三）紧急程度

紧急程度是对公文送达和办理的时限要求。为了确保公文的时效性，使紧急事项得以及时处理，对紧急公文就必须注明紧急程度。紧急公文应当根据紧急程度分别标明"特急"、"加急"，电报应当分别标明"特提"、"特急"、"加急"、"平急"。如需标注紧急程度，用3号黑体字，顶格编排在版心左上角；如需同时标注份号、密级和保密期限、紧急程度，按照份号、密级和保密期限、紧急程度的顺序自上而下分行排列。

在标明紧急程度时应注意两点：一是不要随意将公文的紧急程度升格；二是紧急文件标明何种等级，应由公文签发人确定。否则，定性不准确或形成急件太多，就会影响办事质量和效率。

（四）发文机关标志

发文机关标志就是表明公文的作者。发文机关标志应当使用发文机关全称或者规范化简称；如果是联合发文，发文机关标志可以并用联合发文机关名称，也可以单独用主办机关名称。一般有两种表现形式：一种是发文机关全称或规范化简称后加"文件"二字组成。如"国务院文件"、"山西省人民政府文件"等；另一种是对一些特定的公文可只标识发文机关全称或规范化简称。如"哈尔滨市人民政府"、"广东省教育厅"等。发文机关一定要写得准确、规范、清楚、明晰。

发文机关标志居中排布，上边缘至版心上边缘为35 mm推荐使用小标宋体字，用红色标识，以醒目、美观、庄重为原则，真正凸显公文的权威性和庄重性。

联合行文时一般应遵循党、政、军、团的排列顺序；如系同一系统内的平级机关，则采用主办机关名称在前的方式。"文件"二字置于发文机关名称右侧，上下居中排布；如果联合行文机关过多，必须保证公文首页显示正文。

民族自治地区，发文机关名称可以并用自治民族的文字和汉字印刷，但须将自治民族的文字列在上面。

（五）发文字号

发文字号就是发文机关按照发文顺序编排的顺序号。公文的发文字号，是为了便于登记、分类、保管和查询。发文字号由发文机关代字、年份和序号组成。机关代字具有言简意明，说写方便，便于记忆的特点，编写机关代字必须遵循三个原则：一是简洁明了，合乎习惯，约定俗成；二是一经编定，就应该相对稳定，不宜经常变动；三是不能产生歧义，否则，可能会闹出笑话。如上海吊车厂，机关代字就不宜编为"上吊"。年份、序号用阿拉伯数码标识。年份应标全称，用4位数码表达，用六角括号"〔 〕"括入，例如：〔2010〕。发文字号是一个机关一年内文件制发的统一流水号，每年年初从"1"开始，序号不编虚位（即1不编001），不加"第"字，直接表达为"××发〔××××〕×号"。如"国办发〔2013〕8号"表明该份文件是国务院办公厅2013年制发的，顺序号为8号的发文。

一份公文只标注一个发文字号，单一机关行文的，发文单位文件字号居中，一字排开，联合行文的也只标注一个发文字号，一般应标注主办单位的发文字号。

发文字号应选取最有代表性的1～4字组成，如"××大学教务处"可凝缩为"×大教"，并可酌情在其后加"发"字或"字"字。机关代字应是该机关名称中最具特征、最精炼、最集中的概括。

公文拟定发文字号的作用有两点：一是统计发文数量，便于文书管理；二是在查找和引用文件时可以作为文件的代号使用。

发文字号置于发文机关文标志下空二行，用 3 号仿宋体字，居中排布。

上行文的发文字号居左空一字编排，与最后一个签发人姓名处在同一行。

发文字号之下 4 mm 处印一条与版心等宽的红色分隔线。

（六）签发人

签发人是指发文机关最后核查并批准公文向外发出的领导人的姓名，其作用在于对公文的制发和内容负责。上行文应当标注签发人、会签人姓名。其书写位置平行排列于发文字号右侧。发文字号居左空一字，签发人姓名居右空一字。"签发人"用 3 号仿宋体字，签发人后标全角冒号，冒号后用 3 号楷体字标识签发人姓名。如有多个签发人，签发人姓名按照发文机关的排列顺序从左到右、自上而下依次均匀编排，一般每行排两个姓名，回行时与上一行第一个签发人姓名对齐。应下移红色分隔线，使发文字号与最后一个签发人姓名处在同一行，并使红色分隔线与之距离为 4 mm。

（七）标题

标题是公文的眉目，位于公文正文的最醒目处。其作用是通过标题可以概括地了解公文的性质、要求和公文内容反映的主要问题，便于进行文书处理。

《党政机关公文处理工作条例》规定：完整的公文标题应"由发文机关名称、事由和文种"三部分组成。

例如：《国务院关于加强国家档案工作的决定》，这是国务院这一国家最高行政机关发文的文件标题。

发文机关——"国务院"，写在标题的最前面。

事由——"加强国家档案工作"，是文件内容反映的中心问题，写在标题的中间部分。事由部分，通常是由介词"关于"和一个高度概括公文内容的词组共同组成介词结构来表示的。它们在标题的语言结构中，充当文种的定语。

文种——"决定"，写在标题的最后部分，在事由和文种之间加个"的"字。文种是根据行文目的、行文关系和内容性质的需要决定的，必须准确使用，不得随便混淆使用。

在具体写作中，根据实际情况的需要，公文标题的组成内容也可以省略某些要素：

1. 省略发文机关名称。只写事由和文种两个要素。例如：《关于××××年国债发行工作的请示》、《关于召开全市卫生工作会议的通知》等等。

2. 省略事由。只写发文机关和文种两个要素。例如：《中华人民共和国主席令》、《中华人民共和国财政部公告》等等。

3. 省略发文机关和事由。只写文种一个要素。这主要用于一般的公布性公文，或单位内部的知照性公文。例如：公告、通告、通知、通报等等。

这里应注意，公文标题的部分省略是有条件限制的，而且在任何情况下，文种是不能省略的，否则，一是不方便现实执行，二是不方便查找和利用。

公文标题应置于红色分隔线下空二行，用 2 号小标宋体字。如果字数偏多，则应分行参差排列，排列应当使用梯形或菱形，给人以美感，可视字数多少分一行或多行居中排布。回行时,要做到词意完整,排列对称,长短适宜,间距恰当。

(八) 主送机关

主送机关是指公文的主要受理机关,即要求其主办、答复或知晓文中事项的单位。应当使用机关全称、规范化简称或者同类型机关统称。确定一个文件的主送机关是谁,是一个、几个还是一大批,必须遵循两个原则:一是文件的内容和工作需要;二是隶属关系,不能随便乱送。确定主送机关一般有这样几种情况:一是下行公文,除批复外,一般有两个以上主送机关,其级别越高,覆盖面就越大,那么主送机关就越多;二是向上级机关的请示、报告只写一个主送机关,不能多头主送,也不能越级主送,不管内容事项如何重要,牵涉面怎样广泛,也只有一个主送机关,以免贻误工作。如果确有需要报送相关的上级机关,可采用"抄送"的办法;三是公布性文件,如公告、通告、命令,对象是全体人民,可不写主送机关。

主送机关编排在公文标题之下空一行位置,居左顶格用 3 号仿宋体字标识,后加全角冒号,相当于书信的称呼。如主送机关名称过多,一行写不下,回行时仍顶格,最后一个机关名称后标全角冒号。如主送机关名称过多导致公文首页不能显示正文时,应当将主送机关名称移至版记。

(九) 正文

正文是文件的主体和核心部分,要叙述出文件的内容,传达发文机关的意图。正文的撰写必须注意以下几点:

1. 要注意符合国家法律、法规,符合党和政府的方针、政策以及上级机关的有关规定。

2. 要有针对性,即以实事求是为根据,分析问题,解决问题,做到有的放矢。

3. 一般应一文一事,做到事由集中明确,重点突出。

4. 要做到逻辑严密,层次清晰,条理清楚。

5. 具体措施或意见要符合实际,明确具体,切实可行。

6. 语言要准确、简洁、规范。

7. 用数字表示多层次结构序数,第一层用"一、"、第二层"(一)"、第三层用"1."、第四层用"(1)"。一般第一层用黑体字、第二层用楷体字、第三层和第四层用仿宋体标注。

公文首页必须显示正文,一般用 3 号仿宋体字,编排于主送机关名称下一行,每个自然段左空二字,回行顶格。

(十) 附件说明

公文附件的顺序号和名称。公文如有附件,在正文下一行左空二字用 3 号仿宋体字编排"附件"二字,后用全角冒号和名称。如有多个附件,使用阿拉伯数字标注附件顺序号(如"附件:1.××××××");附件名称后不加标点符号;附件名称较长需回行时,应当与上一行附件名称的首字对齐。

(十一) 发文机关署名

公文要署发文机关全称或者规范化简称。单一机关行文时,一般在成文日期之上,以成文日期为准编排发文机关署名;联合行文时,一般将各发文机关署名按照发文顺序整齐排列在相应位置。其书写格式是在正文(附件说明)下空一行右空二字编排发文机关署名,如联合行文,应先编排主办机关署名,其余发文机关依次向下编排。

（十二）成文日期

成文日期是指公文生效的时间。成文日期一般以领导人签发的时间为准,联合行文则以最后签发机关领导人的签发时间为准。电报以发出日期为准。如果是正式会议讨论通过的文件,则一般以会议通过时间为准。法规性文件以批准日期为准,法规性文件的发布日期与施行日期不一致时,应在正文中同时注明施行日期。成文时间的位置一般在发文机关署名之下。但是,有些正式会议通过的文件（如决议、纪要等）,发文时间则写在标题下面,有时还必须写明是什么会议通过的,然后用圆括号括起来。成文日期用阿拉伯数字将年、月、日标全,年份应标全称,月、日不编虚位（即 1 不编 01）。

（十三）印章

印章是公文生效的标志,也是代表机关职权的标志。如果是单一机关制发的公文,印章应端正、居中下压发文机关署名和成文日期,使发文机关署名和成文日期居印章中心偏下位置,印章顶端应距正文（或附件说明）一行之内,成文日期右空四字,印章用红色;如果是联合行文需加盖两个印章时,主办机关印章在前,印章应端正、居中下压协办机关署名和成文日期,印章用红色。只能采用同种加盖印章方式,以保证印章排列整齐。两印章间互不相交或相切,相距不超过 3 mm;如果是联合行文需加盖三个以上印章时,为防止出现空白印章,应将各发文机关署名按照发文机关顺序整齐排列在相应位置,并将印章一一对应、端正、居中下压发文机关署名,主办机关印章在前,最后一个印章端正、居中下压发文机关署名和成文日期。印章之间要排列整齐,每排最多排三个印章,两端不得超出版心,最后一排如余一个或两个印章,均居中排布,印章之间不相交或相切,首排印章顶端应当上距正文（附件说明）一行之内。

但必须注意,当公文排版后所剩空白处不能容下印章位置时,应采取调整行距、字距的措施加以解决,务使印章与正文同处一面,不得采取标识"此页无正文"的方法解决。

（十四）附注

附注是指文件末页最后的文尾部分,一般是对公文的发放范围、使用时需要注意的事项等情况的说明。例如:"此件发至省军级"、"此件发至县团级"、"此件可登报"等等。

中央文件的阅读（传达）范围主要有以下几种情况:

1. 发给各省、自治区、直辖市党委,各大军区党委。这种中央文件机密性强,阅读范围小,只供各受文单位的党委常委（党组成员）以上干部阅读。

2. 发至省、军级。省军区党员干部,以及中央组织部批准按省军区待遇的党员干部,可阅读至省、军级的中央文件。各正厅局级党委（党组）主要负责同志,可阅读有关省、军级中央文件。

3. 发至地、市级。厅局级及以上的党员干部可以阅读。

4. 发至县、团级。县处级或相当级别以上的党员干部可以阅读。

5. 发至县、团级并可登党刊的文件,一般可发至基层党委和党支部。

6. 公开发布。经批准可在报刊、电台、电视台刊登、播发的文件,同内部印发的正式文件具有同等效力,应与正式文件一样依照执行;同时,由制发机关按照正式文件格式印发少量份数,供有关单位存档备查。

公文如有附注,用 3 号仿宋体字,居左空二字加圆括号编排在成文日期下一行。公文如有两个以上的附注,应用阿拉伯数字排列。

（十五）附件

附件是附属于正文的材料,是某些公文根据需要附加的重要组成部分,通常可作为对正文的补充说明或参考资料。例如:在正文之后附有照片、图表、统计表,及其他文字材料等。附件应当另面编排,并在版记之前,与公文正文一起装订。"附件"二字及附件顺序号用 3 号黑体字顶格编排在版心左上角第一行,有序号时标识序号,附件标题居中编排在版心第三行。附件顺序号和附件标题应当与附件说明的表述一致。附件格式要求同正文。

如附件与正文不能一起装订,应当在附件左上角第一行顶格编排公文的发文字号并在其后标注"附件"二字及附件顺序号。

必须注意,附件并非可有可无或不重要,它是公文的一个重要组成部分,有的还是公文的发文主要缘由。例如:批转、转发、发布性公文,其正文都是因附件而专门撰写的。

（十六）抄送机关

抄送机关是指除主送机关外需要执行或知晓公文内容的其他机关,应当使用全称或者规范化简称、统称。

确定抄送机关要掌握以下几条原则:

1. 抄送要限于同文件内容有关、需要对方知道或协助办理的机关,既不能滥送,也不能漏送。

2. 向上级机关的请示,不可同时抄送下级机关;向上级机关的报告,一般也不要抄送下级机关。

3. 向下级机关的重要行文,可以抄送直接的上级机关;翻印或原文转发上级机关的文件,不要再送上级机关。

4. 在一般情况下,下级机关不得越级行文请示、报告,也不得越级抄送文件。因特殊情况必须越级行文时,应当抄送被越过的上级机关。

5. 受双重领导的单位的请示、报告,应根据文件的内容确定主送机关和抄送机关。上级机关向受双重领导的单位行文,应视文件内容来确定是否送收文单位的另一个上级机关。

公文如有抄送机关,一般用 4 号仿宋体字,在印发机关和印发日期之上一行、左右各空一字编排。"抄送"二字后加全角冒号和抄送机关名称,回行时与冒号后的首字对齐,最后一个抄送机关名称后标句号。

如需把主送机关移至版记,除将"抄送"二字改为"主送"外,编排方法同抄送机关。既有主送机关又有抄送机关时,应当将主送机关置于抄送机关之上一行,之间不加分隔线。

（十七）印发机关和日期

印发机关是指文件签发后公文送印的机关,如各级行政机关的办公厅（室）。这里所讲的"日期"并不是成文日期,而是指公文送印的日期。印发机关和印发日期一般用 4 号仿宋体字,编排在末条分隔线之上,印发机关左空一字,印发日期右空一字,用阿拉伯数字将年、月、日标全,年份应标全称,月、日不编虚位(即 1 不编为 01),后加"印发"二字。印发机关和印发日期应写在文件的最后一行。

版记中如有其他要素,应当将其与印发机关和印发日期用一条细分隔线隔开。

(十八) 页码

一般用 4 号半角宋体阿拉伯数字,编排在公文版心下边缘之下,数字左右各放一条一字线;一字线上距版心下边缘 7 mm。单页码居右空一字,双页码居左空一字。公文的版记页前有空白页的,空白页和版记页均不编排页码。公文的附件与正文一起装订时,页码应当连续编排。页码位于版心外。

二、公文的特定格式

(一) 信函格式

发文机关标志使用发文机关全称或者规范化简称,居中排布,上边缘至上页边为 30 mm,推荐使用红色小标宋体字。联合行文时,使用主办机关标志。

发文机关标志下 4 mm 处印一条红色双线(上粗下细),距下页边 20 mm 处印一条红色双线(上细下粗),线长均为 170 mm,居中排布。

如需标注份号、密级和保密期限、紧急程度,应当顶格居版心左边缘编排在第一条红色双线下,按照份号、密级和保密期限、紧急程度的顺序自上而下分行排列,第一个要素与该线的距离为 3 号汉字高度的 7/8。

发文字号顶格居版心右边编排在第一条红色双线下,与该线的距离为 3 号汉字的 7/8。

标题居中编排,与其上最后一个要素相距二行。

第二条红色双线上一行如有文字,与该线的距离为 3 号汉字高度的 7/8。

首页不显示页码。

版记不加印发机关和印发日期、分隔线,位于公文最后一面版心内最下方。

(二) 命令(令)格式

发文机关标志由发文机关全称加"命令"或"令"字组成,居中排布,上边缘至版心上边缘为 20 mm,推荐使用红色小标宋体字。

发文机关标志下空二行居中编排令号,令号下空二行编排正文。

(三) 纪要格式

纪要标志由"×××××纪要"组成,居中排布,上边缘至版心上边缘 35 mm,推荐使用红色小标宋体字。

标注出席人员名单,一般用 3 号黑体字,在正文或附件说明下空一行左空二字编排"出席"二字,后标全角冒号,冒号后用 3 号仿宋体字标注出席人单位、姓名,回行时与冒号后的首字对齐。

标注请假和列席人员名单,除依次另起一行并将"出席"二字改为"请假"或"列席"外,编排方法同出席人员名单。

纪要格式可以根据实际制定。

三、公文的排版形式与装订要求

公文的排版形式,是指公文数据项目在公文版面上的标印格式。即公文的外观形式。包括版头设计、版面安排、字体字号、字行字距、天地页边、用纸规格等。总的要求是:公文页面整洁、美观、明显,看上去清新悦目。

(一) 用纸规格

公文用纸一般采用国际标准 A4 型(210 mm×297 mm),左侧装订。张贴的公文用纸大小,根据实际需要确定。

(二) 排版规格

正文用 3 号仿宋体字,一般每面排 22 行,每行排 28 个字。特定情况可以作适当调整。

(三) 书写格式

公文文字从左至右横写、横排。在民族自治地方,可以并用汉字和通用的少数民族文字(按其习惯书写、排版)。

(四) 公文页边与版心尺寸

公文用纸天头(上白边)为:37 mm±1 mm;公文用纸订口(左白边)为:28 mm±1 mm;版心尺寸为:156 mm×225 mm(不含码)。

(五) 装订要求

公文应左侧装订,不掉页,两页页码之间误差不超过 4 mm,裁切后的成品尺寸允许误差±2 mm,四角成 90 度,无毛茬或缺损。

骑马订或平订的公文应当做到:订位为两钉外订眼距版面上下边缘各 70 mm 处,允许误差±4 mm;无坏钉、漏钉、重钉、钉脚平伏牢固;骑马钉钉锯均钉在折缝线上,平钉钉锯与书脊间的距离 3 mm～5 mm。

包本装订公文的封皮(封面、书脊、封底)与书芯应吻合、包紧、包平、不脱落。

第四节　公文的行文关系与规则

一、行文关系

(一) 确定行文关系的根据

行文关系,是指收文与发文机关之间的关系,它受制于组织关系,是机关之间组织关系在公文运转中的体现。行文关系,依照《党政机关公文处理工作条例》的规定:"行文应当确有必要,讲求实效,注重针对性和可操作性",行文应当根据各自的隶属关系和职权范围确定。

隶属关系,是指机关单位之间在工作与业务方面形成的领导与被领导,或管辖与被管辖的关系。主要有以下四种类型:

1. 同一组织系统中上、下级机关之间属隶属关系(领导与被领导关系),如国务院与省人民政府。

2. 同一组织系统中的上级主管业务部门与下级主管业务部门之间属业务指导关系,

如国家档案局与各省档案局。

3. 同一组织系统中的同级机关之间属平行关系,如同一市政府所属各局之间。

4. 非同一组织系统的任何机关之间均属不相隶属关系,如省人民政府与省军区。

职权范围,是指机关单位的级别及其权力,职能的界限和所辖区域。职权范围有法定的,有上级机关确定的,它的划分是为了明确机关单位的职责和便于监督管理。

(二) 行文关系的表现形式

机关单位的隶属关系和职权范围与公文的行文有着密切关系。其主要表现如下:

1. 上行文

上行文,即下级机关向上级机关行文。它有两种表现形式:

其一,逐级行文:下级机关向直接主管的上级领导机关行文。这是上行公文的主导行文方式,使用频率最高。

其二,越级行文:下级机关越过主管的上级机关,直接向更高层次的上级机关行文。这种行文方式除特殊情况外,一般不宜采用。

2. 平行文

平行文,即平等级别或不相隶属机关单位之间相互行文,以及向有关业务主管部门请求批准事项的行文。平行文体现了机关之间的协作、支持关系。

3. 下行文

下行文,即上级机关向下级机关行文。其行文方式有四种:

其一,逐级行文:上级机关只把公文下发到直接所属的下一级机关,而不涉及到其他层次的下级机关;

其二,多级行文:上级机关同时向所属下级或下几级行文;

其三,直接行文:上级机关通过报纸、电视、电台、张贴等途径,直接向广大群众行文;

其四,联合行文:两个以上的同级机关在同一份公文中联合向下级机关行文。

二、行文规则

行文规则,即行文时必须遵守的规矩、准则,是统一的规范要求。现按行文关系对应当注意的规则介绍如下:

(一) 上行文

1. 请示问题应按照直接的隶属关系和职权范围一文一事。不得在报告等非请示性公文中夹带请示事项。

2. 党委、政府的部门向上级主管部门请示、报告重大事项,应当经本级党委、政府同意或者授权。属于部门职权范围内的事项应当直接报送上级主管部门。

3. 除上级机关负责人直接交办事项外,不得以本机关名义向上级机关负责人报送公文,不得以本机关负责人名义向上级机关报送公文。

4. 各级行政机关一般不得越级请示。因特殊情况必须越级请示时,应当抄送被越过的上级机关。所谓特殊情况,主要是指:涉及重大紧急事项,逐级上报下达会延误时机造成重大损失;经多次请示直接上级机关,问题长期未予解决;直接上、下级机关产生争议而无法解决的问题;上级机关交办并指定直接越级上报的具体事项;检举、控告直接上级机关等。

5. 受双重领导的机关向一个上级机关行文,必要时抄送另一个上级机关。应当写明主送机关和抄送机关,由主送机关负责答复。

6. 下级机关的请示事项,如需以本机关名义向上级机关请示,应当提出倾向性意见后上报,不得原文转报上级机关。

(二) 平行文

1. 级别平等的单位可以相互行文,其行文属于平行文。

2. 凡是相互间没有隶属关系的机关单位,不论各自的级别高低,其行文应当是平行文。

3. 向有关业务主管部门请求批准事项,不论相互间各是什么级别,其行文应采用平行文。

(三) 下行文

1. 主送受理机关,根据需要抄送相关机关。重要行文应当同时抄送发文机关的直接上级机关。

2. 党委、政府的办公厅(室)根据本级党委、政府授权,可以向下级党委、政府行文,其他部门和单位不得向下级党委、政府发布指令性公文或者在公文中向下级党委、政府提出指令性要求。需经政府审批的具体事项,经政府同意后可以由政府职能部门行文,文中须注明已经政府同意。

3. 党委、政府的部门在各自职权范围内可以向下级党委、政府的相关部门行文。

4. 涉及多个部门职权范围内的事务,部门之间未协商一致的,不得向下行文;擅自行文的,上级机关应当责令其纠正或者撤销。

5. 上级机关向受双重领导的下级机关行文,必要时抄送该下级机关的另一个上级机关。

(四) 联合行文

《党政机关公文处理工作条例》规定:"同级党政机关、党政机关与其他同级机关必要时可以联合行文。属于党委、政府各自职权范围内的工作,不得联合行文。党委、政府的部门依据职权可以相互行文。部门内设机构除办公厅(室)外不得对外正式行文。"联合行文应当确有必要,单位不宜过多。联合行文可上行,也可下行,以下行居多。

第五节　公文的稿本及其使用

一、稿本的含义

公文的稿本是指公文的文稿和文本。同一份文件在撰稿、修改、审核、印制过程中,根据需要往往可能产生数种文稿和文本。

二、文稿

文稿主要是公文形成前期所产生的文字材料。主要有以下两种:

（一）草稿（草案）

草稿是供修改、讨论和审批用的原始稿件。而法规文件的草稿又叫草案。草案的内容和文字都尚不成熟，只反映了公文撰写、起草过程。一般地说，一些篇幅不长的公文可能只需要一次草稿。而那些重要的、篇幅较长的公文，则往往需要反复讨论、修改和斟酌，可能形成几次、十几次、甚至几十次草稿。这些草稿常常叫做"初稿"、"二稿"、"三稿"……或者叫做"讨论稿"、"修改稿"、"未定稿"等等。草稿不是正式公文，主要限于机关内部使用。有些公文的草稿或法规性文件的草案，有时也向外发出，但其目的是征求修改意见，并不能产生实际执行效用。

（二）定稿

定稿，是指已经过审核和签发的文件标准稿。是经过讨论、修改、审阅后，已由领导人签发或经会议通过的最后完成稿。定稿代表着文件全部酝酿时期的结果，最大限度地体现了文件形成者的思想成果。只有定稿，才能形成正式文件。可见，定稿就是缮印发出的正本文件的标准依据。

三、文本

根据定稿印制成的文件称为文本。公文文本主要有以下几种：

（一）正本

正本，是指根据定稿印制或缮写的作为向外发出和贯彻执行用的正式公文。正本具有标准的格式，上面有发文机关盖章或发文机关领导人的签署。正本是收文机关处理工作的依据，具有法定的实际效用。正本具有三个特征：一是根据定稿制作的；二是发送给主送机关的；三是具有实际效用，具有行政或法律的作用。这三个特征是密切相关、紧密联系、不可分割的，只有同时具备这三个特征的文本，才能称为正本。

（二）副本

副本，又称抄本，原意是指根据正本另行复制、誊抄的正式公文。由于现代印刷技术的发展，副本和正本往往同时印制出来，故两者在内容和形式上并无区别。副本的作用主要是代正本供人们传阅、参考和备考使用。

（三）存本

存本，是指发文机关留存的印制本，是作为对外发出的正本的样本留作查考使用的。存本上不必盖印和签署。存本被作者自己留存下来，目的是作为定稿相对照和检查正本文件发出后是否达到了预期效果，当发生疑问，用存本与定稿核对，以分清内部与外部的责任。因此，保留存本时应与定稿留存在一起，同时立卷归档。存本留存的份数可根据实际需要而定，有的留存一二份，有的可留存三五份。

（四）试行本和暂行本

试行本和暂行本，主要用于法规性文件，如章程、办法、条例等。试行本是在文件制发机关认为文件内容还不够成熟，有待于通过实践总结经验，才能最后修改定稿时，为了稳妥起见，往往先用试行本的方式发布试行。暂行本是制发机关认为一时还来不及制订详细周密的规定时，先发一个暂行的文件，经过一定时期，积累经验，修订后再发布正式规定。试行本和暂行本在本质上没有什么区别，但试行本着重强调试行，暂行本着重强调时间。试行本和暂行本是具有实际执行效用的正本,应当认真贯彻执行。领导机关应少用和不长期使用试行本和暂行本。

（五）各种文字文本

各种文字文本,是指同一份公文而文字不同的文本。同一份公文,有时可能有两种以上的文字文本。在我国少数民族自治地区,为了工作方便,发文机关往往同时使用汉文文本和当地民族文字文本,如蒙文、藏文、维文文本等,以便汉族和兄弟民族干部和群众阅读。两种文字的文本都是正本,同时有效。

外事工作使用的文件,有中文文本和外文文本（如英文、法文、德文、俄文文本等）,我国与某国之间签约、协议等,须同时规定以何种文本为准。比如:规定协议双方两种文字文本具有同等效力,同时有效;或者规定在双方就文件的内容和文字解释上发生争议时,以某种第三种文字文本为准。

（六）修订本

修订本,是指对已经发布生效的公文,嗣后经过实践检验,为其更加完善而重新进行修改后再行发布的文本。从修订生效之日起,原有的文本即失效作废。

【思考题】

　1. 什么是公文? 公文有何特点?

　2. 公文的类型有哪些?

　3. 联系公文实例谈谈公文的作用。

　4. 简述公文的格式要素。

　5. 公文的发文字号、标题各包括哪些要素? 试举例说明。

　6. 简述公文的行文关系与规则。

　7. 什么是正本、副本、试行本、暂行本? 各有何作用?

　8. 案例题:

指出下面这份通知存在的问题,并改正。

机密一年

特急

××××××××文件

×××(2013)03 号

×××××:

　　××。

×××××公司

二〇一二年八月

第四章 指挥性公文写作

在 15 种法定公文中,命令(令)、决定、决议、批复、意见这 5 种公文具有比较突出的指挥性功能,是领导机关施行管理职权的手段,对规范人们的政治思想、社会行为具有特殊的效力。本章以《党政机关公文处理工作条例》为依据,分别介绍了这 5 种公文的适用范围、特点、种类、写法及写作要求,对容易混淆的相近文种进行了区别、比较,并结合例文分析了这 5 种指挥性公文不同的写作特点,要求学生重点掌握其写作结构、写作方法和写作要求,能熟练写出合乎规范的指挥性公文。

第一节 命 令 (令)

一、命令(令)的适用范围

《党政机关公文处理工作条例》规定:命令(令)适用于公布行政法规和规章、宣布施行重大强制性措施、批准授予和晋升衔级、嘉奖有关单位和人员。

命令和令的性质效力相同,只是为了使命令标题在语法上合乎规范而备以使用的,实践中使用"命令"还是"令",视词语搭配的需要或使用习惯而定。一般用规范标题格式时用"命令",如《国务院关于进行第四次全国人口普查登记的命令》;其他情况可用"令",如中华人民共和国主席令、戒严令、动员令等。

二、命令(令)的特点

(一) 法定的权威性

命令(令)是权力威望的体现,直接而集中地反映了领导机关的意志,具有强烈的权威性和指挥性。其发布机关级别高、权力大,使用权限受到极为严格的限制。据《中华人民共和国宪法》、《中华人民共和国地方各级人民代表大会和地方各级人民政府组织法》规定,只有中华人民共和国主席、国务院总理、人大常务委员会委员长、国务院所属各部部长、各委员会主任及地方各级人民政府才可发布命令(令)。除此之外,其他任何单位和个人不能发布命令(令)。在实际运用中,为了突出命令的权威性,通常以国家机关最高领导人的名义发布。

(二) 执行的强制性

命令(令)一旦发布,下级机关必须无条件地、不折不扣地执行。不得延误、干扰、违抗,否则将受到严厉的惩罚。从这一点来讲,命令(令)的强制性比其他任何下行文都强烈得多。

（三）语言的庄重性

命令（令）主要用于重大决策事项的发布，这就决定了它的语言要高度准确、凝练、规范，语气坚定、强硬、决断有力，语体风格庄重严肃。

三、命令（令）的种类

按照内容和性质的不同，命令（令）可以分为公布令、行政令、嘉奖令、授勋令、任免令等。

（一）公布令

公布令也称发布令、颁布令。它是国家领导机关和有关部门用来公布法律、发布行政法规和规章的命令。值得注意的是，用命令（令）颁布法律、法规或规章时，其本身并不是法律，但它是使法律生效的必要的法律形式。公布令一经发布，就要求全体公民、有关单位和人员无条件地遵照执行，具有极强的规定性和支配力，不容违抗和抵制。如2011年12月20日发布的《中华人民共和国国务院令》，用于颁布《中华人民共和国招标投标法实施条例》，就属于公布令。

（二）行政令

行政令是用于宣布施行重大的强制性行政措施的命令。其适用范围比较广，在国家政治、经济、文化等领域中，凡国家领导机关和有关部门采取的重大强制性行政措施，均可以行政令的形式予以发布。行政令又包括戒严令、动员令、特赦令等。如《国务院关于在西藏自治区拉萨市实行戒严的命令》。

（三）嘉奖令、授勋令

嘉奖令用于表彰有突出成就和重大贡献的单位、集体及个人；授勋令用于授予有关人员国家级荣誉称号、国家勋章和晋升衔级。二者在写法上基本相同。如《湖北省人民政府对省残联的嘉奖令》属于嘉奖令；《国务院、中央军委关于授予钱学森同志"国家杰出贡献科学家"荣誉称号的命令》属于授勋令。

（四）任免令

用于任免政府高级官员。如2012年3月28日发布的《中华人民共和国主席令》，宣布任命梁振英为中华人民共和国香港特别行政区第四任行政长官，就属任免令。

四、命令（令）的写法

（一）标题

命令（令）的标题常见的有三种形式：

1. 发文机关＋事由＋文种，如《国务院关于贯彻保护侨汇政策的命令》。行政令、嘉奖令、授勋令的标题一般用这种写法。

2. 发文机关（或机关首长）＋文种，如《中华人民共和国主席令》、《四川省人民政府令》。这种写法多适用于任免令和公布令。

3. 事由＋文种，如《向全国进军的命令》。

（二）主送机关

公布令、行政令、任免令因其面向行政机关所辖范围内的全体成员，因此可省略主送机关。但是,嘉奖令、授勋令一般要写明主送机关。

(三) 正文

命令(令)的种类不同,正文部分的写法也有所不同,现分述如下:

1. 公布令

公布令的正文一般包括三项内容:一是所公布行政法规或规章的名称;二是公布行政法规或规章的依据;三是行政法规、规章通过或批准的时间及施行起始时间。如 2011 年 12 月 20 日发布的《中华人民共和国国务院令》,其正文是:"《中华人民共和国招标投标法实施条例》已经 2011 年 11 月 30 日国务院第 183 次常务会议通过,现予公布,自 2012 年 2 月 1 日起施行。"令文写得严谨、凝练,语言简短而含义明确。

需要注意的是,公布令属于复合体公文,所公布的行政法规或规章全文附在公布令之后,但不作为附件处理,而是正文的组成部分。

2. 行政令

行政令篇幅一般比较长,其正文由三部分内容组成:

一是发令缘由,主要说明发布该命令(令)的原因、目的和依据。要写得简洁明了,集中概括,给人以紧迫感,从而引起受文对象的高度重视,增强执行命令的决心和自觉性。这部分写完后,一般要用过渡语来衔接下文,如"为此,发布命令如下"、"为此,现发布如下命令"、"为……特命令"等。

二是命令事项,这是正文的主体部分,要写出所应采取的重大的强制性措施。一般分条列项来写,如内容少,也可以一段到底。要求内容陈述得当,条理清晰,语言简洁,用词准确,语气肯定,便于接受者理解和执行。绝不能含糊其辞,模棱两可。

三是执行要求,这是正文的结尾部分,一般是对受命者的嘱咐,主要说明执行的办法、措施等。要求写得与前面两部分紧密相连,互相呼应,如果执行要求在前两部分已经讲明,这里就不再赘述。语言要准确、简洁、规范。

3. 嘉奖令、授勋令

二者在写法上基本相同,正文一般都由三部分组成:

首先,概括嘉奖或授勋对象的主要事迹和意义,这也是发文的依据和目的。这部分要写得实事求是,概括得当,主要事迹要重点突出,分析入理,条理清晰。

其次,要写明对受奖人员或授勋对象的嘉奖办法、授予的荣誉称号等。这是主体部分,要求用语准确,文字简洁,叙述有条不紊。

最后,向有关人员提出希望,发出号召。这部分要紧扣嘉奖或授勋对象的事迹来写,发出的号召要富有针对性、鼓动性,切实起到宣传、教育作用。

嘉奖令、授勋令的内容往往比较丰富,语言要求带有爱憎感情色彩,可以写得生动一些;但同时要注意用语准确,文风严肃,体现出命令(令)的权威性。

4. 任免令

任免令的结构比较单一,写法固定,其正文一般包括两部分内容:一是任免的依据,一般写为"根据×××××会议的决定";二是任免决定,即被任免者的姓名及所任免的职务,一般写为"任命×××同志为×××××"、"免去×××同志××××职务"。

(四) 发文机关署名、成文日期和印章

命令(令)有签署发文机关名称的,也有签署领导人姓名的。凡签署领导人姓名者,必须在姓名前标注该领导人职务的全称。如"中华人民共和国主席　　胡锦涛"。签署写在正文(或附件说明)的右下方,发布命令(令)的时间写在签署的下面,并加盖印章。若成文时间已标在标题之下,这里则可不写。

五、命令(令)的写作要求

(一) 内容要概括、集中、明确

命令(令)所涉及的事项都非常重大,内容必须概括、集中、明确,要与现行的国家法律法规、党和政府的方针政策及有关规定相一致。如提出新的政策规定,应加以说明。

(二) 条理要清晰,结构要严谨

命令(令)在行文上一定要注意条理清楚、结构严谨。无论是采用一段到底的写法,还是分条列项的写法,从发令缘由的交待,到命令事项的阐述,执行要求的提出,都要做到逻辑严密、层次清晰、结构完整。

(三) 文种使用要审慎

命令(令)的使用必须严肃审慎,不能滥用、错用,必须根据宪法、法律规定的权限范围来发布。

【例文】

向全国进军的命令

(1949 年 4 月 21 日)

各野战军全体指挥员战斗员同志们,南方各游击区人民解放军同志们:

由中国共产党的代表团和南京国民党政府的代表团经过长时间的谈判拟定的国内和平协定,已被南京国民党政府所拒绝。南京国民党政府的负责人员之所以拒绝这个国内和平协定,是因为他们仍然服从美国帝国主义和国民党匪首蒋介石的命令,企图阻止中国人民解放事业的推进,阻止用和平方法解决国内问题。经过双方代表团的谈判所拟定的国内和平协定八条十四款,表示了对于战犯问题的宽大处理,对于国民党军队的官兵和国民党政府的工作人员的宽大处理,对于其他各项问题亦无不是从民族利益和人民利益出发作了适宜的解决。拒绝这个协定,就是表示国民党反动派决心将他们发动的反革命战争打到底。拒绝这个协定,就是表示国民党反动派在今年1月1日所提议的和平谈判,不过是企图阻止人民解放军向前推进,以便反动派获得喘息时间,然后卷土重来,扑灭革命势力。拒绝这个协定,就是表示南京李宗仁政府所谓承认中共八个和平条件以为谈判基础是完全虚伪的。因为,既然承认惩办战争罪犯,用民主原则改编一切国民党反动军队,接收南京政府及其所属各级政府的一切权力以及其他各项基础条件,就没有理由拒绝根据这些基础条件所拟定的而且是极为宽大的各项具体

办法。在此种情况下,我们命令你们:

（一）奋勇前进,坚决、彻底、干净、全部地歼灭中国境内一切敢于抵抗的国民党反动派,解放全国人民,保卫中国领土主权的独立和完整。

（二）奋勇前进,逮捕一切怙恶不悛的战争罪犯。不管他们逃至何处,均须缉拿归案,依法惩办。特别注意缉拿匪首蒋介石。

（三）向任何国民党地方政府和地方军事集团宣布国内和平协定的最后修正案。对于凡愿停止战争、用和平方法解决问题者,你们即可照此最后修正案的大意和他们签订地方性的协定。

（四）在人民解放军包围南京之后,如果南京李宗仁政府尚未逃散,并愿意于国内和平协定上签字,我们愿意再一次给该政府以签字的机会。

中国人民革命军事委员会主席　　毛泽东

中国人民解放军总司令　　朱　德

【评析】

《向全国进军的命令》是以中国人民革命军事委员会主席毛泽东和中国人民解放军总司令朱德的名义,向人民解放军全体指战员发布的一篇动员令。它无论从形式到内容,都达到了高度完善、炉火纯青的地步,堪称命令(令)这一文种的典范。

一、体式合乎规范。《向全国进军的命令》标题采用了事由加文种的方法,清楚明白,十分醒目。标题下面注明了发令的年、月、日,让人一目了然。正文由缘由和命令事项两部分组成,理由充分,事项明确。文尾签署也很清晰,把职务和姓名都写在合适的位置,给人以完整全面之感。

二、逻辑严谨细密。《向全国进军的命令》开门见山地道出了命令的缘由;接着追溯了南京国民党政府拒绝协定的原因;随即进一步指出了南京国民党政府拒绝协定是完全没有道理的。命令的缘由部分,认真分析了当时的形势,严肃地指出了发布向全国进军的命令的切实根据和充足理由,使这个命令产生了巨大的动员力量和巨大的号召力量。在缘由之后,命令就紧接着提出了四条命令事项,依照逻辑次序,由总到分逐一展开。这四条命令事项是完成进军任务缺一不可的整体,因而,环环相扣,逻辑严密。且分条列项来写,显得层次分明,井然有序。

三、语言准确有力。《向全国进军的命令》语言运用准确洗练,铿锵有力。例如:事项部分中写道:"坚决、彻底、干净、全部地歼灭中国境内一切敢于抵抗的国民党反动派","逮捕一切怙恶不悛的战争罪犯。不管他们逃至何处,均须缉拿归案,依法惩办。"这些准确有力、恰如其分的文字表达,充分体现了作者的意图。在命令事项的第一条和第二条中都以"奋勇前进"四个字做开始语,显得十分坚定、庄重,具有一定的号召力。

第二节　决　　定

一、决定的适用范围

《党政机关公文处理工作条例》规定：决定适用于对重要事项作出决策和部署、奖惩有关单位和人员、变更或者撤销下级机关不适当的决定事项。

决定是一种领导性、规定性、约束性的公文。各级党政机关、社会团体或企事业单位，对某些重要事项或重大行动作出安排，都可以用决定。决定的用途十分广泛。决定可以通过会议的方式形成，也可由领导机关直接制发。

二、决定的特点

（一）制约性

决定虽然没有命令那样浓厚的强制色彩，但也具有很强的权威性和指挥色彩，其制约性比其他公文要强。决定比较集中地体现上级领导机关的意志，一经发布，对受文机关就会产生很强的约束力，受文机关必须严格遵守，认真贯彻执行，以此作为处理工作的依据。

（二）稳定性

决定在宣布重大决策事项的同时，往往还要拟定具体措施及方案，其所传达的上级安排及有关决策事项，要求在相当长时期内贯彻执行。

（三）广泛性

决定属于下行文，其使用范围很广，不仅国家党政机关可以使用，群众团体、基层企事业单位也可使用。

三、决定的种类

根据决定的功能，决定可以分为：

（一）部署性决定

也叫指挥性决定，用于党和国家行政机关部署全局工作，或采取某种重大举措，或对重要事项作出安排。决定中所涉及的"重要事项"往往是带有全局意义或深远影响的事项。部署性决定有时也由会议直接发出，或经某次会议讨论后发出。如《国家土地管理局关于强化土地执法监督工作若干问题的决定》，阐述了强化土地执法监督工作的措施和方法，就属涉及全国范围、具有深远意义的部署性决定。

（二）知照性决定

当上级机关就某一事项或者某一行动（如表彰先进、设置机构、安排人事等）要告知下级机关或者人民群众时，有时会以决定行文，这类决定即为知照性决定。常见的知照性决定有奖惩决定、任免决定、机构设置决定等。如2012年5月6日发布的《国务院关于表彰全国公安机关先进模范集体的决定》就属于知照性决定中的表彰决定。

（三）变更或撤销性决定

指对下级机关不适当的决定事项作出变更或撤销处理的决定。如2011年1月8日公布的《国务院关于废止和修改部分行政法规的决定》就属于变更或撤销性决定。

四、决定的写法

(一) 标题

决定的标题一般有两种组成方式:

1. 发文机关＋事由＋文种,如《国务院关于修改〈出版管理条例〉的决定》、《中共中央、国务院关于打击经济领域严重犯罪活动的决定》。

2. 事由＋文种,如《关于环境保护工作的决定》。

(二) 主送机关

如属普发性决定,一般不写主送机关;如决定是在一定范围内发送的,则要根据文件内容写明主送机关。

(三) 正文

不同类型的决定,其正文部分的写法有所不同:

1. 部署性决定

部署性决定不仅要使受文机关了解决定的内容,而且要求人们按照决定的内容去做,所以篇幅一般都比较长。其正文一般由三部分组成:

第一部分简要交代作出决定的原因、目的、依据、背景情况等。对一些重大的或复杂的问题作出决定时,还需在开头分析、论述作出决定的必要性、重要性。

第二部分是主体部分,要介绍决定的具体事项、实施措施等。这部分要写得明确具体,一般应分条分段来写,一条一层含义,条与条之间要上承下转,逻辑严密。

第三部分即结尾部分,要根据决定事项提出相应的执行要求。这一部分不是所有的决定都要写,应视具体情况而定。

2. 知照性决定

知照性决定的目的,不是让人们具体地去做什么,而是要把决定的事项传达给有关地区、单位和人员,因此一般没有执行要求,少数兼有事项安排。

(1) 奖惩决定

奖惩决定所涉及的对象必须是贡献突出或错误性质严重、影响恶劣的单位、集体或个人。奖惩决定又可分为表彰决定和处分决定。

如是表彰决定,首先要简要介绍被表彰者的身份、先进事迹、表彰的形式(授予称号、授勋、奖章、证书、物质奖励等),然后对被表彰者作出恰如其分的评价,最后对受文机关及有关人员提出希望或发出号召。

如是处分决定,应写出违纪人员的简历,所犯错误的主要事实,造成的后果和危害,对错误的定性(分析其性质、根源、责任及所违反的法律或规章制度的条文等),写明处分决定,最后还要指出应汲取的教训,提出希望和要求,以对他人起到警戒作用。

(2) 任免决定

这类决定写法比较简单,一般先写明任免根据,再写明任免人员的职务和姓名,有的还写上任期和待遇等。常见的写作格式为:"×××××××会议决定:任命×××同志为××××××,免去×××同志××××××职务。"

(3) 机构设置决定

这类决定在写法上往往开门见山,直陈直叙,开头写明行文的原因、目的或根据,然后介绍设置的机构及编制即可。

3. 变更或撤销性决定

更变或撤销性决定的正文部分一般只需写明更变或撤销有关事项的原因、依据和决定事项。如《国务院关于废止和修改部分行政法规的决定》,开头部分简要说明发文目的、根据,接着写明决定事项:"一、对 7 件行政法规予以废止。二、对 107 件行政法规的部分条款予以修改。"而《国务院决定废止的行政法规》和《国务院决定修改的行政法规》则作为附件附在正文之后。

(四) 发文机关署名、成文日期和印章

不是会议通过的决定,在正文(或附件说明)右下方写明发文机关名称及成文时间,并加盖印章;经会议通过的决定,在标题正下方注明经何会议通过及会议通过的时间,并用圆括号括入。

五、决定的写作要求

(一) 缘由要充分、准确

决定的缘由是形成决定事项的依据和理由,既要简明扼要,又要有理有据,令人信服;既要有政策和法律依据,又要结合实际,论断经得起实践检验。不符合党和国家方针政策、不符合实际的缘由是缺乏说服力的,不可取的。

(二) 事项要具体、明确、可行

决定事项是决定的主要内容,必须具体、明确。决定中提出的措施、办法、要求等必须切实可行,以便下级机关清楚地理解、正确地贯彻执行,否则会影响决定的实施。

(三) 语言要庄重、严谨,富有决断性

决定是下行文,其语言表达不仅要精炼、严谨,而且要体现出威严性、决断性。陈述决定的事项、落实的措施、解决的办法、提出的要求等,表达上一定要完整、周密,语气坚决、肯定,切忌模棱两可,含混不清。

六、决定与命令(令)的区别

决定与命令(令)都属于指挥性公文,具有很强的权威性,都要求下级机关执行照办,但二者也有着鲜明的区别,主要体现在:

(一) 发文机关级别不同

命令(令)的发文机关级别高,必须是宪法和各级政府组织法明确规定的法定机关或法定领导人才有权发布;而决定的发文机关非常广泛,基层单位、群众团体都可发布决定。

(二) 内容重要程度不同

命令(令)涉及的内容非常重要,非重大的政策法规、重大的问题与决策、重大的任务与嘉奖一般不用命令发布;决定涉及的一般都是比较重要的事项,或是需要安排部署重大行动与活动的。

(三) 制约性强度不同

命令(令)对下级机关的制约性非常强,理解要执行,不理解也要执行,不容商量,不允许灵活变通,正所谓"军令如山"。决定的强制性不及命令(令),虽然它对下级机关也有制约作用,但下级机关在执行过程中遇到不理解的地方可请求上级机关予以解释。

【例文】

国务院关于表彰全国公安机关
先进模范集体的决定

国发〔2012〕16号

各省、自治区、直辖市人民政府,国务院各部委、各直属机构:

党的十七大以来,全国公安机关在党中央、国务院和地方各级党委、政府领导下,忠实履行宪法和法律赋予的神圣职责,在打击敌人、惩治犯罪、维护治安、服务群众等方面做了大量卓有成效的工作,涌现出一大批先进模范集体,为维护国家安全和社会稳定、服务经济社会发展、构建社会主义和谐社会作出了重要贡献。

为表彰先进、弘扬正气,国务院决定,授予北京市公安局西城分局府右街派出所、浙江省宁波市公安局鄞州分局高桥派出所、陕西省西安市公安局未央分局大明宫派出所"人民满意派出所"荣誉称号;授予吉林省长春市公安局特警支队"特别能战斗特警队"荣誉称号;授予上海市公安局刑事侦查总队一支队"特别能战斗刑侦队"荣誉称号;授予广东省广州市公安局刑事警察支队刑事技术所"模范刑事技术所"荣誉称号;授予福建省厦门市公安局出入境管理处"模范出入境管理处"荣誉称号;授予山东省青岛市公安局网络警察支队"模范网络警察支队"荣誉称号;授予湖北省武汉市第一看守所"模范看守所"荣誉称号;授予河北省公安厅高速公路交通警察总队保定支队涿州大队、湖南省吉首市公安局交通管理大队矮寨三中队"模范交警队"荣誉称号;授予云南省开远市公安局强制隔离戒毒所"模范戒毒所"荣誉称号;授予西藏自治区山南地区公安处国内安全保卫支队"模范国保支队"荣誉称号。

国务院希望获得荣誉称号的先进模范集体珍惜荣誉,再接再厉,继续发挥模范表率作用,不断争取新的更大成绩。国务院号召全国公安机关和广大公安民警以先进模范集体为榜样,学习他们忠于党、忠于祖国、忠于人民的政治本色,学习他们情系百姓、全心全意为人民服务的崇高思想,学习他们理性、平和、文明、规范执法的职业操守,学习他们英勇善战、不怕牺牲的优秀品质,学习他们"建一流队伍,创一流业绩"的进取精神,在以胡锦涛同志为总书记的党中央坚强领导下,高举中国特色社会主义伟大旗帜,以邓小平理论和"三个代表"重要思想为指导,深入贯彻落实科学发展观,立警为公、执法为民,全面推进公安工作和公安队伍建设,坚决维护国家安全和社会稳定,为构建社会主义和谐社会作出新的更大贡献。

国务院

二〇一二年五月六日

【评析】

这是一份表彰性决定,其写作特点如下:

一、标题内容完整,中心突出。此例文标题采用完全式写法,由发文机关(国务院)、事由(关于表彰全国公安机关先进模范集体)、文种(决定)构成。"表彰全国公安机关先进模范集体"非常明确地体现出了决定的中心。

二、正文部分层次清晰,内容具体明确。开头一段简要说明发文的原因,并对受表彰的先进模范集体予以高度的评价:他们"为维护国家安全和社会稳定、服务经济社会发展、构建社会主义和谐社会作出了重要贡献",这也是发文的根据,写得简洁、凝练,并富有鲜明的感情色彩;紧接着以一句"为表彰先进、弘扬正气,国务院决定",既表明发文目的,又承上启下,引出了表彰决定;随后即具体地写明所表彰的对象及所授予的荣誉称号,因涉及对象较多,采用了排比的写法,这是决定的事项部分,直陈直叙,写得具体、明确;最后对表彰对象提出殷切希望,并向全国公安机关和广大公安民警发出以先进模范集体为榜样的号召,在这里,作者连用了四个排比句,提出四个方面的学习内容,即:学习他们的"政治本色"、"崇高思想"、"职业操守"和"进取精神","为构建社会主义和谐社会作出新的更大贡献",这四个方面非常准确、恰当、精炼地概括出了先进典型所体现出的精神实质,使受文单位对决定的意义有了更进一步的理解,语言精简有力而又极富感召性。

第三节　决　　议

一、决议的适用范围

《党政机关公文处理工作条例》规定:决议适用于会议讨论通过的重大决策事项。

决议是记录和反映会议议决意见的一种指导性公文。

二、决议的特点

(一) 决策性与指导性

决议是针对重大问题和重要事项所作出的决策,一经形成,就会在较大范围内产生重大影响,决议中表述的观点和对某一事项的评价具有很强的指导意义。

(二) 权威性与约束力

决议必须经过特定的会议(如人民代表大会、党员代表大会、职工代表大会,以及由这些代表大会选举产生的委员会、常务委员会等)进行讨论,并按照法定的程序表决通过才能生效,这本身就具有权威性。所以决议反映的是党的领导机关的意志,一经发布,必须严格遵守,认真贯彻落实,不得违背。

三、决议的种类

根据涉及内容及范围的不同,决议可分为三种类型:

(一) 批准式决议

即用来审议、批准会议有关重要文件的决议。一些重要会议,如党代会、人代会、团代会等,需以决议的方式对提交会议讨论、修改并通过的文件进行评价,并批准发布。如

《中国共产党第十七次全国代表大会关于十六届中央委员会报告的决议》就属此类决议。

（二）涉及重大问题的决议

即对某些重大问题经过会议讨论研究后所作出的决议。这类决议涉及的内容往往是原则性的、非事件性的，其影响范围大，影响时间久远，意义重大。如《中共中央关于加强社会主义精神文明建设若干问题的决议》就属此类决议。

（三）安排某项工作的决议

即对某些重要的、长期的工作进行布置安排的决议。如《第七届全国人民代表大会第一次会议关于建立海南经济特区的决议》就属此类决议。

四、决议的写法

（一）标题

决议的标题有两种写法：

1. 发文机关（或会议名称）＋事由＋文种，如《中共中央关于加强社会主义精神文明建设若干重要问题的决议》、《中国共产党第十七次全国代表大会关于中央纪律检查委员会工作报告的决议》。

2. 事由＋文种，如《关于吸收×××同志为中共预备党员的决议》。

（二）成文日期

在标题之下正中位置注明会议名称及决议正式通过的日期，并用圆括号括入。

（三）正文

决议的类别不同，其正文部分的写法也有所不同：

1. 批准式决议

这种决议的正文一般分三个部分：

第一部分，决议根据。写明什么会议讨论通过（或审查、批准）了什么工作报告或文件（如预算、计划等），并简要说明这一报告或文件的意义。

第二部分，决议内容。介绍会议基本情况，表明对该工作报告或文件的基本态度，并针对其内容进行评价，对其基本精神作进一步的强调，有时还要对今后的工作作出部署，指出今后工作的方向。写法上常以"大会听取了"、"大会讨论了"、"大会认为"、"大会强调"、"大会指出"等习惯用语起头。这部分内容一般较多，可分条分项来写。

第三部分，大会号召。对有关方面提出希望或要求，并发出号召。一般用"会议要求"、"会议希望"、"大会号召"等习惯用语起头。

2. 涉及重大问题的决议

这类决议的开头一般是简要说明作出决议的根据、背景、目的或意义；主体部分围绕中心论点，阐明议定事项；结尾可提出希望，发出号召。这类决议涉及的内容往往比较重大，大都是对党和国家建设事业发展进程中的重大原则性问题进行评价、作出结论，具有极高的理论性、政策性。撰写时要求观点鲜明，分析透彻，逻辑严密。因其篇幅一般较长，往往需把主要内容分成若干个部分来写。主体部分要有较多的议论，多采用夹叙夹议的写法。

3. 安排某项工作的决议

这种决议的开头部分一般先介绍会议的基本情况，阐明作出某项工作安排的原因、目的或意义等。既要写得简明扼要，又要说理充分，能使执行者充分认识到作出这项重大安排的意义。

第二部分，要根据上级文件精神和本单位实际情况，写明对工作的安排部署，明确工作的指导思想、目标任务、措施要求等。内容复杂时，可分条分项撰写。

第三部分，提出希望，发出号召。有时主体部分结束，全文也就自然结束。

五、决议的写作要求

（一）从宏观角度选材立意

决议是指挥性公文，发文机关系党的领导机关，所以撰写时应该统摄全局，从宏观的角度去确立主旨，选取材料，分析研究。要紧扣会议精神和主题，准确阐明会议决策事项，体现与会者的集体意志，做到中心明确，重点突出。

（二）理论与实践相结合

决议的内容多是有关全局性的、原则性的重大问题或决策事项，具有较强的理论性。这就要求撰写者必须具备良好的理论素养和政策素养，以马克思主义的立场、观点和方法来分析问题，并做到理论与实践相结合。

（三）结构严谨有序

由于会议内容具有多面性，与会者讨论的问题比较广泛，涉及面往往比较宽，所以决议的写作必须要注重结构严谨，条理清晰，逻辑严密。

六、决议与决定的区别

决议和决定都是带有决策性质、具有鲜明权威性和指挥性的下行文。其区别主要体现在：

（一）生成程序不同

决议须经一定规格的法定会议（如党的代表大会、党的各级委员会的全体会议等）对某一议题进行集体讨论，获得法定的多数通过后，才能形成正式文件，并以会议的名义公布；而决定既可以提交到会议上讨论通过后发布，也可由各级领导机关直接制作并予以发布。

（二）写作内容不同

决议、决定都是对重大问题的决策，但决议是会议对重要问题提出的原则性、纲领性、指导性的意见和要求，理论性比较强，更带宏观性与战略性；而决定所涉及的内容一般是机关工作中遇到的具体事项，行文中要着重提出开展某项工作的步骤、措施、要求等，其内容更具体化，具有更强的可操作性。

（三）写作格式不同

决议标题中的"发文机关"可以是发文机关名称，但更多的是产生这一决议的会议全称，而且标题下一定要注明什么时间什么会议通过的字样；而决定标题中的"发文机关"一般就是发文机关名称，发布的时间可写在标题下，也可落在正文之后。

决议不写主送机关，决定则视具体情况而定。

（四）作用效果不同

决议、决定同属指挥性公文，都要求认真贯彻执行，但决定的指令性更强。在会议讨论通过的前提下，凡作出了具体的规定和要求，履行法定的权力，强制有关部门贯彻执行的，用决定，其行政约束力强，可以直接成为下级机关行动的准则；而决议所要达到的效果则各式各样，有的决议具有较强的指令性，有的则偏重于号召，还有的只作认定性或认可性的结论，指导有关部门遵照办理。

【例文】

中国共产党第十八次全国代表大会
关于《中国共产党章程(修正案)》的决议

(2012年11月14日中国共产党第十八次全国代表大会通过)

中国共产党第十八次全国代表大会审议并一致通过十七届中央委员会提出的《中国共产党章程(修正案)》，决定这一修正案自通过之日起生效。

大会认为，十六大以来，以胡锦涛同志为主要代表的中国共产党人，坚持以邓小平理论和"三个代表"重要思想为指导，根据新的发展要求，深刻认识和回答了新形势下实现什么样的发展、怎样发展等重大问题，形成了以人为本、全面协调可持续发展的科学发展观。科学发展观，是同马克思列宁主义、毛泽东思想、邓小平理论、"三个代表"重要思想既一脉相承又与时俱进的科学理论，是马克思主义关于发展的世界观和方法论的集中体现，是马克思主义中国化最新成果，是中国共产党集体智慧的结晶，是党必须长期坚持的指导思想。大会一致同意在党章中把科学发展观同马克思列宁主义、毛泽东思想、邓小平理论，"三个代表"重要思想一道确立为党的行动指南。大会要求全党同志更加深入地学习科学发展观，进一步增强贯彻落实科学发展观的自觉性和坚定性，不断完善贯彻落实科学发展观的体制机制，把科学发展观贯彻到我国现代化建设全过程、体现到党的建设各方面。

大会认为，中国特色社会主义道路，中国特色社会主义理论体系，中国特色社会主义制度，是党和人民长期奋斗、创造、积累的根本成就。全面建成小康社会，加快推进社会主义现代化，实现中华民族伟大复兴，必须坚定不移走中国特色社会主义道路。把中国特色社会主义制度同中国特色社会主义道路、中国特色社会主义理论体系一道写入党章，有利于全党深化对中国特色社会主义的认识、全面把握中国特色社会主义的内涵。大会强调，全党同志要倍加珍惜、长期坚持和不断发展党历经艰辛开创的这条道路、这个理论体系、这个制度，坚定道路自信、理论自信、制度自信，奋力夺取中国特色社会主义新胜利。

大会认为，建设生态文明，是关系人民福祉、关乎民族未来的长远大计。必须把生态文明建设放在突出地位，融入经济建设、政治建设、文化建设、社会建设各方面和全过程，坚持生产发展、生活富裕、生态良好的文明发展道路，努力建设美丽中国，实现中华民族永续发展。大会同意将生态文明建设写入党章并作出阐述，使中国特色社会主义事业总体布局更加完善，使生态文明建设的战略地位更加明确，有利于全面推进中国特色社会主义事业。促进工业化、信息化、城镇化、农业现代化同步发展,是我国经济社会发展面临的重大课题,是全面建成小康社会的一项重大战略举措;发展更加广泛、更加充分、更加健全的人民民主,完善中国特色社会主义法律体系,是坚持走中国特色社会主义政治发展道路、积极稳妥推进政治体制改革、加强社会主义法治国家建设的客观需要;建设社会主义文化强国,加强社会主义核心价值体系建设,是推动社会主义文化大发展大繁荣、提高国家文化软实力的必然要求;构建社会主义和谐社会,必须保障和改善民生,使发展成果更多更公平惠及全体人民,加强和创新社会管理。将这些内容写入党章,丰富了社会主义经济建设、政治建设、文化建设、社会建设的内容,对全党同志更加自觉、更加坚定地贯彻党的基本理论、基本路线、基本纲领、基本经验、基本要求,全面推进社会主义市场经济、社会主义民主政治、社会主义先进文化、社会主义和谐社会、社会主义生态文明建设,团结带领全国各族人民不断夺取中国特色社会主义新胜利具有十分重要的作用。

大会认为,改革开放是强国之路,是新时期最鲜明的特点。我国过去 30 多年的快速发展靠的是改革开放,未来发展也必须坚定不移依靠改革开放。只有改革开放,才能发展中国、发展社会主义、发展马克思主义。把这方面内容写入党章,有利于全党更加深刻地认识坚持改革开放的重大意义,更加自觉、更加坚定地推进改革开放。

大会认为,十七大以来,随着党的建设实践发展,我们党对马克思主义执政党建设规律的认识不断深化,正视党面临的考验和风险,重视加强党的执政能力建设、先进性和纯洁性建设,整体推进党的思想建设、组织建设、作风建设、反腐倡廉建设、制度建设,全面提高党的建设科学化水平。根据实践发展,党的十八大提出建设学习型、服务型、创新型的马克思主义执政党的新要求。适应新的形势,全党要用邓小平理论、"三个代表"重要思想、科学发展观和党的基本路线统一思想、统一行动,切实做到求真务实,尊重党员主体地位,加强对主要领导干部的监督。大会同意把这些新成果、新认识、新要求充实到党章关于党的建设总体要求中,使党的建设的主线、总体布局、总体目标更加完善,有利于全面推进党的建设新的伟大工程。

大会认为,总结吸收近年来党的建设的成功经验,并与总纲部分的修改相衔接,对党章部分条文作适当修改十分必要。认真学习马克思列宁主义、毛泽东思想、邓小平理论、"三个代表"重要思想和科学发展观,是广大党员应尽的义务;积极创先争优,组织党员认真学习马克思列宁主义、毛泽东思想、邓小平理论、"三个代表"重要思想和科学发展观,是党的基层组织的基本任务;选拔干部要按照德才兼备、以德为先的原则,坚持五湖四海、任人唯贤;党要更加重视监督干部;党的各级领导干部要坚持原则,讲党性、重品行、作表率。把这些内容写入党章,有利于全党同志坚持党的指导思想、增强学习贯彻科学发展观的自觉性和坚定性;有利于更好坚持公道正派的用人作风、树立正确用人导向、提高选人用人公信度,促进干部健康成长;有利于推动干部队伍特别是主要领导干部进一步提高各方面素质,更好发挥表率作用。

大会要求,党的各级组织和全党同志高举中国特色社会主义伟大旗帜,以马克思列宁主义、毛泽东思想、邓小平理论、"三个代表"重要思想和科学发展观为指导,更好学习党章、遵守党章、贯彻党章、维护党章,坚持党要管党、从严治党,进一步加强党的执政能力建设、先进性和纯洁性建设,以改革创新精神全面推进党的建设新的伟大工程,全面提高党的建设科学化水平,坚定不移沿着中国特色社会主义道路前进,为全面建成小康社会而奋斗。

【评析】

这是一份批准式决议,在写作上有以下几点值得借鉴:

一、体式规范。标题采用完全式写法,由会议名称(中国共产党第十八次全国代表大会)、事由(关于《中国共产党章程(修正案)》)、文种(决议)构成,标题之下标明了什么时间、什么会议通过,让人一目了然。正文部分由决议根据、决议事项和号召三部分构成,结构严谨有序。整篇决议内容完整,格式规范。

二、观点鲜明。开头即写明什么会议审议并通过了什么文件,表明大会对十七届中央委员会提出的《中国共产党章程(修正案)》的基本态度,体现了批准式决议的显著特点。主体部分对《中国共产党章程(修正案)》中新增加或修正的内容进行了全面的分析评价,并对其体现出的意义进行进一步的强调。主体部分共七个自然段,分别从七个方面加以论述,每段突出一个中心,每段均以习惯用语"大会认为"领起,旗帜鲜明地表明了大会的观点。在论述党章修正的内容时,使用"大会一致同意将……写入党章"、"把……写入党章,有利于……"、"大会同意将……写入党章"、"大会同意把……充实到党章……有利于"的写法,态度明确,语气肯定。

三、条理清晰。这篇决议内容丰富,分别论述了把科学发展观,中国特色社会主义道路、理论体系制度,生态文明建设等内容写入党章的原因及意义。内容涉及面虽广,但写得条理清晰,逻辑严密,层次井然。不仅结合实际从根本上分析了将这些内容写入党章的原因,并对其现实意义进行了充分的阐述,分析论证有理有据,具有极高的理论意义和现实意义。

第四节 批 复

一、批复的适用范围

《党政机关公文处理工作条例》规定:批复适用于答复下级机关请示事项。

在实际工作中,上级机关遇到如下情况,需以批复的形式答复下级机关:

(一)当下级机关的工作涉及到方针、政策等方面的重大问题,报请上级机关审核批准时;

(二)当下级机关在工作中遇到新情况、新问题,无章可循,报请上级机关给予明确指示时；

（三）当下级机关遇到无法解决的具体困难，报请上级机关给予指导帮助时；

（四）当下级机关对现行方针政策、法规等有疑问，报请上级机关予以解答说明时；

（五）当下级机关因重大问题有意见分歧，报请上级机关裁决时。

除此之外，有时批复还被用来授权政府职能部门发布或修改行政法规和规章。

二、批复的特点

（一）被动性

批复是用于答复下级机关请求事项的公文，其制作和应用以下级的请示为前提。没有下级机关的请示，就没有上级机关的批复，所以对上级机关来说，批复是被动行文，这一点与其他公文有所不同。

（二）针对性

批复的针对性反映在两个方面：

一是批复必须针对请示机关行文，而对非请示机关不产生直接影响；

二是批复的内容必须针对请示事项，不涉及请示事项以外的内容。并且，上级机关对请求事项无论同意与否，都必须有针对性地予以明确的回答，不能答非所问，或借题发挥。

（三）权威性

批复属于指挥性公文，它提出的处理意见和办法，代表上级机关对问题的决策意见，对下级机关具有行政约束力。特别是对一些重大事项的答复，体现了党和国家的有关方针政策，具有非常强的权威性。所以，批复一旦下达，下级机关必须遵照执行，不得违背。

三、批复的种类

根据内容、性质的不同，批复可分为两类：

（一）表态性批复

表态性批复是针对下级机关请求批准的事宜（如机构设置、人事安排、项目设立、资金划拨等）进行答复，主要表明上级机关对下级机关请示内容的同意或不同意。如《国务院关于同意建立清理整顿各类交易场所部际联席会议制度的批复》，就是国务院针对证监会提出的"关于成立清理整顿各类交易场所部际联席会议并建立工作制度"所作的表态性批复。

（二）指示性批复

指示性批复主要是针对方针政策性问题进行答复。这一类批复，不仅仅是对请示机关提出请示事项的答复，而且在审批某一问题的同时，还要进一步提出指示性意见，要求下级机关执行，其指示性意见在其管辖范围内具有普遍的指导和规范作用。如《国务院关于西部大开发"十二五"规划的批复》就是指示性批复。

另外，授权政府职能部门发布或修改行政法规和规章的批复，也属于指示性批复。如《国务院关于修改〈中华人民共和国出入境管理法实施细则〉的批复》，便是国务院授权公安部、外交部、交通部发布施行经国务院批准修改的《中华人民共和国出入境管理法实施细则》的批复。

四、批复的写法

(一) 标题

批复的标题一般有三种组成方式：

1. 发文机关＋事由＋文种，如《国务院关于唐山市城市总体规划的批复》。

2. 事由＋文种，如《关于同意光明中学接受法国中学生来校参加短期汉语学习班的批复》。

3. 发文机关＋事由＋行文对象＋文种，如《山西省商业厅关于同意举办春季商品展销会给祁县商业局的批复》。

批复标题中的事由常见的有两种写法：

一种是用表示关联范围的介词"关于"加上请示或批复的事项来表述，如《国务院关于西部大开发"十二五"规划的批复》；另一种是在"关于"和请示或批复事项中间再插入表态动词"同意"或"不同意"等来表述，如《国务院关于同意将新疆维吾尔自治区库车县列为国家历史文化名城的批复》。

(二) 主送机关

即批复所针对的请示的行文机关。授权性的批复，主送机关应当是被授权发布施行行政法规和规章的下级机关。

(三) 正文

正文是批复的主体，其内容比较具体单一，层次构成相对固定。除授权性批复外，其他批复的正文一般由批复引语、批复事项、批复结语三部分组成。

1. 批复引语

也叫批复引据，即通过在开头引述下级来文的主要内容，以说明批复缘由，交代批复根据，使下级机关一看批复的开头，就明确其针对性。引述的方法一般有三种：第一种是引述下级来文的日期和请示事项，如"××××年×月×日关于××××××问题的请示收悉"；第二种是引述下级来文日期和来文标题，如"××××年×月×日《关于×××××的请示》收悉"；第三种是引述下级来文标题和来文的发文字号，如"《××××关于××××××的请示》(×发〔××××〕×号)收悉"，发文字号放在请示标题之后，并用圆括号括入。在引述时，不能单独引用发文字号和发文日期。

2. 批复事项

即批复意见，要根据党和国家的有关方针政策、法律、法规和实际情况等，针对下级机关请示的问题或事项予以明确的答复或具体的指示，有时还要提出处理意见、希望或要求，以进一步强调批复的主旨。

3. 批复结语

一般用"此复"、"特此批复"等惯用语收尾，也可自然收尾。

授权性批复正文部分的写法比较简单，一般只写授权内容。如上文提到的《国务院关于修改〈中华人民共和国出入境管理法实施细则〉的批复》，其正文是："国务院批准修改的《中华人民共和国出入境管理法实施细则》，由你们发布实施。"

（四）发文机关署名、成文日期和印章

在正文（或附件说明）右下方写明发文机关名称及发文的年、月、日，并加盖印章。

五、批复的写作要求

（一）要核实请示缘由的真实性

上级机关接到下级机关的请示后，要认真研究请示所提意见或建议的可行性，有些情况应先作调查研究，核实情况后再作答复。

（二）态度要鲜明

下级机关请示什么事项，上级机关就批复什么事项。无论审批性批复还是指示性批复，上级机关的态度都要明朗，要针对相对应的请示予以明确具体的答复，以利于下级机关贯彻执行。不能使用模棱两可的语言，含糊其词，使下级机关不知如何处理。

（三）批复要迅速及时

批复是因下级机关的请示而行文，凡下级机关向上级机关行文请示的，或者是制度规定需请示，或者说明事关重要，需要得到上级机关的指示和帮助，所以上级机关应当及时批复，否则，会影响到下级机关工作的正常开展。如请示事项涉及其他部门或地区，批复前都要与其协商，取得一致意见，及时批复，以免贻误工作。

（四）行文要言简意赅

批复的行文要做到言止意尽，庄重周严，以充分体现发文机关的权威性。

【例文】

国务院关于长春市城市总体规划的批复

国函〔2011〕166 号

吉林省人民政府：

你省关于报批长春市城市总体规划的请示收悉。现批复如下：

一、原则同意修订后的《长春市城市总体规划（2011—2020 年）》（以下简称《总体规划》）。

二、长春市是吉林省省会，东北地区中心城市之一，我国重要的工业基地城市。要以科学发展观为指导，遵循城市发展客观规律，坚持经济、社会、人口、环境和资源相协调的可持续发展战略，统筹做好长春市城乡规划、建设和管理的各项工作。要按照合理布局、集约发展的原则，推进经济结构调整和发展方式转变，不断增强城市综合实力和可持续发展能力，完善公共服务设施和城市功能，加强城市生态环境治理和保护，逐步把长春市建设成为经济繁荣、社会和谐、生态良好、特色鲜明的现代化城市。

三、重视城乡统筹发展。在《总体规划》确定的 3891 平方公里城市规划区范围内，实行城乡统一规划管理。要加强城中村和城乡结合部整治和改造，城镇基础设施、公共服务设施的建设应当统筹考虑为周

边农村提供服务。要根据市域内不同地区的条件,重点发展县城和基础条件好、发展潜力大的建制镇,优化村镇布局,促进农业产业化和农村经济快速发展。

四、合理控制城市规模。到 2020 年,中心城区城市人口控制在 425 万人以内,城市建设用地控制在 445 平方公里以内。根据长春市资源、环境的实际条件,坚持集中紧凑的发展模式,切实保护好耕地特别是基本农田。重视节约和集约利用土地,合理规划利用城市地下空间资源。要贯彻落实城乡规划法"先规划、后建设"的要求,严禁在城市总体规划确定的建设用地范围之外设立各类开发区和城市新区。

五、完善城市基础设施体系。要加快公路、铁路、港口和机场等交通基础设施建设,改善城市与周边地区交通运输条件。加强轨道交通的规划和建设,建立以公共交通为主体,各种交通方式相结合的多层次、多类型的城市综合交通系统。统筹规划建设城市供水水源、给排水、污水、垃圾处理和集中供热等基础设施,划定基础设施黄线保护范围。重视城市防灾减灾和公共安全工作,加强重点防灾设施和灾害监测预警系统的建设,合理规划布局应急避难场所和疏散通道,建立健全包括消防、人防、防洪、防震和防地质灾害等在内的城市综合防灾体系。

六、建设资源节约型和环境友好型城市。城市发展要走节约资源、保护环境的集约化道路,坚持经济建设、城乡建设与环境建设同步规划,大力发展循环经济,强化工业、交通和建筑节能,切实做好节能减排工作。要严格控制高耗能、高污染和产能过剩行业的发展,减少污染物排放,加强城市环境综合治理,提高污水处理率和垃圾无害化处理率,严格按照规划提出的各类环保标准限期达标。要加强水资源保护,划定城市水系蓝线保护范围,严格控制地下水的开采和利用,提高水资源利用效率和效益,建设节水型城市。要加强城市绿化工作,划定城市绿地系统绿线保护范围,加强对净月潭等风景名胜区和森林公园、湿地、水源保护区等特殊生态功能区的保护,制定保护措施并严格实施。

七、创造良好的人居环境。要坚持以人为本,创建宜居环境。统筹安排关系人民群众切身利益的教育、医疗、市政等公共服务设施的规划布局和建设。将廉租住房、经济适用住房、公共租赁住房和中低价位、中小户型普通商品住房的建设目标纳入近期建设规划,确保城市保障性住房用地分期供给规模和区位布局合理。根据城市的实际需要与可能,稳步推进城市和国有工矿棚户区改造,提高城市居住和生活质量。

八、重视历史文化和风貌特色保护。要统筹协调发展与保护的关系,按照整体保护的原则,切实保护好城市传统风貌和格局。要落实历史文化遗产保护紫线管理要求,重点保护好人民大街、新民大街等历史街区和各级文物保护单位及其周围环境。

九、严格实施《总体规划》。城市建设要实现经济社会协调发展,物质文明和精神文明共同进步。城市管理要健全民主法制,坚持依法治市,构建和谐社会。《总体规划》是长春市城市发展、建设和管理的基本依据,城市规划区内的一切建设活动都必须符合《总体规划》的要求。要结合国民经济和社会发展规划,明确实施《总体规划》的重点和建设时序。城乡规划行政主管部门要依法对城市规划区范围内(包括各类开发区)的一切建设用地与建设活动实行统一、严格的规划管理,切实保障规划的实施,市级城市规划管理权不得下放。要加强公众和社会监督,提高全社会遵守城市规划的意识。驻长春市各单位都要遵守有关法规及《总体规划》,支持长春市人民政府的工作,共同努力,把长春市规划好、建设好、管理好。

　　长春市人民政府要根据本批复精神,认真组织实施《总体规划》,任何单位和个人不得随意改变。你省和住房城乡建设部要对《总体规划》实施工作进行指导、监督和检查。

国务院
二〇一一年十二月二十六日

【评析】

　　《国务院关于长春市城市总体规划的批复》是一篇比较典范的指示性批复,其写作特点主要体现在以下几方面:

　　一、体式正确规范。从这篇批复的标题看,是由三要素组成的,即批复机关(国务院)、事由(关于长春市城市总体规划)和文种(批复);从批复的行文来看,有明确的主送机关(吉林省人民政府);正文部分由批复引语、批复事项及要求构成;落款也很规范。整篇批复体式正确,要素齐备。

　　二、内容具体明晰。批复引语是批复正文的起首语,往往用一句话来说明批复的缘由或根据。这篇批复在开头引述了下级机关的请示内容,"你省关于报批长春市城市总体规划的请示收悉",引据内容完整准确,批复缘由也就很清楚了。接着用过渡语"现批复如下"很自然地引出批复事项。

　　批复事项部分因涉及内容多,采用了分条列项的写法。首先针对下级机关的请示事项表明态度:"原则同意修订后的《长春市城市总体规划(2011—2020年)》";接着依据党和国家的有关方针政策及实际情况等,阐明总的指导思想;然后针对长春市的整体规划问题从七个方面予以明确指示:重视城乡统筹发展、合理控制城市规模、完善城市基础设施体系、建设资源节约型和环境友好型城市、创造良好的人居环境、重视历史文化和风貌特色保护、严格实施《总体规划》;最后一段提出了希望和要求。全文有条有理,态度明朗,内容具体清楚,针对性很强,没有任何模棱两可、让下级无所适从的表述。

　　三、措词严谨庄重。批复是要求下级机关执行的,必须注意用语准确,措词周密。这篇批复文字简洁,用语恰当,选词郑重。例如第四条"合理控制城市规模",提出了"到2020年,中心城区城市人口控制在425万人以内,城市建设用地控制在445平方公里以内",数字的使用就非常严谨;第六条"建设资源节约型和环境友好型城市",表述中使用了"坚持"、"大力发展"、"切实做好"、"严格控制"、"严格按照"、"严格实施"等词语,既体现了发文机关一丝不苟的态度,也体现了批复的权威性,可谓用词庄重、周密。

第五节　意　见

一、意见的适用范围

《党政机关公文处理工作条例》规定:意见适用于对重要问题提出见解和处理办法。

意见在实际工作中,使用得越来越广泛,它适应了新形势下建设有中国特色社会主义民主政治的需要,对党政机关工作起着十分重要的指导作用。

二、意见的特点

(一) 行文的灵活性

意见的行文方向相对自由灵活,它既可以上行,用于向上级机关或主管部门提出建设性意见,供其决策参考;也可以下行,用于向下级机关阐明某项工作的指导原则,表明上级机关对某一重要问题的看法、主张,或对某项工作作出安排部署;还可以平行,用于向平级或不相隶属机关提出见解或建议,增强机关之间的协作与互动性。

(二) 功能的多重性

意见具有指导、建议和参考的多重功能。所谓指导,是指上级机关制发的意见,对下级机关具有指导作用;所谓建议、参考,是指下级机关上呈的意见,或向平级、不相隶属机关提出的意见,对相关机关的决策及工作具有建议和参考的作用。应该注意的是,一些职能部门就某些虽在自己业务范围但不在自己职权范围内的工作向上级机关所提出的意见,对上级来说具有建议作用,而当这一意见被上级批准、认可并用其他公文批转之后,对其他下级机关来说又具有指导作用。

(三) 内容的可操作性

无论指导性的意见,还是建议性的意见,它的内容必须具体明确,可操作性强,使下级或有关部门一目了然,便于执行、落实。

三、意见的种类

根据行文方向,意见可以分为以下三种:

(一) 上行性意见

是下级机关为解决有关问题或推动、改进某项工作,向上级机关献计献策,提出自己设想、看法和建议的意见。从行文内容来看,这类意见主要起建议和参考的作用。例如:由教育部、建设部等部门联合上报给国务院的《关于加快解决教职工住房问题的意见》就属上行性意见。

上行性意见又可分为两种情况:一是呈报性意见,一是呈转性意见。呈报性意见适用于下级机关就工作中的重要问题提出自己的见解和处理办法,供上级机关决策参考;呈转性意见则适用于当下级机关针对某项工作准备采取的行政措施超出了本机关的职权范围,或在实施时需要其他机关给予协助支持时,主办部门为开展、推动工作而提出见解和处理办法,并报请上级机关批准转发。

(二) 下行性意见

是上级机关依据职权就某一问题或某项工作作出部署、安排,阐明指导思想、基本原则,指出工作思路和措施办法,要求有关单位和人员参照执行的意见。从行文内容来看,下行性意见主要起指导作用。如《国务院关于加强进口促进对外贸易平衡发展的指导意见》就属下行性意见。

(三) 平行性意见

是平级机关或不相隶属机关之间就某项工作提出供对方参考的建设性的见解或可行性方案。从行文内容来看,这类意见主要起参考作用,能够促进平级机关和不相隶属机关之间的协作交流。如××职业技术学院写给××学校的《关于进行联合办学的意见》,就属平行性意见。

四、意见的写法

(一) 标题

意见的标题一般有两种组成方式:

1. 发文机关+事由+文种,如《国务院办公厅关于做好国庆节期间有关工作的意见》。

2. 事由+文种,如《关于做好招标投标法实施条例贯彻实施工作的意见》。

(二) 主送机关

意见一般要写明主送机关,但涉及面较广的意见可以不写主送机关。

(三) 正文

意见的正文一般由三部分组成:

1. 开头

主要概述发文的背景、根据、目的、意义等,要做到目的明确、根据充分,然后以"现提出以下意见"、"特制定本实施意见"等过渡性语引出下文。

2. 主体

这是意见的核心部分,要针对有关问题或工作提出相应的见解、建议或处理办法。内容较单纯集中的,主体部分直接写见解即可;内容繁多的,涉及重要问题或全局性工作的,既要提出总的、原则性的要求,还要提出具体可行的实际操作办法,常采用分条列项的写法。

3. 结尾

上行性意见一般有比较固定的结尾用语,如"以上意见供领导决策参考"、"以上意见如无不妥,请批转各地区、各部门执行"等;下行性意见可在结尾处用高度概括的语言向受文单位提出贯彻执行要求或发出号召,或以惯用语收尾,如"以上意见,请结合实际情况贯彻执行"等;也可以自然收尾,不加结束语。

(四) 发文机关署名、成文日期和印章

在正文(或附件说明)右下方写明发文机关名称及发文的年、月、日,并加盖印章。

五、意见的写作要求

(一) 内容要有针对性

意见往往是根据现实需要,针对某项工作或某一重要的问题而制发,所以其行文不仅要及时、清楚地反映出有关单位或部门对问题的看法和认识,而且提出的建议一定要合理,措施要切实可行。一定要注意结合实际,对症下药,有的放矢。

(二) 语言运用要得体

由于意见在功能上具有多重性,所以语言运用上需要把握好分寸。上行性意见如果最终目的是希望转发给有关单位贯彻执行,语气宜平和、严肃,不宜采用一般报请性公文的语气;如果是为了供上级决策时参考而不要求转发,则宜用报请性公文的语气行文。下行性意见的语言要严肃、决断一些,但不能带有明显的指令性色彩。平行性意见在措辞上则必须充分注意平等性,以显示出对受文单位的尊重。

(三) 文种选用要审慎

对重要问题提出见解和处理方法的文种不止意见一种,所以使用意见这一文种时,要特别注意与相近文种的区别。

六、意见与相近文种的区别

(一) 意见(上行性意见)与请示的区别

二者都具有请准性和求复性,都属于事前行文。其区别主要体现在三个方面:其一,从行文动机看,请示是下级机关针对本机关在工作中遇到的无权或无力解决的问题而向上级机关请求指示,或是遇到按规定必须履行审批程序的事项而请求上级机关予以批准;而上行性意见的重点在于对工作中的重要问题或是涉及其他部门职权范围内的事项提出见解和处理办法,不一定是在工作中遇到困难或问题时行文。其二,从行文目的看,上行性意见是提出见解和处理办法,为上级机关献计献策,供上级机关参考;而请示的目的是请求上级机关审核、批准某些事项,或请求上级机关帮助解决困难、答复有关问题。其三,从行文内容及结构看,请示是充分说明请示缘由在前,提出请求事项在后,是典型的因果式结构;上行性意见则多以总分结构为主,分条列项地阐明自己对重要问题的看法与建议。

(二) 意见(下行性意见)与决定的区别

二者都适用于对重要事项或重大行动作出安排,对下级机关具有规范作用和行政约束力。不同的是,决定一般是上级机关对下级机关的工作作出直接的布置和安排,要求下级机关"做什么"或"必须做什么",集中体现了上级机关的领导地位和领导作用,带有明显的强制性和制约性;而意见则体现了上级机关商榷、探索的态度,往往是对重要问题表明态度、提出见解和参考的处理办法,是对下级机关"可以做什么"和"不可以做什么"作出说明,而不是强制性地具体布置安排工作,下级机关一般应根据意见的精神、原则参照执行,所以,下行性意见的功能以指导为主。

(三) 意见(平行性意见)与函的区别

二者都适用于向平级或不相隶属机关提出见解或建议,提出的意见只能供对方参考。不同的是,平行性意见侧重于单方面地建议,对于不相隶属机关送达的意见,受文单位可以对其中的见解、措施灵活运用,也可以仅作参考,一般无须答复;而函无论是商洽工作、询问问题,还是请求批准有关事项,往往都要求及时函复。

【例文】

国家税务总局关于进一步贯彻落实税收政策
促进民间投资健康发展的意见

国税发〔2012〕53 号

各省、自治区、直辖市和计划单列市国家税务局、地方税务局:

根据国务院关于鼓励和引导民间投资健康发展的有关精神和工作部署,结合税收工作实际,就进一步贯彻落实税收政策促进民间投资健康发展提出如下意见:

一、充分认识进一步贯彻落实税收政策促进民间投资健康发展的重要意义

民间投资是促进我国经济发展、调整产业结构、繁荣城乡市场、扩大社会就业的重要力量。进一步鼓励和引导民间投资健康发展,对于增强经济发展活力、改善民生和促进社会和谐具有重要意义。中央高度重视民间投资发展,国务院于 2010 年 5 月发布了《关于鼓励和引导民间投资健康发展的若干意见》(国发〔2010〕13 号),2012 年 3 月批转发展改革委《关于 2012 年深化经济体制改革重点工作意见的通知》(国发〔2012〕12 号)将"抓紧完善鼓励引导民间投资健康发展的配套措施和实施细则"列为一项重要任务。税收政策是国家宏观调控的重要工具,在鼓励和引导民间投资中发挥着重要作用。各级税务机关要充分认识发展民间投资的重要性,坚决贯彻执行中央决策部署,认真落实好有关税收政策,积极发挥税收职能作用,促进民间投资健康发展。

二、不断加大税收政策落实力度

为便于各级税务机关全面贯彻落实鼓励和引导民间投资健康发展的税收政策,国家税务总局对现行税收政策规定中涉及民间投资的优惠政策进行了系统梳理,汇总形成了《鼓励和引导民间投资健康发展的税收政策》(见附件,以下简称《税收政策》)。各级税务机关要以《税收政策》为指引,采取切实有效措施,认真抓好贯彻落实。要牢固树立不落实税收优惠政策也是收过头税的理念,绝不能以收入任务紧张等为由不落实税收优惠政策。凡是符合政策规定条件的,要不折不扣地执行到位,确保纳税人及时足额享受税收优惠。对民间资本和国有资本享受税收优惠政策,要做到一视同仁,营造公平竞争的税收环境。

三、切实加强税收政策宣传辅导

《税收政策》涵盖引导和鼓励民间资本进入基础产业和基础设施领域等六大类 33 项,涉及面广,政策内容多。各级税务机关要进一步加强学习培训,使广大税务干部熟悉和掌握《税收政策》的有关内容。要

加强对纳税人的宣传辅导,通过办税服务厅、税务网站、12366纳税服务热线等多种途径向纳税人广泛宣传《税收政策》。要根据纳税人的特点,细分纳税人类型,突出政策解读、办税流程等方面的宣传,帮助纳税人准确理解和及时享受相关税收政策。

四、认真抓好税收政策落实情况的督促检查和跟踪问效

为确保《税收政策》落实到位,各级税务机关主要负责同志要高度重视,分管领导要具体负责,有关部门要加强协调和指导,基层要认真落实,形成长效工作机制。要加强督促检查,定期对落实情况进行通报。要跟踪税收政策执行情况和实施效应,定期开展分析评估。要加强调研反馈,及时了解执行中遇到的问题,研究提出调整和完善税收政策的建议,更好地促进民间投资健康发展。

附件:鼓励和引导民间投资健康发展的税收政策

国家税务总局
二〇一二年五月二十九日

【评析】

这是一篇下行性意见,其写作特点主要体现在:

一、行文规范,体式正确。这篇意见的标题采用了完全式写法,由发文机关(国家税务总局)、事由(关于进一步贯彻落实税收政策促进民间投资健康发展)和文种(意见)组成,主旨在标题上就得以显现,使人一目了然;因涉及多个受文单位,所以主送机关采用了同类型机关统称的写法,"各省、自治区、直辖市和计划单列市国家税务局、地方税务局",排列有序,清楚明了;正文部分由发文缘由和发文事项(即具体意见)组成,采用了分条列项的写法,中心明确,重点突出;因文中涉及国务院关于鼓励和引导民间投资健康发展的有关精神和工作部署,所以将有关文件作为附件附在了正文之后,附件的写法符合规范格式;文尾的落款也合乎公文要求。通篇看来,此文行文规范,格式正确,完全符合意见的写作要求,值得我们学习和借鉴。

二、层次清楚,逻辑严密。这篇意见开头就简明地交待了发文根据:"根据国务院关于鼓励和引导民间投资健康发展的有关精神和工作部署,结合税收工作实际",既有理论依据,又有现实依据,发文缘由非常充足;接着用过渡语"就进一步贯彻落实税收政策促进民间投资健康发展提出如下意见"引出下文,过渡得非常自然;主体部分则按照问题的逻辑关系分别从四个方面加以阐述,每项内容前都加有序号和小标题,观点明确,逻辑严密,层次清楚;主体部分结束后即自然收尾,显得干净利索。全文脉络分明,条理清楚,易于下级机关理解把握。

三、内容合理,指导性强。这篇下行性意见的发文机关是国家税务总局,属高层领导机关,其针对税收工作提出的意见是原则性的,主要是从宏观的角度加以高度概括,从思想上指导下级机关的工作。如主体部分提出意见时,先是阐明了进一步贯彻落实税收政策、促进民间投资健康发展的重要意义,明确了总的指导思想;然后分别从加大税收政策落实力度、加强税收政策宣传辅导、抓好税收政策落实情况的督促检查和跟踪问效三个方面提出了明确、合理的意见和要求,其内容既没有针对某一地区,也没有针对某一单

位,而是从全局的角度入手,加以阐述,充分体现了下行性意见指导性强的特点。

四、用语恰当,分寸适度。下行性意见代表的是上级机关的意志,语言表达要严肃、决断,但又不能带有明显的指令性色彩,本文在这一点上也有突出的体现。如第一条意见中有这样的表述:"各级税务机关要充分认识发展民间投资的重要性,坚决贯彻执行中央决策部署,认真落实好有关税收政策,积极发挥税收职能作用,促进民间投资健康发展。"其中的"要充分认识"、"坚决贯彻执行"、"认真落实好"、"积极发挥"等就带有鲜明的下行文色彩,严肃而决断。后文的内容中还多处使用了"要……"的表达方式,如"要牢固树立"、"要加强对纳税人的宣传辅导"、"要加强调研反馈"等,表达分寸掌握得非常好,既体现了上级机关的权威、意志,又没有浓厚的指令性色彩。

【思考题】

1. 命令(令)的适用范围是什么?

2. 决议和决定有什么不同?

3. 批复的特点主要表现在哪些方面?

4. 意见的写作应注意哪些问题?

5. 根据下面的材料拟写一份决定。

××市民警张军、李明为保护人民生命财产,与持枪歹徒搏斗,身负重伤,省公安厅为此作出表彰决定,并授予他们"优秀人民警察"称号。请代省公安厅起草该决定。

6. 指出下面这份意见的不当之处,并加以修改。

××县关于处理山体滑坡事故的意见

××市人民政府:

由于我县近期连续遭受暴雨袭击,6 月 20 日上午,位于巴巫山西侧的山体出现大面积滑坡。除毁林近百亩外,还使位于山下的永乐村 5 组的 11 户农房被毁,7 头牲畜死亡,幸好山体滑坡发生在白天,故无人员伤亡。为处理好这一事故,特提出如下意见:

一、巴巫山体仍有滑坡的可能,加之永乐村地处山区,远未脱贫,建议干脆将该村的全部 250 户村民迁往市外安置,请国家按三峡移民迁建政策,给这 250 户村民予以一次性补贴。

二、请上级速派有关专家来现场排除滑坡险情,若排险成功,我县可酌情给有关专家做点表示。

三、请上级顺便给我县拨 20 万元排险救灾款。

××县人民政府办公室

2×××年 6 月 27 日

7. 评析下面这份批复。

×市人民政府关于×县行政区划调整方案的批复

×县人民政府:

你县《关于调整乡镇行政区划的请示》(×县府文〔2×××〕35 号)收悉。现批复如下:

一、市政府原则同意你县乡镇行政区划调整方案。

二、同意将现有的 42 个乡镇调整为 28 个乡镇。其中,撤销 13 个乡、1 个镇,扩大 12 个镇行政区域范围,保留 6 个乡、10 个镇行政区域和政府驻地不变。具体调整如下:

(一)撤销 13 个乡、1 个镇:望水乡、曹家乡、咸隆乡、新场乡、丰收乡、高洞乡、黄钦乡、精华乡、庙垭乡、泰来乡、大岭乡、两河乡、巴营乡、甘井镇。

(二)扩大 12 个镇行政区域范围(略)。

(三)保留 6 个乡、10 个镇行政区域和政府驻地不变(略)。

×市人民政府

××××年×月×日

第五章　报请性公文写作

报请类公文是有关机关请求解决现实问题、汇报工作情况的重要工具。行文的目的是希望上级了解自己所做的工作或工作开展的情况,恳请上级对自己的工作予以指示,对自己需要解决的问题给出明确的态度,期盼对方对有关询问事项给出具体的答复和指导。报请类公文的特点主要有两点:一是行文对象的规定性。即必须按照有关法律法规、组织职权、有关规定来确定行文对象,发文机关不能自主随机选择行文对象,因而具有相对稳定的主送机关,并采用逐级行文的方式来规范写作;二是内容的呈请与汇报性。报请类公文的内容往往针对的是本单位的主要问题与困难、工作方案与意见建议、业务进展现状与运行情况等等,目的在于呈请上级机关审议、批准、指示,或者汇报工作、回复询问,是属于上行文。另外,报请类公文的语言不能使用强调性、指令性的语言,不能以决定的口吻说话,应委婉谦恭,简洁洗练,通俗易懂。

第一节　议　　案

一、议案的适用范围

《党政机关公文处理工作条例》规定:议案适用于各级人民政府按照法律程序向同级人民代表大会或者人民代表大会常务委员会提请审议事项。

《中华人民共和国宪法》明确规定:"全国人民代表大会代表和全国人民代表大会常务委员会组成人员,有权依照法律规定的程序分别提出属于全国人民代表大会和全国人民代表大会常务委员会职权范围内的议案。"

《中华人民共和国全国人民代表大会组织法》规定:"全国人民代表大会主席团、全国人大常委会、全国人大各专门委员会、国务院、中央军事委员会、最高人民法院、最高人民检察院,可以向全国人民代表大会提出属于全国人民代表大会职权范围内的议案;一个代表团或者三十名以上的代表,可以向全国人民代表大会提出属于全国人民代表大会职权范围内的议案。"

《中华人民共和国地方各级人民代表大会和地方各级人民政府组织法》第十八条规定:"地方各级人民代表大会举行会议的时候,主席团、常务委员会、各专门委员会、本级人民政府,可以向本级人民代表大会提出属于本级人民代表大会职权范围内的议案,由主席团决定提交人民代表大会会议审议,或者并交有关的专门委员会审议、提出报告,再由主席团审议决定提交大会表决。"

可见,上至国务院,下至地方各级人民政府都有权向本级人民代表大会或者人民代表大会常务委员会提出属于本级人民代表大会或者人民代表大会常务委员会职权范围的议案。

二、议案的特点

议案是一种比较特殊的上行公文,它具有以下特点:

(一) 制发机关的法定性

议案的制发机关只能是各级人民政府,其他各级人民政府的职能部门无权提出议案,因而也不使用议案这一文种。

(二) 内容的特定性

各级人民政府提出的议案内容必须是人民代表大会或者人民代表大会常务委员会职权范围内的问题,超出其职权范围的不能作为议案提出。

(三) 严格的时限性

议案必须在人民代表大会或者人民代表大会常务委员会举行会议期间提出,会议后提出的,不能列为议案。

(四) 建议的可行性

议案必须言之有理,持之有据,所提建议必须具有可行性,才有获得批准的可能。

(五) 语言的简洁性

议案一般都要附有提请审议的事项草案和说明材料,所以议案的正文一般都非常简洁明确,语言也高度凝练,只明确写出要提请审议的事项即可。

三、议案的种类

依据议案的内容,议案可分为以下几种:

(一) 立法案

这是指国家行政机关制定行政法规时,提请国家权力机关审议的送审议案,或者请求国家权力机关制定或修改某项法律、法规时所提出的议案。它包括法律和地方性法规案。提请审议法律案的,如《国务院关于提请审议〈中华人民共和国国家安全法(草案)〉的议案》、《国务院关于提请审议〈中华人民共和国外商投资企业和外国企业所得税法(草案)〉的议案》;提请审议地方性法规案的,如《××省人民政府关于提请审议〈省城××市规划条例(草案)〉的议案》。

(二) 重大事项案

这是指国家行政机关就本行政区域内重大事项,如财政预、决算,发展规划以及政治、经济、文化、教育、科技、卫生、体育等方面工作的重大事项,需要提请国家权力机关进行审议并作出决议、决定的议案。例如:《国务院关于提请审议兴建长江三峡工程的议案》。

(三) 机构变动案

这是指国家行政机关工作机构的增加、撤销或合并,都要提请审议。例如:《国务院关于提请审议设立中华人民共和国监察部的议案》。

(四) 批准条约案

这是指国家领导人和外国领导人根据发展两国关系的需要,草签发展双边关系的条约。按照法律程序,须经双方议会批准,方可生效。例如:《国务院关于提请审议批准〈中华人民共和国和土耳其共和国领事条约〉的议案》。

(五) 人事任免案

这是指国家行政机关就任免国家机关工作人员问题提请国家权力机关审议批准的议案。例如:《国务院关于提请审议××等三位同志职务任免的议案》。

四、议案的写作

议案由标题、主送机关、正文、附件和签署五部分组成。

(一) 标题

即案由,就是要简明扼要地写明要求审议什么问题。标题通常有两种写法:一种是采用完全式标题,即"发文机关＋事由＋文种",如《国务院关于提请审议〈中华人民共和国商标法修正案(草案)〉的议案》;另一种是采用不完全式标题,即"事由＋文种",如《关于提请审议修改后的国务院机构改革方案的议案》。应注意的是,议案事由一定要嵌在"关于提请审议……的"固定写作格式之中。

(二) 主送机关

议案的主送机关是十分单一固定的,一般应在标题之下,正文之前,左起顶格用全称或规范化简称明确标出同级人民代表大会或者人民代表大会常务委员会的名称。例如:"全国人民代表大会"、"全国人民代表大会常务委员会"、"省人大"、"市人大"、"省人大常委会"、"第七届全国人民代表大会第三次会议"、"第七届全国人民代表大会第二次会议主席团"等。一般应在主送机关之后加冒号。

(三) 正文

议案的正文,一般由三部分组成:

第一部分为案据。就是要写明议案提出的目的或理由、事实或根据,这部分一定要写得合情合理,简要有力。另外,条约案可简洁地写明双方签定条约的代表、时间、地点以及可行性。

第二部分为方案。就是要写明提请审议的议案的撰制经过及提请事项。例如:《国务院关于提请审议〈中华人民共和国标准化法(草案)〉的议案》是由国家技术监督局等部门拟定,经国务院常务会议讨论通过的。说明这一法定程序十分重要,充分体现了议案的庄重性、严肃性和规范性。方案部分为议案的核心内容,一定要写得具体明白,切合实际。

第三部分为结语。议案通常以一句话结束全文。例如:"请审议"、"请审议决定"、"现提请审议,并请作出批准的决定"、"现提请审议"、"请予审议"等。这部分应体现出商酌的语气,决不能用命令的口吻。

(四) 附件

议案的篇幅一般都比较简短,这是由议案的文体及写作要求所决定的。但为了阐明具体情况,使议案得以审议通过,每份议案送达时,均须有附件同时送达。附件主要有以下几种类型:

1. 材料类附件。即指与议案有关的事实材料。例如:《国务院关于提请审议兴建长江三峡工程的议案》就需有三峡自然条件、水文情况、开发规划、工程进展、工程受益等文字材料的附件。

2. 立法类附件。即主要指议案中所指的法律、法规文本(草案),对该法律、法规拟定的有关解释和说明。另外,有些议案内容并非提请审议法律、法规,但为了论证提案之正确、必要和合法,有时也需引用有关法律、法规。

3. 书表类附件。即指与议案有关的,或说明议案的书、表之类,任免案的推荐书、拟任呈报表和拟免呈报表也属此列。

4. 说明类附件。即指与议案有关的说明材料。一般情况下,在审议议案(草案)时,提请审议的单位负责人必须到会,对诉案的构想、草拟目的、重要性、可行性等进行说明,并解答代表们提出的问题。所以,在拟好议案及其草案的同时,还需写好事项草案说明。说明材料一般用"以上说明是否妥当,请予审议"之类的结束语收束全文。

5. 工作报告类附件。有的议案在审议之前,须听取审议政府的工作报告,以作为审议的依据,或让人民代表知晓议案提出的必要性、重要性和科学依据。这样的报告也应视为议案(草案)的附件之一。

凡是有附件的议案,应在正文之后标注附件的名称。

(五) 签署

就是要在文尾签明提议议案者的身份和姓名。国务院向全国人民代表大会或者向全国人大常委会提出的议案由国务院总理签署,地方各级人民政府向同级人民代表大会或者人大常委会提出的议案由行政首长签署,一般不落政府机关名称。姓名之前一定要冠以职务,如"国务院总理　×××"、"省长　×××"等。写作时在职务和姓名之间要空一格。

在签署之下,用大写将成文时间注明。成文时间以行政首长签发日期为准,同时应注意加盖印章。

五、议案的写作要求

(一) 文件版头和发文字号使用要规范,符合公文格式

例如:国务院提请审议议案时,使用的文件版头就是"中华人民共和国国务院",发文字号就是"国函〔20××〕××号"。

(二) 要拟好提请审议事项的草案

草案是提请人大或其常委会审议的主体,内容要写得明确、具体、可行。凡法律、地方性法规草案一般是由有关部、委、厅、局草拟,政府法制局审核。

(三) 要区分开议案与提案

议案是有议案权者的专用文种。行政公文中的"议案"只能由各级人民政府使用。根据《全国政协提案工作试行条例(草案)》的规定,政协委员向政府部门提出的书面意见和建议叫"提案"。人大代表的建议、批评和意见既不应称议案也不应称提案,只能称为"建议"。

(四) 不能用"报告"代替议案

一些政府在向本级人民代表大会或者人民代表大会常务委员会行文时,报告与议案不分,甚至用报告代替议案。而某些权力机关也习惯于让政府用报告代替议案,不管是否属于其职权范围内的事项,均让政府机关用"报告"行文,这是不规范的。报告和议案文种不同,作用不同,决不可混淆或乱用。

(五) 要一事一案,不可一案数事

在写作中应力求做到行文简洁,语言精当,结构严谨,概括性强。

六、议案和提案的区别

(一) 适用范围不同

议案适用于人民代表大会,是由有关国家机构或达到法定人数的人大代表团体根据法定程序向同级人民代表大会及其常委会提交审议的事项。而提案主要适用于各级政协会议、企事业单位的职工代表大会等会议,如参加人民政协的各党派、人民团体、专门委员会、政协委员会等向政协提出的意见和建议。

(二) 内容要求不同

"议案"内容相对较窄,法律规定:会议期间向人大提交议案,必须属于本级人民代表大会职权范围内,闭会期间向人大常委会提交议案,必须属于本级人大常委会职权范围内。而政协"提案"除了格式上有具体的要求,其内容上不受限制。既可针对人民代表大会及其常委会的工作,也可针对人民政府等其他国家机构以及中国共产党的工作提出意见和建议。

(三) 通过方式不同

人大议案须经人民代表大会或人大常委会议审议后表决通过,然后形成相应的决议或决定。而政协提案,只要经过提案委员会审查,符合《政协提案工作条例》的规定,便予以立案。

(四) 提出时限不同

人大代表议案,一般只在大会期间提出,并受截止时间的限制。而政协委员的提案,既可在全体会议期间提出,也可在休会期间提出,不受时间限制。

(五) 法律效力不同

人大是国家权力机关,议案一经人民代表大会审议通过,随即形成相应的决议或决定,便具有了法律的约束力,承办单位没有办不办的选择,只有决定如何办,怎样办好。可见,议案具有法律约束力,起法律的监督作用,承办单位必须执行。而政协提案不具有法律的约束力,只起民主监督作用。

【例文】

国务院关于提请审议
国务院机构改革方案的议案

全国人民代表大会:

中国共产党第十七次全国代表大会明确提出,要加快行政管理体制改革,抓紧制定行政管理体制改革总体方案。根据党中央的部署,经过认真调研,广泛听取意见,反复研究论证,形成了《关于深化行政管理体制改革的意见》和《国务院机构改革方案(草案)》,并先后经国务院常

务会议、中央政治局常务委员会会议、中央政治局会议讨论和修改。党的十七届二中全会审议通过了这两个文件。现将《国务院机构改革方案》提请第十一届全国人民代表大会第一次会议审议。

国务院总理　温家宝

二〇〇八年三月四日

【评析】

这篇短小精悍的议案,是值得我们学习和借鉴的公文,其写作特点如下:

其一,篇幅短小,体式规范。议案由标题、主送机关、正文、落款和日期组成。这篇议案采用了完全式标题,即发文机关(国务院)、事由(提请审议国务院机构改革方案)、文种(议案),三要素俱全。这样的标题清楚醒目,主旨突出,让人一目了然。主送机关,写在标题之下,正文之前,左起顶格写明了"全国人民代表大会"也很规范。正文由案据、方案和结语组成,写得具体明白,切合实际。落款和日期也很规范,落款是国务院总理温家宝,日期中年、月、日标得很全。

其二,语言简洁,内容完整。这篇议案不仅语言运用简洁、洗练,而且内容表达也很全面、完整。首先,议案说明了审议事项的依据,即"中国共产党第十七次全国代表大会明确提出,要加快行政管理体制改革,抓紧制定行政管理体制改革总体方案";其次,提出了审议的事项,即"根据党中央的部署,经过认真调研,广泛听取意见,反复研究论证,形成了《关于深化行政管理体制改革的意见》和《国务院机构改革方案(草案)》,并先后经国务院常务会议、中央政治局常务委员会会议、中央政治局会议讨论和修改";再次,表明了提请审议的请求,即"提请第十一届全国人民代表大会第一次会议审议"。

这篇议案,虽然采用了一段式结构,但层次条理,内容完整,行文目的明确,语言准确、凝练、郑重,便于阅读和审议,是一篇惜墨如金的典范佳作。

第二节　报　告

一、报告的适用范围

《党政机关公文处理工作条例》规定:报告适用于向上级机关汇报工作,反映情况,回复上级机关的询问。

报告是一种陈述性的上行文,它只能用于下级机关向有隶属关系的上级机关行文。报告是上级机关制定方针、政策,指导工作的重要依据之一,也是下级机关及时取得上级对工作的支持、指导的重要途径。

二、报告的特点

(一) 行文的单向性

即报告的行文目的是使上级机关了解和掌握下级机关的工作进展或基本情况,通常不要求上级机关给予回复,而上级机关在处理公文时一般也将其作为传阅类文件处理,不予回复。

（二）内容的一旨性

报告应做到一文一旨,尤其是综合报告,反映的是各方面的情况,虽然写进去多个情况,但必须是围绕一个问题去展开,即只能表达一个中心思想。

（三）表达的陈述性

报告在汇报工作、反映情况时,所陈述的内容甚至使用的语言都是陈述性的。下级单位遵照上级的指示,做了哪些工作,怎样做的,取得了哪些成绩,存在哪些不足,必须要向上级一一陈述,向上级机关提供准确的信息。行文时一般都要直陈其言,少有议论,也不能像请示那样采用祈使、请求的笔法。

三、报告的种类

报告的种类可从不同角度、不同标准进行划分。主要从以下四个方面进行划分:

（一）按写作的内容分,可分为五种:

1. 工作报告。即用于向上级汇报工作进程、反映工作中的成绩与问题,总结工作中的经验和教训,以及提出今后开展工作的相关打算。

2. 情况报告。即用于向上级及时反映重大、特殊情况或新发、突发的重要情况。

3. 建议报告。即有关职能部门就开展、改进或加强某项工作,针对某些问题、现象向上级机关或有关单位提出的相关意见、建议。

4. 答复报告。即用于答复上级机关的查询、提问;或按要求汇报执行、落实上级某些指示、意见的结果;以及回复代表大会所提质询及所交提案、议案的处理意见或处理结果。

5. 报送报告。即用于向上级机关说明报送的有关文件、材料或物品的情况。

（二）按写作的目的分,可分为两种:

1. 呈报性报告。即指只呈送给上级机关阅读,让其了解、知晓有关情况,而无需上级答复、批转的报告。工作报告、情况报告、建议报告、答复报告、报送报告皆可属于此类报告。

2. 呈转性报告。即指呈送给上级阅知的同时,还要求上级同意将其批转或转发给其他有关方面,让其知晓、采纳或参照执行的报告。只有建议报告中所涉及的意见、建议主要是针对外单位时,方属此类。

（三）按写作的范围分,可分为两种:

1. 综合报告。即对一定阶段、一定范围内的多方面的工作情况的全面报告,注重综合、全面。这类报告一般涉及面宽,内容较多,篇幅较长。工作报告多属此类;某些情况报告也属此类。

2. 专题报告。即针对某项工作、某一事件或某个问题专门写的报告。注重专一,故内容相对单一,篇幅一般不长。情况报告、建议报告、答复报告、报送报告均属此类;有的专项工作报告也可以是专题的。

（四）按写作的时间分,可分为两种:

1. 例行报告。即必须按规定的时间段定期向上级机关呈送的报告。工作报告多属此类。

2. 不定期报告。即指根据实际情况的需要而随时向上级机关呈送的报告。情况报告、建议报告、答复报告、报送报告均属此类；有的工作报告也可以是不定期的。

此外，还有一些报告，如调查报告、预测报告、鉴定报告、分析报告等等，它们是由报告这种写作形式衍生出来的各具特色的文书，虽冠以"报告"之名，但它们的用途、写法与格式均与公文中的报告有所不同，所以不宜将它们都列入公文的报告种类中。

四、报告的写作

报告一般由标题、主送机关、正文、落款及日期四部分组成。

（一）标题

报告的标题有三种写法：

1. 采用完全式公文标题，由发文机关、事由和文种三个要素组成。例如：《山东省人民政府办公厅关于国务院文件办理情况的报告》。

2. 标题由事由和文种组成。例如：《关于改革城市公共交通工作的报告》。

3. 有些报告的内容比较紧急，就必须在标题中注明"紧急"二字。例如：《林业部关于拯救大熊猫的紧急报告》。

（二）主送机关

在标题下面、正文之前，顶格写明接受报告的机关、团体的名称。例如："省委"、"校党委"等，其后加上冒号。

（三）正文

报告的正文，一般由以下三部分组成：

第一部分是报告的缘由。即为什么要写报告：或者是为了上级机关掌握情况；或者是答复上级机关提出的问题；或者是为了使自己的经验在面上推广。无论哪种目的都要求开门见山，直截了当，集中概括。并用"现将有关情况报告如下"之类的话承启下文。

第二部分是报告的内容。即报告的事实和问题。这部分如果报告的是事件，就将事件的起因、经过、结果写出来。如果报告的是问题，就要将问题产生的原因、影响、解决办法等写出来。无论哪种情况，都要特别注意重点突出，力求做到既有概括性又有具体性，点面要融洽结合。

报告内容，是正文写作的重点之所在。现将不同类型的报告分述如下：

1. 工作报告的内容，一般应包括各项工作的进展情况，主要成绩与存在的带倾向性的问题，并由此总结出相应的经验和教训，以及对今后工作的打算、建议等。在全文结构上既可以按工作事项或工作的进程分成若干部分，逐项地汇报以上内容；也可以将全部工作综合成情况、成绩与经验、问题及教训以及打算与设想等几部分分别来写。

2. 情况报告的内容，主要以陈述事实为主，抓住中心、突出重点、实事求是地将所述情况发生的时间、地点、事项、原委、经过、结果及性质等一一写清楚。如已进行解决或作出处理，还需写明解决的办法、处理的措施。也可以在写清情况后，提出相关的处理意见或建议。一般可按情况的发展变化过程，或认识、分析、处理问题的由浅入深来安排写作内容的层次。

3. 建议报告的内容，一般由情况分析和建议意见两部分组成。先简要介绍情况，陈述事由,分析问题;然后在此基础上切合实际地提出具体可行的意见、建议、办法、措施。后一部分应是写作的重点,多采用条文式的写法,使其脉络清楚,逻辑严密,主次分明。

4. 答复报告的内容,主要包括答复依据和答复事项。前者指上级或有关方面要求回答的问题,可简要提及;而后者则是针对提问所作出的回答。这部分的写作内容主要应注重针对性,实事求是、认真负责地答其所问,而且有问必答。在具体安排上,可先写依据,然后一并作答;也可边写依据边逐一答复。

5. 报送报告的内容,报送报告的内容和写法极为简便,只需用三言两语直接写明有关情况即可。

需要指出的是,除请求上级批转的建议报告外,其他任何类型的报告均不得在正文的内容中夹带向上级提出某些请求的事项。

第三部分是报告的结束语。即对正文的总结。它也是正文的最后组成部分。这部分有两种写法:一种是根据报告的事实或问题提出几点建议或意见,供领导参考。但应注意不要把这些意见和建议当作请求事项,要求上级机关批准或指示。另一种是报告完事实或问题后,要另起一行写上"特此报告"或"以上报告如无不妥,请批转各地执行"等结束语。

(四) 落款及日期

结尾处写上报告机关、团体名称,在右下方写上年、月、日,并加盖印章。

五、报告的写作要求

(一) 报告要真实准确

写报告要实事求是,对所报告的人物、事件、时间、地点、数字、语言都要反复核实,科学准确地表述,切忌言过其实,添枝加叶。

(二) 报告要突出重点

报告应一事一报,要自始至终围绕一项工作、一件事情叙述和说明。与此同时,还要把握本质,去伪存真,提炼观点,归纳出结论。

(三) 报告要简洁凝练

报告语言应干净利落,简洁明快,自然流畅,清楚达意,使人一目了然,切忌啰嗦重复,拖沓冗长。

(四) 报告要不失时机

根据实际情况迅速及时地报告,对领导机关掌握有关情况、指导工作起着十分重要的作用,否则,时过境迁再作报告,那就失去意义了。

【例文】

> ### 山东省人民政府办公厅关于国务院文件办理情况的报告
>
> 　　我省自××××年开始,由省府办公厅批办国务院文件(原由省委办公厅批办)。几年来,由于省委省府领导同志的重视和具体指导,在对国务院文件的批办工作方面,初步建立健全了规章制度,保证了国务

院文件能及时传达贯彻。现将情况报告如下：

一、领导重视，亲自过问，具体指导。我省省委、省府主要负责同志，对国务院文件的办理情况，一直很重视，要求比较严格。省委第一书记多次批示，要求做到认真办理，定期检查。××××年八月，主持省府全面工作的副省长亲自召集办公厅和秘书处的负责同志开会，听取关于国务院文件办理情况的汇报，并做了指示。省府办公厅当即召开省直各厅局分管文电工作负责人和办公室主任会议，研究国务院文件的办理问题。会议确定，对国务院文件都要作为急件办理。

二、总结经验，确定专人负责办理国务院文件。省府办公厅在批办国务院文件的初期，由于规章制度不健全，催办不及时，也曾出现过文件办理时间过长，甚至发生积压文件的现象。如国发[××××]101号《国务院批转中国社会科学院、中国科学院、国家地震局关于汇编出版中国地震历史资料的报告》要求××××年六月底以前将资料上报，但因主办部门的经办人外出，将文件压在抽屉里，又无人催办，致使文件超过规定的上报时间，压文达十个月之久。对此，省府领导同志严肃批评了主办部门，主办部门向省府写了检查报告，办公厅也认真总结了没有及时催办的教训，决定在人手不足的情况下，确定一人专管国务院文件的办理，从而逐步有了改进。

三、逐步建立健全了一套办文制度。在国务院文件实行专人办理后，我们又相继建立了包括文件的分发、批办、翻印、催办、清退等环节的一套规章制度。

（一）文件的分发。（略）

（二）文件的批办。收到国务院文件后，先由办理文件的同志提出拟办意见，送秘书长阅批（秘书长不在时，由办公厅主任批办）。根据秘书长或厅主任批注的意见，组织办理。基本做到了当天收文，当天批办，当天分发。

（三）文件的翻印。省府确定，凡是需要各级政府或各企事业单位贯彻执行的，都要立即原样翻印下发，使下边都能及时看到文件，尽早贯彻执行。翻印下发的时间最迟不超过三天，急件突击印发，一般不超过一天。翻印下发的范围分地师级和县团级。地师发各行署、市政府和省直各部门。县团级发各县政府和县以上厂矿企事业单位。发济南军区和山东省军区的文件，除国务院已有规定的外，均按固定份数发给。

（四）文件的催办。在国务院子文件中约有百分之七十左右，需要结合本省情况提出贯彻意见，要求由主办部门代省府拟稿，形成文件，由省府下达。有的经省府审阅同意后，由部门发文，也有的通过召开全省专业性会议进行传达贯彻。对其他不需要提出贯彻意见的文件，由省府明确牵头部门，具体组织贯彻实施。为了加快文件的办理，从××××年下半年，建立了催办制度。催办形式有两种，一是电话催办；一是发催办单催办。每次催办都作记录。若是急件，则要求限期完成。此外，还规定每季度都要将文件办理情况向省委省府负责同志汇总简报一次。半年和年终检查总结一次。

（五）文件的清退。××××年规定，各地、市、县和省直各部门，每个文件留存二份，其余的都退省政府统一监销。经过实践，觉得这种办法尚有不足之处。一是各地市县每年都派车来清退文件，耗费人力物力太大；二是不利于工作。特别是一些法规、条例，以及其他需要长期贯彻执行的文件，如果一年就全清退外，其他的文件由各地、市、县省直部门自行妥善保管和销毁。但每年要将情况向省府办公厅报告一次。

今年一至十月，国务院发给我省国务院文件一百五十一件（含国务院、中央军委文件）。其中需要提出贯彻意见，应该办理的一百零九件，现已办结的一百件，正在办的九件。因问题复杂，涉及面广，办理时间超过两个月的有二件。收到国务院办公厅文件四十件，其中需要办理的十八件，已办结的十七件。收到国函和国办函三十二件，现都已办完。收到国阅和参阅文件十二件，都已做了处理。

几年来，我们对国务院文件的办理工作方面，虽然建立了一些制度，做了些工作，但距形势发展的要求有很大差距。有些文件办理时间较长，部门之间互相推诿、互相扯皮现象也时有发生，再是对文件下发后的贯彻情况，还缺乏及时地检查了解。这些问题，都需要结合机构改革，进一步研究解决。

以上报告，请审阅。

山东省人民政府办公厅（印章）
××××年×月×日

【评析】

这是一份很好的回复性报告，其写作特点有以下几点：

第一，逻辑严密，层次清晰。这份报告的导语直接写明了起因，即为什么要写报告，只用了两句话，简要直叙，开宗明义。紧接着用了一句"现将情况报告如下"的承启用语，引起下文。报告的正文写得井然有序，条理清晰。它按问题的一定逻辑联系安排先后顺序，每个问题前都加上了序号，且每个问题的开头句都有一个提示语，显得全文观点突出，眉目清楚。可以看出这份报告是紧扣山东省政府办公厅怎样办理国务院文件、采取什么方法和措施提高办文效率的中心展开叙述的，针对性极强，使上级机关能够及时了解下级机关执行文件的真实情况，有利于指导和监督工作。这样安排层次，既科学，又严密，同时又符合工作实际。

第二，详略得当，重点突出。回复性报告必须围绕上级指示精神或具体要求撰写，要着重写明上级机关想要知道的或要求回答的问题，不能没有重点地堆砌材料，也不能漫无边际地写一些与上级指示和要求无关的情况。这份报告在这点上处理的很好，报告抓住办文制度这一主要环节，不惜笔墨，不惜篇幅，在"文件的分发"、"文件的批办"、"文件的翻印"、"文件的催办"、"文件的清退"等方面都进行了详尽的介绍和叙述。对与中心有关的其他问题，只是进行了简略的概述，显得疏密相间，详略得当，重点突出，给人以明晰的感觉。

第三，实事求是，一分为二。这份报告不仅客观地汇报了具体做法和成功经验，而且还一针见血地指出不足之处。这种坚持辩证的观点，既报喜又报忧的做法，充分体现了实事求是、一分为二的科学态度。只有这样，才有利于上级机关真正了解事情的真相。

第四，行文规范，体式正确。这份报告采用了完全式标题，由发文机关（山东省人民政府办公厅）、事由（国务院文件办理情况）、文种（报告）组成，让人一目了然。报告的缘由叙述得清楚明白，语言运用简洁洗练。报告的事项，条理有序，中心明确。报告的结语"以上报告，请审阅"一语运用恰当准确。总之，报告全文层次清晰，中心突出，语言简洁，格式规范，是值得我们习作者好好学习的。

第三节　请　　示

一、请示的适用范围

《党政机关公文处理工作条例》规定：请示适用于向上级机关请求指示、批准。

请示是请求性的上行文。行文的意图和目的是要求有隶属关系的上级机关予以指示或批准。凡是下级机关无权、无力解决，按规定应经上级机关决断认定的问题，必须正式行文向上级机关请示。

二、请示的特点

（一）写作的超前性

请示的写作必须在事前，即请示中需上级批示、指点、帮助、指示、批准的事项，都应是还未付诸实施的。任何先干后请示，或边干边请示的做法，都犯了先斩后奏的大忌，都是违反办文原则的。

（二）行文的限定性

请示必须是下级机关向上级机关的行文，请示的对象只能是自己的直属上级机关或上级业务主管机关。其他平级机关、不相隶属机关，包括级别较高的不相隶属机关，都不应使用"请示"，而应用"函"行文。

（三）内容的单一性

请示行文必须坚持一文一事一请的原则，不能在同一份请示中同时请求上级解决两件或两件以上的互不相干的事情，以便上级机关有针对性地作出处理，避免产生混淆，耽误工作。

（四）目的的期复性

由于请示是下级有事必办又无法办理而呈请上级机关，希望上级予以回复、准许办理，所以上级必须回复。上级机关对呈报的请示事项，无论同意与否，一般都需要给予明确的答复。

三、请示的种类

（一）报批性请示

即按照法定期限，下级必须报请上级审批的事项。这里有两种情况：一种是根据法律法规或组织原则所规定的各类行政事务的审批等级和审批权限,在本级职权范围内无权作出最后决定的,如超过本级任免权的干部任免,超过本级审批权的大面积土地征用等;另一种是某个时期上级指示对某些事项的办理,必须经过特别允许或专门批准方可实施的,如国家经常下达社会集团控购商品种类及审批权限的文件,其中商品种类及审批等级就时有变化,各级机关必须按国家当时规定办理报批手续。

(二) 求教性请示

即请求上级对其制订的政令作出解释和答复的事项。这里有三种情况:一种是下级机关对上级的政令认为不明确,行文要求上级就本级的理解和疑问作出答复,以求认识和执行的统一;另一种是下级机关认为上级某项规定中部分或全部无法执行,需要上级部分修订或重新拟订,以适合他们的实际情况;再一种是下级机关在执行上级公布的政令中遇到新情况、新问题,而这些政令、政策又对此无明确规定和预测,需要提请上级调整政策规定。

(三) 待决性请示

即对重大问题难以决定,需要上级裁定的事项。这里有两种情况:一种是对上级下达的任务,在具体部署上发生不同意见,又难予以统一,迫切需要上级裁定;另一种是在贯彻上级意图或处理重要事务中,筛选出了两种以上不同方案,经过一定论证,各有利弊,因事关重大,本级难以下决心,希望上级予以裁定。

(四) 协调性请示

即需要请求上级机关出面干预或协调才能解决的事项。如重大节日和重大国际活动期间,北京市人民政府常常要求各地控制去京人员,报请国务院同意后,由国务院办公厅发文对各省、自治区、直辖市提出这方面的要求,这自然比北京市直接给各地发函更为有效。

(五) 提议性请示

即下级机关向上级机关或行政机关向权力机关提交重大建议性议案或意见,请求予以批准或同意的事项。如林业部根据国务院指示,选择 20 处自然保护区,拟定为国家级森林和野生动物自然保护区,报请国务院批准。

(六) 事务性请示

即下级机关向上级机关提出的事务性要求,希望予以解决的事项。如有关经费、物资、人员安排等问题。这些问题,本来也应当由本机关自身加以解决,但由于受财力、物力及其他因素的限制,需要上级协助解决。

(七) 安排性请示

即用以向上级提出某项工作的安排意见,报请上级批转或转发有关机关执行的请示。其行文的主体是对工作的安排和处理意见。例如:《关于妥善处理高等学校学生退学后有关问题的请示》。

四、请示的写作

请示一般由标题、受文单位、正文、附件、落款及日期组成。

(一) 标题

请示的标题有两种写法:

1. 采用完全式公文标题,由发文机关、事由、文种三要素组成。例如:《国家税务局关于加强批发扣税工作的请示》。

2. 标题由请示事由和文种组成,大多数请示都采用这种不完全式标题。例如:《关于解决当前茶叶购销问题的请示》。

(二) 受文单位

即接受"请示"的上级机关。在标题下面,正文之前,顶格写明接受请示的机关,其后加上冒号。

(三) 正文

请示的正文,一般包括三个部分:

第一部分是请示缘由。即提出请示的原因或根据,这是请示事项的基础,也是能否得到满意批复的重要条件。因此,应开门见山,直接写明请示什么问题,为什么要请示。力求做到文字既简洁凝练,理由又说得充分有力。然后,用"请示如下"之类的用语承启下文,其后多用冒号。

第二部分是请示事项。即要求批准、答复或具体解决的问题和事情,这是正文中最主要的部分,一般要讲清楚问题和事情的基本情况,遇到什么困难,还要写明本单位处理和解决的建议和设想。请示事项要写得简洁明了,条理清楚,提供的情况要真实完整,确凿可靠,提出的建议和设想要符合党的有关方针、政策,要准确具体,切实可行。

第三部分是请示要求。即请示的结语部分,要明确提出请示要求。一般均应另起一行写。请示的结语,有一些常用的规范用语,例如:"当否,请指示"、"以上意见如无不妥,请批准"、"特此请示,请批复"等。如果是为了请求转发的,可写"以上意见如无不妥,请批转各地执行"等,其后可用句号。

(四) 附件

即附属于正文的材料。许多请示需要对正文进行补充说明时,往往在正文之后附有照片、图表、统计表以及其他文字材料等。如有附件,应注明附件名称和件数。

(五) 落款及日期

在结尾处右下方署上请示单位的名称,在请示单位名称下面一行注明年、月、日,并加盖公章。

五、请示的写作要求

(一) 要一事一请示

请示应一文一事,如果是几件事,必须是与一个问题相关的不同侧面的几件事。相关联的才可一道成文主送上级机关。切忌把两个以上互不相联的问题搅在一起。

(二) 要主送一个上级机关

若请示单位是受双重领导的,在请示时涉及不止一个上级机关,可用抄送的办法来解决。不要搞多头请示,以免互相推诿,延误批复时间。

(三) 要表意明确

请示和报告是两个不同性质的公文文种,使用时要严格区分,不能将请示事项写在"报告"中,也不能写"请示报告"之类的标题,否则,上级机关从标题中看不出是请示还是报告。

(四)请示语气要谦恭

请示不能以决定的口吻说话,在写请示事项时,只能写"拟"怎么办,不能写"决定"怎么办。同时,语言要通俗易懂,简洁洗练。

六、请示和报告的区别

请示和报告在许多方面都有严格的区别,为了看得清楚明白,兹列表如下:

角度 ＼ 文种	报　告	请　示
所陈述的事项或意见	发文单位已经认准	发文单位没有认准
作用范围	可以间接作用于平级或不相隶属的机关,不一定有反馈	不能作用于平级或不相隶属的机关,一定有反馈
目的要求	让上级机关了解情况(包括有什么建议),不要求一定答复	向上级机关陈述情况或理由,以请求指示或批准,要求一定答复
与其他文种的联系	与"通知"有相应联系,与"批复"无相应联系	与"通知"无相应联系,与"批复"有相应联系
结尾用语	"以上报告,请审阅" "如无不妥,请批转各地执行"	"当否,请批复" "当否,请指示"

【例文】

湖北××学院关于增设
酒店管理等三个专业的请示

省教育厅:

　　为了适应社会经济多元化发展,充分满足武汉市及周边地区对各类专业技术人才的需求,我院拟在20××年新增设酒店管理等三个专业。

　　根据省教育厅关于申报新专业的文件精神规定,我院组织了有关专业教师深入企业、农村和有关部门,就20××年专业设置及联合办学等问题进行了广泛的市场调查,并组织院内外相关专家进行了充分论证。在坚持为地方经济服务、按照市场需要设置专业的原则基础上,充分考虑学生的就业面,并高效、合理地利用学院的办学资源,院学术委员会经认真研究,一致同意20××年申报增设酒店管理、旅游英语、市场营销等三个专业,各专业具体申报材料见附件。

　　妥否,请批复。

　　附件:1. 关于增设酒店管理专业的申报材料
　　　　　2. 关于增设旅游英语专业的申报材料
　　　　　3. 关于增设市场营销专业的申报材料

湖北××学院(章)
××××年×月×日

【评析】

这是一份请求批准的请示,其写作特点有以下几点:

一是格式规范,要素齐全。标题,采用了完全式标题,由发文机关(湖北××学院)、事由(增设酒店管理等三个专业)、文种(请示)组成;主送机关,送给了直接的隶属机关(省教育厅),既没有越级主送,也没有多头主送,且标识正确;正文,由三部分组成,第一部分开门见山,直接提出了请示的缘由,第二部分说明请示的事项,即具体讲清申报的三个专业的名称,使人一目了然,第三部分提出要求,希望上级机关予以认可,及早回复;附件,一共有三个,分别是增设的三个专业的申报材料,书写也很正确;落款和日期,落款写明了单位全称,发文日期的书写和位置都很规范。

二是请示缘由,充分有力。缘由是请示事项赖以存在的基础,也是能否得到满意批复的重要条件。这份请示不仅是为了适应社会经济的发展,而且是依据省教育厅申报新专业的精神,同时还进行了广泛的市场调查,并组织专家论证,这样才提出了请示,可见,理由非常充足,有理有据,便于上级及时答复。

三是简洁洗练,重点突出。这份请示虽然短小,但主旨明确。全文紧紧围绕申报三个专业进行阐述,理由充分,依据有力,目的清晰。语言运用也很谦恭恰当,结语用了"妥否,请批复",既规范,又准确,还显得很谦虚。总之,这份请示体式完整、齐全,理由客观、充足,事项明确、清楚,语言准确、得体,是一份值得我们学习和借鉴的好公文。

【思考题】

1. 什么是议案、请示、报告?
2. 议案、报告、请示的写作要求各有哪些?
3. 议案、报告、请示各有哪些特点?
4. 请示和报告的主要区别是什么?
5. 改错并说明理由。

××学校关于增开文秘专业的报告

省教委、省计经委、省人事局:

我校中文系拟于二〇〇五年秋季增开文秘专业,打算招收学生五十名。

特此函达

××大学(印章)

二〇一二年七月十一日

6. 指错并改正。

××镇人民政府关于要求购置车辆的请示报告

县政府、县财政局:

随着我镇经济的快速发展,各项工作任务日趋繁重,特别是石灰石采矿点较多,矿山安全生产管理面临严峻形势。目前,我镇共有三辆汽车,其中用于接送干部上下班的中巴一辆,桑塔纳轿车两辆(均购于94年),已难以适应当前工作需要。为了进一步提高工作效率,确保安全,特要求购置"猎豹"牌越野车一辆(价值 20 万元),主要用于矿山安全检查。

　　以上事项如无不当,请批准。

二〇一二年七月十九日

第六章 知照性公文写作

在 15 种法定公文中,公告、通告、通知、通报、公报这 5 种公文属于知照性公文,其突出特点是具有晓谕性,以发布、宣传、告知各类信息为主要目的,有时也要求遵照执行。在日常工作中,这几种公文使用频率很高,但也最容易混淆。本章除分别介绍这 5 种公文的适用范围、特点、种类、写法及写作要求外,还重点对容易混淆的文种,如公告和通告、通告和通知、通知和通报等进行区别、比较,指出其不同的发布范围、不同的特点及不同的写作方法,要求学生熟练掌握其写作规律,能写出合乎要求的知照性公文。

第一节 公 告

一、公告的适用范围

《党政机关公文处理工作条例》规定:公告适用于向国内外宣布重要事项或者法定事项。

公告旨在将重要事项或法定事项公之于众,公告不能用来宣布一般事项,因而一般的机关单位也不能随便使用该文种。

二、公告的特点

(一) 内容的庄重性

公告所宣布的都是重大的、国内外极为关注的事项,或者依法必须向社会公布的法定事项,其内容庄重严肃,体现着国家权力机关的威严。使用公告时既要考虑其内容的公开性,又要考虑到在国内国际可能产生的政治影响,不是任何公务事项都可以用公告形式宣布的。

(二) 发文机关的特定性

公告的发文机关级别有一定限制,一般限于国家最高权力机关,国家最高行政机关及其所属部门,各省、自治区、直辖市行政机关,某些法定机关(如人民检察院、人民法院、人民银行、海关等),以及某些被授权的部门(如新华社等)。

(三) 发布范围的广泛性

公告是向国内外发布重要事项和法定事项的公文,其告知范围相当广泛,有时面向全国,有时面向全世界。

(四) 发布方式的新闻性

公告的发布形式具有新闻性特征,它一般不用红头文件的方式下发,也不公开张贴(除非特别需要),而是通过报纸、广播、电视等新闻媒介公开发布。

三、公告的种类

根据内容、性质、作用的不同,公告可分为两大类:

(一) 重要事项公告

这类公告主要用来宣布有关国家政治、经济、军事、科技、教育、外交等方面的重要事项,如公布国家领导机构的选举结果,宣布党和国家主要领导人的出访,公布重要人士逝世的消息,答谢国外有关部门和人士对我国重大政治活动的祝贺,公布重大的科技成果和其他重大事项等。如 2011 年 6 月 1 日发布的《中华人民共和国外交部公告》,就"中华人民共和国自 2011 年 7 月 1 日启用中华人民共和国因公电子护照"一事予以宣布,就属此类公告。

(二) 法定事项公告

这类公告主要用于发布国家有关法律、法令和行政法规,宣布禁止妨害国家和公共利益的行为的有关规定,或由司法机关依照有关规定发布一些重要事项等。如 2×××年 10 月 28 日发布的《中华人民共和国农业部公告》,公布了首批《兽药地方标准废止目录》,并就加强兽药标准管理,保证兽药安全有效、质量可控和动物性食品安全等问题作出了一系列规定,这一公告就属于法定事项公告。

四、公告的写法

(一) 标题

公告的标题一般有三种组成方式:

1. 发文机关＋文种,这类写法比较常见,如《中华人民共和国全国人民代表大会公告》。

2. 发文机关＋事由＋文种,如《中国人民银行关于国家货币出入境限额的公告》。

3. 事由＋文种,如《关于严厉打击食品非法添加行为严格规范食品添加剂生产经营使用的公告》。

4. 只写文种,即《公告》。

(二) 正文

公告的正文一般由公告依据、公告事项、公告结语三部分组成。

1. 公告依据

开头写明制发公告的根据、缘由或目的,一般是依据国家的某一法令或某权力机构的决定及某种情况等。这一部分的写作要开门见山,简洁明了,通常是用一两句话作交代。公告依据交代清楚之后,往往用"现公告如下"、"特作如下公告"等惯用语过渡到主体部分。但有些公告也可不写发文依据,而直接写公告事项。

2. 公告事项

这是公告的主体部分,写明要宣布的重要事项或法定事项。这部分的写作要做到主旨鲜明、要求具体、条理清晰、表达准确。文字的多少,要根据公告的目的、内容来决定。有的公告内容较多,需采用分条分项的写法;有的内容简单,可采用篇段合一的写法。

如上文提到的《中华人民共和国农业部公告》,正文有 1200 余字,因涉及内容较多,采用了分条分项的写法,显得清晰明了。

而2004年3月14日发布的《中华人民共和国全国人民代表大会公告》,其正文只有一句话:"中华人民共和国宪法修正案已由中华人民共和国第十届全国人民代表大会第二次会议于2004年3月14日通过,现予公布施行。"行文庄重而简洁。需要注意的是,这类用于发布国家有关法律、法令和行政法规的公告属于复合体公文,其所发布的法律、法令和行政法规的全文附在公告之后,但不作为附件处理,而是正文的组成部分。

3. 公告结语

一般以"特此公告"、"现予公告"等惯用语收尾;也有的公告主体部分写完还有结尾部分,用以提出执行要求;还有的主体部分写完即结束全文,没有专门的结语。具体采用哪种写法,应视实际情况而定。

(三) 发文机关署名、成文日期和印章

在正文(或附件说明)右下方写明发文机关名称及发文的年、月、日,并加盖印章。有的公告发文时间标在标题下面,文尾则省去不写。重要的公告还要标明发布地点。

五、公告写作的要求

(一) 要准确把握文种

公告的使用要严肃、审慎,不可乱用、滥用。一定要把握好两点:一是发文机关必须具备发布公告的资格;二是所宣布的事项必须是重大的、公开的,需要全国乃至全世界知晓的。目前,公告的使用比较混乱,常常见到的"停电公告"、"开业公告"、"开奖公告"等都是滥用公告的表现,这是很不妥当的。一定要注意区分公告、通告、通知、启事、海报等文种的适用范围。

(二) 行文要庄重严肃,言简意赅

公告的制发机关级别较高,所以行文一定要庄重严肃,以体现发文机关的权威性;同时,公告的写作要求客观地把重大事件的主要之点公之于众,不需要详细叙述事情的开始、形成与发展,更不需要细节的具体描绘,所以,务求表意明确,言简意赅。

【例文】

北京出入境边防检查总站2011年度招录公务员
面试体检体能测试公告

根据中组部、人力资源和社会保障部、国家公务员局2011年度考试录用公务员面试工作的有关规定,现就我总站面试工作的有关事项公告如下:

一、面试人员

在报考我总站的公共科目笔试合格人员中,按照各职位考生笔试成绩从高到低的顺序,以计划录用人数5倍的比例确定面试人员,进入面试人员名单已于1月在人力资源和社会保障部网站公布。面试人员名单、时间安排、笔试最低分数线见附件。

我总站已根据考生报名时的联系电话,通知考生具体面试日期和相关事项,自本公告发布之日仍未接到通知的考生请拨打咨询电话进行确认,不确认的,视为自动放弃面试。

二、面试时间、地点及乘车路线

面试时间:2011年2月23日至27日。面试每日上午9时、下午1时30分开始。参加上午面试的考生须于面试当日上午7时30分前报到完毕,并在工作人员引导下进入候考室。上午8时50分仍未进入候考室的,取消面试资格;参加下午面试的考生须于面试当日下午12时10分前报到完毕,下午1时20分仍未进入候考室的,取消面试资格。考生以抽签方式决定面试考场和顺序。

面试地点:北京永安宾馆(北京市朝阳区农展馆北路甲五号),永安宾馆电话为××××××××,网址为×××××××××。

交通路线:

(一)由首都机场至永安宾馆

1. 乘坐机场巴士(首都机场—方庄线路)到亮马桥下车即可;

2. 乘坐机场快线在三元桥站换乘地铁10号线在农业展览馆站下车A口出站即可。

(二)由北京西站至永安宾馆

1. 乘坐673路在大北窑北站换乘421路在亮马桥站下车即可;

2. 乘坐320、21、802路在军事博物馆站下车,换乘地铁1号线到国贸站换乘10号线在农业展览馆站下车A口出站即可。

(三)由北京站至永安宾馆

乘坐地铁2号线,在建国门站换乘地铁1号线到国贸站换乘10号线在农业展览馆站下车A口出站即可。

(四)由北京南站至永安宾馆

1. 乘坐652路在刘家窑桥西站换乘957、300路在亮马桥站下车即可;

2. 乘坐652路在刘家窑桥西站下车,换乘地铁5号线到惠新西街南口站换乘10号线在农业展览馆站下车A口出站即可。

三、面试必须携带的材料

(一)2011年应届毕业生:身份证原件,学生证原件,公共科目笔试准考证原件,《中央机关及其直属机构考试录用公务员报名推荐表》及学科成绩单原件(贴一寸免冠彩色照片,加盖公章),《考试报名登记表》原件(贴一寸免冠彩色照片),英语等级证书原件(根据职位要求)。研究生学历考生,需携带本科阶段学历、学位证书原件。

(二)2009年、2010年普通高校毕业,离校时和择业期内未落实工作单位,其户口、档案、组织关系保留在原毕业学校或保留在各级毕业生就业主管部门(毕业生就业指导服务中心)、各级人才交流服务机构和各级公共就业服务机构,可以按应届毕业生对待的考生:身份证原件,学历、学位证书原件,公共科目笔试准考证原件,《中央机关及其直属机构考试录用公务员报名推荐表》原件(贴一寸免冠彩色照片,加盖公章),《考试报名登记表》原件(贴一寸免冠彩色照片),英语等级证书原件(根据职位要求)。

(三) 参加"选聘高校毕业生到村任职工作"、"农村义务教育阶段学校教师特设岗位计划"、"三支一扶"计划、"大学生志愿服务西部计划"等项目的人员,服务期满、考核合格的当年,可以按应届毕业生对待的考生:身份证原件,学历、学位证书原件,公共科目笔试准考证原件,《中央机关及其直属机构考试录用公务员报名推荐表》原件(贴一寸免冠彩色照片,加盖公章),《考试报名登记表》原件(贴一寸免冠彩色照片),英语等级证书原件(根据职位要求)。除上述材料外,参加"选聘高校毕业生到村任职工作"项目的,要提供县级以上组织人事部门出具的工作和考核证明;参加"农村义务教育阶段学校教师特设岗位计划"项目的,要提供省级教育部门制作、教育部监制的"特岗教师"证书和服务"农村义务教育阶段学校教师特设岗位计划"鉴定表原件和复印件;参加"三支一扶"计划项目的,要提供各省"三支一扶"工作协调管理办公室出具的高校毕业生"三支一扶"服务证(此证书由全国"三支一扶"工作协调管理办公室监制)原件和复印件;参加"大学生志愿服务西部计划"项目的,要提供由共青团中央统一制作的服务证和大学生志愿服务西部计划鉴定表原件和复印件。

(四) 社会在职考生:身份证原件,工作证原件,公共科目笔试准考证原件,学历、学位证书原件,《考试报名登记表》原件(贴一寸免冠彩色照片),单位人事部门同意报考的证明原件(证明中需注明考生政治面貌,工作简历,工作单位详细名称、地址,单位人事部门联系人和办公电话,加盖公章。现工作单位与报名时填写单位不一致的,还需提供离职证明),英语等级证书原件(根据职位要求)。

上述材料中的《中央机关及其直属机构考试录用公务员报名推荐表》、《考试报名登记表》必须从人力资源和社会保障部网站下载,不能用其他材料代替。

社会在职人员所在单位未制发工作证的,请所在单位在《同意报考证明》中予以说明;在人才中心存档的社会在职人员,由人才中心出具《同意报考证明》并注明工作单位。

留学归国人员需携带经教育部留学服务中心认证的学历、学位证书,以及我驻外使馆出具的留学证明。

请考生提前准备好上述材料的复印件,其中报名推荐表、报名登记表和单位同意报考证明收原件,其余材料查验原件,收复印件。同时提交本人一寸免冠彩色照片 2 张(背面用圆珠笔写明本人姓名和准考证号)。

四、体检和体能测试安排

(一) 实际面试人数少于录用计划 3 倍的职位,成绩应达到当天所在面试考官组面试的所有人员的平均分,方可进入体检、体能测试。

参加体检和体能测试人数与计划录用人数比例为 1.2∶1,如体检和体能测试合格人数超过计划录用人数,按照各职位综合成绩从高到低的顺序确定拟录用人员。

综合成绩的计算方法为:公共科目笔试总成绩转化为百分制后占50%,面试成绩占50%。即:总分=笔试成绩/4+面试成绩/2

(二)考生在体检前不要进食、饮水,保持空腹。

(三)体能测试考生请自备运动衣、运动鞋。

(四)体检和体能测试地点均在北京,考生应合理安排个人行程,并保证在规定时间内抵达报到地点参加体检和体能测试,否则,一切后果由考生本人负责。

(五)体检和体能测试于本总站全部面试结束后两天左右确定,具体时间另行通知,没有接到通知的考生可来电咨询。

五、注意事项

(一)已确认参加面试的考生不得随意放弃面试。考生未按时参加面试的,视为自动放弃。

(二)考生务必按照面试公告要求携带有关材料,缺少必备材料的考生,取消面试资格。

(三)面试当天按规定实行封闭管理,参加面试的考生不得携带手机等通讯设备进入候考室和考场。如在候考期间使用手机等通讯设备,或违反面试考场规则的,取消面试资格。

(四)对于缺乏诚信、弄虚作假或不符合报考资格条件及报考职位要求的考生,一经查实,取消面试或录用资格,并报国家公务员局备案,通报原工作单位。

(五)考生可于面试两天后登录国家公务员局网站查询面试成绩。

(六)请参加面试考生务必保持联系电话畅通。如联系电话有误或发生变化,请及时告知。

(七)其他相关信息请及时留意北京出入境边防检查总站网站(网址××××××××)。

六、联系电话

××××××××,××××××××。

附件:北京总站面试人员名单及时间安排.xls

北京出入境边防检查总站

××××年×月×日

【评析】

这是一篇重要事项公告,其写作特点主要表现在:

一、体式规范,要素完整。这篇公告的标题由发文机关(北京出入境边防检查总站)、事由(2011年度招录公务员面试体检体能测试)和文种(公告)三部分构成,要素完整,事由概括得精炼而准确,使人一目了然。正文部分由公告依据和公告事项组成,开篇先简要交代了公告依据,"根据中组部、人力资源和社会保障部、国家公务员局2011年度考试录用公务员面试工作的有关规定",然后以过渡语"现就我总站面试工作的有关事项公告如下"引出公告事项部分,事项部分是写作重点,涉及内容虽然较多,但写得清楚明了。

正文部分结束之后,注明了相关附件"北京总站面试人员名单及时间安排",最后在右下方标注了发文机关名称与发文日期。整篇公告格式规范,要素完整,值得写作者借鉴。

二、内容具体,条理清晰。这篇公告的主体部分采用了分条分项的写法,针对招录公务员面试、体检、体能测试的有关事宜逐项予以说明,分六个大的方面作了具体明确的交代,即:面试人员,面试时间、地点及乘车路线,面试必须携带的材料,体检和体能测试安排,注意事项,联系电话。每项内容之下又有具体的分项说明,每项说明前都冠以明确的序号,条理非常清楚,便于读者理解把握。

三、语言凝练,措辞严谨。这篇公告虽然内容琐细,涉及考生在面试、体检、体能测试过程中应注意的许多细节问题,但语言表述却十分准确、精炼,措辞严谨有度,充分体现了公告的庄重性、严肃性。

第二节 通 告

一、通告的适用范围

《党政机关公文处理工作条例》规定:通告适用于在一定范围内公布应当遵守或者周知的事项。

通告具有知照性和一定的约束力,有些通告有较强的强制性,要求人们必须遵守。因此,它在规范人们行为方面有一定的法定效力。

二、通告的特点

(一) 广泛性

通告的广泛性表现在两个方面:一是所涉及的内容非常广泛,大到国家政策、法令,小到群众生活中的一些具体事务,无论是政治、文化领域,还是水电、交通、金融、税收等经济领域,都可用通告发布;二是使用单位广泛,其制发不受发文机关级别高低的限制,任何级别的党政机关、企事业单位、社会团体都可根据自身行使职权和开展业务的需要发布通告。

(二) 地域性

通告是在一定范围内公布的,而且多就某一地区或某一事项而发布,让一定地域范围内的相关人员知晓,因此,其告知对象范围有一定的限制,具有地域性。

(三) 公开性

通告一般不涉及保密内容,它既可以用公文形式发布,也可以公开张贴,还可以通过广播、电视、报纸等新闻媒体发布。

三、通告的种类

根据内容与性质的不同,通告可以分为:

(一) 知照性通告

这类通告主要用于向一定范围的单位或有关人员宣布应当周知的事项。虽然在知照事项本身的时候,也可提出某些执行要求,但从总体上来讲,是以知照事项为主的,不具有强制性与约束力。如《北京市人大常委会关于对〈北京市信访条例(修正草案)〉征求意见的通告》就属知照性通告。

(二) 法规性通告

这类通告主要用来向有关单位或个人宣布一些需要严格遵守执行的规定或要求。这些规定或要求往往都是围绕着保证某一事项或活动的正常秩序而提出,其发文机关一般都具有相应的权威或权力;或者是根据上级领导机关的有关决定、国家的有关政策规定而制发。所以,这类通告在一定范围内具有较强的权威性和约束力,有时还具有法律效力。如《岳阳市人民政府关于严厉禁止传销行为的通告》就属法规性通告。

四、通告的写法

(一) 标题

通告的标题一般有以下几种组成方式:

1. 发文机关＋事由＋文种,如《××市供电局、公安局关于严禁窃电的通告》。

2. 发文机关＋文种,如《北京市公安局通告》。

3. 事由＋文种,如《关于实施群众举报损坏交通设施奖励办法的通告》。

4. 只写文种,即《通告》,这种形式多见于单位内部张贴。

(二) 主送机关

通告虽然是在一定范围内发布的,但其告知对象往往不是特定的,所以一般不写主送机关。如《××市人民政府关于禁止赌博的通告》,其通告对象是××市人民政府之下的所有单位和个人,因此,可以略去不写。

(三) 正文

通告的正文一般由三部分组成:

1. 通告缘由

主要介绍发布通告的背景、根据、目的和意义等,如果是法规性通告还要写明法律依据。这一部分结束时,可以"现通告如下"、"现将有关规定通告如下"等过渡语引出下文。

2. 通告事项

这是通告的主体部分,要具体介绍需要周知的事项或需要遵守执行的规定、要求等。如果通告事项涉及的要求、措施较多,应该分项予以说明。分项说明宜采取递减法,由主及次,由大到小,以便读者能够迅速、正确地领会其精神实质。

3. 结束语

多采用"本通告自发布之日起实施"或"特此通告"等规范性用语结束全文;或向通告对象提出希望、要求;也可省去结语,自然收尾。

(四) 发文机关署名、成文日期

在正文(或附件说明)右下方写明发文机关名称及发文的年、月、日。

五、通告写作的要求

(一) 结构要严谨有序

通告的具体事项是要面向公众,要求公众周知和执行的。因此,撰写通告时结构一定要严谨,尤其在采用分条分项的写法时,要注意各项内容之间的先后顺序,每项内容的排列一定要合乎逻辑。力戒主次不分,繁杂无序。

(二)语言要通俗易懂

由于通告是面向社会、面向人民群众发布的,所以其语言表述要力求通俗易懂。在不影响准确表达的前提下,尽量少用术语、行话,多用大众语言,使得各种文化层次的受众都能接受、明白,以达到"周知"和"遵守"的目的。

六、通告与公告的区别

通告与公告同属知照性公文,二者都具有晓谕性和公布性,在实际应用中容易出现混淆的情况。其实,这两种公文有着明显的区别,主要表现在:

(一)适用范围不同

公告是用来向国内外宣布重要事项和法定事项的,其发布范围很大,可面向全国,甚至面向全世界,涉及内容多是国家大事或省市级的行政大事,或者履行法律规定必须遵循的程序;通告是用来发布在一定范围内需要遵守或周知的事项的,虽然它也是面向社会发布,但多限定在一个特定的范围内,要求这一范围内的某一类特定人群必须遵守或周知,它所涉及的事项虽然也很重要,但一般没有公告那么重大,多属事务性内容。

(二)发文机关不同

公告的发文机关级别高,多为国家领导机关、地方行政机关或由国家授权的部门,基层单位不能制发公告;而通告的发布不受发文机关级别的限制,上至国家领导机关,下至基层企事业单位、社会团体,都可在自己的职权范围内发布通告。

(三)发布方式不同

公告一般不以红头文件的方式下发,也不公开张贴,而是通过报纸、广播、电视等新闻媒体予以发布;通告则可根据需要,或通过新闻媒体发布,或以公文的形式下发,或公开张贴。

【例文】

关于清理北京市社区街巷长期
停放废旧汽车的通告

目前,北京市部分废旧汽车在社区、街巷胡同长期停放,不仅占用了公共资源,影响了道路畅通和城市环境,更是存在很多安全隐患。为了给市民群众提供更加便利和舒适的生活环境,依据《中华人民共和国道路交通安全法》、《报废汽车回收管理办法》、《物业管理条例》、《北京市市容环境卫生条例》和北京市居住小区机动车停车管理相关规定,现就有关事项通告如下:

一、请车辆停放人在本通告发布之日起 7 日内,自行清理长期停放于社区、街巷两侧的废旧汽车;逾期不清理的,城管执法机关将会同有关部门对相关车辆实施集中存放。

废旧汽车集中存放场所和车辆清单(略)

　　二、已被通告的车辆,在通告期间,车辆停放人持有车辆权属证明等有效材料接受调查的,经属地城管执法机关会同有关部门核准后,不予集中存放。

　　相关车辆达到国家规定报废标准的,不得上道路行驶。车辆所有人应当及时将车辆交售给机动车回收企业,由机动车回收企业将报废的机动车登记证书、号牌、行驶证交公安机关交通管理部门注销。车辆所有人名下如果存在报废车辆,在未完成报废手续前,公安机关交通管理部门不予办理新购机动车注册登记。

　　三、通告期间届满,对已实施集中存放、无人认领的废旧汽车,城管执法机关在会同有关部门对车辆所有人和车辆基本情况核查后另行处理。其中,对涉及走私、盗抢、套牌、欠缴养路费的车辆,由有关部门严厉查处。

　　四、各有关单位和个人应当顾全大局、严格自律,积极配合政府部门做好社区、街巷长期停放废旧汽车的清理工作。

　　本通告自发布之日起施行。

北京市城市管理综合行政执法局

北京市公安局公安交通管理局

北京市住房和城乡建设委员会

××××年×月×日

【评析】

　　这是一篇法规性通告,在写作上有以下几点值得借鉴:

　　一、标题拟定灵活而不失规范。这是一篇由三个机关联合发布的通告,如果在标题上把三个机关的名称都写出来,标题会显得太长,所以这篇公告的标题采用了要素省略式的写法,省去了发文机关,由事由(关于清理北京市社区街巷长期停放废旧汽车)和文种(通告)构成。

　　二、发文缘由充足,有理有据。这是一篇法规性通告,受文对象广泛,要使大家认可所通告事项,首先必须有充足的理由,所以,本篇公告的开头一段就包含了三层意思:第一,说明发文原因:"北京市部分废旧汽车在社区、街巷胡同长期停放,不仅占用了公共资源,影响了道路畅通和城市环境,更是存在很多安全隐患";第二,交代发文目的:"为了给市民群众提供更加便利和舒适的生活环境";第三,写明发文依据:"依据《中华人民共和国道路交通安全法》、《报废汽车回收管理办法》、《物业管理条例》、《北京市市容环境卫生条例》和北京市居住小区机动车停车管理相关规定"。这三层意思的表述,可谓有理有据,能使大家充分认识到清理社区街巷长期停放废旧汽车这一举措的必要性与重要性。

　　三、结构严谨,层次井然。这篇通告的正文由通告缘由、通告事项、结束语三部分组成。第一自然段阐述通告缘由,并用过渡语"现就有关事项通告如下"引出通告的具体事项;通告事项属主体部分,采用了分条分项的写法,先分别针对三种情况作出相应的规定,然后提出总的执行要求;主体部分结束之后,以惯用语"本通告自发布之日起施行"收尾。整篇通告结构完整,严谨有序。

四、语言通俗易懂,决断有力。通告要面对不同文化层次的受文对象,语言务求通俗易懂,本篇通告在这一点上做得也比较好。通篇没有难于理解的词语,没有拗口的表达,便于群众理解执行。同时,这又是一篇法规性通告,所宣布的规定、要求是需要严格遵守执行的,所以,语言表达上又具有决断性的特点,如"不予"、"不得"、"应当"、"严厉查处"等词的使用,决断有力,充分体现出发文机关严肃而坚决的态度。

第三节　通　　知

一、通知的适用范围

《党政机关公文处理工作条例》规定:通知适用于发布、传达要求下级机关执行和有关单位周知或者执行的事项,批转、转发公文。

通知的适用范围相当广泛,在公文中的使用频率最高。

二、通知的特点

(一) 功能多样

在公文中,通知的功能是最为多样的,可以用来发布规章、传达指示、布置工作、晓谕事项、批转和转发文件等。从行文方向上来讲,通知一般作下行文使用,具有指挥、指导作用;但也可以作平行文,用在平级机关和不相隶属机关之间,主要起知照作用。

(二) 使用广泛

通知是机关使用最频繁的公文文种,适用范围非常广泛。从发文机关级别来看,上至国家党政机关,下至基层企事业单位,都可以发布通知;从内容来看,大至传达全国性重大事项,发布重要法规、规章,小至单位内部告知一般事项,都可用通知行文。

(三) 讲究时效

通知是一种制发比较快捷、运用比较灵便的公文文种,它所要求办理的事项,都有比较明确的时间限制,受文机关要在规定的时间内办理完成或遵照执行,不容拖延。

三、通知的种类

根据功能的不同,通知可以分为以下几种:

(一) 发布性通知

除重要的法律性文件用命令颁布之外,多数法规和规章性文件,如条例、规定、办法、细则、实施方案等,都适合用通知颁发。这类通知具有很强的政策性。如《国务院办公厅关于印发〈省级政府耕地保护责任目标考核办法〉的通知》就属发布性通知。

(二) 指示性通知

又称规定性通知或布置性通知,主要用于传达指示、布置工作。凡是需对某一事项进行处理或对某一问题作出指示,又不适合用命令、决定的形式行文的时候,均可用通知的形式行文。这类通知带有指示性与指导性,是需要下级机关贯彻执行的。例如《国务院办公厅关于集中开展安全生产领域"打非治违"专项行动的通知》就属指示性通知。

（三）晓谕性通知

主要用于告知有关单位或人员某一具体事项，是机关日常工作中经常会用到的一种通知。其用途比较广泛，人事调整，启用、作废公章，组织召开会议，机构名称变更，机关隶属关系变更，迁移办公地址，安排假期等，都可使用这种通知。如《国务院关于更改新华通讯社香港分社、澳门分社名称的通知》就属于晓谕性通知。

会议通知是晓谕性通知中的一个重要类别，主要用于向参加会议的有关机关或人员告知会议内容、时间、地点及注意事项等，在工作中使用十分普遍。如《关于召开省属高校档案工作会议的通知》。

（四）批转、转发性通知

在所有公文中，只有通知具有批转与转发文件的功能。批转性通知主要用于上级机关将某一下级机关报来的文件批转给其他有关下级机关周知或执行，如《国务院批转证监会关于提高上市公司质量意见的通知》；转发性通知主要用于下级机关将上级机关或不相隶属机关发来的文件转发给所属机关人员周知或执行，如《国务院办公厅转发教育部等部门关于进一步加快高等学校后勤社会化改革意见的通知》。

四、通知的写法

（一）标题

通知的标题一般有以下两种组成方式：

1. 发文机关＋事由＋文种，如《国务院办公厅关于成立国家信息工作领导小组的通知》。

发布性通知和批转、转发性通知的标题由"发文机关＋发布（批转或转发）＋被发布（批转或转发）文件名称＋通知"组成。需要注意的是，发布性通知所发布的规章名称要出现在标题中，并使用书名号，如《国务院办公厅关于印发〈省级政府耕地保护责任目标考核办法〉的通知》；批转、转发性通知所批转、转发的文件名称也要出现在标题中，但不一定使用书名号，如《国务院办公厅转发国家经贸委等部门关于清理整顿小炼油厂和规范原油成品油流通秩序意见的通知》；多层转发的通知，要省略一切过渡机关，直至始发机关，将一切过渡的"关于"、"通知"删去，保留最后一个"关于"和最后一个"通知"，如《××县人民政府关于转发〈××市人民政府关于转发〈××省人民政府关于转发〈人事部关于××同志恢复名誉后享受××级待遇的通知〉的通知〉的通知》，读起来就非常拗口、啰嗦，应改为《××县人民政府转发人事部关于××同志恢复名誉后享受××级待遇的通知》。

2. 事由＋文种，如《关于印发〈规范国有土地租赁若干意见〉的通知》、《关于进一步做好城市蔬菜产销工作的通知》。

有时，因通知的内容非常重要，需要被通知单位尽快知晓，拟定标题时可在"通知"前加上"重要"、"紧急"等词语，如《国务院办公厅关于确保居民生活用电和正常发用电秩序的紧急通知》。

（二）主送机关

通知的发文对象广泛，主送机关往往比较多，由于各机关的级别、名称不同，在拟写时一定要注意其排列的规范性。如人事部《关于解除国家公务员行政处分有关问题的通知》的主送机关是"各省、自治区、直辖市人事(人事劳动)厅(局)、监察厅(局);国务院各部委、各直属机构人事(干部)部门、监察局(室)",排列就非常规范。遇到这种情况,就需要仔细考虑、认真确定主送机关的称谓和排列顺序。

(三)正文

不同类型的公文,其正文部分的结构、写法也有所不同,现分述如下:

1.发布性通知

这类通知的正文部分比较简单,多数情况下篇段合一。一般先说明发布规章的目的、根据,然后写明发布事项,最后提出执行要求。有时还可以更简短,如"现将《×××××××办法》印发给你们,请遵照执行。"省略了行文目的,直接由发布事项、执行要求组成。这类通知是复合体公文,被发布的规章全文附在通知之后,但不作为附件处理,而是正件的组成部分。

2.指示性通知

这类通知正文部分的内容一般比较复杂。开头需简明扼要交代发文的背景、依据、目的、意义等,然后用"特提出如下要求"、"现通知如下"等承启用语引出下文;主体部分具体阐述所传达的指示、所安排的工作及开展工作的方法、措施和步骤等,内容较多的常分条列项来写,显得清晰明了;结尾可提出贯彻执行的要求,或以"以上通知,望认真执行"、"特此通知,望认真贯彻执行"等惯用语结束,也可省略不写。

3.晓谕性通知

写法基本同指示性通知。先简要交代发文缘由,然后用"现就有关问题通知如下"等惯用语过渡到主体部分;主体部分写明需告知的具体事项,或对有关事宜做出具体安排;最后用"特此通知"收尾,或省略结语。有的晓谕性通知需在文尾列出新成立的组织的成员名单,以及改变名称或隶属关系之后职权的变动情况等。

会议通知作为晓谕性通知的一个重要类别,其正文部分也包括发文缘由、事项、结语三部分:缘由部分一般简要说明召开会议的背景、目的、意义,以及由哪个机关召开什么会议,会议名称最好写全称;事项部分需写明会议起止时间、地点、对与会人员身份的要求、主要议题、大致进程、费用、需准备的材料、食宿安排、联系方式、报到时间和报到地点及其他注意事项等,这部分要写得具体清楚、准确无误,可采用分条列项的写法;最后可以"特此通知"收尾。以上内容,小型会议一般写得简略一些,大型会议则要写得周详一些。

4.批转、转发性通知

这类通知正文部分的写法比较简单,主要由转发对象、转发决定、执行要求组成。如《国务院办公厅转发国家经贸委关于深化电力工业体制改革有关问题意见的通知》的正文:"国家经贸委会同财政部、水利部、国家电力公司提出的《关于深化电力工业体制改革有关问题的意见》已经国务院同意,现转发给你们,请认真贯彻执行。"但这类通知的正文并不总是这样简短,有时还要根据需要阐明意义,提出要求。如《国务院关于批转全国物价大检查总结报告的通知》一文,在写明批转对象和批转决定之后,还对背景、现状、性质意义、原则要求、基本任务等进行了说明和论述。这类通知也属复合体公文,被批转、转发的文件全文附在通知之后,但不作为附件处理,而是正件的组成部分。

(四) 发文机关署名、成文日期和印章

在正文(或附件说明)右下方写明发文机关名称及发文的年、月、日,并加盖印章。

五、通知的写作要求

(一) 内容要明确具体,重点突出

撰写通知时要充分考虑其可行性和可操作性,力求将通知事项阐述清楚,提出的办法、措施、要求等要具体明确,切实可行;同时,要注意突出重点,把主要事项讲清说透,便于受文单位贯彻执行。

(二) 条理要清晰,逻辑要严密

通知属知照性公文,要求把需要知晓或办理的事项交代清楚,这就要求行文时必须分清通知事项的主次,按其轻重缓急和先后顺序一层层地展开,做到脉络清晰,有较强的逻辑性。

(三) 语言要通俗易懂,明白晓畅

由于通知的应用范围十分广泛,撰写时还要考虑到受文对象的复杂性和文化程度的差异,表达上应力求做到通俗易懂、明白晓畅,以利于读者理解把握。

六、通知与通告的区别

通知与通告虽然同属知照性公文,但却有着明显的区别,主要表现在以下几个方面:

(一) 适用范围不同

通告用于在一定范围内公布应当遵守或者周知的事项,功能比较单纯;通知则可以用来发布规章、传达指示、安排工作、告知事项、批转和转发文件等,功能多样,适用范围比通告大得多。

(二) 受文对象不同

通告的对象是一定范围内的公众,因而具有普遍告知性;而通知的对象一般是与通知内容直接有关的单位或人员,对象明确,因而具有特定专指性。

(三) 发布形式不同

通告一般是通过媒体公开发布,或在公共场所张贴,也可以内部行文;而通知一般是内部行文,不公开发布。

【例文】

国务院办公厅关于进一步加强
地质灾害防治工作的通知

各省、自治区、直辖市人民政府,国务院各有关部门:

今年以来,我国气候极端异常,南方持续强降雨,部分地区地质灾害多发频发,群死群伤事件时有发生。国务院领导同志对此高度重视,

多次作出重要批示,要求加强地质灾害隐患巡查和预警预报,及时转移受威胁群众,认真做好排险防治工作,强化应急抢险处置,落实各项防范应对措施,确保人民群众生命财产安全。为进一步做好地质灾害防治工作,经国务院同意,现就有关事项通知如下:

一、充分认识当前地质灾害防治形势的严峻性。当前正值主汛期,也是地质灾害多发易发期,特别是南方岩土体含水偏饱和、部分地区前旱后雨,西北地区黄土稳定性脆弱,三峡库区水位明显涨落,汶川、玉树地震灾区岩石破碎,再遇强降雨极易引发崩塌、滑坡、泥石流等地质灾害。各地区、各有关部门要充分认识到当前地质灾害防治形势的严峻性,深刻了解地质灾害的隐蔽性、复杂性、突发性和破坏性,坚决克服侥幸心理和麻痹思想,进一步细化、实化、深化各项防灾措施,切实把地质灾害防治工作落到实处。地质灾害易发地区各级政府要把防治地质灾害作为一项刻不容缓的重要任务,进一步部署和落实各项防范应对工作。

二、迅速开展地质灾害隐患再排查。各地要按照《国土资源部关于组织开展"全国汛期地质灾害隐患再排查紧急行动"的通知》(国土资发〔2010〕95号)的要求,重点针对可能引发地质灾害的城镇、乡村等人员聚集区,公路、铁路等交通要道沿线地区和重大工程项目施工区等,在专业技术队伍的指导和帮助下,依靠基层政府和组织,发动群众迅速开展地质灾害隐患再排查工作,确保不留死角。对发现的地质灾害隐患点要逐一登记造册,落实防范和治理措施,纳入群测群防工作体系。

三、进一步加强监测预警。对所有威胁群众和重要设施安全的地质灾害隐患点,地方各级人民政府和相关主管部门要采取有针对性的监测手段和方法,切实落实巡查人员和责任,并将防灾负责人和监测责任人公开、公示。要加大汛期巡查监测频率,对重大隐患点实行24小时监测,一旦发生险情要及时发出预警。各地要重视和加强群测群防队伍建设,配备必要的装备,组织广大群测群防员上岗到位。同时,要关心他们的安全和生活。

四、强化临灾避险和应急处置。凡出现地质灾害险情,基层政府和单位要迅速组织群众转移并做好安置工作,对危险区域要设置警戒线,防止群众在转移后擅自再次进入,采取切实有效措施,坚决避免群死群伤事故发生。地质灾害发生后,地方各级人民政府要在第一时间组织相关部门和救援力量,开展抢险救灾工作。国土资源部门要强化技术指导,进一步组织开展灾害点周围的隐患排查,防止发生次生灾害。地质灾害易发地区的各级人民政府要完善应急预案,建立快速反应机制,加强应急救援队伍建设,做好物资、资金、设备等各项应急准备工作。

五、落实地质灾害防治责任。要按照《地质灾害防治条例》的要求,进一步明确地方各级人民政府地质灾害防治工作的责任,特别是要加强县乡两级责任制的落实,把责任层层落实到基层和人员。国土资源部门要加强地质灾害防治工作的组织、协调、监督和指导工作,并会同气象部门加强地质灾害气象预报预警;水利、交通、铁道、建设、安全监管、旅游、教育、电力等部门要按照职责分工,分别组织指导做好相关领域的地质灾害隐患排查巡查、监测预警和排危除险工作。

六、加大防灾知识宣传普及力度。地方各级人民政府和国土资源部门要充分利用各类新闻媒体,通过开展贴近实际、简便易学和群众喜闻乐见的宣传形式,全面普及预防、辨别、避险、自救等地质灾害防治应急知识,提高干部群众的临灾自救和互救能力。有关部门和单位要在所有地质灾害隐患点设立警示牌和宣传栏,及时向受威胁群众发放防灾、避险明白卡,明确险情发生后撤离转移的路线和避让地点。

国务院办公厅

××××年×月×日

【评析】

这是一篇指示性通知,其写作特点主要体现在:

一、体式合乎规范。标题采用完全式写法,发文机关、事由和文种三项要素齐备,事由部分"关于进一步加强地质灾害防治工作"概括得简洁而明确;主送机关较多,采用了同类型机关统称的写法:"各省、自治区、直辖市人民政府,国务院各有关部门",排列非常规范;正文由发文缘由和通知事项两部分组成,中间用承启语"现就有关事项通知如下"加以衔接,过渡自然,其中通知事项部分是主体,内容较多,采用了分条分项的写法,显得条理清晰、逻辑严密;正文结束后在右下方标明发文机关名称和发文日期,写法也合乎规范。总之,这则通知从标题到落款,写作上完全遵循通知的要求,行文非常规范,值得借鉴。

二、内容具体明确,行文详略得当。这则通知开篇即简明扼要地交代了发文的原因、依据、目的,能使受文单位充分认识到加强地质灾害防治工作的重要意义。主体部分针对防治工作作出了具体的部署,并提出了明确的要求,按照逻辑顺序分别从六个方面加以说明,每一项内容都阐述得清清楚楚,明明白白,使受文机关一看就知道要解决什么问题,为什么要解决这些问题,采取什么措施来解决这些问题。如第六条"加大防灾知识宣传普及力度"中明确写道:"有关部门和单位要在所有地质灾害隐患点设立警示牌和宣传栏,及时向受威胁群众发放防灾、避险明白卡,明确险情发生后撤离转移的路线和避让地点。"内容实实在在,措施、要求提得非常具体,便于受文单位理解把握、贯彻执行。

三、语言凝练,措词恰当。这则指示性通知用语恰当,选词慎重,文字简洁。例如通知事项的第一条,在阐述加强思想认识时这样表述:"各地区、各有关部门要充分认识到当前地质灾害防治形势的严峻性,深刻了解地质灾害的隐蔽性、复杂性、突发性和破坏性,坚决克服侥幸心理和麻痹思想,进一步细化、实化、深化各项防灾措施,切实把地质灾害防治工作落到实处。地质灾害易发地区各级政府要把防治地质灾害作为一项刻不容缓的重要任务,进一步部署和落实各项防范应对工作。"句式简练,表意明确。其中,"充分认识"、"深刻了解"、"坚决克服"、"切实"、"刻不容缓"等词的运用非常恰当,能使受文单位充分认识到加强防治工作的重要性与紧迫性;"隐蔽性、复杂性、突发性和破坏性"、"细化、实化、深化"等词语的排列则十分讲究,具有严密的逻辑性,充分体现出发文机关严肃、审慎的态度,可谓字斟句酌,周密严谨。

第四节 通 报

一、通报的概念

《党政机关公文处理工作条例》规定:通报适用于表彰先进、批评错误、传达重要精神和告知重要情况。

通报是一种知照性和教育性的公文,通报的目的是上级机关需要使受文单位了解某些重要精神和情况,让具体的典型事例(表扬的或批评的)发挥其教育、告诫、沟通的作用,用以指导工作。

二、通报的特点

(一) 典型性

不是任何的人和事都可以作为通报的对象来写的。通报的内容一般都是在工作中普遍存在但却又具有典型性的事件,往往能够反映、揭示事物的本质规律,具有广泛的代表性和鲜明的个性,对工作具有较强的指导作用。

(二) 教育性

无论是表彰先进,还是批评错误,或是传达重要精神、告知重要情况,其目的不仅仅是让人们知晓其内容,而且还要从典型事件中受到启迪,得到教益。或学习经验,弘扬正气;或警戒错误,汲取教训;或了解情况,引起重视。这就是通报的教育性。

(三) 时效性

通报都是针对当前工作中存在的情况和问题而制发的,具有极强的时效性。随着客观情况的变化,一件在当时看来具有典型意义的事件,时过境迁,未必仍然具有典型性。所以,通报能够真正发挥作用,达到宣传、教育的目的,与抓住时机、适时通报是分不开的。

三、通报的种类

根据性质和内容来划分,通报可以分为以下三种类型:

(一) 表彰性通报

主要用于表彰先进人物或先进集体,介绍先进事迹,推广典型经验,号召人们向先进学习。如中华人民共和国建设部制发的《关于表彰全国城市园林绿化先进集体先进个人的通报》。

(二) 批评性通报

主要用于对工作中发生的错误或重大事故以及违法违纪案件等进行批评、揭露、处理,告诫人们从中吸取教训,以避免类似错误的再次发生。如《国务院办公厅关于××省乡镇煤矿发生特大瓦斯爆炸事故的通报》。

（三）情况通报

主要用于在一定范围内传达重要精神、发布重要信息、沟通重要情况，以达到上情下达、统一认识、协调并推动工作的目的。如《湖南省人民政府办公厅关于打击赌博活动大力整顿彩票市场秩序专项行动工作情况的通报》。

四、通报的写法

（一）标题

通报的标题有三种组成方式：

1. 发文机关＋事由＋文种，如《国务院办公厅关于少数地方和单位违反国家规定集资问题的通报》。

2. 事由＋文种，如《关于表彰"6·29"反劫机有功集体和人员的通报》。

3. 发文机关＋文种，如《中共中央纪律检查委员会通报》，这种写法比较少见。

（二）主送机关

除普发性的通报外，其他通报都应标明主送机关。

（三）正文

1. 表彰性通报和批评性通报

这两种通报只是在内容方面存在区别，结构与写法大致相同，一般由四个部分组成：

第一部分，通报缘由。无论是表彰还是批评，开头都要交代当事人的先进事迹或所犯错误的实际情况，这是通报的依据。写作时必须把事情的来龙去脉（如人物、时间、地点、原因、经过、结果等）交代清楚，而且要紧扣事件的实质，进行斟酌、取舍，注意详略得当，重点突出。不可眉毛胡子一把抓，搞得主次不分，淹没实质性的内容。

第二部分，分析评价。这是一份通报的重要组成部分，是对通报事件的理论概括。如果是表彰性通报，就要对先进人物、先进事迹进行分析、评价，阐明其典型意义，或概括其主要经验，指出其值得发扬和学习之处；如果是批评性通报，则要分析造成错误的主客观原因，指出事件的性质及其危害，说明应吸取的教训。无论哪一种通报，对事件的分析一定要准确，评价要中肯，做到不夸大、不缩小，使人们能从中受到教育与启迪。这部分的写作一般都带有比较鲜明、浓重的感情色彩，所以要掌握好分寸，避免过分的渲染和不切实际的褒贬。

第三部分，通报决定。对通报事件进行分析评价之后，往往要明确宣布对有关单位或人员进行表彰或批评的决定。在实际写作中，如果遇到决定事项或处理意见内容较多的情况，可采用分条列项的写法，做到眉目清晰、条理清楚。

第四部分，希望和要求。这是表彰性通报和批评性通报不可或缺的一项内容。事实上，用通报的形式表彰或批评某人某事，其真正目的是让人们从中受到启迪，得到教益。因此，无论是发出号召，还是提出希望或要求，都应注意结合前文内容，有的放矢，体现出表彰或批评的针对性，并揭示出通报事件所蕴含的社会意义。切忌脱离实际，空喊口号。

2. 情况通报

情况通报的正文一般由三个部分组成：

第一部分，直陈被通报的情况。这类通报的开头一般无须长篇大论，主要是概述通报的内容,或叙写总的情况,说明发文缘由、根据、目的。

第二部分,对通报情况进行分析评价,肯定取得的成绩,指出存在的问题。这是情况通报的核心部分,通常采用叙议结合的写法。或侧重介绍主要做法和取得的成效,并具体分析取得成绩的原因;或侧重反映工作中存在的主要问题及需要解决的矛盾,分析其产生的原因;或二者并重。这部分的写作重在摆事实,要注意选择比较典型的有代表性的事例加以说明,典型单位既可专指,也可泛指,事例要进行取舍,以求精当,对一些过程可少写或不写。内容较多、情况较复杂时,要注意梳理归类,合理安排结构。

第三部分,今后的打算或要求。根据前文内容,或针对具体问题提出切实可行的对策,或对今后的工作作出部署,或提出改进工作的建议、要求等。

一些内容较多的情况通报,正文可分为四个部分:一是总体情况概述,二是具体情况说明,三是分析评价,四是希望或要求。具体采用哪种写法,视实际情况而定。

(四) 发文机关署名、成文时间和印章

在正文(或附件说明)右下方写明发文机关名称及发文的年、月、日,并加盖印章。

五、通报的写作要求

(一) 通报的事件要具有典型性

选用典型材料,是通报写作的基本要求,因此,撰写通报前一定要做好调查研究,注意选准、选好典型。要选择那些能反映问题本质,具有普遍性和代表性的事件来写。只有普遍性没有代表性的材料,不能给读者以深刻的印象;只有代表性而没有普遍性的材料,缺乏广泛的指导意义和教育意义,最终都不能达到通报的目的。

(二) 事件的陈述要简洁而明确

陈述基本事实,这是通报写作中首先要涉及的一个重要问题。简洁,本是公文在语言表达上的一个共同要求;而就通报的"陈述基本事实"来讲,除了要求文字精炼以外,在表达方式上则应使用概述手法,而不宜展开详细的叙述、描写。但是,通报事实的陈述又不宜过于简单,过"简"往往会"简"而不"明",抽象空洞,难以让人从中受到教益。"简"应以"明"为前提、为尺度。"明",指"明确",即明确交代事情的来龙去脉,使人对所通报的事实形成一个完整的印象,并能在此基础上作出明确的是非判断。

(三) 对事件的分析评价要客观、公正

所谓分析评价,即作者对事件的认识。分析评价的目的,在于引导读者透过表象去认识事件的本质,从而准确把握通报的精神。因此,无论哪种通报,都要做到分析中肯,评价实事求是,结论准确公正。否则,分析不到位或说过头或含糊其辞,不但缺乏说服力,而且有可能会产生副作用。

六、通报与相近文种的区别

(一) 通报与通知的区别

1. 目的要求不同

通知是通过布置具体任务、提出详细的规范化要求和有关规则,来达到指导和推动工作的目的;而通报则主要通过对典型事件或重要情况的传达,起到宣传教育或沟通信息的作用,甚至不涉及直接具体的执行要求。两相比较,通知具有更强、更具体的约束力。

2. 作用不同

通报与通知都属于知照性公文,均可传达、周知有关事项,但通知还具备批转、转发文件的功能;而通报表彰先进、批评错误的作用则是通知所不具备的。

3. 表达方式不同

通知以叙述为主要表达方式,语言平实、具体;而通报可兼用叙述、说明、议论多种手法,陈述事实,说明问题,分析评价,具有较强的感情色彩。

(二) 表彰、批评性通报与奖惩性决定的区别

1. 出发点与侧重点不同

奖惩性决定重在处置,它的着眼点在于奖惩有关单位或个人,它代表领导层的权威意志,奖功罚过是其首要目的;而表彰、批评性通报则是使受文单位了解要表彰或批评的个人或集体的有关事件,从而受到鼓舞教育或鞭策警示,其着眼点在于事实本身,重在宣传与教育,或先进示范,或以儆效尤。

2. 内容的详略安排不同

奖惩性决定与表彰、批评性通报都要叙述先进事迹或错误事实,并对其作出分析评价,写明表彰或处理决定,并提出希望和要求。但由于出发点与侧重点不同,因而两者在正文的结构安排及叙述详略上存在一定的区别。奖惩性决定一般重在介绍先进事迹或错误事实及组织的处理决定;而表彰、批评性通报除了介绍先进事迹或错误事实外,更重要的是要对事实作出客观的分析评价,并提出希望与要求。

【例文】

关于表彰"6·29"反劫机有功集体和人员的通报

2012年6月29日,天津航空公司E190/B3171号飞机执行新疆和田至乌鲁木齐GS7554航班任务,12时25分起飞后,在空中遭遇6名歹徒的暴力劫持。9名机组人员沉着冷静、果断处置,在旅客协助下制服劫机歹徒,飞机于12时47分安全返航降落和田机场,成功挫败一起暴力恐怖劫机事件,保障了国家安全和人民群众生命财产安全。

在事件处置过程中,飞行机组坚决果断、指挥有力,安全员和乘务员英勇无畏、舍生忘死,乘机旅客临危不惧、挺身而出,2名安全员、2名乘务员和多名旅客在搏斗中光荣负伤,展示了大无畏的革命英雄主义和集体主义精神,谱写了一曲荡气回肠的时代赞歌。事件发生当日,民航局即对该机组通令嘉奖,授予其"中国民航反劫机英雄机组"荣誉称号,并对参与处置的旅客表示慰问和感谢。

为进一步表彰先进、弘扬正气、鼓舞士气、激励斗志,民航局决定:

一、授予在"6·29"反劫机斗争中成绩卓著、作出重大贡献的天津航空公司GS7554航班机组"中国民航反劫机英雄机组"荣誉称号,奖励人民币100万元。

二、授予在"6·29"反劫机斗争中成绩卓著、发挥关键作用的安全

员×××、××和乘务长××"中国民航反劫机英雄"荣誉称号；为成绩显著、作出重要贡献的机长×××、副驾驶×××、×××和乘务员×××、××、××分别记个人一等功。

三、对在空防安全工作和反劫机斗争中成绩突出的民航局公安局、民航新疆管理局、天津航空公司、新疆机场集团和田机场管制室等4个单位给予通报嘉奖。

四、对参与"6·29"反劫机斗争的23名乘机旅客表示慰问和感谢，并给予奖金奖励。

民航局号召全国民航广大干部职工，以受到表彰的集体和个人为榜样，学习他们英勇无畏、不怕牺牲、团结一致、争取胜利的英雄精神，学习他们捍卫安全、迅速反应、恪尽职守、爱岗奉献的民航精神，学习他们见义勇为、挺身而出、同仇敌忾、大义凛然的革命精神，以更加饱满的工作热情，投身民航安全与发展大业，以确保国家安全和空防安全的优异成绩迎接党的十八大胜利召开！

中国民用航空局
2012年7月6日

【评析】

这是一篇表彰性通报，其写作特点主要表现在以下几方面：

一、层次分明，结构严谨有序。本通报的正文由四个部分组成：开篇先概括介绍所通报表彰的先进集体、先进事迹，包括时间、地点、人物、事情的大致经过及结果，阐明了通报缘由；接着对所表彰的人物、事迹进行实事求是的分析评价，指出其所体现的精神实质；然后逐项写明表彰决定；最后一段发出向先进学习的号召。整篇通报内容层层递进，结构严谨有序，堪称通报写作的典范。

二、叙事简明，评析入情入理。通报写作中首先要涉及的一项重要内容就是陈述基本事实，通报事实的陈述应做到简练而明确。本篇通报表达方式上以概括叙述为主，文字极为精炼。第一自然段仅用150余字就清楚、完整地交待了事件发生的整个过程，可谓简洁明确。通报写作还要涉及的另一个问题就是对事件的分析评价，即作者对事件的认识。分析评价的目的，在于引导读者透过现象去认识事件的本质，从而准确把握通报的精神。本篇通报的评析部分仅100余字，但写得入情入理，突出反映了反劫机有功集体和人员大无畏的革命英雄主义和集体主义精神，便于读者把握要领，从中受到教育。

三、语言凝练，感情色彩鲜明。与其他公文不同的是，通报的语言表达往往具有比较浓厚的感情色彩，本篇通报在这一点上也有鲜明的体现。如最后一段向全国民航广大干部职工发出号召时，连用了三个排比句："学习他们英勇无畏、不怕牺牲、团结一致、争取胜利的英雄精神，学习他们捍卫安全、迅速反应、恪尽职守、爱岗奉献的民航精神，学习他们见义勇为、挺身而出、同仇敌忾、大义凛然的革命精神"，既高度概括了受表彰集体和人员的精神品质，使读者充分认识到通报的意义，又使通报的主旨得到了进一步升华。语言简洁凝练，掷地有声，感情色彩鲜明，对读者富有极强的感染作用、启发作用和教育作用。

第五节 公 报

一、公报的适用范围

《党政机关公文处理工作条例》规定：公报适用于公布重要决定或者重大事项。

凡党和国家的重要活动、重要事件、重要决定，以及国际谈判的进展、国际协议的签订、军事行动的进行，经济形势的回顾等，都可以用公报发出，以便受文对象了解势态，获取信息。

二、公报的特点

（一）权威性

公报是党和国家经常使用的重要公文文种，不仅用于国内重大事件或重要决定的公开发布，也用于我党、我国与其他国家、政党、政府之间的交往，其发布机关级别一般都比较高，或者是以中央的名义，或者是以国家的名义，或者是以中央政府的名义，具有很高的权威性。

（二）指导性

公报所发布的重要决定，多属党的方针政策的确定及实施等方面的内容，它在一个时期内对于统一全国人民的思想和认识起着很强的指导作用。

（三）新闻性

公报的内容往往是新近发生的重大事件，或新近作出的重大决定，属于人民群众普遍关心、应知而未知的事项，通常由党和政府授权或委托新闻机构在报刊、广播、电视、互联网上发布，它代表着党和政府的立场、态度、主张，其制作和发布迅速、及时，因此又具有新闻性的特点。

三、公报的种类

常见的公报有以下几种：

（一）会议公报

是用以报道重要会议或会谈情况的公报。如《中国共产党第十七届中央委员会第六次全体会议公报》。

（二）事项公报

是党的高级领导机关用以发布重大情况、重要事件的公报，有时，高层行政机关、部门向人民群众公布重大决策、重要事项或重大措施时也沿用此类公报，包括国家统计机关发布的国民经济和社会发展方面的统计公报、气象部门的气象公报、水利防汛部门的汛情公报等。如国家统计局 2012 年 2 月 22 日发布的《中华人民共和国 2011 年国民经济和社会发展统计公报》。

（三）联合公报

是两个或两个以上的国家之间、政府之间、政党之间就某些重大国际问题或重大事件经过会谈、协商取得一致意见或达成谅解后，双方联合签署发布的公报。如《中华人民共和国和巴西联邦共和国联合公报》。

四、公报的写法

(一) 标题

公报的标题常见的有三种组成方式:

1. 发文机关＋文种,如果是会议公报,则写明会议名称和文种,如《中国共产党第十四届中央委员会第二次全体会议公报》;如果是联合公报,则写明发表公报的双方或多方国家的全称或简称及文种,如《中华人民共和国和巴西联邦共和国联合公报》。

2. 事由＋文种,如《2010年中国海洋环境状况公报》。

3. 只写文种,如《会议公报》《联合公报》。

(二) 正文

公报的正文一般由三个部分组成:

1. 前言

各类公报前言部分的写法有所不同。会议公报的前言要概括交代会议的名称、时间、地点、参会人员及会议主要议题;事项公报的前言要阐明发文的背景、缘由、目的,或用简练的语言概述事件的核心内容,即何时、何地、发生了什么重大事件;联合公报的前言要概述公报的来由,即哪些国家、政府、政党或团体的代表,在何时、何地,就什么问题,进行了什么性质的活动(会谈、会见、访问等)。

2. 主体

写明要公布的重要决定或者重大事项。这是公报的核心部分,是正文的写作重点,要求把公报的内容完整、系统、有序地表达清楚。观点要鲜明、准确,文字要简练、有力。常见的写法有三种:一种是分段式,即每段说明一层意思或一项决定;一种是序号式,多用于内容复杂、问题头绪较多的公报;一种是条款式,将双方共同议定的内容分条分项地列出来,多用于联合公报。

3. 结尾

可提出希望、要求,发出号召;或针对存在的问题提出相应的建议;或不加结尾,主体部分结束即自然收束。具体采用哪种写法,应视实际情况而定。

(三) 发文机关署名、发布时间及地点

会议公报一般在标题之下正中位置注明什么时间、经什么会议讨论通过,并用圆括号括入;事项公报一般在标题之下正中位置写明发布机关名称及发布时间;联合公报则需在正文之后右下方写明双方签署人的身份、姓名,签署的日期及地点。

五、公报的写作要求

(一) 要注意内容的准确性、概要性

公报所涉及的内容都是事关全局的重大决定或事项,一经发布,会在国内外引起很大反响,因此,动笔前一定要对有关情况认真核对,做到准确无误;同时,要注意其内容的概要性,一次大型会议,一次重要会晤,往往会涉及许多重大问题,撰写时一定要注意对内容实质的提要性把握,切不可罗列、堆砌材料,令人不得要领。

(二) 语言要庄重、严肃

公报的内容决定了其语言一定要庄重、严肃,体现出发文机关的权威性。措辞上要

讲究分寸，仔细推敲，稍有不慎，就可能给党和国家造成政治方面的影响和损失。

【例文】

中国共产党第十七届中央委员会第六次全体会议公报
（2011 年 10 月 18 日中国共产党第十七届中央委员会
第六次全体会议通过）

中国共产党第十七届中央委员会第六次全体会议，于 2011 年 10 月 15 日至 18 日在北京举行。

出席这次全会的有，中央委员 202 人，候补中央委员 163 人。中央纪律检查委员会常务委员会委员和有关方面负责同志列席了会议。党的十七大代表中部分基层文化工作者和从事文化研究的专家学者也列席了会议。

全会由中央政治局主持。中央委员会总书记胡锦涛作了重要讲话。

全会听取和讨论了胡锦涛受中央政治局委托作的工作报告，审议通过了《中共中央关于深化文化体制改革、推动社会主义文化大发展大繁荣若干重大问题的决定》。李长春就《决定（讨论稿）》向全会作了说明。

全会充分肯定党的十七届五中全会以来中央政治局的工作。一致认为，面对风云变幻的国际形势和艰巨繁重的国内改革发展稳定任务，中央政治局全面贯彻党的十七大和十七届三中、四中、五中全会精神，高举中国特色社会主义伟大旗帜，以邓小平理论和"三个代表"重要思想为指导，深入贯彻落实科学发展观，团结带领全党全军全国各族人民，隆重庆祝中国共产党成立 90 周年，制定实施"十二五"规划纲要，着力稳物价、调结构、保民生、促和谐，推动国民经济继续朝着宏观调控的预期方向发展，全面推进社会主义经济建设、政治建设、文化建设、社会建设以及生态文明建设，全面推进党的建设新的伟大工程，各项工作取得新进展，为实现"十二五"时期良好开局打下了坚实基础。

全会研究了深化文化体制改革、推动社会主义文化大发展大繁荣若干重大问题，认为总结我国文化改革发展的丰富实践和宝贵经验，研究部署深化文化体制改革、推动社会主义文化大发展大繁荣，进一步兴起社会主义文化建设新高潮，对夺取全面建设小康社会新胜利、开创中国特色社会主义事业新局面、实现中华民族伟大复兴具有重大而深远的意义。

全会指出，中国共产党从成立之日起，就既是中华优秀传统文化的忠实传承者和弘扬者，又是中国先进文化的积极倡导者和发展者。我们党历来高度重视运用文化引领前进方向、凝聚奋斗力量，团结带领全国各族人民不断以思想文化新觉醒、理论创造新成果、文化建设新成就推动党和人民事业向前发展，文化工作在革命、建设、改革各个历史时期都发挥了不可替代的重大作用。

全会指出,改革开放特别是党的十六大以来,我们党始终把文化建设放在党和国家全局工作重要战略地位,坚持物质文明和精神文明两手抓,实行依法治国和以德治国相结合,促进文化事业和文化产业同发展,推动文化建设不断取得新成就,走出了中国特色社会主义文化发展道路。我国文化改革发展,显著提高了全民族思想道德素质和科学文化素质、促进了人的全面发展,显著增强了国家文化软实力,为坚持和发展中国特色社会主义提供了强大精神力量。

全会指出,当今世界正处在大发展大变革大调整时期,文化在综合国力竞争中的地位和作用更加凸显,维护国家文化安全任务更加艰巨,增强国家文化软实力、中华文化国际影响力要求更加紧迫。当代中国进入了全面建设小康社会的关键时期和深化改革开放、加快转变经济发展方式的攻坚时期,文化越来越成为民族凝聚力和创造力的重要源泉、越来越成为综合国力竞争的重要因素、越来越成为经济社会发展的重要支撑,丰富精神文化生活越来越成为我国人民的热切愿望。全面建成惠及十几亿人口的更高水平的小康社会,既要让人民过上殷实富足的物质生活,又要让人民享有健康丰富的文化生活。我们必须抓住和用好我国发展的重要战略机遇期,在坚持以经济建设为中心的同时,自觉把文化繁荣发展作为坚持发展是硬道理、发展是党执政兴国第一要务的重要内容,作为深入贯彻落实科学发展观的一个基本要求,进一步推动文化建设与经济建设、政治建设、社会建设以及生态文明建设协调发展,为继续解放思想、坚持改革开放、推动科学发展、促进社会和谐提供坚强思想保证、强大精神动力、有力舆论支持、良好文化条件。

全会强调,坚持中国特色社会主义文化发展道路,深化文化体制改革,推动社会主义文化大发展大繁荣,必须全面贯彻党的十七大精神,高举中国特色社会主义伟大旗帜,以马克思列宁主义、毛泽东思想、邓小平理论和"三个代表"重要思想为指导,深入贯彻落实科学发展观,坚持社会主义先进文化前进方向,以科学发展为主题,以建设社会主义核心价值体系为根本任务,以满足人民精神文化需求为出发点和落脚点,以改革创新为动力,发展面向现代化、面向世界、面向未来的,民族的科学的大众的社会主义文化,培养高度的文化自觉和文化自信,提高全民族文明素质,增强国家文化软实力,弘扬中华文化,努力建设社会主义文化强国。

全会认为,建设社会主义文化强国,就是要着力推动社会主义先进文化更加深入人心,推动社会主义精神文明和物质文明全面发展,不断开创全民族文化创造活力持续迸发、社会文化生活更加丰富多彩、人民基本文化权益得到更好保障、人民思想道德素质和科学文化素质全面提高的新局面,建设中华民族共有精神家园,为人类文明进步作出更大贡献。

全会按照实现全面建设小康社会奋斗目标新要求,提出了到2020年文化改革发展奋斗目标,号召全党全国为实现这个目标共同努力,不断提高文化建设科学化水平,为把我国建设成为社会主义文化强国打下坚实基础。

　　全会对推进文化改革发展作出了部署,强调要推进社会主义核心价值体系建设、巩固全党全国各族人民团结奋斗的共同思想道德基础,全面贯彻"二为"方向和"双百"方针、为人民提供更好更多的精神食粮,大力发展公益性文化事业、保障人民基本文化权益,加快发展文化产业、推动文化产业成为国民经济支柱性产业,进一步深化改革开放、加快构建有利于文化繁荣发展的体制机制,建设宏大文化人才队伍、为社会主义文化大发展大繁荣提供有力人才支撑。

　　全会提出,社会主义核心价值体系是兴国之魂,是社会主义先进文化的精髓,决定着中国特色社会主义发展方向。必须把社会主义核心价值体系融入国民教育、精神文明建设和党的建设全过程,贯穿改革开放和社会主义现代化建设各领域,体现到精神文化产品创作生产传播各方面,坚持用社会主义核心价值体系引领社会思潮,在全党全社会形成统一指导思想、共同理想信念、强大精神力量、基本道德规范。要坚持马克思主义指导地位,坚定中国特色社会主义共同理想,弘扬以爱国主义为核心的民族精神和以改革创新为核心的时代精神,树立和践行社会主义荣辱观。

　　全会提出,创作生产更多无愧于历史、无愧于时代、无愧于人民的优秀作品,是文化繁荣发展的重要标志。必须全面贯彻为人民服务、为社会主义服务的方向和百花齐放、百家争鸣的方针,立足发展先进文化、建设和谐文化,激发文化创作生产活力,提高文化产品质量,发挥文化引领风尚、教育人民、服务社会、推动发展的作用。要坚持正确创作方向,繁荣发展哲学社会科学,加强和改进新闻舆论工作,推出更多优秀文艺作品,发展健康向上的网络文化,完善文化产品评价体系和激励机制。

　　全会提出,满足人民基本文化需求是社会主义文化建设的基本任务。必须坚持政府主导,加强文化基础设施建设,完善公共文化服务网络,让群众广泛享有免费或优惠的基本公共文化服务。要构建公共文化服务体系,发展现代传播体系,建设优秀传统文化传承体系,加快城乡文化一体化发展。

　　全会提出,发展文化产业是社会主义市场经济条件下满足人民多样化精神文化需求的重要途径。必须坚持把社会效益放在首位、社会效益和经济效益相统一,推动文化产业跨越式发展,为推动科学发展提供重要支撑。要构建现代文化产业体系,形成公有制为主体、多种所有制共同发展的文化产业格局,推进文化科技创新,扩大文化消费。

　　全会提出,文化引领时代风气之先,是最需要创新的领域。必须牢牢把握正确方向,加快推进文化体制改革,发挥市场在文化资源配置中的积极作用,创新文化走出去模式,为文化繁荣发展提供强大动力。要深化国有文化单位改革,健全现代文化市场体系,创新文化管理体制,完善政策保障机制,推动中华文化走向世界,积极吸收借鉴国外优秀文化成果。

　　全会提出,推动社会主义文化大发展大繁荣,队伍是基础,人才是关键。要深入实施人才强国战略,牢固树立人才是第一资源思想,全面贯彻党管人才原则,加快培养造就德才兼备、锐意创新、结构合理、规模宏大的文化人才队伍。要造就高层次领军人物和高素质文化人才队伍,加强基层文化人才队伍建设,加强职业道德建设和作风建设。

全会强调,要加强和改进党对文化工作的领导。各级党委和政府要切实担负起推进文化改革发展的政治责任,把文化建设摆在全局工作重要位置、纳入经济社会发展总体规划,把文化改革发展成效纳入科学发展考核评价体系。要加强文化领域领导班子和党组织建设,发挥文化战线全体共产党员在推进文化改革发展中的先锋模范作用。要发挥人民群众文化创造积极性,在全社会营造鼓励文化创造的良好氛围,让蕴藏于人民中的文化创造活力得到充分发挥。

全会全面分析了当前形势和任务,强调必须增强忧患意识和风险意识,科学判断国际国内形势,全面把握改革发展稳定大局,保持经济平稳较快发展,加大保障和改善民生工作力度,加强和创新社会管理,维护社会和谐稳定,全面推进党的建设各项工作,着力解决经济社会发展中的突出矛盾和问题,有效防范各种潜在风险,努力实现经济社会发展预期目标。

全会审议并通过了《关于召开党的第十八次全国代表大会的决议》,决定党的十八大于2012年下半年在北京召开。这次大会,是我们党在全面建设小康社会的关键时期和深化改革开放、加快转变经济发展方式的攻坚时期召开的一次十分重要的会议,对我们党团结带领全国各族人民继续全面建设小康社会、加快推进社会主义现代化、开创中国特色社会主义事业新局面具有重大而深远的意义。党的各级组织和全体共产党员要团结带领全国各族人民继续解放思想、坚持改革开放、推动科学发展、促进社会和谐,以优异成绩迎接中国共产党第十八次全国代表大会召开。

全会号召,全党要紧密团结在以胡锦涛同志为总书记的党中央周围,满怀信心带领全国各族人民在坚持和发展中国特色社会主义的伟大实践中进行文化创造,为把我国建设成为社会主义文化强国而努力奋斗!

【评析】

这是一份会议公报,其写作特点主要体现在:

一、撰写迅速,发布及时。公报的内容大多为国内外人士所关注的、新近发生的重大事件,常常以新闻形式予以发布,有时标题上就直接标明"新闻公报"的字样,因此其撰写、发布都要注意把握时机、迅速及时。这篇公报报道的是中国共产党第十七届中央委员会第六次全体会议的情况,会议于2011年10月15日至18日在北京举行,公报发布于2011年10月18日,可谓迅速及时。

二、体式正确,行文规范。这篇公报的标题采用了"会议名称+文种"的写法,会议名称(中国共产党第十七届中央委员会第六次全体会议)为全称,显得庄重、严肃;标题下注明了经什么会议讨论通过及通过时间,格式规范、清楚;正文包括前言和主体两部分,采用分段式写法,虽没有分层序号,但内在的逻辑性很强,每段表述一个意思,而且开头多以惯用语领起,如"全会听取和讨论了"、"全会充分肯定"、"全会研究了"、"全会指出"、"全会强调"、"全会认为"、"全会提出"、"全会审议并通过了"、"全会号召"等,条理非常清楚,符合会议公报的常规写法。

三、重点突出,指导性强。这篇公报的前言部分以简洁精炼的语言概括了会议情况,包括会议的名称、时间、地点、参会人员及会议主要议题等,类似于新闻的导语,一开始便使读者对会议情况有一个总体的、概括的了解;主体部分对会议讨论的问题、议定的事项、审议并通过的文件等进行进一步的阐述,内容涉及面很广,但重点放在对会议基本观点的陈述上,把握住了整个会议的实质性内容,叙述重点突出,利于读者领会会议精神,对于统一思想认识有着很强的指导作用。

【思考题】

1. 公告和通告有什么不同?

2. 通知和通报的主要区别是什么?

3. 批转、转发性通知在拟定标题时应注意些什么?

4. 公报的特点主要表现在哪些方面?

5. 根据下面的内容,代拟一则联合通告,发给市属及外地来本市施工的工程队,发文单位是××市文化局、建筑工程局、公安局。

在本市进行工厂、住宅区大规模建设中,必须加强文物保护工作;要保护好革命文物、历史文物,不得随意迁移、拆毁;如发现古墓葬、古遗址,应立即上报,求得妥善处理;凡保护文物有功的单位、个人,要给予表扬和物质奖励;如有盗窃、哄抢、倒卖文物者,定依法严惩。

6. 根据下面材料拟写一则通知。

汛期即将来临,为确保全市人民安全渡汛,××市人民政府专题研究安排部署防汛工作,并下发通知到各县、市(区)人民政府,要求其加强领导,落实责任,措施到位,确保人民群众生产、工作和生活安全。请你代××市人民政府拟写一份安排部署防汛工作的通知。

7. 请指出下面这篇通报的不当之处,并加以修改。

热血铸警魂

——关于××县公安局民警见义勇为事迹的通报

今年2月13日下午1点多,××县民警××正和儿子××在儿童公园游玩,忽然从不远处的明月湖畔传来救命声,××飞奔到明月湖畔,原来有一男孩不慎落水,××来不及多想,只想到他是一名警察,他脱掉大衣,跃入水中。2月的东北,水凉得扎骨,但他没有想到个人安危,他的心中只有一个念头:救孩子。××一次、两次、三次潜入水中,终于把落水儿童救到岸上,孩子得救了,而××昏迷了三天三夜。目前,经过抢救,××已脱离了生命危险。××真是新时期最可爱的人,他的精神是多么值得人们学习呀!

　　××在生与死的关键时刻，为了抢救落水儿童，不顾个人安危，临危不惧，不怕牺牲，表现了人民警察爱人民的高尚情操和献身精神。

　　希望各单位职工向××学习，发扬见义勇为、不怕牺牲的精神，为搞好各项工作作出更大的贡献。

××县人民政府

××××年3月1日

第七章　商洽性公文写作

在 15 种法定公文中,函和纪要有着共同点,即:行文方向灵活,在工作中使用广泛,往往能起到传递信息、交流经验、指导工作的作用。本章以《党政机关公文处理工作条例》为依据,分别介绍了这两种公文的适用范围、特点、种类、写法及写作要求,并结合例文进行了具体分析。要求学生通过课堂学习及课后训练,掌握不同类型的函和纪要的写作方法,分清请批函与请示的不同,了解会议记录与纪要的关系,能写出合乎规范的函和纪要。

第一节　函

一、函的适用范围

《党政机关公文处理工作条例》规定:函适用于不相隶属机关之间商洽工作、询问和答复问题、请求批准和答复审批事项。

理解函的适用范围时,关键要把握住"不相隶属机关"这一概念。一个系统内部的平级机关是不相隶属机关;另外,凡是双方在行政或组织上没有领导与被领导关系、业务上没有指导与被指导关系的,都是不相隶属机关,无需考虑双方级别的高低。在不相隶属机关之间,如果有事项需要协商或请求批准,都要使用"函"这一文种。

二、函的特点

（一）灵活性

函的灵活性体现在两个方面:一是行文关系灵活,函适用于不相隶属机关之间互相行文,既可平行,也可上行或下行,不像其他公文那样有严格的特殊行文关系的限制;二是格式灵活,除了国家高级机关的函必须按照公文的格式、要求行文外,一般的函在格式上没有严格要求,使用起来灵活方便。

（二）平等性

由于函的发文机关与受文机关不相隶属,不存在领导与被领导的关系,是互相平等的,所以函在不相隶属的机关之间起着沟通协调的作用,体现着双方平等沟通的关系。即使是向有关主管部门请求批准,在双方不是隶属关系的时候,也不能使用请示和批复,只能用函,并且姿态、措辞、口气也与请示和批复大不相同,要体现平等和沟通的特点。

（三）广泛性

函的发文机关不受级别高低、单位大小的限制。上至国务院,下至基层组织、企事业单位、社会团体均可发函。所以,函在工作中运用十分广泛。

(四) 单一性

一般来说,函的内容比较单纯,一份函只宜写一件事项,忌一函数事;而且,函不重务虚而重务实,撰写时也不需要在原则、意义上进行过多的阐述,只需把事项交待清楚即可。

三、函的种类

从不同的角度,可以对函进行不同的分类:

(一) 按格式分

1. 公函

用于机关单位正式的公务活动往来,属于正式公文,需严格按照公文格式撰写制作。

2. 便函

用于日常事务性工作的处理,不属于正式公文,格式比较随意,可以没有文件头、没有发文字号,甚至可以没有标题,只需具备行文对象、正文、落款并加盖公章即可,使用起来更为便捷,故称便函。

(二) 按行文目的和作用分

1. 商洽函

商洽函是不相隶属的机关之间商洽工作、联系有关事宜的函,如《关于商洽委托代培涉外秘书人员的函》。

2. 询问函

询问函是向不相隶属的机关询问有关政策、工作情况或某一问题的函,如《××厂关于询问 TK—89 型自动考勤打卡机维修事宜的函》。

3. 请批函

请批函是因生产、生活、教学、科研等需要,向无隶属关系的业务主管部门请求批准有关经费、物资、人员编制、机构设置、调配干部、税收、营业执照、招生、专业增减等事项的函。如《××省人民政府关于申请抗御特大旱灾经费的函》就是××省人民政府写给国家防汛抗旱总指挥部的请批函。

4. 答复函

答复函是答复有关机关询问事项、或答复同级机关请批事项的函,如《劳动部办公厅关于工伤确认等问题的复函》。

(三) 按行文方向分

1. 发函

凡因联系工作需要,主动发出函件商洽、询问有关事宜的,称作发函或去函,如《××大学人事处关于商洽××同志调动工作事宜的函》。

2. 复函

就是针对对方来文予以回复的函。是用于回复对方的询问函、请批函和商洽函。即对对方询问的事项、请求批准的事项及商洽的事项作出答复的函。如《国务院办公厅关于同意扩大保税区与联动试点的复函》。

四、函的写法

（一）标题

一般有两种组成方式：

1. 发文机关＋事由＋文种，如《××市劳动局关于工伤确认等问题的函》、《劳动部办公厅关于工伤确认等问题的复函》。

2. 事由＋文种，如《关于毕业生分配问题的函》。

（二）主送机关

函的受文对象一般明确、单一，所以多数函的主送机关只有一个。但有时涉及部门多，会出现多个主送单位的情况，这就要求主送机关一定要明确、具体，切忌使用不明确的概括性语言。如《国务院办公厅关于羊毛产销和质量等问题的函》，其主送机关就有七个之多，即"国家计委、经贸办、农业部、商业部、经贸部、纺织部、技术监督局"，这需要一一点明，不可遗漏。

（三）正文

函的正文由三部分组成：

1. **发文缘由**

这是函的开头部分，主要用来说明发文的根据、目的、原因等。

如果是去函，开头写清发函缘由，即商洽、询问、请求批准的理由、依据等。此处不必像写私人信函那样写客套话，而是要开门见山，直奔主题。如"为适应引进国外先进技术和设备的需要，我厂拟选派10名技术员到贵校出国人员英语强化进修班进修半年"。

如果是复函，开头写法如批复，需引述对方来文的标题、发文字号、日期或主要内容，然后用过渡语"现就有关问题函复如下"等引出主体事项。如"你厅《关于调整我省职称考试报名及考务收费标准的函》（粤人函〔2×××〕×号）收悉。经省人民政府同意，现复如下"。

2. **发文事项**

这是函的主体部分，需说明致函事项。无论是商洽工作，还是询问、答复问题，或是向有关主管部门请求批准，都要用简洁得体的语言把需要告诉对方的事项、问题、意见叙写清楚。这部分的写作，要求具体明确，干脆利索，切忌长篇大论。

3. **希望和要求**

这是函的结尾部分，可向对方提出希望、请求。或希望对方给予支持和帮助；或希望对方给予合作；或请求对方提供情况；或请求对方给予批准等等。这部分要写得简洁明确。

不同类型的函，结语也有所不同，如是去函一般用"特此函商"、"特此函询"、"特此函告"；如是要求对方函复的，则用"盼复"、"望函复"、"请即复函"等；如是复函一般用"特此函复"、"此复"、"专此函复"等；请批函则多以"请批准"、"请大力协助为盼"等习惯用语收束；也有的函不写结语。

（四）发文机关署名、成文日期和印章

在正文（或附件说明）右下方写明发文机关名称及发文的年、月、日，并加盖印章。

五、函的写作要求

(一) 开门见山

写函不必详述过程,不必大发议论。不论哪种类型的函,都应开门见山,直接入题,不要兜圈子,不必问候、寒暄、客套。

(二) 用语得体

函的语气应平和、委婉,体现出平等坦诚的精神。如是发函,要使用礼貌、诚恳的语言,对主管机关要尊重、谦敬,对级别低的单位要平和,对平级单位要友善,切忌使用生硬、命令性的语言;如是复函,则态度要明朗,语言要准确,切忌模棱两可,含糊笼统。

(三) 文种正确

公文写作,文种的正确选择和使用十分重要。使用函时,要特别注意请批函与请示的区别。这二者的相同点是:都是请求批准事项;但不同的是:请批函是向没有隶属关系的有关主管部门或职能单位行文,从行文关系上看多数为平行文;请示是向有隶属关系的上级行文,在行文关系上属上行文。

【例文】

中国科学院××研究所
关于建立全面协作关系的函

××大学:

　　近年来,我所与贵校在一些科学研究项目上互相支持,取得了令人满意的成绩,建立了良好的协作基础。为了巩固已取得的成果,取得更大的成就,建议我们双方今后能进一步在学术思想、科学研究、人员培训、仪器设备等方面建立全面的交流协作关系,特提出如下意见:

　　一、定期就共同关心的学术问题举行所、校之间的学术讨论与学术交流。共同分析国内外同行的项目动态和发展趋势,互相参加对方组织的学术年会及专家讲学活动,互派专家参加对方的学术组织对科研发展方向、任务和学位、学术论文及重大科研成果的评审工作。

　　二、根据所、校各自的科研发展方向和特点,对双方共同感兴趣的课题进行协作。协作形式和办法视课题性质和双方条件,制定单项协议。

　　三、根据所、校各自人员配备情况,校方在可能条件下对所方研究生、科研人员的培训予以帮助,所方为学校学生的毕业论文提供指导。校、所双方教学科研人员对等地承担对方一定的教学科研工作,享受同原单位职称相应的待遇。

　　四、双方每年进行科研计划交流,以便掌握方向,协调分工,避免重复。共商协作项目,使双方有所侧重与分工。

　　五、双方科研教学所需高、精、尖仪器设备,在可能情况下向对方提供利用,并协助做好测试工作。双方的附设工厂车间,相互给予科研和实验设备加工的方便。

六、加强图书资料和情报的交流。

以上各项,如蒙同意,建议互派科研主管人员就有关内容进一步磋商,达成协议,以利工作。

特此函达,请即研究函复。

中国科学院××研究所

××××年×月×日

【评析】

这是一则商洽函,其写作特点主要体现在以下几方面:

一、开门见山,直截了当。这份函的开头十分简洁地写明发文缘由,直陈其事,没有讲过多的道理,更没有转弯抹角,这样,收文单位一看就明白此函要商洽的事项是什么,便于沟通协商。

二、一函一事,中心突出。函的写作十分强调一文一事的原则,目的是便于收文单位及时进行处理,这份函在这一点上掌握得也比较好。发函的目的是希望两家建立全面协作关系,所以全文只围绕这一问题进行协商,并就具体问题提出六条建议。六条建议写得清楚明白,具体条理,便于收文单位把握。

三、语气平和,措词得体。这份商洽函属于平行文,其用语体现了平和委婉、恳切坦诚、不卑不亢的特点。如结尾部分的表述:"以上各项,如蒙同意,建议互派科研主管人员就有关内容进一步磋商,达成协议,以利工作。"此处"如蒙"二字就用得非常贴切,充分体现了发函单位谦和的态度;而"建议"、"磋商"、"以利"等词用得也恰到好处,表现了发函单位平等相待的精神;最后以惯用语"特此函达,请即研究函复"收尾,措词规范得体,收文单位易于接受。

第二节　纪　　要

一、纪要的适用范围

《党政机关公文处理工作条例》规定:纪要适用于记载会议主要情况和议定事项。

纪要是一种具有纪实性和指导性的公文。它既可以上呈,用以汇报会议情况和结果;也可以平发和下发,用以传达会议情况和议定事项,要求有关单位共同遵守、执行。

二、纪要的特点

(一) 纪实性

纪要是会议宗旨、基本精神和所议定事项的概要纪实,它忠实地反映会议的基本情况,不允许有丝毫的出入和人为的变动,任何不真实的材料都不得写进纪要。

(二) 概括性

纪要必须精其髓,概其要。它不是对会议情况全面、详实的复原,所以不需要将会议内容原原本本、事无巨细地记录下来,而是要有所选择,择其要点与重点,以极为简洁、精炼的文字高度概括会议的内容和结论,传达和通报会议精神。

(三) 指导性

从纪要发挥的作用看,它可以作为上行文向上级机关报告会议情况,供领导掌握情况或批转有关单位贯彻执行;可以把会议研讨或商定的各种意见,归纳成文后直接下发,或呈报上级批转下发,或由主持会议机关加批语下发。无论哪种情形,纪要一经下发,往往都要求有关单位和人员认真贯彻执行,起着统一思想、指导工作的作用。

三、纪要的种类

由于会议的性质、内容、作用不同,纪要也有不同的类型。归纳起来,纪要的基本类型主要有以下两种:

(一) 办公会议纪要

这类纪要又有例行办公会议纪要和现场办公会议纪要之分。

例行办公会议纪要是针对日常的、例行的工作会议而形成的纪要,用于传达会议所研究的工作、议定的事项和布置的任务,要求有关单位、人员遵照执行。如《××局局长办公会议纪要》、《××县人民政府第六次常务会议纪要》。

现场办公会议纪要是为解决某一重大问题而召集有关方面和有关单位在现场研究、议决或协商而形成的纪要。如《关于城建、环保有关事宜的现场办公会议纪要》。

(二) 专题会议纪要

专题会议纪要是为研究专项问题而召开的会议所形成的纪要,用于反映会议对问题的研究情况,往往以协调关系、传递信息、交流经验、指导工作为目的。座谈会、研论会、经验交流会等的纪要就属于这一类。如《企业伦理与企业文化研讨会纪要》。

四、纪要的写法

(一) 标题

纪要的标题一般有两种写法:

1. 单标题

(1) 发文机关＋事由＋文种,如《最高人民法院关于十二省、自治区法院审理毒品犯罪案件工作会议纪要》。

(2) 事由＋文种,如《关于企业用地有关问题的会议纪要》。

(3) 会议名称＋文种,如《全国财贸工会工作会议纪要》。

2. 双标题

由正标题＋副标题组成,正标题概括会议主要精神或议定事项,副标题写明会议名称与文种,如《探讨新时期文学的发展——中国当代文学研究会第一次学术讨论会纪要》。

(二) 成文日期

纪要的成文日期以会议通过日期或领导人签发日期为准。办公会议纪要一般都有专门版头,成文日期标在版头的右下方;专题会议纪要的成文日期一般写在纪要标题下方居中位置,并用圆括号括入,也可以写在正文(或附件说明)的右下方。

(三) 正文

纪要的正文一般包括三个部分:

1. 前言

即纪要的开头部分,用来简要介绍会议概况,如会议召开的背景、原因、指导思想和目的要求,会议的名称、时间、地点、主持人、与会人员情况,会议的主要议题,以及对会议的评价等。

这部分的表述方式常见的有两种:一种是概述式,就是将以上内容以概括叙述的方式写成一个自然段,一气呵成;一种是条目式,就是分条列项的写法,一段写一条,一条一个内容。

这部分写完后,可用"会议讨论了以下几个问题"、"与会者提出了以下看法"等过渡语引出主体部分,也可直接进入主体部分。

2. 主体

这是纪要的核心部分,要反映会议的主要精神,对会议讨论研究的问题、议定的事项、提出的任务和要求、制定的措施等作具体阐述。表述时常以惯用语起头,如"会议听取了(讨论了)"、"会议认为(决定、指出、号召)"、"与会同志认为(建议、表示、倡导)"等。

根据会议性质、规模、议题等的不同,纪要的主体部分大致有以下几种写法:

(1) 集中概述式

也叫综述式,就是把会议的基本情况、讨论研究的主要问题、与会人员的认识、议定的有关事项(包括解决问题的措施、办法和要求等),用概括叙述的方法,进行整体的阐述和说明,可分层分段叙写。这种写法适用于规模较小、讨论问题比较集中单一、意见比较统一的会议。

(2) 分条列项式

大中型会议或议题较多的会议,其纪要主体部分一般要采取分条列项式的写法,即把会议的主要内容和议定事项分成几个方面,然后加上小标号或小标题,分项来写。这种写法内容相对全面,问题分析较细,常常包括对目的、意义、现状的分析,以及目标、任务、政策措施等的阐述,适用于需要基层全面领会、深入贯彻会议精神的大中型会议或经验交流会。

(3) 发言摘要式

这种写法是把与会者具有典型性、代表性的发言加以整理,摘录其要点,然后按照会议发言顺序或内容性质,逐一阐述说明。撰写时需写出发言者的真实姓名,还要注明其单位名称及职务、职称等。某些根据上级机关布置,需要了解与会人员不同意见的会议,可采用这种写法。

3. 结尾

一般是提出希望,发出号召,要求与会人员认真贯彻执行会议精神;也可对会议作出简要评价;对会后工作或下次会议提出意见、建议;有时正文结束即自然收尾。具体如何结尾,视实际情况而定。

(四) 相关人员名单

出席人员名单:在正文(或附件说明)下空一行,左空二字,写明"出席"二字,后标冒号,冒号后标注出席人单位、姓名,回行时与冒号后的首字对齐。

请假和列席人员名单:除依次另起一行并将"出席"二字改为"请假"或"列席"外,写法同出席人员名单。

五、纪要的写作要求

(一) 要善于分析归纳,综合概括

撰写纪要必须在正确思想指导下,根据会议宗旨,对原始记录(即会议记录)进行分析与归纳、提炼与概括,准确反映会议精神。这就要求写作者必须具备一定的分析综合能力,能从大量的发言、不同的意见中,抓住实质性问题加以反映,并上升到一定的理论高度。

(二) 要做到条理清晰,逻辑严密

撰写纪要时还要根据说明主题的需要,合理地选择与安排材料,做到有条有理,层次清楚。尤其是主体部分,应根据会议的具体内容恰当布局,分层叙写,做到有条不紊,使人一目了然,便于理解和贯彻执行。切忌杂乱无章,前后矛盾。

(三) 要反映会议原貌,真实可信

纪要的执笔人应自始至终参加会议,要有详细的会议记录,撰写时应忠实于会议基本精神,忠实于会议的客观实际。既不能随便添枝加叶,任意发挥,搀杂个人好恶及个人评论,更不能无中生有,胡编乱造,必须根据会议记录和活动的情况如实反映会议的原貌。

六、会议记录与纪要的区别

(一) 性质内容不同

会议记录是会议情况的原始记载,会上的内容都要一一记录下来,它是形成会议文件的参考依据,供内部使用,属于事务文书;而纪要是对会议情况的综合与概括,不一定要包含会议的所有内容,它只扼要反映会议情况,属于法定公文。

(二) 功能作用不同

会议记录一般不公开,无须传达或传阅,只作资料存档;而纪要通常要在一定范围内传达或传阅,不仅要求有关单位知晓,更重要的是要求贯彻执行。

(三) 形成时间不同

会议记录是随着会议的进行过程同步产生的;而纪要则要在会议后期、甚至会议结束后,通过选择归纳、加工提炼之后才能形成。

【例文】

> ### 关于中国·贵州纪念红军长征胜利 70 周年暨红色之旅系列活动筹备工作的会议纪要
> (2×××年 7 月 28 日)
>
> 2×××年 7 月 25 日,市长×××在市政府 1 号会议室召集"中国·贵州纪念红军长征胜利 70 周年暨红色之旅系列活动"领导小组成员扩大会议,专题研究和部署"系列活动"近期筹备工作。

市委副书记×××,市委常委、常务副市长×××,市委常委、市委宣传部部长×××参加会议;有关方面汇报了前期筹备情况,提出了工作建议。现将会议议定事项纪要如下:

一、会议认为

"系列活动"筹备工作自今年2月中旬开展以来,在市委、市政府的领导下,市"系列活动"领导小组及相关责任单位精心组织、狠抓落实,确保了前期活动成功举办,对宣传遵义,扩大影响,推进遵义发展起到了积极的作用,同时也得到了省"组委会"的充分肯定。

按照"系列活动"工作方案的安排,从现在起到今年10月底还有几项活动将相继举办。目前各项活动筹备工作正在积极推进,但也存在一些不容忽视的问题:一是部分责任单位和责任人认识不到位,对"系列活动"筹备工作重视不够,工作抓得不力;二是"系列活动"经费筹集工作进展缓慢,市场运作筹资工作尚未启动,社会支持筹资工作落实不够好;三是"杂技大赛"部分场馆特别是汇川体育馆的维修改造工作进度太慢,未能完成阶段性目标任务。各有关方面对工作中存在的问题务必高度重视,认真研究解决,以利推进筹备工作。

二、会议明确

(一)突出工作重点。系列活动内容多,当前要在统筹抓好各项子活动的前提下,突出以下三个重点:

1. 切实抓好"第五届全国青少年杂技大赛"筹办工作。一是认真排练和准备本市参赛节目,确保在全国比赛中我市取得"一金二银三铜"、总分第一的成绩,这个工作目标不能变。二是着力解决杂技比赛场馆维修改造工作中存在的主要问题,在保证质量的前提下加快工程进度,确保比赛需要。三是抓好《红色遵义》大型舞台歌舞节目的排练,力争达到全国同类节目一流水平。四是由×××同志牵头,抓紧向省政府汇报并与国家文化部衔接,落实好省政府作为"主办单位"的有关事宜。

2. 认真做好我市拟赴香港开展招商暨旅游推介活动的准备工作。一是抓招商项目和宣传推介资料的准备。招商推介项目按500亿元左右准备,签约项目确保100亿元以上;旅游宣传图片资料的准备要充分体现遵义特色,具有较强的感染力和宣传效果。二是活动筹备工作要高起点、周密部署,体现遵义的办节办会水平;要尽力邀请在香港有较大影响的单位和人士出席活动,提高活动档次。三是抓紧向省政府请示同意后进一步完善活动筹备方案,经市政府研究后报市委审定。

×××同志外出学习期间,此项工作由×××同志牵头负责。

3. 扎实做好参加省黄果树瀑布节相关活动的准备工作。一是要继续组织好参加省旅游商品"两赛一会"的有关工作,力争我市有较多的旅游商品及设计作品和能工巧匠获奖;二是认真抓好省投资洽谈会的布展、参展企业和产品推选、招商项目推荐和签约等方面的准备工作,争取遵义在全省应有的位次、形象和工作效果。

(二)强化工作责任制。组建招商推介、杂技比赛、城建城管、宣传报道、经费筹集、后勤接待、安全保卫七个工作组，在市"系列活动"领导小组的统一领导下推进筹备工作。

招商推介组。×××同志任组长，市招商局和市经贸委分别牵头，×××同志为主协调，市发改委、商务局、旅游局和红花岗区政府、汇川区政府等单位负责人为成员，重点负责参加"省旅游产业发展大会"、"省投资洽谈会"、省旅游商品"两赛一会"和我市拟赴香港开展招商暨旅游推介活动的筹办工作。

杂技比赛组。×××同志任组长，市文化局牵头，×××同志为主协调，市体育局、红花岗区政府、汇川区政府和市杂技团等单位负责人为成员，重点负责《红色遵义》排练、杂技比赛有关赛事准备等方面的工作。

城建城管组。×××同志任组长，市建设局、市体育局和红花岗区政府分别牵头，×××同志为主协调，市文化局、林业局、建设局、工商局、规划局、城管局、汇川区政府等单位负责人为成员，重点负责红花岗剧院、汇川体育馆、汇川艺术中心的维修改造以及两城区环境整治工作。

宣传报道组。×××同志任组长，市委宣传部牵头，×××同志为主协调，市广电局、遵义日报社、市电视台、遵义广播电台等单位负责人为成员，重点负责"系列活动"的对内对外宣传报道、市外新闻单位邀请和营造活动氛围等方面工作。

经费筹集组。×××同志任组长，×××同志为主协调，相关工作按照市政府(2×××)33号专题办公会议纪要和《"系列活动"经费筹集方案》抓落实。

后勤保障组。×××同志任组长，市委办公室、市政府办公室共同牵头，×××、×××同志为主协调，市卫生局、市政府接待处等单位负责人为成员，重点负责"系列活动"食宿接待等方面的工作。

安全保卫组。×××同志任组长，市公安局牵头，×××同志为主协调，市城管局、信访局、交警支队等单位负责人为成员，重点负责交通保畅、安全保卫、信访处置等方面的工作。其中贵遵高等级公路保畅工作由×××同志负责衔接落实。

各工作组要认真研究和拟订具体工作方案，强化工作责任制，狠抓工作落实。工作方案经组长审定后于8月5日前送领导小组办公室。后勤接待和安全保卫工作方案，待相关情况明晰后适时拟订。除后勤接待、安全保卫、城建城管组外，其余各组抽调必需工作人员于8月5日前集中在凤凰山会展中心办公。

（三）加强经费筹集和管理工作。一是按照"政府主导、市场运作、企业支持、财政补助"的办法，加快经费筹集进度。企业支持和市场运作的筹资工作要确保在8月20日前筹集到位。二是加强资金调度，确保筹备工作必需开支。三是加强经费管理，要按照"盘清项目、控制总量、提前预算、严格审批、分块使用"的原则，完善"系列活动"经费管理办法，严格资金管理。四是由×××同志牵头负责，结合文化体制改革，加快《红色遵义》有限责任公司组建工作。

（四）严格工作程序。一是各项筹备工作要以时间进度要求为前提，超前作好准备。涉及场馆建设和设备购置方面的事项，在遵守法律法规的前提下，本着特事特办、急事急办的原则办理，相关部门要积极配合。二是汇川体育馆维修改造工作要切实加大力度、加快进度、加强管理，务必在8月1日前启动，9月中旬完工，确保杂技大赛使用。三是理顺工作办事程序，今后凡涉及"系列活动"相关工作的请示和情况反馈，统一送"系列活动"领导小组办公室按程序办理。

（五）强化领导小组办公室综合协调职能。一是领导小组办公室尽快拟订各项活动及其相关筹备工作《推进计划》，细化工作任务、完成时间及要求，经领导小组审定后协调实施。二是加强工作督促检查和信息反馈，对不能按计划完成工作任务的责任单位和责任人，制发《督办通知》，推进工作落实；每周编发一期工作简报，反馈有关工作情况。三是加强工作调度，每两周召开一次办公室主任会议，研究和推进筹备工作；每周召开一次各组工作调度会，狠抓工作落实。四是从有关单位抽调人员加强"系列活动"领导小组办公室力量。

三、会议强调

承办"系列活动"既是省委、省政府的要求，也是市委、市政府今年部署的重要工作。把各项活动筹办好，对进一步宣传遵义、扩大对外开放，推进全市经济和社会发展意义重大。目前，筹备工作已进入重要阶段，时间紧、任务重、要求高，各位牵头市级领导和相关责任单位、责任人，务必坚持"突出主题、扩大影响、节俭办事、注重实效"的原则，按照"弘扬遵义精神、符合遵义地位、突出遵义特色、推进遵义发展"的筹备工作总体要求，进一步提高认识、加强领导，超前思考、周密部署，注重协调、狠抓落实，确保各项活动成功举办并取得实效。

参会人员名单（略）

【评析】

这是一篇专题会议纪要，其写作特点主要表现在：

一、前言部分简洁而完整。这篇纪要的开头采用了概括叙述的方式，简明扼要地介绍了会议情况，包括会议召开的时间、地点，会议名称，参加人员及会议主要内容。包含的内容虽然比较多，但文字简短，各项内容交待得清楚明白、有条不紊，使人一开始便对会议情况有一个完整、概括的了解。

二、主体部分观点明确，内容具体，层次井然。这篇纪要的主体部分主要阐述了会议对"中国·贵州纪念红军长征胜利70周年暨红色之旅系列活动"近期筹备工作所作的安排和部署，共分两部分来写。第一部分，以惯用语"会议认为"领起，先是充分肯定了前期的筹备工作，接着明确指出了日后各项活动筹备工作中一些不容忽视的问题，以引起与会者的高度重视。第二部分，紧承上文，以惯用语"会议明确"领起，阐述了会议对今后筹备工作所作的安排与部署，具有很强的指导性。因涉及内容较多，采用了分条列项的写法，分别从突出工作重点、强化工作责任制、加强经费筹集和管理工作、严格工作程序、强化领导小组办公室综合协调职能五个方面加以论述,观点明确,重点突出,阐述具体,条理清晰,便于与会者充分领会会议精神并贯彻执行。

三、结尾部分简短有力。这篇纪要的结尾以惯用语"会议强调"领起,阐述了做好各项筹备工作的重大意义,并对与会单位及有关人员提出了希望和要求,进一步明确了会议精神。行文简短有力,干脆利索,同时给人以全面完整之感。

【思考题】

1. 请批函与请示有什么不同?

2. 纪要的写作应注意哪些问题?

3. 根据下面材料拟写一份公函。

××建筑公司因业务发展需要,拟从××大学挑选5名应届毕业生充实管理队伍。请以该公司名义,拟一份致××大学商洽此事的函。具体内容(如对毕业生的要求、办理办法等)可自行拟定。

4. 根据下面来函(发文字号为人调字〔2012〕×号)写一份复函。

××市人事局关于商调×××同志的函

×市人事局:

因工作需要,拟调你市×××同志到我市社会科学研究所工作。如同意,请先将该同志的档案、现实表现材料及健康检查表一并寄来。

请予大力支持。

××市人事局(印章)
二〇一二年七月六日

5. 将自己所在学校或系班的某次会议记录改写成纪要。

第八章　法规性文书写作

知法、懂法是公民的基本素质;了解单位或部门规章是职业意识;而学会拟制规章制度是秘书人员的能力需要。

法规性文书是国家党政机关、社会团体、企事业单位为实施管理的需要,依照国家法律、法令和政策,根据组织的授权,在规定权限内制订的具有法规性、指导性及约束力的文书,其种类很多。本章讲解条例、规定、办法、细则、章程的概念、特点、写作结构及要求。请同学们举一反三,不断实践,掌握基本知识,拥有相关写作技能。

第一节　条　　例

一、条例的概念

条例主要是由国家或有关党政机关制定的,规范政治、经济、文化等领域的某些事项,或规定某一机关的组织、职权等的法规性文件。

条例既是对某种方针政策的制度化,规范化,也是对法律、法规的具体化、辅助化,对领导机关控制、调整、管理公务活动和社会生活具有重要作用。

二、条例的特点

条例是规章制度中的最高样式,其制发资格具有法规性的特点,表现在以下两个方面:

(一) 制发机关的法定性

条例的制作、发布机关有一定的限制,《行政法规制定程序条例》规定:"国务院各部门和地方人民政府制定的规章不得称'条例'"。

(二) 内容的法规性

条例涉及政治、经济、文化等各个领域的重要或比较重要的事项,具有强制力和约束力,要求有关人员必须遵照执行,不得违反。

三、条例的分类

根据管辖权限的不同,条例可以分为直接颁发性条例和批准颁发性条例,如《退役士兵安置条例》为前者,《土地复垦条例》、《饲料和饲料添加剂管理条例》为后者。

根据内容的不同,条例可以分为事项性条例和规定机关、团体的组织、职权的条例,如《对外劳务合作管理条例》为前者,而国务院于 2012 年 6 月颁布的《机关事务管理条例》为后者。

四、条例的结构及写法

条例由首部和正文两部分组成。

(一) 首部

首部包括标题、制发时间和依据等项目。

1. 标题。一般有两种结构形式：一种是由"事由＋文种"构成，如《全民健身条例》、《规章制度程序条例》；另一种是由"施行范围＋事由＋文种"构成，如《中华人民共和国对外合作开采海洋石油资源条例》、《中华人民共和国车船税法实施条例》等。

2. 制发时间和依据。一般在标题之下用括号注明条例通过和签发的年、月、日与机关名称，有的条例是随"命令（令）"等文种公布的。

(二) 正文

正文常采取"总则＋分则＋附则"的结构模式。

1. 总则。指出制定条例的目的、意义、依据、指导思想、适用原则、范围等，表达要简洁、明了。

2. 分则。即规范项目，这是条例的实质性规定内容，是要求具体执行的事项内容。

3. 附则。是对分则的补充说明，其中包括用语的解释和解释权、修改权、公布实施的时间等内容。

条例的正文有两种表达形式：

一种是条款式，全文按序列排列，内容比较简单的条例，直接分条目列述即可。另一种是章条式，多用于内容庞杂的条例。

五、条例的写作要求

条例是国家法令政策的具体阐释和补充，本身也具有法令的权威性和严肃性。它的写作，首先要正确把握其法律依据和界限；其次是严密准确，不能有含糊和漏洞；再次是"条"、"例"结合，"条文"是政策和法令，"例设"是补充与具体例释，前者要概括，后者须具体明确。最后，条文的结构要条理井然，语言鲜明准确。

【例文】

校车安全管理条例

第一章 总 则

第一条 为了加强校车安全管理，保障乘坐校车学生的人身安全，制定本条例。

第二条 本条例所称校车，是指依照本条例取得使用许可，用于接送接受义务教育的学生上下学的 7 座以上的载客汽车。

接送小学生的校车应当是按照专用校车国家标准设计和制造的小学生专用校车。

第三条　县级以上地方人民政府应当根据本行政区域的学生数量和分布状况等因素,依法制定、调整学校设置规划,保障学生就近入学或者在寄宿制学校入学,减少学生上下学的交通风险。实施义务教育的学校及其教学点的设置、调整,应当充分听取学生家长等有关方面的意见。

县级以上地方人民政府应当采取措施,发展城市和农村的公共交通,合理规划、设置公共交通线路和站点,为需要乘车上下学的学生提供方便。

对确实难以保障就近入学,并且公共交通不能满足学生上下学需要的农村地区,县级以上地方人民政府应当采取措施,保障接受义务教育的学生获得校车服务。

国家建立多渠道筹措校车经费的机制,并通过财政资助、税收优惠、鼓励社会捐赠等多种方式,按照规定支持使用校车接送学生的服务。支持校车服务所需的财政资金由中央财政和地方财政分担,具体办法由国务院财政部门制定。支持校车服务的税收优惠办法,依照法律、行政法规规定的税收管理权限制定。

……

第七条　保障学生上下学交通安全是政府、学校、社会和家庭的共同责任。社会各方面应当为校车通行提供便利,协助保障校车通行安全。

……

第二章　学校和校车服务提供者

第九条　学校可以配备校车。……

第十条　配备校车的学校和校车服务提供者应当建立健全校车安全管理制度,配备安全管理人员,加强校车的安全维护,定期对校车驾驶人进行安全教育,组织校车驾驶人学习道路交通安全法律法规以及安全防范、应急处置和应急救援知识,保障学生乘坐校车安全。

……

第十二条　学校应当对教师、学生及其监护人进行交通安全教育,向学生讲解校车安全乘坐知识和校车安全事故应急处理技能,并定期组织校车安全事故应急处理演练。

学生的监护人应当履行监护义务,配合学校或者校车服务提供者的校车安全管理工作。学生的监护人应当拒绝使用不符合安全要求的车辆接送学生上下学。

……

第三章　校车使用许可

第十四条　使用校车应当依照本条例的规定取得许可。

取得校车使用许可应当符合下列条件:

(一)车辆符合校车安全国家标准,取得机动车检验合格证明,并已经在公安机关交通管理部门办理注册登记;

……

第十六条　校车标牌应当载明本车的号牌号码、车辆的所有人、驾驶人、行驶线路、开行时间、停靠站点以及校车标牌发牌单位、有效期等事项。……

第四章 校车驾驶人

第二十三条 校车驾驶人应当依照本条例的规定取得校车驾驶资格。……

第五章 校车通行安全

第二十八条 校车行驶线路应当尽量避开急弯、陡坡、临崖、临水的危险路段；确实无法避开的，道路或者交通设施的管理、养护单位应当按照标准对上述危险路段设置安全防护设施、限速标志、警告标牌。……

第三十四条 校车载人不得超过核定的人数，不得以任何理由超员。……

第六章 校车乘车安全

第三十八条 配备校车的学校、校车服务提供者应当指派照管人员随校车全程照管乘车学生。……

第三十九条 随车照管人员应当履行下列职责：

（一）学生上下车时，在车下引导、指挥，维护上下车秩序；……

第四十条 校车的副驾驶座位不得安排学生乘坐。……

第七章 法律责任

第四十三条 生产、销售不符合校车安全国家标准的校车的，依照道路交通安全、产品质量管理的法律、行政法规的规定处罚。

第四十四条 使用拼装或者达到报废标准的机动车接送学生的，由公安机关交通管理部门收缴并强制报废机动车；对驾驶人处2000元以上5000元以下的罚款，吊销其机动车驾驶证；对车辆所有人处8万元以上10万元以下的罚款，有违法所得的予以没收。……

第八章 附 则

第六十条 县级以上地方人民政府应当合理规划幼儿园布局，方便幼儿就近入园。

入园幼儿应当由监护人或者其委托的成年人接送。对确因特殊情况不能由监护人或者其委托的成年人接送，需要使用车辆集中接送的，应当使用按照专用校车国家标准设计和制造的幼儿专用校车，遵守本条例校车安全管理的规定。

第六十一条 省、自治区、直辖市人民政府应当结合本地区实际情况，制定本条例的实施办法。

第六十二条 本条例自公布之日起施行。……

（引自《中华人民共和国国务院公报》2012－04－20第11号　总第1406号）

【评析】

这是随国务院总理温家宝签署的第 617 号《中华人民共和国国务院令》于二○一二年四月五日发布的《校车安全管理条例》(以下简称《条例》)的摘录。

《条例》的标题由"事由＋文种"构成。事由是"校车安全管理",简单明了地概括了行文的主旨;因为是由国务院制订的关于中小学生校车安全管理这一领域的相关规定,因而使用"条例"这一文种。

《条例》的正文采取了"总则＋分则＋附则"的结构模式,第一章为"总则",第八章为"附则"。中间各章为"分则",各章下有条,条下有款;以条款为基础,按照逻辑要求严密进行组织。

总则第一条指出制定《条例》的目的:"为了加强校车安全管理,保障乘坐校车学生的人身安全";第二条讲明"校车"的基本概念;尤其针对一些地方,特别是一些农村地区,孩子们上学路途趋远,上下学交通风险增大这一社会现实,总则的第三条明确规定了"县级以上地方人民政府"的保障职责。开篇提纲挈领,使阅者对关键问题有全面而清晰的认识。

分则规定了校车管理的各项具体事项及要求。第二章规定了"学校和校车服务提供者"的职责;第三章、第四章规定了"校车使用许可"及"校车驾驶人"的资格获得及资质保证;第五章、第六章分别规定"校车通行安全"、"校车乘车安全"的有关事项;第七章,明确规定了违反上述各项规定需承担的"法律责任"。条分缕析,对校车管理工作中既独立又相互联系的各个方面作出明确而又规范的要求。

附则补充说明了"对确因特殊情况……遵守本条例校车安全管理的规定"的事宜、《条例》的生效时间及实施要求。

全文层次井然,条理清晰,结构完整严谨。《条例》对校车安全管理中什么该做、什么不该做都讲得清楚明白,"应当"、"不得"、"禁止"、"依法"等词语选用讲究,表达准确,语势得当,显示了庄重严肃的态度,体现了制定者的权威性。而且《条例》中针对原则问题既能注意到其普遍性又能注意到其特殊性,展示了《条例》制定周密而科学的特点。

第二节 规　　定

一、规定的概念

规定是党政机关使用的一种法规性文书。它是国家机关、社会团体和企事业单位对于处理某项工作或开展某项活动作出原则性的规范或约束的一种常用文种。

二、规定的特点

规定的针对性强,实用性广。与条例相比,规定的对象、范围集中一些,措施、要求具体一些。规定虽不如法令、条例涉及的事项那么重大,但也是具有权威性和法规性的一种文书。

三、规定的分类

(一)管理性规定

即制定某项活动或某方面工作的管理规则和要求，以达到加强管理、规范行为的目的的规定。如《女职工劳动保护特别规定》。

(二)政策性规定

即依照有关法律法规条文，对某项活动或某项工作制定政策规范的规定。如农业部2011年12月31日发布的《农业行政处罚程序规定》。

(三)实施性规定

即为实施有关法规而制定的规定。实施性规定与实施原件配套使用。如2011年由中国证券监督管理委员会发布的《关于实施〈基金管理公司、证券公司人民币合格境外机构投资者境内证券投资试点办法〉的规定》。

(四)补充性规定

即对某些法规性文件作补充的规定。如2011年国家广播电影电视总局发布的《〈广播电视广告播出管理办法〉的补充规定》。

四、规定的写法

规定由首部与正文两部分构成。

(一)首部

首部主要由标题与题注组成。

1. 标题

规定的标题可由"发文机关＋事由＋文种"三部分组成，国家高级行政机关制发的规定常用这种形式，如《国务院关于严禁淫秽物品的规定》、《国务院关于征收私营企业投资者个人收入调节税的规定》。这种标题与公文三要素式标题的结构及写法完全一样。有时也可省略发文机关，如《关于退休工作待遇问题的若干规定》；或者由"规定适用对象（范围）或主要内容＋文种"组成，如《女职工劳动保护特别规定》等。规定如属"暂行"性的，标题中要标明，如2011年6月财政部等联合发布的《科技开发用品免征进口税收暂行规定》。

2. 题注

发文日期放在标题的下面即为题注。经一定会议批准的重要规定，日期在标题之下。如果是基层单位和机关制定的规定，其日期写在正文之后，即成为落款的一部分。

(二)正文

正文一般由"开头＋主体＋结语"三部分组成。

1. 开头：是规定的缘由部分。一般总述制定本规定的目的、依据，应有针对性，必要时也可叙述制定的原因。

2. 主体：写规定的项目内容。通常采用条目式写法，一项内容为一条，简明、准确、具体。内容简单的就直接写出，不必分条，写作时要灵活掌握。不同类型的规定，其主体部分的写法不尽相同。

（1）管理性规定着重于规定管理原则、管理职责、质量标准、措施、办法、管理范围及要求。

（2）政策性规定着重于界限划分、明确范围、提出要求和奖惩情况，解决"应当怎样"和"不应怎样"的问题。

（3）实施性规定着重于对实施文件作出有关规定，对原件条款作出解释，提出相应的实施意见。

（4）补充性规定主要是对原件中某些提法不够明确、不够具体的方面加以明确和具体，对遗漏的问题加以补充完善，以便实施。

3. 结语：是规定的说明部分。通常说明本规定的制作权、解释权和实施日期。

五、规定的写作要求

准确掌握规定的适用范围。一般说来，制定某项规定性、政策性的工作或活动的规则，可用"规定"；但对临时性、阶段性的工作，则应发"通知"；而对岗位性、局部性、业务性强的工作，则应制订"制度"。

规定的内容要相对具体明确，让读者明确"应该如何"和"不该如何"。

写作规定条理要清楚，逻辑性要强，措词要庄重、准确、周密。

【例文】

女职工劳动保护特别规定

第一条　为了减少和解决女职工在劳动中因生理特点造成的特殊困难，保护女职工健康，制定本规定。

第二条　中华人民共和国境内的国家机关、企业、事业单位、社会团体、个体经济组织以及其他社会组织等用人单位及其女职工，适用本规定。

第三条　用人单位应当加强女职工劳动保护，采取措施改善女职工劳动安全卫生条件，对女职工进行劳动安全卫生知识培训。

第四条　用人单位应当遵守女职工禁忌从事的劳动范围的规定……

第五条　用人单位不得因女职工怀孕、生育、哺乳降低其工资、予以辞退、与其解除劳动或者聘用合同。

第六条　女职工在孕期不能适应原劳动的，用人单位应当根据医疗机构的证明，予以减轻劳动量或者安排其他能够适应的劳动。

……

第七条　女职工生育享受98天产假，其中产前可以休假15天；难产的，增加产假15天；生育多胞胎的，每多生育1个婴儿，增加产假15天。

……

第八条　女职工产假期间的生育津贴，对已经参加生育保险的，按

照用人单位上年度职工月平均工资的标准由生育保险基金支付……

第九条　对哺乳未满1周岁婴儿的女职工,用人单位不得延长劳动时间或者安排夜班劳动。

……

第十条　女职工比较多的用人单位应当根据女职工的需要,建立女职工卫生室、孕妇休息室、哺乳室等设施,妥善解决女职工在生理卫生、哺乳方面的困难。

第十一条　在劳动场所,用人单位应当预防和制止对女职工的性骚扰。

第十二条　县级以上人民政府人力资源社会保障行政部门、安全生产监督管理部门按照各自职责负责对用人单位遵守本规定的情况进行监督检查。

工会、妇女组织依法对用人单位遵守本规定的情况进行监督。

第十三条　用人单位违反本规定第六条第二款、第七条、第九条第一款规定的,由县级以上人民政府人力资源社会保障行政部门责令限期改正,按照受侵害女职工每人1000元以上5000元以下的标准计算,处以罚款。

……

第十四条　用人单位违反本规定,侵害女职工合法权益的,女职工可以依法投诉、举报、申诉,依法向劳动人事争议调解仲裁机构申请调解仲裁,对仲裁裁决不服的,依法向人民法院提起诉讼。

第十五条　用人单位违反本规定,侵害女职工合法权益,造成女职工损害的,依法给予赔偿;用人单位及其直接负责的主管人员和其他直接责任人员构成犯罪的,依法追究刑事责任。

第十六条　本规定自公布之日起施行。1988年7月21日国务院发布的《女职工劳动保护规定》同时废止。

（引自《中华人民共和国国务院公报》2012-05-20第14号　总第1409号）

【评析】

这是一份于2012年4月18日国务院第200次常务会议通过,2012年4月28日由国务院总理温家宝签署第619号令发布施行的《女职工劳动保护特别规定》(以下简称《规定》)的摘录。其标题由"规定事由＋文种"构成,文种前加定语"特别",非常醒目,意义深远。

《规定》的正文结构灵活,全文从头到尾全部用条,共16条。第一条交代规定制订的目的,第二条交待规定适用范围,它们构成规定的总则部分。此后第二条到第十五条为分则部分,其中明确规定了用人单位在保护女职工方面应当和不应当做什么,指出具有监督检查权的机构、部门,以及违反规定的相应处罚。第十六条为附则部分,说明《规定》的施行日期及旧规定的废止。

本《规定》用语方面简洁凝练,多处采用了数字说明的方式,表述准确,有关事项交待得具体明确,使规定便于执行实施和检查监督。

第三节　办　　法

一、办法的概念

办法是行政机关为贯彻某一法令或者做好某方面工作而制定的法规性文书。

办法一般用"命令"或"通知"的方式发布,在行政管理领域运用得非常普遍。《中华人民共和国国务院公报》差不多每期都发表有国务院各部委制定的办法,有时一期上刊登若干篇。以2012年7月第20号为例,刊登的办法计有:中华人民共和国国家发展和改革委员会以令的形式发布的《中央投资项目招标代理资格管理办法》,中华人民共和国财政部以令的形式发布的《财政部门监督办法》、以通知形式发布的《彩票公益金管理办法》和《民航发展基金征收使用管理暂行办法》,以及中国证券监督管理委员会以令的形式发布修改后的《上市公司收购管理办法》等。

二、办法的特点

(一) 具体性

办法和条例、规定是比较近似的文种。它们都有法规性,分章列条的外部形式也比较接近。它们之间的区别体现为:条例的制作单位级别高,意义重大,内容全面、系统、原则。规定的制作单位没有条例那么严格,内容比较局部化,方法、步骤、措施比较详细。而办法由分管某方面工作的职能部门作出,内容更为具体。但这些区别不是绝对的,彼此之间的界限很难划分清楚。

(二) 普遍性

办法的应用范围广泛,使用频率高,特别是在我们国家法制建设一步步前进,人们的法制观念一步步强化的时候,自觉守法已逐步成为人们行动的准则,事情无论大小,都要有法可依。而办法可以用于指导实施国家的某一法律、条例,可以对某项工作作出具体规定,因而越来越广泛地被行政管理部门所采用。

(三) 实践性

办法的内容都是贴近于工作实践的方法、步骤和措施,带有很强的实践性特点。

(四) 派生性

有相当一部分办法是为贯彻落实某一法律而制定的,是法律的派生物。例如:国务院和中央军委发布的《中国人民解放军士官退出现役安置暂行办法》的第一条说道:"根据《中华人民共和国兵役法》和《中国人民解放军现役士兵服役条例》的有关规定,制定本办法。"其对法律和条例的依附性十分明显。

三、办法的分类

(一) 实施法律、条例和计划的办法

这类办法的派生性很强,有的从标题上就明确指出这一点。如《中华人民共和国海关实施〈行政复议法〉办法》,就是对海关如何贯彻执行《中华人民共和国行政复议法》制定的办法;而如2011年12月教育部发布的《"长江学者奖励计划"实施办法》第一条指

出:"为贯彻落实《国家中长期教育改革和发展规划纲要(2010—2020年)》和《国家中长期人才发展规划纲要(2010—2020年)》,加强高等学校高层次人才队伍建设,吸引和培养造就一批具有国际影响的学科领军人才,教育部决定从2011年起实施新的《长江学者奖励计划》。"《2000年曾宪梓教育基金会〈优秀大学生奖学金计划〉实施办法》也属于这种类型。

(二)实施行政管理的办法

这类办法虽然也是以相关法律为依据制作的,但它不是哪一部法律和条例的派生物,而是有一定的独立性。它是行政管理部门对一些法律不可能具体涉及的局部性工作所作的安排。例如:中国证券监督管理委员会修订的《上市公司收购管理办法》第一条指明:"为了规范上市公司的收购及相关股份权益变动活动,保护上市公司和投资者的合法权益,维护证券市场秩序和社会公共利益,促进证券市场资源的优化配置,根据《证券法》、《公司法》及其他相关法律、行政法规,制定本办法。"这段话准确概括了其实施行政管理的性质。

四、办法的写法

办法由首部和正文两部分组成。

(一)首部

包括标题、制发时间和依据等项目。

1. 标题

办法的标题由"事由+文种"构成。事由包括基本事项、适用范围或阐释依据,如《储蓄存款利息所得个人所得税征收管理办法》、《统计上岗资格证书颁发实施办法》等。

如果是试行或暂行,在标题中要写明,如《外商投资企业采购国产设备退税管理试行办法》。

2. 制发时间、依据

加括号标于标题之下正中,要用圆括号括住,也叫题注。一般写会议名称及通过的时间。

随命令和通知发布的办法,自身不显示制发时间和依据,但以后单独使用时,应将原命令和通知的发布时间标注于标题之下。

(二)正文

正文由"总则+分则+附则"组成,用于内容复杂的办法。具体内容及写法:

总则写明制定办法的目的、依据、意义、适用范围、实施部门等。如《第五次全国人口普查办法》第一章为总则,分别写了目的和依据、领导机关、普查标准时间、经费来源、责任机关。

分则列出具体的方法、步骤、措施、要求等,可分若干章展开。如《第五次全国人口普查办法》分则共含第二章"人口普查的对象和登记原则",第三章"人口普查的宣传和准备工作",第四章"人口普查的登记和复查工作",第五章"人口普查人员的选调和培训",第六章"人口普查数据的公布和管理",共计五章,含第六到第四十三条。

附则用来写特殊规定、补充规定和生效时间。如《第五次全国人口普查办法》附则共三条,分别涉及少数边远不便地区的特殊情况,实施细则的制定权,施行时间。

内容简单的办法,可采取直接分条式的写法,即前若干条写目的、依据、宗旨等,中间较多的条款写方法、步骤、措施等,最后一两条写补充规定和实施要求或解释权及生效时限。

五、办法的写作要求

(一)因为办法的内容是经过有关部门或会议作出的决定,取得的一致的意见,所以,写作时应遵照原意,不能有含糊不清、似是而非的提法。未经决定或有分歧的意见不要写入其中。

(二)办法的制定依据往往是上级机关的法令、决议、条例等,具体明确、切实可行是办法写作的基本要求。

【例文】

少年儿童体育学校管理办法

第一章　总　则

第一条　为加强少年儿童体育学校的建设和管理,全面贯彻国家体育、教育方针,促进我国体育事业发展,依据《中华人民共和国体育法》、《中华人民共和国教育法》、《中华人民共和国义务教育法》等法律法规,制定本办法。

第二条　本办法所称少年儿童体育学校是指九年义务教育阶段培养少年儿童体育专项运动技能的体育特色学校(含体育中学、单项体育运动学校、少年儿童业余体育学校,以下简称少体校)。

第三条　少体校的主要任务是为国家和社会培养、输送具有良好思想品德、文化素质和体育特长的优秀体育后备人才。

……

第二章　设置与审批

第六条　少体校应当从实际出发,采取独立办学或依附普通中小学等形式办学。

第七条　举办少体校的社会组织应当具有法人资格,公民个人应当具有政治权利和完全民事行为能力。少体校应当具有法人资格。

第八条　举办少体校,应当符合国家关于中小学校的相关设置标准,具备与所设置运动项目相适应的训练场馆、器材设施。

……

第九条　少体校应当根据本地区的体育传统和运动项目布局设置体育项目。

第十条　少体校的设立、变更、终止由县级以上体育行政部门提出意见,同级教育行政部门根据相关法律法规予以审批。

第三章　招生与学籍

第十一条　少体校按学年度面向普通中小学招生。

少体校招生,对拟招收学生进行体检和选材测试。

第十二条　少体校招生后,应当对招收的新生进行试训。经试训不适宜继续进行专项运动训练的学生,仍回原学校。

第十三条　少体校录取的学生学籍的变动和管理,按照当地学籍管理办法执行。

第四章　思想品德与文化教育

第十四条　少体校应当坚持育人为本,把德育工作放在首位,增强德育工作的针对性和实效性,教育教学活动应遵循少年儿童身心发展规律。

第十五条　少体校应当加强学生爱国主义、集体主义、社会主义思想品德教育,开展文明行为养成教育、法制教育、中华体育精神及体育职业道德教育。

……

第五章　体育训练与竞赛

第十八条　少体校应当贯彻"选好苗子、着眼未来、打好基础、系统训练、积极提高"的训练原则,做好选材、育才的基础训练工作。

……

第二十三条　少体校应当加强学生医务监督,禁止使用兴奋剂,禁止超负荷训练,禁止体罚。

第六章　教师、教练员

……

第七章　保障条件

……

第八章　附　则

第三十六条　各省、自治区、直辖市体育和教育行政部门可以依照本办法制定实施细则或相应的规章制度。

第三十七条　本办法自 2011 年 10 月 1 日起施行。国家体育总局、教育部 1999 年 2 月 4 日发布的《少年儿童体育学校管理办法》(体群字〔1999〕17 号)同时废止。

【评析】

《少年儿童体育学校管理办法》(以下简称《办法》)是随国家体育总局、中华人民共和国教育部令而发布的。其标题采用了"事由＋文种"的形式;正文由"总则＋分则＋附则"组成。

总则包括制订《办法》的目的、适用范围、原则等。分则六章则从少年体校的设置与审批、招生与学籍、学生思想品德与文化教育、体育训练与竞赛、教师及教练员的资格与聘用、体校的保障条件等方面作了规定,切实可行。附则提出要求并说明时效。

《办法》体现的最大特点是用语规范,大量使用了严谨的法律专业术语,如第二章第七条:"举办少体校的社会组织应当具有法人资格,公民个人应当具有政治权利和完全民事行为能力。少体校应当具有法人资格。"表意精准,规范性、约束性强,体现了办法作为法规文书的庄重严肃、不容随意践踏的威严性。

综合"条例"、"规定"、"办法"等法规性文书来看,有一个规律需要了解:内部行文时,要用法定文种中的"通知"作载体来加以颁行。向社会上公开发布,采取"法随令出"的原则,有的可使用"公布令"为载体加以发布,如国家行政法规,国务院各部委制定的部门规章,省、自治区、直辖市等制定的地方政府规章;有的则不能用"令",必须用"通知",如类规章性文件。

整体而言,写作法规性文书,内容要合理、切实、全面、具体。所谓"合理",是指正确体现党和政府的方针政策;"切实",是指符合客观情况;"全面",是指凡牵到的问题都要有所说明,千万不可造成缝隙;"具体",是指规定的范围、尺度要具体,处理的界限要明确,特别是在"办法"的写作中更应如此。

法规文书的用语极其严格,模糊性语言不可用,要字字清清楚楚、句句掷地有声。歧义语绝对不能写进法规性文书。

从上述例文看到,法规性文书的外形结构是多种多样的,它可以呈现全篇设章、章下分条、条下有款的写法,即"章条款式";也可以先写一个开头说明制发的缘由、目的和依据,然后分条列项讲规定的事项及实施的要求与时间;还可以既无单独的开头,也无独立的结尾,全文由若干条项贯通。

虽然它们的外形结构呈现多彩多姿,但其内在却万变不离其宗,这个"宗"就是"总—分—附",这就是法规性文书结构的一条内在规律。所谓"总",即开端要讲明制定法规的目的、依据与适用范围,它可以是一个"总则",也可以是一个独立的开头语,还可以是并列的一二条;所谓"分",即法规所规定的具体事项内容,它可以是一个由若干章组成的"分则",也可以是并列的若干章或条;所谓"附",即用来明确时效、地效、人效、解释权及未尽事宜的部分,它既可以是一个"附则",也可以是单独的结尾段落,还可以是两三个条。所以,我们在写作"条例"、"规定"、"办法"等时,不论采用什么结构形式,这个"宗"是万万不可违背的。

第四节　细　　则

一、细则的概念

细则一般是为贯彻执行有关条例和制度而定,是对已经颁布的法令、条例、规定作出具体说明和阐释的一种文书。

细则的适用范围比较灵活,它既可以用于全面贯彻执行某项法律、法规的精神和内容,也可以用于某一法律、法规中局部或某一条文规定的贯彻实施。细则是法律、法令、条例、规定的具体化和现实化。

二、细则的特点

(一) 附属性

细则是从行政法规中派生出来的,是行政法规的补充和延伸,因此,它总是处于附属地位,是其他法令、条例和规定的一部分。

（二）周密性

细则要对法令、条例和规定等文件的某项（或部分）条文作出说明、解释、补充,使之具体而便于操作,所以比起其他类法规文书来说,显得更周密详细。"细"是它的主要特点,不细就不能发挥指导具体执行的作用。

三、细则的分类

按照细则的内容和性质划分,大致可以分为规范性细则和说明性细则两类。如《全国中小河流治理项目资金使用管理实施细则》为前者,《中华人民共和国资源税暂行条例实施细则》为后者。

四、细则的写法

细则的结构由首部和正文组成。

（一）首部

首部:标题＋题注

标题:通常采用"事由＋文种"的结构形式,如《公共场所卫生管理条例实施细则》。

题注:如果细则属会议批准或通过的,要用括号在标题下加注说明"某时、某会议批准（通过或修订）"。

（二）正文

细则的正文一般由"总则＋分则＋附则"三部分构成。

总则:写明细则依据什么法律、法规的哪一章、哪一条而制定的,同时说明制定的目的。

分则:主要针对细则所对应的法律、法规中不具体、不完备、不够明确之处和易生歧义之处进行解释、补充和具体化。这部分要尽可能做到详尽明确、周密细致、界限清楚,并保持条文的完整。

附则:说明生效日期、解释权、修改权。细则一般同依附的法律、法规同时产生,但也可以适当滞后。

细则的正文常采用的形式是条款式写法。内容比较简单、篇幅较短的细则可以采取不分章,直接列条的方式。制定细则的根据、目的、基本原则、指导思想等内容写入前几条;具体解释、方法补充和有关规定的内容写在中间;执行要求写在最后。

五、细则的写作要求

（一）要紧扣原文条款

细则是为能更好地贯彻重要法规条文的某些条款而制定的,是这些条款的具体化。因此,撰制时不仅要在序言中明确指出是根据某"条例"或某"规定"中的某条款制定的,而且在主体内容中要紧扣内容,不得离开条款主旨随意发挥,否则会使执行者无所适从,影响贯彻施行。

（二）要从实际情况出发

细则的制定必须深入实际进行调查研究,并与本系统、本地区、本部门的实际情况相结合。这样制定出的细则才能有的放矢、切实可行,发挥指导与帮助执行者正确理解党和政府方针政策并更好地贯彻执行的作用。仅按原条款的字面或演绎推理进行解释是不够的。

(三) 要体现"准"与"细"的特点

"准",是指要抓住那些容易出现问题的地方解释说明;"细"是指制定的措施要详细具体,界限分明,使人易于理解,这样才能发挥细则的指导作用。

【例文】

对外汇、贵金属和外汇票证等
进出国境的管理施行细则

一、为贯彻执行《中华人民共和国外汇管理暂行条例》第二十七条、第二十八条、第二十九条和第三十条的规定,特制定本细则。

二、入境人员携带外汇、人民币外汇票证,携带黄金、白银、白金等贵金属及其制品,进入中国国境,数量不受限制;但是,必须向入境地海关申报。

三、入境人员将携入的外汇、人民币外汇票证,携入的黄金、白银、白金等贵金属及其制品,复带出境,海关凭原入境申报单查验放行。

四、入境人员将携入的外汇、人民币外汇票证,或者将汇入的外汇,兑成人民币,在离境前可以按规定将未用完的人民币兑回外汇;出境时,海关凭中国银行发给的兑出外汇的证明查验放行。

五、入境人员携带在中国境内购买的黄金、白银、白金等贵金属制品出境,海关在国家规定的限额内凭出售单位的证明查验放行。

六、出境人员携带外汇、人民币外汇票证出境,海关凭中国银行发给的证明查验放行。

对境内中国银行开出或者售出的外币汇票、外币旅行支票、外币旅行信用证、人民币现钞保管证和存折保管证,由海关查验放行,中国银行不另行发给证明。

七、居住在中国境内的中国人、外国侨民和无国籍人移居出境时携带黄金、白银、白金等贵金属及其制品,海关在国家规定限额内查验放行。

八、居住在中国境内的中国人、外国侨民和无国籍人所持有的人民币支票、汇票、存折、存单等人民币支付凭证,不得携带、托带或者邮寄出境。

九、居住在中国境内的中国人,持有境外的债券、股票、房地契,以及同处理境外债权、遗产、房地产和其他外汇资产有关的各种证书、契约和含有支付命令的授权书、函件等,非经国家外汇管理总局或者分局批准,不得携带、托带或者邮寄出境。

十、已歇业的外国企业和已离境的外国侨民,要求将存放在中国境内的外国有价证券携带出境,必须经国家外汇管理总局或者分局批准,海关凭批准的证件放行；但是,我国的证券、股票,不得携带、托带或者邮寄出境。

十一、凡中国与外国订有双边货币进出国境协定者,按照协定的规定办理。

十二、香港、澳门同胞携带外汇、人民币外汇票证,携带黄金、白银、白金等贵金属及其制品,出境、入境,都按照本细则规定办理。

十三、本细则由国家外汇管理总局公布施行。

【评析】

这篇细则是为贯彻执行《中华人民共和国外汇管理暂行条例》第二十七条、第二十八条、第二十九条和第三十条的规定而制定的。全篇用序号分十三点,其实就是办法十三条,各条紧扣原文,进行具体解释说明,起到了"指导"与"帮助"阐释原条例的作用。

第一条是开头部分,写制定细则的目的,提出是为贯彻执行哪些条款而制定的。明确具体,给人留下总体印象。第二至十二条是主体部分,具体解释说明有关规定界限。其中,第二至第五条,写入境人员携带外汇、贵金属和外汇票证等的规定界限;第十二条,写香港、澳门同胞出境、入境携带外汇、贵金属和外汇票证等的规定界限。第十三条是结尾部分,写公布施行细则的机关名称。全篇主旨明确,条理清楚,结构合理,便于执行。

第五节 章 程

一、章程的概念

章程,是一个党派组织、社会团体、公司企业为保证其正常运行,系统阐明自己的性质、任务以及规定成员的条件、权利、义务、纪律及组织结构、活动规则,要求全体成员共同遵守的一种规则性文书。如党章、团章、工会章程、作家协会章程等等。章程适用于一切党派、社会团体、学术团体。

二、章程的特点

章程的主要特点是具有法规性、规范性和约束力。一个政党和团体的章程,就是这个组织的根本法,该组织的所有成员都必须按照章程规定的条文规范自己的行为,其条文具有很强的约束力。违背章程的规定,就要受到该组织的惩罚或谴责,乃至被组织开除。

企事业单位的章程,其成员也必须受其制约,严格按照章程规定的业务经营性质、业务活动和基本工作职责去办理。

三、章程的分类

章程的常见类型:

组织章程。即用于制定政党、社团组织的组织准则和成员行为规范的章程。如《中国共产党章程》、《中国写作学会章程》。

企业章程。即用于规范企业的性质、组织原则、机构设置和经营管理等的章程。如《××省××公司章程》。

四、章程的写法

章程由首部与正文两部分组成。

（一）首部

首部：标题＋题注。

标题：一般由"团体组织名称＋文种（章程）"构成，如《中国共产党章程》、《××公司章程》。如果是待讨论修订的章程，在标题后加"草案"字样，用圆括号括入。

题注：标题下可注明会议通过的时间及会议名称，或何时由何机关批准，或何时公布，并用圆括号括入。

（二）正文

章程的正文，一般由"总则＋分则＋附则"组成。第一章即"总则"；末章为"附则"；中间各章为"分则"。

1. 总则。总则是章程的纲领，对全文起统率作用。

组织章程的总则部分，一般要求写明组织的名称、性质、宗旨、任务、指导思想和组织本身的建设等内容。

企事业单位的章程的总则部分，涉及的内容一般有企业名称、宗旨、经济性质、隶属关系、服务对象、机构等。

2. 分则。即基本规则部分，分则部分即总则和附则之间的各章。

（1）组织章程的分则部分，通常需写明的内容有：

组织人员：加入条件、加入程序、义务和权利、纪律规定等。

组织机构：领导机构、常务机构和机构的设置、规模、产生方式和程序、任期、职责、相互关系等。

组织经费：来源、管理方式。

其他事宜：根据不同组织、团体的需要而确定。

（2）企业章程的分则部分，通常需写明组织关系、资本构成、人事制定、资产管理、业务范畴、运作规程、利润分配等。

分则是章程的主体部分，要全面考虑，合理分章，使各章内容相互独立，先后位置安排有序，一条一款，清楚分明。

3. 附则。

附则为补充说明的部分，不论是组织章程还是企业章程，附则一般都要说明解释权、修订权、实施要求、生效日期、本章程与其他法规、规章的关系，以及其他未尽事项等。

简单的章程正文可用条款式结构，内容还是分组织章程和企业章程，依据各自要求的规定部分来组织，只是不分章，也不写总则、分则、附则字样。

五、章程的写作要求

其一,必须符合国家的法律、法规和方针政策。这是撰写章程的前提条件。

其二,凡章程从撰写初稿到定稿,须经过讨论、修改和会议通过等环节。合资企业的章程,一般先由合资各方签订"意向书"、"会议纪要",经由各方深入磋商、对条款内容反复讨论修改后,才可能正式形成章程(草案)。

其三,做到每条内容只表达一个完整独立的意思,条文严谨、周密和规范。对于一些把握不准的提法和难以阐明的问题,不能勉强写入,以免造成歧义。

其四,结构要合乎章程的规范写法。章程由总到分到总,要有合理的顺序,行文要一环扣一环,真正体现严密的逻辑性。

【例文】

曾宪梓教育基金会章程
(××××年12月24日修订并通过)

一、教育为立国之本,曾宪梓先生为振兴中华,资助教育事业,培育英才,决定捐赠港币一亿元,与教育部合作,成立曾宪梓教育基金会,用于发展中国的教育事业。

二、培养优秀的人才是国家实施"科教兴国"伟大战略的重要内容。鉴此,本基金会从2000年开始,设立优秀大学生奖学金,奖励在内地若干所重点大学就读的品学兼优、家境贫寒的大学本科生,旨在支持他们在学期间勤奋学习,友爱助人,取得优异成绩,毕业后报效祖国。

三、基金的使用。利用一亿港元的基金收取利息,或通过经营进行投资、再投资,取得的收入,用于发放奖学金。

四、基金会理事会。

1. 理事会为本基金会的决策机构。理事会设理事长一人,副理事长二人,理事若干人。每年召开理事会会议一次。如有需要,经理事长或副理事长同意,可临时召开理事会会议。

2. 理事会设秘书长一人,副秘书长一人,由理事兼任,负责处理基金会的日常工作。

3. 理事会的职责为:

(1)决定基金会的工作方向及收入的使用,批准奖励办法,制定工作计划;

(2)批准基金会的奖励项目;

(3)管理基金会的财务。

五、本基金会在香港注册。

六、本基金会设立香港办事处和北京办事处。

香港办事处主要负责基金的经营和财务管理,与香港的单位、人士的联系,处理涉及香港的有关工作。香港办事处通讯处为:香港沙田小沥源源顺围13至15号金利来集团中心,金利来集团有限公司转曾宪梓教育基金会。

北京办事处主要负责奖学金的申请、评审、发放，项目的管理，与内地的单位、人士的联系，处理涉及内地的有关工作。北京办事处通讯处为：北京西单大木仓胡同 37 号，教育部港澳台事务办公室转曾宪梓教育基金会北京办事处。

【评析】

这份章程的标题采用了"组织名称＋文种"的形式。

正文采用了条款式结构，共写了六条，但只用了数字标明。第一条点明"曾宪梓教育基金会"（简称"基金会"）成立的目的、合作形式；第二条阐述"基金会"设立的宗旨、原则。这两条为章程的开头，也相当于总则部分；第三条说明"基金会"基金的使用；第四条写"基金会"的机构、人员、职责；第五条说明"基金会"的注册事项；第六条说明"基金会"的两个办事处及其职能。它们相当于分则部分。没有附则，直接结束全文，即《曾宪梓教育基金会章程》没有一般章程最后常有的对解释权、生效日期及未尽事宜的说明，这也是根据需要而定的。

本章程简单明了、言简意赅，却又高风亮节、用意深远，彰显了振兴中华的爱国之心，充满了为祖国培养人才、报效祖国的满腔热忱。

【思考题】

1. 什么是规章文书？
2. 条例的正文常采取的结构模式是什么？
3. 规定的总则部分一般写什么内容？
4. 请你为刚成立的"××学校写作协会"拟制一份章程。
5. 请简要评析以下一份章程，并对其不足之处提出修改建议。

×××秘书事务所章程（草案）

第一章　总　　则

第一条　"×××秘书事务所"为民办非营利性的咨询服务机构。

第二条　本所宗旨：面向社会，为机关、团体、企事业单位及个人提供秘书事务帮助，为广大群众的学习、工作、生产、生活等实际需要服务、促进经济繁荣和社会事业的发展。

第二章　机构与人员

第三条　本所人员自愿平等加入，退出自由。

第四条　本所人员应努力学习党的方针、政策和国家的法律、法令，增强业务能力，不断提高写作水平，为社会提供优质服务。

第五条　本所人员应严守职业道德，为对象保密，尊重他们的意愿，维护他们的合法权益。

第六条　本所人员由三方面组成：一是现职文秘人员中的兼职工作者；二是本地政府机关和法律、财政、科技、新闻等部门中有较高写作水平的工作人员（含离退休的）；三是具有大专学历的文秘专业毕业生。

第七条　本所由民主推选一人为所长,负责主持工作,其余均为工作人员。所长任期一年。可连选连任,不胜任者可随时改选。

第三章　服务内容

第八条　本所的服务内容和项目暂定如下:

1. 代写公文及通用文书。如通知、通报、请求、报告、会议纪要及计划、总结、调查报告、讲话稿、规则、章程、制度、守则等。

2. 代写经济文书及科技文书。如意向书、协议书、说明书、广告、经济合同、招投标书、新产品申报书、专利申请文件等。

3. 代写司法文书。如诉状、辩护词、遗嘱、契约、委托代理合同、授权委托书等。

4. 代写礼仪文书。如贺词、答谢词、悼词、挽联、讣告、慰问信等。

5. 为集体和个人翻译外文(英、日、伯、俄)资料及查询有关经济、技术方面的资料。

6. 为单位及个人和推荐秘书人才。

7. 接受委托,办理有关秘书、文书方面的其他事务。

第九条　随着事业的发展和社会的需要,本所今后将增加信息服务项目,为集体和个人提供经济、技术人才信息。

第十条　本所设固定地点提供服务。根据需要也可派人员上门服务。

第四章　收入分配

第十一条　本所实行有偿服务。

第十二条　各个服务项目的收费标准,根据其劳动工时确定,并报请物价部门审定后执行。

第十三条　本所收入,除开销及必须交纳的税收、保险费外,提取15％留作增添必要的设备用具,其余按照各人参加劳动的工时和完成任务的质量合理分配。

第十四条　本所人员的工资分配,可以评工记分、按分论什值,可以按件计资,也可以按工时计算。总的原则是多收多分、多劳多得。

第十五条　实行财务民主,每个季度由会计人员向全体人员公布账目,年终进行最后结算,做到公开监督。

附　则

第十六条　本章程的修改权,归全所工作人员大会或代表大会。

第九章　机关常用文书写作

机关常用文书是国家党政机关在反映情况、解决处理日常事务时使用的各种文书的总称，起着交流情况、加强联系、指导工作、总结经验、宣传教育、提供资料等的作用，在秘书写作中使用频率高、范围广。

与党政公文相比，机关常用文书的语言较生动活泼；结构布局较灵活多样；表达上可综合使用记叙、议论、说明、图表等多种表达方式。

本章讲解计划、总结、调查报告、述职报告、大事记的概念、特点、作用，引导同学们掌握其写作方法。

第一节　计　　划

一、计划的概念

计划是企事业单位、社会团体或者个人对未来一段时间内要完成的工作预先作出安排时所使用的一种事务文书。计划是个统称，通常所说的规划、纲要、要点、设想、打算、安排、方案等均属于计划这一大家庭的成员，只是在目标远近、时间长短和计划内容等方面有所区别。

规划、纲要指时间较长、目标较大、范围较广、内容概括的全面性的战略部署。规划的时限一般在三五年及以上。纲要的内容原则性、概括性更强，通常是关于工作方向、目标的概要。如《国家十二五教育发展规划纲要》及我国制定的各个领域的五年、十年规划纲要等。

要点是比较简要、概括地对一个时期内的主要工作所作的指导性计划。单位的工作要点具有临时借代性质。从实际工作看，在一年开始之际，单位需要有个工作计划来组织安排工作，一般是在上级计划没有下发前先写一个"工作要点"，等上级正式计划发下来后，再依据上级计划，以"工作要点"为基础调整、充实而成计划，所以，要点也可以说是"准计划"。

设想、打算一般是初步的、粗线条的、非正式的计划，有待修订和完善。设想是关于比较长的时间内某项工作的建设性的想法，打算则是对短期内某项工作的初步设计。

安排是时间较短、内容单一而又具体的计划。预定在短时间内要做的某些事情，就可以有安排。

方案是关于某专业性、原则性较强的单项工件的周密计划。它是对近期或短期内某项任务、课题的具体实施，从目的、要求、方式、方法等方面都作出全面策划和具体安排的计划。

二、计划的特点

(一) 目标的可预测性

任何计划都是为了在一时期内完成某个预设的目标或任务而制定的。古人云："凡事预则立,不预则废。"事先准备充分,目标明确,行动有序,才有可能顺利完成。

(二) 措施的切实可行性

一份好的计划,其实施步骤和方法应是切实可行的,要便于操作与检查。计划的制定本着科学和实事求是的态度,计划所确定的指标,应有一定的高度,以推动工作的不断进步,但又不能脱离实际,难以实现。

(三) 行动的制约规范性

计划一经确定,对实施者就具有约束力,以此规范人们的行动。如《国民经济和社会发展五年计划》规定了我国经济建设的目标和实施步骤,政府各部门都必须遵照执行。当然,在计划执行过程中,有时也需要根据实际情况的变化来调整、修订计划。

三、计划的类型

按性质不同,计划可分为指令性计划、指导性计划等。

按时间长短,计划可分为长期计划(5—10 年及 10 年以上)、中期计划(2—4 年)、年度计划、季度计划、月计划、周计划等。

按指导范围,计划可分为国家计划、地区计划、部门计划、个人计划等。

按内容取向,计划可分为综合(全面)计划、专项计划。

按写作形式划分,常有条文式计划、表格式计划、条文表格结合式计划。

四、计划的写法

计划一般由"标题＋正文＋署名＋成文日期"组成。

(一) 标题

计划的标题形式比较灵活,常见的有如下几种:

1. 计划制定者(单位)名称＋时限＋事由＋文种。如《新疆维吾尔自治区××管理局2012 年工作计划》,由四个要素构成,是最规范的标题,通常高级别的或涉及重大事务、涉及范围广的计划多采用这种标题。

2. 计划制定者(单位)名称＋事由＋文种。如《××交通支队处置各类突发偶发事件应急工作预案》,因不针对某一个特定时段,所以可以不标示时限。

3. 时限＋事由＋文种。如《2010 年第一季度防治禽流感工作计划》,这种标题一般在单位内部使用时省略单位名称,而突出计划的时限和内容。

4. 关于＋事由＋文种。如《关于开展"阳光绿色网络工程"的设想》,这种公文式标题,因为事由突出、醒目,又比较简捷方便,在单位内部也很常用。

5. 事由＋文种。如《图书馆工作人员业务培训计划》,比较简练。

无论如何,规范的计划其标题中必不可少的是事由和文种。

（二）正文

1. 条文式计划的正文结构是:引语＋主体＋结尾。

（1）引语:简要说明制定计划的背景、依据或指导思想、工作目的。

（2）主体:计划的三要素:目标、措施、步骤。

目标应具体明确地指出需要完成的任务、要求、预期效果、工作原则等,这部分主要解决"做什么"的问题;措施是指要采取的方式方法、手段以及可利用的条件。有时还写明在某项工作中具体的人员安排和责任人,这部分是解决"怎样做"的问题;步骤是指进程、阶段或时限,这部分是解决"何时做"的问题。措施和步骤都应周全细致、切实可行。有时这两项是融为一体的。

条文式计划的主体部分常采用条款式,用序列号标明措施和步骤。当文件较长、层次较多时,就要使用多层序列号,显得条理清晰。

（3）结尾:通常用富于号召性、鼓动性的语言,简洁有力地提出希望和要求。有时可省略结尾。

2. 表格式计划在企事业单位的常规性工作中被大量使用,甚至有的一份表格就是一篇文书的全部,如秘书为领导设计一天或一周的工作安排就常用表格的形式体现,还有如教学部门、培训机构每学期安排的课程表等。表格式文书由于其制作便捷,内容项目非常直观明了,因而在有序有效地指挥指导工作方面发挥了巨大的作用,深受秘书及写作者的青睐。

设计表格的项目时应注意全面、准确,便于填写、归类和检查,能够正确反映任务需求。设计的表格还要注意美观大方,同一栏的内容最好集中在同一页纸上,不要任意割断为两页。

表格式计划可以只有表格,也可以加上少量的文字说明。

3. 条文表格结合式计划是以条文为主,表格为辅,两者结合使用,往往可以使计划简明直观、准确清晰,这比全部采用条文式要显得简洁。

（三）署名

计划的署名应写在正文之下,成文日期之上。有的在标题中写明计划的制定者,则文末就不必再署名了。

（四）成文日期

计划的成文日期位置比较灵活。级别较高的计划,成文日期常写在标题之下,正文之上,居中位置。也可直接写在正文之后,居右落款的位置。如果文末有署名,则应写在署名之下。上报或下发的计划就在署名和日期上加盖公章,内部计划则不盖公章,只作为部门资料建设的一部分用以存档,如教研室工作计划等。

【例文】

二渡赤水河的行动计划

（1935 年 2 月 15 日 20 时）

　（一）我野战军以东渡赤水河消灭黔敌王家烈军为主要的作战目标,决定先由林滩经太平渡至顺江场地段渡过赤水,然后分向桐梓地

域前进,准备消灭由桐梓来土城的黔敌,或直达桐梓进攻而消灭之。

　　(二)基于上述作战目标,决区分三个纵队向桐梓地域前进:其一,第三军团为右纵队,由回龙场经亚铁厂到太平渡上游的顺江场地段过河,准备取道回龙场、江场(赤水右岸的)直往桐梓。其二,军委第五、第九军团为中央纵队,去白少经丫叉、鱼岔到太平渡,渡河以后,东岸的取道看情况决定。其三,第一军团为左纵队,去松林经白沙、锅厂坝、镇龙山、石夹口到悦来场、林滩地段渡河,并相机占领土城以后,则取道东皇殿、温水、新站迂回往桐梓。

　　(三)明十六日各兵团行动。

　　1.第三军团集结于回龙场附近休息向古蔺警戒。

　　2.第一军团应取道白沙、回龙场进到锅厂坝、新寨地带,向古蔺警戒。

　　3.第五、第九两军团当各由现地进到白沙地城,分向古蔺、永宁及来路警戒。

　　(四)我们率军委直属队明日在白沙休息。

　　(五)各军团执行情形电告。以后并由军委逐日命令指导上述计划的实施。

【评析】

　　《二渡赤水河的行动计划》(以下简称《计划》)是为了指挥一次战略转移的军事行动而制发的。二渡赤水河战役的总司令是朱德,但该战役展示和体现了毛泽东的指挥思想,执行和实施的是毛泽东与敌斗争的正确策略。通过阅读这份《计划》,让我们在回顾历史的同时,再次见证了这次具有历史意义的军事行动,感佩毛、朱等革命家、军事家那运筹帷幄、用兵如神、纵横捭阖的风采。而这份《计划》在拟写上的高超技巧很值得我们认真学习和借鉴。

　　这篇《计划》最让人叹服的是它没有一般文书"穿靴戴帽"的繁琐,而是开门见山,点明这次行动"我野战军以东渡赤水河消灭黔敌王家烈军为主要的作战目标",并且用三言两语作了解释,使受文者明确了目标;其后围绕这一目标作好战略布署,指挥到位、分工明确、措施具体、步骤可行;结尾提出执行计划的要求。行文逻辑思维严密。

　　表述清晰,用语简练是《计划》的又一特点。语言的精炼显示了制订计划者思路的清晰、行动的果敢、自信。当然这份自信主要缘于或者是建立在大量掌握敌方情报的基础上。毛泽东曾说过"没有调查就没有发言权",因而他一次次的指挥得当、能打胜仗的法宝就是知己知彼。这份《计划》全文只用了400多字,就把一次大的军事行动谋划得天衣无缝,的确体现了"文贵精而不贵华"的精髓。用语简洁,表意明晰,这对于我们写计划的人来说也是十分重要的。

第二节　总　　结

一、总结的概念

总结是对以往工作进行回顾、检查、分析、研究,从中提炼出规律性的东西,用以指导今后工作的一种机关常用事务文书。

总结虽不是党和国家机关法定的正式公文文种,但它的使用频率之高、对推动各方面工作的重要程度却不亚于"通知"、"报告"、"请示"等。

二、总结的特点

总结与计划是一对衔接紧密、相辅相成的文种。今年的总结是对去年计划的检验,因此,写总结时必须以去年的计划作前提;今年的总结势必又成为制订明年计划的基础。

总结不同于报告,它不是一般的情况综合,而是在情况综合的基础上,通过分析、概括、提炼,归纳出几个专门问题,也就是通常所说的经验和体会,与一般工作报告相比,理性的成分浓了,规律性的东西多了,对问题的认识走向立体化。

一般工作报告中大量使用叙述,情况、实例的表述占绝大部分,只在篇、部分、段的开头处提纲挈领地使用一些议论性文字。而总结则不然,对事实、情况的直接叙述只占少部分,而且是概括性的,较多使用的是议论和说明性文字。

工作报告都是上行文,而作为机关常用文书的总结行文方向灵活多样,既可以搭载报告向上呈送,也可以乘借通知向下发送,在单位内部还可直接印制传递到所属各部门。

三、总结的类型

按时间长短可分为年度总结、季度总结、月总结等。

按指导范围可分为地区总结、部门总结、专项总结。

按内容取向可分为专题性总结、综合性总结。

按结构形式可分为以下五种:

一是"三大块"式。综合性工作总结常常采用这种基本形态。它通常由三大部分内容组成,即:基本情况概述——主要做法(或主要经验,也可是主要做法+经验,或经验+体会,或经验+教训等)——问题及今后打算。因为文字详略而表现为两头小,中间大,呈现"凤头、猪肚、豹尾"式的结构特点。

二是因果倒置式。专题性工作总结普遍采用这种形态。它将经验、体会置于重要部位。通常开头先讲这一专门工作所取得的成绩,这就是"果",随后分条列项地表述这一成果取得的原因,也就是经验、体会,这是"因",先果后因,形成因果倒置。对待工作中存在的问题,通常是置于结尾,三言两语、一带而过,属表态性的。

三是条款并列式。把情况、做法、经验、体会、问题、今后意见等整合起来,归纳成若干条,逐一加以陈述、议论,每个问题都具有相对的独立性。

四是正反对比式。把情况特别是经验与教训糅在一起,归纳成几大问题,逐一将事实与道理、正面与反面、经验与教训既相对比又相结合。

五是层层递进式。专题总结常采用这种布局形态。通常先写一个非常简明的开头，说明开展某一工作或活动的原委，然后在主体部分里，按照从初期到后期、从远处到近处、从低级到高级，分几个层次逐一加以说明，步步深入、顺理成章。

四、总结的写法

总结由"标题＋正文＋署名＋成文日期"组成。

我们这部分重点阐述总结的标题与正文的写法，其署名、成文日期的结构与写法同于计划。

（一）标题

总结的标题有两大类：

一类是计划式的标题。规范的是由"总结者（单位）名称＋时限＋事由＋文种"四要素组成的形式，在这一基本结构形式基础上根据实际情况可省略前面两项。如《工商银行北京市分行2012年工作总结》，这是规范的全称标题，而《2012年工作总结》、《工商银行北京市分行工作总结》则都是其简式标题，主要用于基层单位内部作总结时使用。

二类是一般文章式标题。由"正标题＋副标题"构成。如《营造阳光网络环境，倡导绿色手机文化——绿色手机文化建设工程工作总结》、《继往开来，再接再厉——××学院2012年学生工作总结》。这类标题有较强的文学色彩，比较有吸引力，因而通过新闻媒体发布的总结常选择这种标题。

（二）正文

总结的正文结构是：引语＋主体＋结尾。

1. 引语：文章开头应简单概括说明工作、活动或任务的全貌或总体情况，点明总结的内容和目的。主要有以下几种开头方式：

概述式：概括介绍基本情况（工作背景、时间、地点等）。

结论式：提出总结的结论，使读者明白总结的核心所在。

提示式：对工作的主要内容进行提示性的简要概括。

提问式：开头提出问题以引起读者对该文的关注，明确总结的重点。

2. 主体：包括三个要素，即基本情况＋经验＋不足。

"基本情况"包括总结对象涉及的环境背景、具体任务、实施步骤等，即介绍"做了什么"和"做得怎样"。"经验"指工作成效和带规律性的、有指导意义的体会。除了所取得的成就之外，对工作中曾出现的失误也应实事求是地说明。

主体部分的结构形式通常可采用"情况——经验——不足"的顺序，分三大部分进行总结，这是传统方法。根据需要还可用其他形式，如阶段式，用于对周期长、阶段性显著的工作进行总结，把整个工作按时间若干阶段进行总结；并列式，以具体的工作项目为顺序，把要总结的内容按性质逐条排列，夹叙夹议，这种形式较适用于专题性总结。此外，也可按时间的顺序、围绕的中心、突出的重点等进行总结。

3. 结尾：用简短、坚定的语言，表明工作信心和努力方向，也可提出希望或号召来收束全文。

【例文】

八路军抗战两年来的经验教训
（一九三九年七月七日）

八路军抗战两年以来，我们得到了一些什么经验教训呢？

第一，凡是在党政军民团结一致的地方，我们就能胜利；凡是在发生摩擦的地方，我们就要遭受不必要的挫折。冀察晋边区之能连续粉碎敌寇数度疯狂的围攻，晋冀豫边区之能成为华北抗战最坚强的铁的堡垒，晋西北根据地之能继续巩固与发展，这是靠了什么呢？就是靠着党政军民的坚强的团结。在这些抗日根据地中，各党各派过去和现在都能互助互让，大多成立了比较民主的抗日政权，部分地改善了人民的生活，帮助民众成立了抗日救亡团体，给予人民以各种抗战的便利。政府爱护人民，人民尊敬政府，政府帮助军队，军队也保卫了政府，军政民之间打成了一片，军队之间化除畛域，党派之间推诚相见。这一切保障了我们的铁的团结，使我们得到了胜利。

在新阶段中，华北将转入更苦战的环境。只有党政军民的团结一致，才能够巩固抗日根据地，坚持抗战到底。

相反地，如果不积极去巩固与扩大抗战的力量，反而作日寇的应声虫，提出"溶共"、"限共"的口号；如果歧视抗日政府，忽视他们过去和现在的伟大作用，而加以撤除；如果不去积极动员民众，反而去限制抗日的自由；如果纵容一些军队不守群众纪律，甚至在友军将士前线喋血之际进攻其侧背；这些就无异于放下自己最锐利的武器，用自己的刀砍去自己的手，怎能令全国人士不怀疑这些人是急于私利、忘却公义的分子呢？华北的某些地方，就是因为发生了这种问题而遭受了不必要的挫折。

这就是说，只有全民的更加进步和更加团结，才能坚持持久战，才能争取最后胜利。一切落后的现象必须克服，一切不团结的现象必须铲除，一切错误思想必须纠正，一切摩擦现象必须消灭。

第二，凡是在民众运动有成绩的地方，游击战争就能展开，抗战就能胜利地坚持；凡是在民运落后或受挫折的地方，抗战一定要遭受不必要的困难。想要动员民众，必须适当改善人民生活，实行民主的政治。冀察晋的民众在粉碎敌寇进攻之中，发挥了最伟大的作用，使军队能不断地取得胜利。冀南的民运因为受到了限制，人民没有抗日的自由，所以在敌寇进攻时，我们不免遭受了不应有的损失。

这就是说，只有把全国一切生动力量动员起来，只有广泛开展游击战争，才能在基本上改变敌强我弱的形势，熬过相持阶段，转入反攻。所有的民众必须动员起来，所有的智力和体力必须用到抗战中去。

第三，凡是采用灵活的战略战术的战役和战斗，我们大致就能胜利；凡是单纯防御或盲目进攻，就会遭受失败。事实完全证明，只有争取主动就利避害的机动战才能致敌人于死命。在抗日根据地的机动战的原则，就是小股进退，分支袭扰，集中主力，乘弱伏尾，昼伏夜动，声东击西,有意暴露,及时隐蔽,利害变换,毫不犹豫,拿定火色,转入外线。在全国范围的机动战的原则,应当是在敌寇外线包围中寻求机动,在不利情况之下毫不恋战,由单纯防御转到攻势防御,由被动转到主动,由散漫的队伍转到正规化和机械化的队伍。而这种机动战的运用,必须有民众的有力的配合才能发挥它的伟大的作用。

这就是说,只有加强我军的指挥艺术,大大提高军队的素质,才能战胜敌人。也就是说,我们不仅要依靠政治的进步,而且要依靠军事的进步。军事的进步,又需要政治的进步作为保障。我们一定要加强政治的进步,来保证战略战术的提高,一定要争取全国战略的主动,一定要大大地加强全国军队的机械化。

【评析】

《八路军抗战两年来的经验教训》(以下简称《总结》),是朱德同志1939年7月7日写的一篇工作总结,生动地总结了"七·七"事变以来八路军抗战的一系列经验教训,为我军如何进一步提高战略战术,争取全国战略主动指明了方向。在今天,这份总结不仅成为我们研究我军军事思想的重要文献,而且对于我们如何写好总结也具有极其深刻的启迪意义。

一是跳出了"三大块"的单一写作模式。

《总结》在写作上的独特之处,是跳出了"三大块",即"基本情况——主要作法(或作法与经验、或经验与体会)——存在问题与今后意见"的一般模式,而采用了并列式结构,按照主次顺序,分别讲了"团结一致"、"动员民众"和"采用灵活战略战术"三大问题。在讲每个问题时,把情况、经验、教训、想法有机地糅合在一起,从事实与道理的结合上、从正面与反面的比较中、从经验教训与今后主张的一脉相承上做出全面"立体式"的回答。总之,《总结》给阅者留下了深刻的印象,在于作者既不是就事论事的讲情况,也不是孤立地进行叙述、议说,而是从总结经验教训中指明未来。

二是夹叙夹议,事理融合。

以叙述为主结合议说的夹叙夹议方式,是总结写作的基本表达形式。因为写总结不仅要言事,而且要明理,事理结合,相辅相成。《总结》在这方面是非常成功的。如在阐述正面道理时,首先是通过议说方式提出了一个疑问:"冀察晋边区之能连续粉碎敌寇数度疯狂的围攻,晋冀豫边区之能成为华北抗战最坚强的铁的堡垒,晋西北根据地之能继续巩固与发展,这是靠了什么呢?"这实际是在表达观点;然后用了一段较长的叙述文字作出回答:"就是靠着党政军民的坚强的团结。在这些抗日根据地中,各党各派过去和现在都能互助互让,大多成立了比较民主的抗日政权,部分地改善了人民的生活,帮助民众成立了抗日救亡团体,给予人民以各种抗战的便利",这是在陈述事实;最后又进行议说:"政府爱护人民,人民尊敬政府,政府帮助军队,军队也保卫了政府,军政民之间打成了一片,军队之间化除畛域,党派之间推诚相见。这一切保障了我们的铁的团结,使我们得到了胜利",并以此作结。就是这样边讲道理、边摆事实,使"事"与"理"紧密融合于一体,有理有据、令人信服。

三是讲究修辞,巧用辞格。

任何一篇精美的工作总结,无不与修辞有着直接关系,巧用辞格是把文章写得又好又巧的关键所在。在《总结》的 1200 多字中,设问、对比、排比、对偶、综说等辞格比比皆是。

全文以"设问"开篇:"八路军抗战两年以来,我们得到了一些什么经验教训呢?"这个开头语犹如一块磁铁,强力地吸引着阅者的注意力,唤起人们的注意。

在每一个问题之首,都有一个小标题,三个标题相对工整对仗,由六个"凡是"组成三大"对比",突出三条经验教训,为开篇的"设问"做出全面回答,呈现纲举目张之势,可谓十分精湛。

《总结》在阐述抗日根据地的机动战原则时,连续使用了 12 个成语及四字格词组:"小股进退,分支袭扰,集中主力……"48 个字,不仅高度概括、言简意赅,且节奏明快、刚劲有力,又便于牢记、易于执行。

《总结》在阐述全国范围的机动战原则时,更连续使用排比句式,显得语言凝练、言简意明、干脆利落、富有气势。

第三节 调 查 报 告

一、调查报告的概念和作用

(一)调查报告的概念

调查报告就是根据特定的目的,运用辩证唯物主义观点,对某一事物、问题、事件进行调查研究之后,写成的有事实、有观点、有分析、有结论的书面报告。在日常工作中,调查报告是经常使用的文体之一。

(二)调查报告的作用

调查报告是机关工作中常用的一种文体,也是新闻报道中常见的一种特殊体裁。调查报告是调查研究的结晶,调查研究是调查报告的基础,没有调查研究也就没有调查报告。调查报告作为使用频率很高的文体之一,在工作中发挥着十分重要的作用。它不仅是各级领导机关掌握全面情况,获悉信息反馈,制定各项方针、政策、路线的重要依据,也是宣传党和政府的各项方针、政策的有力武器,它不仅是人们了解社会现状、认识客观事物、揭露事件真相、掌握发展动态、总结经验教训、搜集信息资料的一种手段,也是打击歪风邪气、树立社会主义新风尚的武器。好的调查报告,可以在群众中产生巨大的、深远的影响,对实际工作起着很大的推动和指导工作。

二、调查报告的特点和种类

(一)调查报告的特点

1. 强烈的针对性。调查报告要围绕一个时期党和国家的中心任务,根据客观实际需要,有针对性地对某一具体事件或具体问题进行调查研究,分析总结出新鲜经验,回答广大群众所关心和迫切要求解决的问题。因此,调查报告的针对性很强,针对性是调查报告的灵魂。可以说,针对性越强,指导意义越大,调查报告的作用也就越显得重要。

2. 客观的真实性。调查报告是客观现实的如实反映,不论是总结经验、研究新事物,还是揭示事实真相,必须以充分、确凿的事实为依据,必须是确有其人,实有其事,确在其时,既不能增加,也不能减少,更不能歪曲。否则,就失去调查报告的科学价值了。可见,调查报告只有尊重客观的真实性,才能获得对客观世界的正确认识,以达到改造客观世界的目的。

3. 先进的典型性。调查报告要求被调查对象本身必须具有典型意义,必须体现"典型"的时代精神。这就要求在分析典型时,与调查时的形势、任务、党的要求和现实存在的倾向性问题结合起来,使调查报告反映的问题更具有现实意义和指导作用。同时,掌握了具有普遍意义的典型材料,还要上升到理论高度进行认真的分析、综合,力求揭示出事物的本质和规律。可见,调查报告不光着眼于表面的现象,而且要深入研究和掌握事物内在的本质东西。只有这样,才能较好地完成调查报告的任务。

4. 较强的时效性。调查报告回答的是现实生活中迫切需要解决的问题,它有较强的时效性。否则,时过境迁,就失去了现实的指导作用。因此,调查必须要迅速深入,报告要及时写出,以发挥其有效的作用。

(二)调查报告的种类

调查报告的种类很多,最常用的有以下五种类型:

1. 基本情况的调查报告。这类调查报告旨在系统、深入、全面地调查和剖析某一社会基本情况,为制定某项方针政策、制定某项措施提供重要的依据。这类调查报告写作时侧重于客观陈述。例如:恩格斯的《英国工人阶级状况》、毛泽东的《兴国调查》等就属于这类调查报告。

2. 典型经验的调查报告。这类调查报告是反映先进单位或先进个人的典型经验。这些经验必须在面上具有代表性,必须经得起实践的检验,必须符合党的方针政策,能够对工作起到推动和发展的作用。写作时要阐明典型经验的思想基础、具体做法、收到的实效和典型经验的现实意义等等,例如:《问题、原因、对策——关于广东省劳资纠纷典型案例分析调查报告》、《关于邯郸钢铁总厂管理经验的调查报告》等就属于这类调查报告。

3. 新生事物的调查报告。这类调查报告主要是敏锐、及时地反映社会主义革命和建设中富有开创意义的新人、新事物、新发明、新创造,较完整地介绍其产生和发展的过程,揭示其规律和现实意义,以达到推广和指导的作用。写作时要求中心明确,观点鲜明,材料集中,文笔生动。例如:肖如川、黎伟东、江友德三人合写的《社会科学研究体制改革的一个尝试——广州软科学开发服务公司的调查》就属于这类调查报告。

4. 揭露问题的调查报告。这类调查报告主要是针对现实社会中暴露出来的问题,进行深入细致、全面周密的调查。弄清问题发生的原因,分析问题的实质,并提出今后如何避免同类问题的发生。这类调查报告既可作为公正严肃处理问题的依据,又能起到用典型教育他人的作用,引起人们的警觉,接受教训,少犯或不犯错误。这类调查报告有的公开发表,有的只作为内部文件的附件发至有关单位,促进问题的解决。写作时要求实事求是、一针见血。例如:《油水捞得顺手,案子查处棘手》、《南京鼓楼医院一起严重医疗事故的调查报告》等就属于这类报告。

5. 历史事实的调查报告。这类调查报告主要是根据实际情况和工作需要,对某一历史事件、某一阶段的史实进行周密的调查后,用确凿的事实反映历史真相。其政策性、针对性强,观点鲜明,具有说服力。写作时要求如实反映情况,还历史以本来面目。例如:《天安门事件真相——把"四人帮"利用〈人民日报〉颠倒的历史再颠倒过来》。另外,对冤假错案的调查报告也属于这类调查报告。

三、调查研究的态度和方法

(一)调查研究的态度

调查研究是一项十分艰巨而又复杂的工作,这就要求调查人员既要有坚韧不拔、百折不挠的精神,又要有实事求是、坚持原则的科学态度。其主要表现在以下三个方面:

1. 要尊重客观实际。调查研究的目的,就是为了认识事物的本来面目,找出并运用客观规律,解决工作中的实际问题。因此,调查研究中要务求使调查具有目的性(不盲目)、客观性(不主观)、真实性(不虚伪)、系统性(不零乱)、完整性(不片面)、灵活性(不呆板)、细致性(不粗糙)、深刻性(不肤浅)、准确性(有的放矢)、顽强性(不半途而废)、学术性(有学术价值)、应用性(有实践意义)。只有坚持这"十二性",才能有效地避免失实和减少失误,大大增强调研成果的可行性。

2. 要虚心向人民群众学习。群众既是实践的主体,又是认识的主体。在调查研究中,坚持群众路线,是历史唯物主义的具体运用。因此,调查者必须抱有甘当小学生的态度、平等讨论的态度、谦虚谨慎的态度和渴求知识的满腔热忱。切忌那种装腔作势、居高临下、指手划脚、随意表态、动辄训人的态度。只有群众信任你才会讲实话、讲真情、讲各种体会和看法,提供各种宝贵意见和建议。这样才能弄清事实的真相,找出事物发展的规律性。

3. 要有锲而不舍的态度。调查研究时没有艰苦深入、锲而不舍的态度,就不能得出全面、准确、可靠的调查结果。所以必须对所调查的事物或现象从多角度分析研究,力求排除假象干扰,不被假象所迷惑;要能准确、严谨地考察细节,透过现象看本质,正确抓住那些看起来好像是偶然发生的意外现象或事件,从中发现潜藏着的某种尚未发现的必然规律。可见,只有艰苦深入、勤于思考、善于分析,才能达到调查研究的目的。

(二)调查研究的方法

调查的方法很多,常用的有以下几种:

1. 专项调查法。专项调查,就是指对局部性的某一项目或某个具体问题的调查。其特点是内容比较单一,任务比较单纯,方法比较灵活,反馈比较迅速,节省人力物力。缺点是不容易纵观客观实际的全貌。这种方法在各级机关中运用比较多。

2. 典型调查法。典型调查,就是指在需要调查的一群对象当中,选择具有很强代表性的特定对象的调查。典型调查的目的,在于借一斑以窥全豹,通过解剖典型掌握共同规律,习惯上称之为"解剖麻雀"法。典型调查的优点是调查的材料和研究的成果比其他调查方式更详细、更深刻,有利于对客观事物作出定性分析,从个别中窥见一斑。缺点是缺少科学的定量分析,调查成果往往易受主观因素的影响。典型调查,关键是要把典型选准,运用典型材料分析总体事物时,注意防止主观片面性和绝对化。

3. 抽样调查法。抽样调查,就是按照随机原则,从某类客观事物的总体中,选取一部分作为调查对象。目的在于对这一部分进行观察,用以推算整体。这里所说的"随机"是从某类事物中随意抽取任何一部分,以保证调查的客观性。抽样调查的优点是可以投入较少的人力、物力,用较短的时间来完成任务,调查结果比较真实可靠。缺点是对于动态性事物比较难于了解,同时抽样比例的多少,也会影响结果的正确性。但总的来说,它是一种比较科学、完善的调查方法。

4. 普遍调查法。普遍调查,就是指按照规定的项目,对所有调查对象进行一次性的全面调查。其目的在于,调查属于一定时间、地点、状态的社会现象。譬如人口普查、物价普查等等。普遍调查的优点是反映的情况全面、真实。缺点是反映的情况不够深刻、具体。运用这种方法时应扬长避短,再用其他方法弥补其不足。

5. 综合调查法。综合调查,就是指对某一对象进行多科性的全面考察,或对同一问题选取同一类型的许多对象的综合研究。目的在于掌握某一对象和问题的全局。例如:要开发水利资源,就必须对水源、水域、流量、洪汛、地貌、地质、资源等方面详细考察。这种调查往往偏重于一般情况的平均数字的分析,容易掩盖客观存在的矛盾。因此,运用综合调查,要十分注意平时了解情况,积累资料,分析研究,逐步形成符合实际的科学结论。

6. 统计调查法。统计调查,就是指运用统计的原理和方法,搜集社会现象中各个有关方面的数据资料,并进行数量分析,从而找出社会现象的发生原因和发展规律,推断其发展趋势。机关单位可以利用定期或不定期的统计报表,对其中的大量数据分析研究,从中发现问题,以认识和掌握事物的发展规律和发展趋势;也可以为适应某一工作需要,专门组织统计调查。调查时,首先要系统搜集有关数据、资料,然后整理和汇总,最后统计分析,综合研究,提出工作建议。

7. 民意调查法。民意调查,就是以表格的方式提出一些问题,以不记名方式测验了解群众的意见后,由调查人员收回,然后统计分析。其最大的好处是不受任何压力和干扰,群众能充分自由地反映自己的真实意见。这是目前比较流行的一种调查方法。

8. 对比调查法。对比调查,就是指对同一类事物的两个或两个以上的不同典型对比和鉴别的方法。可以选择先进与落后的典型比较,也可以选择同类事物的不同侧面比较。目的在于通过对比,找出双方的优劣,以利于取长补短,发挥优势,防患于未然。对比调查应注意两点:一是必须是同类事物或同等条件下事物的质或量的比较,不能任意取舍,断章取义;二是可以横向对比,可以纵向对比,也可以二者结合对比,但不能纵横交叉对比。

以上所举的调查方法,各有科学性,也各有局限性。实际运用中,往往是几种方法交替使用,互相印证,互相补充,以求得出更全面、更深刻的结论。

四、调查报告的格式和写作要求

(一)调查报告的格式
调查报告一般由标题、前言、主体、结语、署名五部分组成。

1. 标题
标题,即调查报告的题目。常见的调查报告的标题有以下四种形式:
(1)一般文章标题。即直接写明调查的对象,归纳出主要内容,或直述主旨。例如:

《兴国调查》、《关于海南进口和倒卖汽车等物资问题的调查报告》。

（2）公文式标题。即明确标出调查对象、主要事由和文种。例如：《大连市能源状况的调查》、《关于××市××公司经理接受贿赂的调查》。

（3）提问式标题。即以提问的形式提示调查报告的基本内容。例如：《同一地区的农村经济发展为何有快有慢？》、《国有大企业连年亏损的原因何在？》、《"人情债"何时了？》。

（4）正副标题结合式。即正标题揭示报告的主旨或表明主要观点，副标题表明调查的对象和内容。例如：《走综合经营的广阔道路——重庆市长江农工商联合公司的调查》、《振兴经济要靠科学技术——包头市依靠科技人员发展工业的调查》、《手持金钥匙的人——××省××市教师队伍状况的调查》。

总之，标题是文章的眼睛。调查报告的标题虽然具有一定的灵活性，但也要求醒目、准确、简明、确切地概括出正文的内容，做到文题相符。

2. 前言

前言，即调查报告的开头。调查报告的前言，或是概括全文主要内容，或是交代调查意图，或是说明调查时间地点，或是先提问题后作结论，或是先作结论后摆问题，都要求简洁明快，直截了当，抓住要害，揭示本质。

前言的写法并没有固定的形式，常见的有叙述式、设问式、开宗明义式、承转式、议论式等。前言的作用主要是为主体部分的展开作准备。因此，前言的文字要洗练，概括性要强。

3. 主体

主体，即调查报告的正文部分。主体是前言的延伸和发展，也是结语产生的依据。因此，主体部分必须通过具体事例、确凿无误的数据，针对文章中提出的问题加以阐述分析，并作出明确回答。主体部分内容较多，应根据观点将材料分类，恰当地体现出报告的层次性，有次序、有步骤地将主旨表达出来。根据调查的目的和写作意图的不同，常见的结构方式有以下几种：

（1）纵式结构。即按事物产生、发展和变化过程的先后次序安排层次。这种结构方式有助于读者对事物的发展作出全面深入的了解，适用于反映新生事物、揭露问题、内容单一的调查报告。例如：《社会科学研究体制改革的一个尝试——广州软科学开发服务公司的调查》就采用了纵式结构。这样安排层次，事物的前后变化比较鲜明，时间线索比较清楚，层层分析说明问题，符合人们认识事物的客观规律。

（2）横式结构。即按照事物的内在逻辑关系，进行分类归纳，将主体分成几个并列部分，分别冠以小标题或次序语，从不同方面进行叙述和说明。这种结构方式层次清楚，条理性强，观点明确，重点突出，适用于事物发展过程复杂、牵涉面广，而且前后经历时间较长的调查报告。例如：陈云同志写的《种双季稻不如种蚕豆和单季稻——青蒲县小蒸人民公社调查报告之二》就采用了横式结构。这样安排层次，结构紧凑，条理清晰，观点鲜明，令人信服。

（3）综合式结构。即指在一篇调查报告中纵式、横式交错使用的一种结构方式。纵式、横式交错使用，往往用于大型的调查报告。它对于反映和表述某些头绪繁杂的事物，可以起到纲目并举、条理清晰的作用。它既有一条纵的时间先后的线索，又有按问题分门别类的立目。例如:《深圳大学是怎样改革学生思想工作的》就采用了综合式结构。这篇调查报告纵观脉络清晰,横看陈列有序。因此,采用这种方式安排结构,能够使报告重点更加鲜明突出,层次更加井然有序,而且也能够大大增加文章的容量。

主体是调查报告的主干和核心,调查报告写得成功与否,关键在于主体。因而,一定要根据内容和需要,恰当地安排好层次结构,力求做到条理分明,主旨突出,详略得当,给人以深刻印象。

4. 结语

结语,即调查报告的结束语。它是通过周密的调查和科学的分析而得出的对事物规律性的认识。结语的写法应视调查报告的内容来定,常见的有以下几种:

(1) 总结全文,深化主题,引出科学的结论。

(2) 由点到面,由远而近,从更高的角度,更广阔的背景上阐明普遍意义。

(3) 针对调查所得,提出解决问题的办法、措施、建议和意见。

(4) 以简洁明快、热情洋溢的话语,发出号召,提出希望与要求。

(5) 补充交待在正文中没有涉及而又值得重视的问题和情况,提出有益建议,等等。

结语文字要简洁有力、干净利落。结语并非每篇调查报告都必须具有,如果在前言或正文中已交待清楚,就可省略,不必故拖尾巴。

5. 署名

调查报告的署名,可以放在标题下方,写明调查单位的名称或个人的姓名;也可以放在报告的末尾,并在署名下方注明年、月、日。

(二) 调查报告的写作要求

调查报告在执笔成文过程中,一定要做到以下几点:

1. 深入细致,做好调查研究工作。搞好调查研究工作是写好调查报告的基础。调查,是以各种科学手段和方法,对客观世界进行了解和考察,以掌握确凿真实的材料和情况;研究,是对已获得的材料,以辩证唯物主义的认识论和方法论为指导,经过科学分析、综合,从而得出正确结论。调查是研究的前提,没有调查,就谈不上研究;而研究是调查的发展和深化,没有研究得出结论,调查也就失去了意义。因此,写作调查报告前,必须做好深入细致、周密系统的调查研究工作,力求使获得的材料真实可靠、准确无误。

2. 实事求是,详尽地占有材料。占有材料,这是写好调查报告的关键。由于反映的情况不同,材料一般包括现实材料与历史材料;直接材料与间接材料;正面材料与反面材料;综合材料与具体材料;"点"上的材料与"面"上的材料等等。占有材料越多越好,韩信点兵多多益善,而且还要尽可能充分、全面。只有这样,写作调查报告时,才会得心应手,左右逢源,不至于出现缺少东西、捉襟见肘的现象。

3. 认真分析,揭示事物的本质规律。写作调查报告时,仅仅占有大量的、详尽的材料还是不够的,调查所获得的材料,往往是纷繁复杂、菁芜并存的。必须以辩证唯物主义和历史唯物主义观点为指导,以党和国家的方针、政策为依据,进行分析研究,鉴别提炼,分类归纳,逐个核实。分清现象与本质、成绩与缺点、真实与虚假、前进中的问题与衰亡的回光返照,以确保材料的真实性、准确性和典型性,从中引出规律性的东西,去指导现实生活和实际工作。可见,对材料必须进行鉴别分析,必须经过"去粗取精,去伪存真,由此及彼,由表及里"的改造制作功夫,才能深刻揭示客观事物发展的必然趋势和正确方向。只有这样,写出的调查报告,才会有理论深度,才会有普遍的指导意义。

4. 精心筛选,材料与观点要统一。调查报告的观点是从大量的材料中提炼出来的。如果只罗列材料,不提炼自己的观点,不仅材料失去了它的意义,调查报告也就失去了它存在的价值;倘若无材料,也就无从提炼观点,揭示客观规律。因此,写作调查报告,一定要把观点和材料统一起来,用观点统帅材料,用材料说明观点。只有这样,达到水乳交融,虚实结合,辩证的统一,调查报告才能发挥其应有的作用。

那么,在写作调查报告中,怎样才能做到观点和材料的统一呢?其具体方法有以下几种:

(1)用典型材料说明观点。用材料说明观点,材料不一定很多,但必须是典型的。典型事例是具有一定代表性的材料,一般都比较完整。运用这种材料,可以独立地、较充分地说明一个相应的观点。在表达方式上,可以作具体叙述,也可以作概括叙述,无论采用哪种方式,都要以阐明观点为目的。

(2)用对比材料说明观点。比较法是调查报告说明观点常用的方法,它具有很强的说服力,可以把观点阐述得更加深刻。当一事物不能充分说明问题时,把它同另一事物联系起来,两两相比,相得益彰,于是能见优劣、分高下,从而说明一个观点。运用对比材料,可以采用今昔对比、内外对比、好坏对比、正反对比、成败对比、数字对比等方式。这样,能够使观点更加鲜明突出,增强说服力。

(3)用统计数字说明观点。调查报告中常常运用统计数字来说明观点。毛泽东同志曾在《党委会的工作方法》一文中指出:"胸中有数。这是说,对情况和问题一定要注意到它们的数量方面,要有基本的数量分析。任何质量都表现为一定的数量,没有数量也就没有质量。"这段话对于写好调查报告,具有很强的指导意义。要说明事物的性质,就不能不注意决定事物的质量和数量界限。调查报告中运用统计数字的方法一般有四种:一是绝对数;二是平均数;三是百分数;四是对比数。对数字的运用,必须反复核对,做到准确可靠,恰到好处。这样,才能揭示事物的本质特征和客观规律,才能增强调查报告的科学性和说服力。

(4)综合材料和典型材料相结合说明观点。这是调查报告写作时最常用的一种方法。为了说明一个观点,往往要对面上总的情况和同类情况作综合性概述,然后,再举一两个具体事例,以证明这一类情况是有坚实基础的。这种方式既可以使人了解一般情况,又能看到具体情况,全面而不抽象,具体而不单调,见树见林,能充分说明观点。

(5)用群众语言印证观点。在许多调查报告中,常常在阐述的关键之处,使用生动、形象、简洁、利落的群众语言深入浅出地对所论事物作出评价,或揭示事物本质特征,或概括说明一个观点,往往能够起到画龙点睛的作用。采用这种方式,不仅能够把问题阐述得更加鲜明深刻、通俗易懂,而且也大大增强了调查报告在阐述观点时的科学性和生动性。

【例文】

甜蜜，还是忧伤
——对两所高校大学生同居现象的调查

校园里多少人在同居

在大学校园里，无论是白天还是夜晚，无论是在绿化广场还是晚自习教室，一对对相依相偎的情侣随处可见。在校外的民宅、男女生宿舍，常见男女学生出双入对。看到这种情况，不由让人心生疑惑：他们中有多少人在同居呢？

近日，笔者就此问题在长沙市相邻的两所高校作了调查，结果让人触目惊心。A高校笔者采访的5个系中有52人与他人同居。其中，6名学生与同班同学同居，两名学生与外校的学生同居，1名与大学老师同居，1名与社会上的人同居。B高校中，有7名大学生与同班或同年级同学同居，1名和外校的同学同居，两名和社会上的人同居。

笔者对没有同居的大学生也进行了调查。结果表明，近75%的大学生，"认可"或"不反对"这一现象。

这一调查结果在一定程度上反映了大学生对同居现象的基本心态和看法。不管我们是否赞成，大学生同居作为一个事实摆在我们面前，它已经发生了。

有多少人是因为爱

同居的学生，A高校中，有8人说，选择同居是因为相爱，情投意合，住在一起比较方便，可以互相照顾，同时也是对未来生活的"演习"；而两名同居的学生认为，同居是各取所需，反正大家都需要寄托。B高校中，有9名是因为觉得同居可以使双方更容易了解对方，在一起也比较方便，生活和学习上都可以互相帮助，而只有1人觉得反正大家都需要，双方愿意就同居，不需要有爱情。

B高校一名大三学生和一名在网上认识的女生同居已经有一年了。他洒脱地告诉笔者："大学生到了这个年龄，都有生理上的需求，同居没什么不正常的。"

"那你们有没有考虑过将来？"

"将来，你在开玩笑吧，将来还早呢，哪管将来！"

另一名同学是个男孩儿。他告诉笔者："我们是同班同学，大一我们就相恋了，但我们大四才同居。"

同居的苦果谁来品尝

在采访中，大多数同居的大学生认为，同居不会影响学习，也不会增加家庭负担。然而据笔者调查，同居的大学生每天至少要用两小时做一些很琐碎的事。还有，他们每月要比住校生多用至少500元钱，这能说不会给家庭造成额外的负担吗？

一名刚刚毕业于B高校财经系的学生说："大四最后一个学期，我和女朋友在外租房住，用了两万多元钱，单缴房租就用了3000多元。另外，买洗衣机、电视机、电脑、手机要用钱，外出游玩，逛街购物要用钱,买菜做饭要用钱,什么都要钱。学习就不用说了,两个人整天在一起,就不会想到要学习,想得最多的是到哪儿玩,常为吃饭的事就要用去 2—3 个小时,学习只求 60 分,能说好吗?”

至于同居生活对男女同学身体方面产生的影响,就不用多说了。

毫无疑问,同居是与校规相悖的。笔者调查的两所高校对非法同居或发生性行为的学生处理也是严格的,一经发现,都对当事人进行处分直至勒令退学。今年 9 月刚刚开学的时候,A 高校就发生了一女生怀孕事件。学校经调查后,对同居的男女都作了勒令退学的处理。

但事后简单的处理并不能从根本上解决问题。事实证明,学校加强性观念的引导和教育已迫在眉睫。

【评析】

这是一篇揭露问题的调查报告,针对高校大学生的同居现象选择了两所高校进行了深入细致、全面周密的调查,其写作特点主要有以下几点:

第一,结构条理,层次分明。这篇调查报告采用了正副标题式。即正标题是“甜蜜,还是忧伤”,副标题是“对两所高校大学生同居现象的调查”,正标题揭示调查报告的主旨、表明主要观点或意义,副标题标明调查对象、调查课题、文种名称等。接着,运用了三个小标题,从不同角度围绕主旨进行阐述,给读者以清楚明晰、一目了然之感。

第二,实事求是,材料典型。调查报告的写作必须做深入、细致、客观的调查,必须以真实的、充分的、典型的材料为依据,这样的调查报告才能令人信服。这篇调查报告的作者在长沙市相邻的两所高校进行了实地调查采访,以具体的数字、大量的事实,有理有据地说明了大学生同居的现象,而且采用了夹叙夹议的手法,引起读者的思考,唤起读者的警觉,给读者留下了深刻的印象。

第三,主旨明确,观点鲜明。作者对两所高校的调查比较新颖,态度明朗,在结尾处也写到“学校加强性观念的引导和教育已迫在眉睫”。大学生活多姿多彩,年轻异性彼此互相吸引,未婚同居现象越来越多。作为高校的教育和管理工作者,应分析大学生产生这种现象的生理、心理、情感、经济、社会环境等原因,应采取措施,积极引导,让大学生正确处理好学习与爱情的关系,摆正爱情在大学生活中的位置,把异性的追求升华为前进的动力,以促进自己的进步。要加强大学生思想品德教育工作,正确引导他们的人生观和婚姻观,真正使大学生身心健康,全面发展。

第四,语言运用,既准确平实又生动活泼。这篇调查报告在介绍客观事实时语言十分准确,没有任何浮词虚言、空话套话。但它也运用了许多修辞手法,如排比、反问、设问等。尤其是本文的三个小标题更值得我们很好学习,即“校园里多少人在同居”、“有多少人是因为爱”、“同居的苦果谁来品尝”,这些反问句不仅能引起读者阅读的兴趣,而且使调查报告更加生动活泼。

第四节　述　职　报　告

一、述职报告的概念

述职报告是指某一单位领导者或某一岗位工作人员，就自己任职期间的德、能、勤、绩和岗位职责执行情况进行自我总结和评估，向上级领导和群众汇报，并请求评议，提出意见和批评的一种书面报告。

述职报告是近年来产生的一种新的实用文体。它有利于上级领导的考核；有利于群众监督；有利于述职者自身监督，不断提高自身素质。随着干部人事制度的改革，述职报告将不断发展和逐步规范化。

二、述职报告的特点

述职报告有以下几个特点：

（一）实绩的呈现性

述职报告是工作业绩的汇报，一般以第一人称的方法来叙述。它要求突出个人的领导风貌，表述出为工作作了哪些贡献，为人民办了哪些实事。切忌空泛的说教和抽象的论证。

（二）述职的准确性

述职报告对所汇报的事迹，必须真实、可靠，查有实据，让人信服。一般按岗位职责和目标为依据进行述职。处于决策层的领导，其陈述的重点是组织效率；处于管理层的领导，其陈述的重点是管理效率。切忌泛泛讲述任职期间的日常工作实录。

（三）语言的朴实性

述职报告的内容必须实事求是，态度必须庄重中肯，语言运用必须朴实无华、通俗易懂、简洁明了。切忌使用华丽的词藻。

三、述职报告的种类

述职报告的种类较多，大致有以下几类：

从时间上分，有年度述职报告、任职述职报告、临时述职报告；

从内容上分，有综合性述职报告、专题性述职报告；

从报告主体分，有领导班子集体述职报告、个人述职报告等等。

四、述职报告的写作

述职报告一般由标题、称谓、正文、署名和日期组成。

（一）标题

述职报告的标题有三种写法：

1. 直书式标题。即直接写《述职报告》。

2. 概括式标题。即把任职时间放在文种之前，构成《××××年任××职务期间的述职报告》的形式。

3. 正、副标题式。即正题写报告的中心思想,然后用副题补充、说明何职、何人的报告。

(二) 称谓

述职报告一般是在大会上讲,应在正文之前顶格写上称谓。如各位领导、同志们等。

(三) 正文

述职报告的正文是由开头、主体、结尾三部分构成。

第一部分开头:即简要概述述职者分管的主要工作及其工作环境,指出执行岗位职责的时间,引入下文。如"现就××××年×月以来的主要工作报告如下"。

第二部分主体:即主要讲自己的工作和成绩。首先,讲指导思想,重点是从现实到未来的角度阐述自己的领导思想,为全文构织提纲;其次,讲对工作规律的认识,如对党的各项方针政策贯彻得怎样,效果如何,自己为本部门工作的发展,有哪些创新的见解和主张,又是怎样组织力量促其实现的,有何明显效果;再次,写出主要成绩,自己做了哪些调研工作,对有关问题是怎样处理的,哪些工作开展得顺利,哪些工作开展得困难,原因是什么,顺境和逆境中,自己又是怎样做的,一定要实事求是地用典型事例加以说明;最后,写经验和教训,这也是对工作规律的理性认识,要注意充分说理,以展示自己的思辨能力。

第三部分结尾:即对全文的总结。一般用几句表态性的话收束全文;或写今后的打算;或表述自己尽职尽责,争任职位的决心。

述职报告的正文可采用横式或纵式的结构方式。部分与部分之间或问题与问题之间,可用横式并列展开。就每一部分或每个问题而言,可用纵式层层递进。应有叙有议,认真进行定性和定量的剖析,以充分反映任职期间的德、能、勤、绩。

(四) 署名和日期

述职报告的署名由报告人签署,写在正文之下右侧,名字下面写明报告的具体时间。有的署名和日期放在标题之下亦可。

五、述职报告的写作要求

写好述职报告必须做到以下几点:

(一) 实事求是,客观公正

领导者在述职过程中,要坚持实事求是的原则,客观公正地评价自己。述职内容应真实、准确、中肯、深刻,做到既不随意拔高,又不过分谦让。如领导者在成绩面前,自己是指导、支持的,不能说成是亲自组织取得的;是其他领导成员的建议、想法,不能讲成是个人的主张和意见;是协同有关同志或单位完成的,不能作为自己"独家成果"。因而,应力求做到是一说一,是二说二,成绩讲够,问题讲透,真正给听者留下良好的形象。

(二) 语言精炼,详略得当

领导者述职一定要把自己摆进去,有理有据,有点有面,材料具体,数据充实。必须避免空话套话,以及一味地追求语言优美,过多地运用对称、押韵等文字表现形式。因而,应力求做到既言之有物,重点突出,又简明扼要,干净利落。

(三) 以理服人,以情感人

述职报告是述职者对本人任职期间德、能、勤、绩的陈述,力求做到事、理、情相结合,叙事和说理要紧密结合,情感应寓于叙事、说理之中,把自己的工作、思想、情感、能力、政绩公之于众,以理服人,以情感人,这样才会收到最佳效果。

(四) 严肃认真,谦虚谨慎

述职是一项严肃、重要的工作,其目的是通过述职让上级和群众对自己的工作进行全面了解和公正评价,进而达到交流思想,沟通情况,虚心接受群众监督,改进工作方法,提高工作效率的目的。因而,每位述职者应力求做到态度中肯,严肃认真,谦虚谨慎,戒骄戒躁。

(五) 强化角色,处好关系

述职者在展示个人的能力和实绩时,还要处理好三个关系:一是处理好开拓创新与承接前任的关系;二是处理好决策与执行的关系;三是处理好主管与协管的关系。应注意把个人实绩与集体实绩分清,正确处理好个人与集体,个人与上级、同级之间的关系,把自己的位置摆好,原原本本地反映事实本质。

【例文】

2011 年度述职报告

××系副主任

×××

二〇一一年十二月

尊敬的校领导、老师们：

我是××系副主任×××，分管教学工作。任职一年多来，身份转换间，我经历了一个学习、成长的过程。在这一过程中我得到了校、系领导的关心和指导，得到全系老师的理解和大力支持，与各教研室主任、教学秘书一道，积极配合系主任展开工作，认真完成了各项教学任务。真诚感谢所有帮助我、鼓励我、支持我的领导及同仁们。现将2011年度工作情况汇报如下，请予评议。

一、加强政治理论学习　提高党性修养

在我校由搬迁准备到搬迁实施到入驻新校区的划时代进程中，我自觉配合学校动作，理论上不断强化顾全大局的观念，思想上更加加强主人翁责任感，行动上更加严格要求自己，以饱满的热情积极响应新校区搬迁的各项工作。

在教学工作之余，认真学习党的十七届六中全会精神，了解党的各项方针、政策。深入学习党的理论，自费购买了《资本论》，反复阅读《毛泽东选集》《邓小平选集》，从而坚定了用科学的世界观做人做事的信念，努力践行"三个代表"重要思想和科学发展观；持续关注国际形势，关心国家大事，并与我校、我系的实际情况相结合，在教学管理、课堂教学中引导师生做出正确的判断。

我热爱××大学，愿意为××大学的可持续发展贡献自己的一份力量——在我校大学人文精神建设中，积极建议献策；在校训征文活动中，踊跃投稿。在全校的创先争优活动中，认真学习了《给加西亚的一封信》等党员干部读本，撰写下2000字的心得体会。认真听取学校举办的各种讲座及专家报告，勤作笔记，深入思考，不断反省自己的不足。能虚心听取领导、同事及学生的意见和建议，积极参加学校组织的红歌大合唱比赛、红色之旅考察活动等，力争将创先争优精神落实到系教学管理的方方面面中。

我爱岗敬业，注重师德师风建设，注重教学理论的学习；我不断加强党风廉政教育，以身作则，廉洁自律，矢志做一名作风正派的人民教师。

二、抓好常规工作　保障教学正常秩序

从毕业来到××大学工作已有17个年头，我首先及主要的身份是教师，在教学上兢兢业业，肯钻研，能适应我校办学定位，抓住我校特点，不断更新教育理念，改革教学方法。多次参加学校组织的教学比赛，获得好成绩。也曾担任教研室主任，与领导、同事们共同经历了我校2007年教学评估的考验，一路走来的风风雨雨磨练了我的意志，锻炼了我开展专业教研工作及管理的能力，也积累了在专业建设方面的经验。我自知管理经验还不丰富，但因坚信"想壮志凌云，必脚踏实地"，我以此为开展新工作的座右铭。在大家的帮助下，我通过较短的时间完成角色的转换，投入到教学管理工作中来，完成了校系领导交办的各项教学常规工作。

（一）定期有效开展教研活动。担任教学副主任以来，根据我校教务处整体安排,结合我系实际情况,定期布置指导××专业、××××专业、××××专业教研室开展教研活动,针对××专业如何脱胎换骨,××××与××××专业如何实现专业错位与互补,发挥各自优势,打造专业特色,培养符合市场需求的专业人才进行广泛调研与深入探讨,使教师们树立了正确的教育理念,找准了专业定位,明确了教育教学目标。本学期,根据学校要求,对 2010 级、2011 级专业人才培养方案进行了修订,重新设置课程结构,为下一步专业升本做好铺垫工作。

(二)组织听课评课活动。为发挥团队优势,促进教学交流,自 2009 年担任教学副主任以来,我继续保持我系一贯的优良传统,组织系教师互相听课、评课,加上参加学校组织的教学观摩活动,人均听课超过 11 次。尤其是这一年来,我系新引进 3 名年轻教师,他们急需在如何备课、如何有效组织课堂教学、如何实施课程教学计划等方面得到指点与帮助,我系结合全校教学观摩比赛的活动,选拔有经验的教师公开讲授,使年轻教师在听课、评课中吸取借鉴成功经验,得以更快地成长。

(三)组织每学期的排课工作。学期伊始,组织全系教师根据教学计划与教学大纲认真填写授课计划、教学任务书,并监督落实;学期末,组织全系课程考查、考试、出考题、阅卷等工作;很好地组织完成了毕业班的毕业实习及毕业论文写作工作。我在我校搬迁新校区面临诸多现实困难时,要求教师们能结合课程讲授,加强对学生情绪的疏导,使学生在困难中树立正确的学习观念,激发了学习专业课程的积极性,把更多精力投入到学习中,减少违纪,保障了安全。本着为校为系为学生负责的态度,积极主动,力争做好我系各项教学管理工作,保证了良好的教学秩序,推动了教学工作的正常运转。

三、突出重点工作   为升本做好准备

(一)加强系教学督导,严把教学质量关。教学质量是学校的生命线。作为教学副主任,我肩挑重任,在职权范围内勇于为校为系为教师为学生负责到底。

1. 随机听课。上任以来,继续保持我系一贯的另一优良传统——每学期主任、副主任深入到课堂,随机听任课教师的讲授,要求教研室主任也参与,主要针对新教师、外请教师在教学中存在的问题提出整改建议,保证了在非常时期我系任课教师教学质量不受影响。

2. 组织系部学生评教,促进教学相长。继续保持我系一贯的第三大优良传统,即每学期期末组织各专业、各班级所有学生对所有在讲课程作不记名评价,由教研室主任组织调研。通过这一形式,真实有效地了解学生对任课教师的教学态度、教学方法、教学内容的看法,以及搜集到历年来学生对专业课程的建议,对专业调整及建设积累了宝贵的一手资料。该活动都留有书面材料以供教师改进教学,为教研室修订教学计划作参考,避免了教学及管理的盲目性,推动了教学相长,促进全系教师的教学水平的提高,受到师生的重视及好评。

3. 推荐了1名优秀教师参加校级公开观摩教学,在系教师先听课评课提出建议的帮助下,该教师在赛教中取得了一等奖的好成绩。

(二)加强校企合作,开辟校外实训基地。根据高等职业教育的办学特点,今年我系在巩固原有校外实习基地的基础上,积极开拓了多个新的实习基地,我与作文周刊社联系签订了实习基地协议,并挂牌接收学生实习实训。

(三)抓科研,促进教学改革的深入。今年我系成功申报了一项校级精品课程,申报了两项省级科研课题,推荐1人申报双师型教师。我本人为副主编参编的一部教材正在修订,准备冲击国家级规划教材。由我参与申报了一项山西省教育厅的教改课题。

(四)根据学校布置,配合做好搬迁工作,顺利完成了我系办公室及实训室的搬迁任务。

(五)完成了2011级各专业人才培养方案,已完成了升本专业人才培养方案、课程教学大纲的修订等工作。本人正在学习领会教育部等部门关于专业建设及升本工作的文件精神,根据我校升本规划,配合系主任,已在系里对各项工作作了相应安排。

(六)协助学生管理口,为学生毕业找出路。配合我校双选会的召开,我广泛开展与企业的联系,共提供了17家参加单位,其中有14家企业当天来到现场招聘学生。

此外,在管理系主任负责下,我组织系多数教师参与了今年由国家劳动与社会保障部组织的两次秘书职业资格证书考试的阅卷工作。通过组织教师参与阅卷,使任课教师的课程教学与双证书考试的知识点结合更加紧密,加强了双证书教学的针对性与有效性,提高了学生双证书获取率。

四、打造××系特色　体现文化品位

任职一年来,结合我校大学人文精神的建设,为突出我系文化特色,强化学生阅读能力及人文素养,由我提议并负责举办了一次规模较大的读书交流会。我为该活动拉赞助,请专家参与。当时在校的大二、大三学生及全体教师参与,气氛热烈,对在校学生形成良好的学风产生了极为良好的带动作用。

本学期末,我再次召集各班学委及学习部成员,推荐读书类型,倡导成立多种多样的读书活动小组,布置假期学生全员读书,要求在开学后的常规课余时间,以学习部为主体开展读书学习活动、交流及展示活动,以推动我系形成爱读书、多读书、读好书的良好氛围。

通过认真分析总结,我认识到自身还存在以下几方面不足:

一是领导能力与沟通技巧有待进一步提高。对一些问题的认识及处理过于急躁,安排教学管理工作的方式有待改进;二是学术科研能力有待进一步加强,尤其是要逐步培养带领年轻的同事进行学术科研的能力。

过去的这一年,我深切感觉到时间的紧迫,要学的东西太多,想做的事太多。当然我深知一个人的力量再大也是有限的,通过任职以来的锻炼，我能以负责的态度配合系主任工作，真诚与系部同仁团结合作，积极进取，融入到系部专业发展和建设中，为它想办法，出主意，为专升本做基础性工作，同时能拓宽思路，在力所能及的范围内为我校发展献一份忠爱之心，出一份微薄之力。

在以后的岗位工作中，不论学校有什么安排，我都会毫无怨言，加强决断能力，提高工作效率，更加积极主动地开展工作；注重在科研方面的发展，紧随学校发展的步伐，一如既往地勤奋学习、努力工作，不断改进工作作风，为强校兴系作出更大贡献！

谢谢大家！

××系副主任　×××

二〇一一年十二月

【评析】

这一份个人的年度述职报告，写作规范，结构完整，思路清晰，符合文种特点及要求；因考虑到要上交党办，因此制作了封面，在封面上体现了标题、述职报告者的职务、姓名及拟制时间几个要素；这份述职报告的标题采取了"时限＋文种"的结构模式，与其他各要素相互配合，繁简得当，文面美观大方。

称谓采用了泛称，简洁而又全面，有礼而不谄媚。

正文部分采用了"引语＋主体＋结尾"的结构模式。要素齐全，重点得当，比例匀称。

这份述职报告开门见山，首先做自我评价，用语高度概括凝练，措辞雅致，彰显了一名教育工作者的谦逊有礼的风貌，及善于学习、不断进取的精神。段末用一个句子将全文转承到主体部分，过渡自然。

主体部分介绍职责范围内所做工作的基本情况，总结了工作成绩与经验，并客观地指出存在的不足。内容全面而又突出重点。设置了四个小标题使陈述的情况一目了然，小标题的拟制采取了"做法＋成绩或效果"的方式，如"加强政治理论学习　提高党性修养"、"抓好常规工作　保障教学正常秩序"、"突出重点工作　为升本做好准备"、"打造××系特色　体现文化品位"，标题语言简洁凝练，概括性强。它们字数相当，结构相仿，对仗工整，各自独立，散布在文稿中，又遥相呼应，共同组成了不可分割的整体。在写作内容上将工作情况与成绩、经验糅合起来，这也是总结、报告及述职报告常用的方式。

结尾用简短、坚定的语言，表明努力的方向和工作的信心。

结尾语"谢谢大家"一句简洁的话，将"有礼"进行到底，与开篇一样也与评阅者进行了感情交流。

第五节　大　事　记

一、大事记的概念

大事记是党政机关、企事业单位、社会团体简要地记载自己重要工作或自己辖区所发生的重大事件的一种应用文体。大事记能全面地反映机关、单位的主要活动过程,是各机关了解历史、研究现实、总结工作经验与教训、制定发展规划、进行科学研究的第一手资料,必须认真做好这项工作。

二、大事记的特点

大事记有以下几个特点:

(一) 纪实性

大事记是编纂资料、总结工作、查证历史的重要依据或线索,必须对时间、事件进行准确无误的记载,不能有任何随意性。

(二) 简洁性

大事记是运用简要叙述的表达方式。往往用一两句话即可记完一件大事,言简意明,突出主干,不蔓不枝,篇幅十分短小,但容量却很大。

(三) 连续性

大事记是按时间的顺序,一件一件连续不断地记载。常常看完一个单位一年来的大事记,即可对该单位当年的发展情况有一个完整的认识。

三、大事记的类型

大事记的类型有很多,主要的有以下几种:

(一) 国家或地区大事记

国家或地区大事记,即记载国家或一个地区在一定时期内的重大事件。

(二) 机关大事记

机关大事记,即记载一个机关在一定时期内的重要活动。

(三) 专题大事记

专题大事记,即按照一定的专题,记载国家或一个地区一定时期内某一方面的重大事件。

(四) 个人生平大事记

个人生平大事记,即记载某些重要人物一生的重要活动,通常称年谱。

四、大事记的作用

大事记概括地说有以下三方面的作用:

(一) 史料作用

今天的大事,明天就成了历史。大事记犹如"记忆库",对于追溯历史、查找过去情况都能提供方便。同时可以为写地方志、年鉴提供宝贵的资料。

(二) 借鉴作用

编定大事记的过程,就是分析综合材料、总结工作经验的过程。通过选择、整理、总结,可以吸取经验教训,掌握工作规律,提高工作效率。

(三) 激励作用

编写大事记,也是一种督促。它会促使人们更加热爱本职工作,不断钻研业务,改进工作方法,把工作做得更好一点,把历史定得更好一点,真正发挥其应有的作用。

五、大事记的写作

大事记,常采用流水式编年体,以时间为纲,在年、月、日下记事。写作的表达方法,主要采用记叙和说明,直笔书写事实本身及其结果,一般不作议论分析,也不必追溯原因、阐述意义。因此,大事记的写作格式比较单一、固定,它是由标题和正文两部分组成。

(一) 标题

大事记的标题主要有以下几种写法:

1. 由制文机关、事由和文种构成。如《中国新文学大事记》。

2. 由事由和文种构成。如《渡江以后军事发展大事记》。

3. 由制文机关和文种构成。如《××市人民政府大事记》。

4. 由制文机关、时间和文种构成。如《××厂二〇一二年大事记》。

(二) 正文

大事记的正文,一般由时间和事件两部分组成。

第一部分时间,是按照事件发生的顺序记载,何年、何月、何时,必须准确无误,依次记录清楚。

第二部分事件,是指重要工作活动和重大事件。这是大事记的核心部分。它主要记载本机关的重要组织变动情况;本机关的重要会议情况;上级机关对本机关的重要领导活动;本机关的主要活动等等,大事记采用逐日记载,有几件就记几件。同一日发生几件大事者,可以冠以序号,或空格题花(如※等)为标志。如果某一天无大事,可以不记,不必凑数。大事记正文的写法是以时系事,或一日一事,或一日几事,每事一条,每条一记。

六、大事记的写作要求

(一) 掌握标准,认真编写

编写大事记,并不意味着都是特别重大的事件,凡是能反映本单位、本部门面貌,对今后有参考价值的日常例行工作和活动,临时发生的事情,都在记录之列。因此,应一丝不苟,认真编写。

(二) 坚持不懈,持之以恒

一个机关从组建之日起,数十年如一日地坚持编写大事记,并非易事。而大事记则必须长期坚持,保持连续、完整,才有价值。领导要重视,建立制度,专人负责,经常检查,持之以恒,不能中断,如果人员变动,必须有人接替。

(三) 真实准确,疏而不漏

记载大事记一定不要遗漏应该记的事件和活动。对记载的人物、事件、时间、地点、数据,务必做到准确无误。对记载的内容要具体扼要,不逢事必录,无所侧重。力求做到疏而不漏,要而不繁,真实确切,全面完整。

(四) 抓住特点,及时记载

有些事情的特点、背景和原因,比如自然事故和人为事故等的发生,记录人员应将其记载下来。如綦江彩虹桥垮塌这一震惊中外的事件,作为大事记载,就应及时记载垮塌的主要原因和对有关责任者作出的处罚等,留给后人以启示。

（五）文字简洁，语言朴实

大事记的文字，应力求做到明白晓畅，言简意赅，清楚达意；语言运用，应力求做到文辞朴实，通俗易懂，一目了然。

【例文】

2008 北京奥运大事记

2001 年 7 月 13 日，在莫斯科举行的国际奥委会第 112 次全会投票选举北京为第 29 届奥林匹克运动会举办城市。

2001 年 12 月 13 日，第二十九届奥林匹克运动会组织委员会（北京奥组委）在京正式成立。刘淇任主席，袁伟民任执行主席。

2002 年 2 月 4 日，国务院颁布《奥林匹克标志保护条例》，该条例自 2002 年 4 月 1 日起施行。

2002 年 7 月 13 日，由北京市政府和北京奥组委共同制定的《北京奥运行动规划》正式颁布，提出了"新北京，新奥运"两大主题和"绿色奥运，科技奥运，人文奥运"三大理念。

2003 年 8 月 3 日，北京奥运会会徽"中国印 舞动的北京"在天坛祈年殿隆重发布。

2003 年 9 月 1 日，北京奥运会市场开发计划正式启动。

2003 年 12 月，北京奥运会主体育场国家体育场开工奠基，此后其他奥运场馆相继开工。截止到 2005 年 10 月 18 日，国家游泳中心、老山自行车场、北京射击馆、五棵松篮球馆、国家体育馆、中国农业大学体育馆、北京工业大学体育馆、顺义奥林匹克水上公园、北京大学体育馆、北京科技大学体育馆等 11 个位于北京的新建场馆均已开工建设。

2004 年 7 月 13 日，2008 年第 13 届残奥会会徽"天地人"在北京发布。

2004 年 8 月 29 日，在雅典奥运会闭幕式上，北京市市长、北京奥组委执行主席王岐山从国际奥委会主席罗格手中接过奥运会会旗，标志着奥运会进入北京周期。

2004 年 9 月 28 日，在雅典残奥会闭幕式上，北京市副市长、北京奥组委常务副主席刘敬民从国际残奥委会主席克雷文手中接过残奥会会旗。

2004 年 11 月 1 日，第 29 届奥运新闻中心成立。

2005 年 6 月 5 日，北京奥运会志愿者项目启动仪式举行。

2005 年 6 月 26 日，北京 2008 年奥运会奥运村项目开工奠基。

2005 年 6 月 26 日，北京 2008 年奥运会主题口号"同一个世界 同一个梦想"正式发布。

2005 年 11 月 11 日，北京 2008 年奥运会吉祥物在工人体育馆正式公布，五个形象分别为鱼、熊猫、奥运圣火、藏羚羊、金燕的福娃，被命名为贝贝、晶晶、欢欢、迎迎、妮妮，谐音即为"北京欢迎你"。

2006 年 4 月 16 日上午，北京奥组委向第 29 届奥运会开闭幕式第

一批主要工作人员颁发聘书,张艺谋任总导演,张继钢、陈维亚任副总导演。

2006年9月5日,北京残奥会吉祥物揭晓。

2007年1月18日,北京奥组委官方网站公布了2008年北京奥运会比赛日程总表和单元竞赛日程。

2007年1月19日,北京奥运、残奥会京外赛会志愿者招募仪式启动。

2007年3月8日,北京奥组委正式开通第29届奥林匹克运动会官方票务网站。

2007年4月26日,北京奥运会火炬及传递路线公布。

2007年5月23日,北京残奥会体育图标公布。

2007年6月23日,北京奥运会火炬手选拔启动。

2007年8月8日,北京奥运会倒计时一周年。

2007年8月24日,北京奥运会门票第一阶段抽签。

2007年9月6日,北京残奥会火炬接力路线公布。

【评析】

这份《2008北京奥运大事记》(以下简称《大事记》)因关切到中国人民及海外华人华侨曾为之努力了一个世纪、持续沸腾了十多个年头、现在提起大家都感到骄傲自豪和津津乐道的奥运会而引起我的兴趣。

这份《大事记》记录了从2001年到2007年间跨越了六年多的奥运会标志性事件,要言不繁,言辞平实,书面语规范严谨;只求真实、客观、全面记录事件,没有用描绘的笔墨,做到了不夸大、不缩小、不加褒贬之言。《大事记》精于选材,如2001年、2002年各自只摘录了2件事,2003年摘录了3件,2004年摘录了4件,2006年只摘录了2件,2007年摘录了9件,其材料比例不是平均分配,而是剔除了不够格的事件,不让小事在大事记中"登堂入室",以免降低"大事"的规格。另外,也没漏掉大事、要事。可见,此份《大事记》疏而不漏,简而意明,使其具有了史料价值,起到录以备查的作用。

【思考题】

1. 计划包含有多少个种类?

2. 总结的标题有几种写法?

3. 计划的正文主要写什么内容?解决什么问题?

4. 总结的正文由哪几个部分构成?分别写什么内容?

5. 为自己本学期写一份学习计划。

6. 对自己某一阶段生活写一份总结。

7. 写一篇关于本班同学学习方面或兴趣爱好方面的调查报告。包括读书兴趣、写作兴趣、收集资料兴趣、学习外语兴趣、看影视兴趣等等。

8. 请你为本院副院长写一份述职报告。

第十章　会议文书写作

会议文书是各类社会组织在其职权范围内制定的公开发布并反复使用,用以规范行为、具有普遍约束力的文件。本章分五节,主要介绍了开幕词、闭幕词、讲话稿、会议记录及简报的概念、特点、分类和写作方法,对于走向行政办公工作岗位的同学来说,具有很强的实用性和指导性。

第一节　开　幕　词

开幕词是在重要会议或重大活动开始时,会议主持人或主要领导人讲话所用的文稿。不论召开什么重要会议,或开展什么重要活动,按照惯例,一般都要由主持人或主要领导人致开幕词,这是一个必不可少的程序,标志着会议或活动的正式开始。开幕词通常要阐明会议或活动的性质、宗旨、任务、要求和议程安排等,集中体现大会或活动的指导思想,起着定调的作用,对引导会议或活动朝着既定的正确方向顺利进行,保证会议或活动的圆满成功,有着重要的意义。

一、开幕词的概念

开幕词是党政机关、社会团体、企事业单位的负责人或会议主持人在会议开幕时所作的讲话,旨在阐明会议的指导思想、宗旨、重要意义,向与会者提出殷切希望以及指出会议的相关要求等。

二、开幕词的特点及种类

(一) 开幕词的特点

开幕词的主要特点一是简明性,开幕词要简洁明了、短小精炼,最忌长篇累牍、言不及义,多使用祈使句,表示祝贺和希望;二是口语化。它的语言应该通俗、明快、上口。

(二) 开幕词的种类

按内容可以分为侧重性开幕词和一般性开幕词两种。侧重性开幕词往往对会议召开的历史背景、重大意义或会议的中心议题等,作重点阐述,其他问题一带而过。一般性开幕词则只对会议的目的、议程、基本精神、来宾等作简要概述。

三、开幕词的写法

开幕词由首部、正文和结束语三部分组成,各部分的项目内容与写法如下:

（一）首部

包括标题、时间、称谓三项。

1. 标题

一般由事由和文种构成，如《中国共产党第十八次全国代表大会开幕词》；有的标题由致词人、事由和文种构成，其形式是"×××同志在××××会上的开幕词"；有的采用复式标题，正标题揭示会议的宗旨、中心内容，副标题与前两种标题的构成形式相同，如《我们的文学应该站在世界的前列——中国作家协会第四次会员代表大会开幕词》；也有的只写文种，即《开幕词》。

2. 时间

标题之下，在括号中注明会议开幕的年、月、日。

3. 称谓

一般根据会议的性质及与会者的身份确定称谓，如"同志们"、"各位代表、各位来宾"、"运动员同志们"等。

（二）正文

包括开头、主体和结尾三部分：

1. 开头

一般开门见山地宣布会议开幕。也可以对会议的规模及与会者的身份等作简要介绍，如"参加这次大会的代表有××人，其中有来自……"，并对会议的召开表示祝贺，对与会人员的到来表示感谢。需要说明的是，开头部分即使只有一句话，也要单独列为一个自然段，将其与主体部分分开。

2. 主体

这是开幕词的核心部分。通常包括三项内容：

一是阐明会议的意义，通过对以往工作情况的概括总结，对当前形势的分析，说明会议是在什么形势下，为了解决什么问题和达到什么目的而召开的；

二是阐明会议的指导思想，提出大会任务，说明会议主要议程和安排；

三是为保证会议顺利举行，向与会者提出会议的要求。

3. 结尾

提出会议任务、要求和希望。

一般来说，结尾还包括简短的结束语。结束语要简短、有力，并要有号召性和鼓动性，写法上常另起一段，如"预祝大会圆满成功"等。

四、开幕词的写作要求

（一）主旨把握准确

掌握会议的主要精神，了解会议的全面情况，这是写好开幕词的基础工程。要把握主旨，不能游离议题，随意发挥。

（二）内容简明扼要

开幕词要概括说明会议的主导思想，简明交代会议的有关问题，该具体的点明即可，该概括的点到为止，不要大段转抄会议报告的材料。

（三）语言明快热情

开幕词的语言要自然流畅，生动活泼，明快热情，尽力做到口语化，多选用鼓舞人心的词语和肯定有力的句式，以激励和鼓舞与会人员。

【例文】

世博会组委会主任委员王岐山致辞

尊敬的胡锦涛主席和夫人，尊敬的蓝峰主席，尊敬的各位来宾，女士们、先生们：

此刻我们相聚在美丽的黄浦江畔，共同开启一场全球盛会的帷幕。明天，有着159年历史的世博会将首次在发展中国家、在中国举行。感谢国际展览局的成员国，是你们的选择让中国人民对世博会的向往从遥远的憧憬成为今天的现实，感谢240个国家和国际组织以及中外企业的参展方，是你们的无限激情、智慧、创意、精湛技艺，让一座座美轮美奂的展馆展现了生命的力量，传递着和平、友爱、希望。感谢全国人民，尤其是上海市人民，以及上海世博会的建设者、工作者、志愿者，是你们的参与和奉献，理解和支持，让我们得以分享上海世博会的精彩。一个半世纪以来，人类前进的脚步在世博会上留下了不可磨灭的印记。

城市让生活更美好，第一次以城市为主题的上海世博会是各国人民创新、合作、交流的平台，它将打开未来城市的大门，引领新的生活方式，促进人与城市、自然相和谐，推动建设平安、文明、幸福的城市，促进人的全面发展。

上海世博园即将开放，我们将以真诚的笑容让所有观众在中国体验一届成功、精彩、难忘的世博会。女士们、先生们，以人为本，全面协调可持续发展的理念已成为中国政府和人民的坚定选择，一个更加开放、包容的中国将与世界各国一道，共同推动人类文明进步。

最后，预祝中国2010年上海世博会圆满成功。谢谢！

【评析】

这是2010年4月30日20时18分，中共中央政治局委员、国务院副总理、上海世博会组委会主任委员王岐山出席上海世博会的开幕词。

本文行文顺畅，思路清晰。文中首先提到黄浦江——这一具有代表性的标志物，引出本次世博会开幕的地点。在对到场来宾表示感谢后，向大家介绍了本次会议的召开背景，还提出了此次世博会召开的意义及创新之处，最后预祝会展圆满成功。

文章的结构安排简洁明快，突出重点。全文紧紧围绕"城市让生活更美好"的主题，突出了本次世博会的主题，还增加了文章的韵律感。

本文字句精炼，质朴谦虚，有中国礼仪之邦的大家风范，是一篇非常成功的开幕词。

第二节 闭 幕 词

一、闭幕词的概念

闭幕词是党政机关、社会团体、企事业单位的负责人或会议主持人在会议闭幕时所作的讲话,和开幕词在会议的前后彼此呼应。凡重要会议或重要活动一般都有闭幕词,这是一道必不可少的程序,标志着整个会议或活动的结束。闭幕词通常要对会议或活动作出正确的评价和总结,充分肯定会议或活动所取得的成果,强调会议或活动的主要精神和深远影响,激励有关人员宣传会议或活动的精神实质和贯彻落实有关的决议或倡议。

二、闭幕词的特点

闭幕词与开幕词一样,具有简明性和口语化两个共同特点。同时,闭幕词还具有如下特点:

(一)总结性

闭幕词是在会议或活动的闭幕式上使用的文种,要对会议内容、精神和进程进行简要的总结并作出恰当评价,肯定会议的重要成果,强调会议的重要意义和深远影响。

(二)概括性

闭幕词应对会议进展情况、完成的议题、取得的成果、提出的精神及重要意义等进行高度的概括。因此,闭幕词篇幅一定要短小精炼,语言简洁明快。

(三)号召性

因为闭幕词要激励参加会议的全体成员为实现会议提出的各项任务而奋斗,增强与会人员贯彻会议精神的决心和信心,故行文中充满热情,语言坚定有力,富有号召性和鼓动性。

三、闭幕词的写法

闭幕词由标题、称呼和正文三部分组成,标题与称呼的写法与开幕词基本相同。

在标题和称谓之后,另起一段首先说明会议已经完成预定任务,现在就要闭幕了;然后概述会议的进行情况,恰当地评价会议的收获、意义及影响。

核心部分要写明:会议通过的主要事项和基本精神;会议的重要性和深远意义;向与会人员提出贯彻会议精神的基本要求等等。一般说来,这几方面内容都不能少,而且顺序是基本不变的。写作时要掌握会议情况,有针对性地对会议内容予以阐述和肯定;同时可以对会议一些未尽事宜作出适当强调或补充;行文热情洋溢,文章要简洁有力,起到激发斗志,增强信念的作用。

结尾部分一般先以坚定语气发出号召,提出希望,表示祝愿等;最后郑重宣布会议闭幕。闭幕词出现在会议终了,因此,要写得与开幕词前后呼应、首尾衔接,显示大会开得很圆满、很成功。

四、闭幕词的写作要求

(一) 要认真总结会议

写作闭幕词必须认真学习和掌握有关文件,了解会议情况,把握会议进程,搜集会议文字材料,听取会议领导人的指示和意见,而且,写作者要自始至终参加会议。这样才能写出符合实际的闭幕词来。

(二) 要与开幕词呼应

闭幕词要针对会议的主要内容予以肯定和阐述,与开幕词首尾呼应。另外,对会议虽未展开但已认识到的重要问题,可以适当强调,作出必要补充,使与会者更加清楚明确,便于操作执行。

(三) 要激发斗志

闭幕词要注意热情洋溢,发出号召,激励斗志,增强信念,把会议推向高潮以至圆满结束。闭幕词语言要热情、庄重、明快,篇幅要短小精悍。切忌长篇累牍,言不及义。

【例文】

罗格在北京奥运会的闭幕词

亲爱的中国朋友们:

今晚,我们即将走到 16 天光辉历程的终点。这些日子,将在我们的心中永远珍藏,感谢中国人民,感谢所有出色的志愿者,感谢北京奥组委。

通过本届奥运会,世界更多地了解了中国,中国更多地了解了世界,来自 204 个国家和地区奥委会的运动健儿们在光彩夺目的场馆里同场竞技,用他们的精湛技艺博得了我们的赞叹。

新的奥运明星诞生了,往日的奥运明星又一次带来惊喜,我们分享他们的欢笑和泪水,我们钦佩他们的才能与风采,我们将长久铭记再次见证的辉煌成就。

在庆祝奥运会圆满成功之际,让我们一起祝福残奥会运动健儿们,希望他们在即将到来的残奥会上取得优秀的成绩。他们也令我们倍感鼓舞,今晚在场的每位运动员们,你们是真正的楷模,你们充分展示了体育的凝聚力。

来自冲突国家竞技对手的热情拥抱之中闪耀着奥林匹克精神的光辉。希望你们回国后让这种精神生生不息,时代永存。

这是一届真正的无与伦比的奥运会,现在,遵照惯例,我宣布第 29 届奥林匹克运动会闭幕,并号召全世界青年四年后在伦敦举办的第 30 届奥林匹克运动会上相聚,谢谢大家!

【评析】

这是国际奥委会主席罗格在北京奥运会闭幕式上的讲话。

本文条理清晰,文章开始首先向本次奥运会的组织方表示了感谢,其次对奥运会中涌现出的运动员及其表现出的奥林匹克精神进行了肯定,最后宣布本次奥运会闭幕。

文章字句凝练,简洁明快,只用了不到五百个字,然而却紧紧围绕奥林匹克精神展开,在充分肯定了北京奥运会成功的同时,还为下次伦敦奥运会再次相聚设下伏笔,可谓蕴含深远。

第三节 讲 话 稿

一、讲话稿的概念

讲话稿有广义和狭义之分。广义的讲话稿是人们在特定场合发表讲话的文稿;狭义的讲话稿即一般所说的领导讲话,是各级领导在各种会议上发表带有宣传、指示、总结性讲话的文稿。讲话稿是应用写作的重要文体之一。

二、讲话稿的特点

(一) 内容的针对性

讲话稿的内容受会议主题、讲话者和受众等因素决定。在写讲话稿之前,必须要了解会议的主题、性质、议题,讲话的场合、背景,领导者的指示、要求,听众的身份、背景情况、心理需求和接受习惯等。

(二) 篇幅的规定性

讲话是有时间限制的,因此对讲话稿篇幅要有特定要求,不能不顾具体情况长篇大论。一般来讲,表彰、通报、庆典等会议上的讲话稿篇幅不宜过长,以免喧宾夺主。

(三) 语言的得体性

为了便于讲话者表达,易于听众理解和接受,讲话稿的语言既要准确、简洁,又要通俗、生动。另外,由于讲话具有现场性,因此撰写领导讲话稿时必须提前考虑和把握现场气氛和场合。

(四) 撰写的集智性

为了提高行政效率,领导讲话稿经常由秘书代笔,然后经领导审核是否采用。有的部门还专设起草小组,领导一般要将写作目的、背景、要求等对起草小组交代清楚,然后由起草小组分工协作,集体撰稿,并在起草的过程中反复讨论、修改,几易其稿,才提交领导使用。

(五) 交流的互动性

演讲稿应通俗易懂,符合口语习惯,不能咬文嚼字。同时与听众形成良好的互动,善于把抽象的道理具体化。

三、讲话稿的种类

按照会议内容的不同,可把讲话稿分为工作会议类讲话稿,庆祝、纪念会议类讲话稿,表彰会议类讲话稿。

(一) 工作会议类讲话稿

此类讲话稿是领导在各种会议上发表的对前一阶段工作情况包括成绩、经验、缺点等进行归纳总结,对下一阶段的工作目标、任务、重点、措施等进行研究部署的讲话稿。这类会议讲话稿要求态度鲜明,目的明确,内容单一,层次分明,逻辑严密,语气坚定,针对性强,号召力大,简洁明快。

(二)庆祝、纪念会议类讲话稿

此类讲话稿是领导在纪念某一历史事件、历史人物或重大庆典等纪念性会议上所发表的讲话稿。这类讲话稿既肯定和颂扬历史事件的重大意义和历史人物的丰功伟绩,还要立足当前,面向未来,揭示其现实意义,对继承光荣传统,弘扬革命精神提出具体要求。

(三)表彰会议类讲话稿

此类讲话稿是领导在表彰大会上,对先进人物和先进集体的事迹进行表彰,号召大家共同学习先进、弘扬精神等为内容的讲话稿。这类讲话稿既要对受表彰个人和集体的先进事迹进行阐释和肯定,还要对大家进行号召鼓励,具有强烈的号召性和鼓动性。

四、讲话稿的写法

讲话稿一般由标题和正文两部分组成。

(一)标题

讲话稿的标题分为两种:一种是由讲话人的姓名、职务、事由和文种构成,如《×××省长在全省教育工作会议上的讲话》;另一种是由正标题和副标题组成。正标题一般用来概括讲话的主旨或主要内容,副标题则与第一种的构成形式相同。如《进一步学习和发扬鲁迅精神——在鲁迅诞生 110 周年纪念大会上的讲话》。

(二)正文

讲话稿的正文包括开头、主体和结尾三部分。

1. 开头。首先根据与会人员的情况和会议性质来确定适当的称谓,如"同志们"、"各位专家学者"等,要求庄重、严肃、得体;然后用极简洁的文字把要讲的内容概述一下,说明讲话的缘由或者内容重点;接着转入正文讲话。

2. 主体。根据会议的内容和发表讲话的目的,可以重点阐述如何领会文件指示、会议精神;可以通过分析形势和明确任务,提出搞好工作的意见;可以结合本单位情况,提出贯彻上级指示的意见;可以对前面其他领导人的讲话作补充讲话;也可以围绕会议的中心议题,结合自己分管的工作谈看法等等。

3. 结尾。结尾用以总结全篇,照应开头,发出号召,或者征询对讲话内容的意见或建议等等。

五、讲话稿的写作要求

讲话稿由于有其明显独特的个性,所以,写作者在撰写过程中,必须做到以下几点:

(一)言之有物,实事求是

讲话稿必须写得实实在在,即要有充实的内容。听讲人无论参加什么会议,总希望能够有所得才是,然而有些讲话稿却是空话连篇、言之无物,开头"戴大帽",中间"圈套圈",结尾"喊口号"。看似慷慨激昂,实则空洞无物,让人觉得虚无飘渺,空空如也。结果听讲人往往是乘兴而来,败兴而去。

那么,要做到言之有物,实事求是,写作者就应该在撰稿之前,摸清听众的思想状况,了解听讲人的心理动态,掌握听讲人的要求,这样才能避免盲目性,增强吸引力。譬如工矿企业的听众,他们所关心的是经济效益,即产量、质量、利润、销售等等;农村干部群众所关注的是气象、气候、收成、农贸市场动态、农村政策等等。因此,讲话稿就应当针对不同职业、不同层次听众对象的要求,选择他们最关心的热点去写。在写作中,不仅要有实实在在的理论材料,而且还要有有根有据的事实材料,做到理论联系实际,这样才会收到比较理想的效果,容易达到预期的目的。

(二) 言之有序,脉络清晰

讲话稿必须讲求组织结构,层次条理。只有脉络清楚,井然有序,递进发展,听众才会循序渐进,认真细致地领会领导讲话的精神实质。然而,有些讲话稿却结构紊乱,前后倒置,让人听了如坠五里云雾,不知所云。

那么,要做到言之有序,脉络清晰,就应该对讲话内容进行总体设计,怎样开头,如何结尾,哪里制造高潮,哪里轻描淡写,哪些内容详写,哪些略写,都要精心构思,认真布局。譬如毛泽东同志撰写的《在延安文艺座谈会上的讲话》一文,在谋篇布局上堪称典范。其特点是:条理有序,环环相扣,前后照应,内容衔接,整体布局天衣无缝,很是值得学习、借鉴、探索。讲话稿只有言之有序、层次分明,才能吸引听众,也才能让听众逐步深入地理解其讲话的意图。

(三) 言之有理,逻辑严密

讲话稿理论性强,它要宣传观点、见解,要说服人、教育人,使听众心悦诚服。这就要求讲话人必须平心静气,推心置腹,对自己的观点、见解进行充分、严密的合乎逻辑的论证,用无可辩驳的力量,以理服人。然而,有些讲话稿,要么占有材料很少,且缺乏具体分析;要么观点和材料相互脱节,只是进行抽象概括,使听众不禁有麻乱一团之感。

那么,要做到言之有理,逻辑严密,就应该从不同类型听众的角度去占有材料,提炼观点,力求达到抽象与具体的统一,理论与实际的统一,观点和材料真正形成一个有机的整体。在占有材料时,还可以引经据典,谈古论今。譬如讲加强廉政建设,就可以引用这样一个典故:东汉荆州刺史杨震去山东莱郡上任时,王密来到馆驿为感举荐秀才之恩,送黄金十斤,并说:"现在是晚上没有人知道,请大人收下。"杨震不肯接收,愤然道:"天知地知,你知我知,怎能说无人知道!"在这位廉洁的太守面前,王密只好唯唯告退。列举这一事例,不仅使讲话稿增强了吸引力,而且给人以深刻的启迪。

(四) 言之有情,形象生动

讲话稿具有一定的规范性,有其特殊要求,讲究庄重、严肃,但并不排斥比喻、描写和形象化。讲话稿应该具有丰富的情感,在心理上、情绪上与听众息息相通,能够引起听众感情上的共鸣。然而,有些讲话稿书面语过多,且干巴无味,使人听而生厌。

为了做到言之有情,形象生动,就应该在讲话稿之中适当穿插一些富有感情色彩的语言,运用一些生动形象的比喻。譬如马列经典著作,就把商品与货币之间的关系比喻为"恋爱"关系;毛泽东也把革命高潮的到来比作"喷薄欲出的一轮红日"、"躁动于母腹中的快要成熟了的一个婴儿"。这样不仅把抽象、枯燥的理论讲得形象、深刻,而且给人以一种艺术的享受。"言之无文,行而不远",写作者就是要给讲话稿以思想文采。讲话稿的内容是诉诸于听觉而不是视觉，要熟悉不同类型、不同层次听众对象的语言特点，灵活生动地运用表达语言，力争起到教育人、感染人的作用。

（五）言之有趣，诙谐幽默

讲话稿用生动有趣、诙谐幽默的方法比板起面孔地讲出自己的观点和看法更易被听众接受。有些讲话稿放不下"架子"，不愿失掉"训人"的风度，左一个"遵照"，又一个"必须"，再来一个"严格"，使听众神经始终处于紧绷状态，这怎么能收到好的效果呢？

那么，要做到言之有趣，诙谐幽默，写作者就应该在讲话稿中有意穿插和安排一点幽默资料或几个简短有趣的小故事，让听众在轻松愉快的气氛中领会领导的精神实质。譬如美国杰出的批判现实主义作家马克·吐温，他每每在讲话的时候，在会场上常常是如拉家常，娓娓而谈，笑声不断，听众听得津津有味，如痴如迷。外交家陈毅元帅，在主持上海市政府工作时，一次三个小时的报告，竟被笑声和掌声打断 62 次。为什么能够取得如此好的讲话效果，当然除了精彩的内容外，还在于熟悉地运用了幽默的武器，因而极大地增添了讲话的趣味性。可见，恰如其分地运用风趣幽默的方法，是十分重要的。

总之，讲话稿从其含义到种类，从特点到格式和要求来看，写作需要付出极其辛勤的劳动，花费极大的心血。我们每个秘书写作者也就是要力求写出群众欢迎、领导满意、质量较高、具有吸引力的篇章来。

【例文】

××单位庆七一暨表彰大会领导讲话

同志们：

今天，我们单位的全体党员同志在这里欢聚一堂，隆重庆祝伟大的中国共产党 88 周年诞辰。借此机会，我代表党委向战斗在各个岗位上的共产党员和离退休的老党员致以亲切的慰问和崇高的敬意！向受表彰的先进党支部、优秀共产党员和党务工作者表示热烈的祝贺！向被批准加入党组织的新党员表示最热烈的欢迎！

去年以来，在单位党委的正确领导下，各级党组织和全体共产党员深入贯彻党的十七大精神，坚持全面树立和落实科学发展观，紧紧围绕加强党的执政能力建设，把党建工作提高到一个新水平。根据上级的统一部署，开展了以深入学习实践"科学发展观"重要思想为主要内容的教育活动，经过各级党组织和广大党员历时多月的学习，广大党员普遍接受了一次深刻的党性认识和锻炼，党组织建设得到了进一步加强，广大党员党性意识大大增强，理想信念进一步坚定，党组织的创造力、凝聚力和战斗力得到了进一步的增强。同时，单位切实做好发展新党员的工作，一批符合条件的积极分子被批准加入党组织。2008 年下半年以来，共培养建党对象 10 名；吸收预备党员 10 名；转为正式党员 5 名；还有许多职工积极向党组织靠拢，提出了要求入党的申请，党员队伍得到进一步发展壮大。而且，通过学习实践科学发展观活动以来，各项工作都取得了前所未有的好成绩,得到上级的充分肯定。这些成绩的取得,是各级党组织和全体共产党员以及全单位广大员工共同努力的结果。实践证明,党员是我单位的力量之源,是各项工作的排头兵。

同志们,面对全面推进经营模式深化改革和增长方式转型,构建多元化、价值型和可持续发展的艰巨任务和严峻挑战,我们要深刻认识这场历史性变革的重要性和艰巨性,充分做好准备,把握机遇,迎接挑战。要在"科学发展观"重要思想的指引下,牢固树立科学发展观,坚决贯彻执行中央有关的指示精神,结合实际,认清形势,统一思想,振奋精神,迎难而上,踏踏实实,确保各项工作提高到一个新的水平。

同志们,全面建设小康社会的伟大事业和时代要求,给我们注入了强大的活力,提供了广阔的舞台,赋予了艰巨的任务。我相信,各级党组织一定能够带领广大干部员工,统一思想,围绕改革与发展的大局,勇于创新,狠抓落实,努力实现新的发展和更大跨越,共同谱写改革发展的崭新篇章!

祝各位党员干部节日愉快!

【评析】

这是某单位负责人在庆祝七一暨表彰大会上的讲话稿。

从内容上看,本篇讲话稿的针对性很强,围绕庆祝七一和表彰活动展开,同时深入贯彻了十七大精神和科学发展观等当前正在开展的学习教育活动。

文章结构简洁明快,条理清晰。从首段点出会议宗旨和目的,到之后的总结过去工作,再到展望未来发展,号召全体员工不断进步,符合逻辑思维顺序,行文顺畅。

文章语言既准确、简洁,又平实、易懂,将理论性知识同现实工作紧密结合起来,将表彰先进典型与鼓励大家进步结合起来。同时,文中语言也很具有现场性,能让领导很好地把握现场气氛和场合。结尾时,结合当前发展形势,向大家发出了号召,达到了召开此次大会的目的。

第四节　会议记录

一、会议记录的概念

会议记录就是把会议的基本情况、报告、发言、决议等内容记录下来,帮助我们今后了解情况。在会议过程中,由记录人员把会议的组织情况和具体内容记录下来,就形成了会议记录。

"记"有详记与略记之别。略记是记会议大要、会议上的重要或主要言论。详记则要求记录的项目必须完备,记录的言论必须详细完整。若需要留下包括上述内容的会议记录则要靠"录"。"录"有笔录、音录和像录几种,对会议记录而言,音录、像录通常只是手段,最终还要将录下的内容还原成文字。笔录也常常要借助音录、像录,以之作为记录内容最大限度地再现会议情境的保证。

记录人员在开会前要提前到达会场,并落实好用来作会议记录的位置。安排记录席位时要注意尽可能靠近主持人、发言人或扩音设备,以便于准确清晰地聆听他们的讲话内容。从某种程度上讲,记录人员比一般与会人员更为重要,安排记录席位要充分考虑其工作的便利性。

二、会议记录的特点

(一) 综合性

会议记录是在对会议中各种材料、与会人员的发言以及会议简报等等进行综合分析和概括提炼基础上形成的,它具有综合整理的基本特点。

(二) 指导性

这一特性包含两层含义:一是会议本身的权威性;二是会议记录集中反映了会议的主要精神和决定事项。因而记录一经形成,将对有关单位和人员产生约束力,起着类似于决定或决议等指挥性公文的作用。会议记录还可以作为与会同志向单位领导汇报、向群众传达的文字依据。

(三) 备考性

一些会议记录主要不是为了贯彻执行,而是为了向上汇报或向下通报情况,必要时可作查阅之用。

三、会议记录的分类

按照会议性质来分,会议记录大致有办公会议记录、专题会议记录、联席(协调)会议记录、座谈会议记录等。

办公会议记录是记述机关或企业、事业单位等对重要的、综合性工作进行讨论、研究、议决等事项的一种会议记录。办公会议记录一般有例行办公会议记录,即记述例行办公会议情况及其议决事项的会议记录;现场办公会议记录,即为解决某重大问题而召集有关方面和有关单位在现场研究、议决或协商的办公会议记录。

专题会议记录是专门记述座谈会讨论、研究的情况与成果的一种会议记录。其主要特点是主题的集中性与观点意见的分呈性相结合,既要归纳比较集中、统一的认识,又要将各种不同观点和倾向性意见都归纳表达出来。

联席(协调)会议记录主要围绕参加会议人员的意见之间的协调进行记录,目的是解决某项问题或者达成某项意向,故在记录时要将与会方的不同意见及协调结果清楚表明,以便今后更好地开展工作。

座谈会议记录是根据座谈会性质和特点进行的记录。座谈会是由主持人以非结构化的自然方式对一小群调查对象进行的访谈。所以在实际记录过程中,要将双方口语化、生活化的谈话内容转化成比较书面的语句进行记录。

四、会议记录的主要内容及记录重点

(一) 主要内容

1. 准确写明会议名称(要写全称),开会时间、地点,会议性质。

2. 详细记下会议主持人、出席会议应到和实到人数,缺席、迟到或早退人数及其姓名、职务,记录者姓名。如果是群众性大会,只要记参加的对象和总人数,以及出席会议的较重要的领导成员。如果某些重要的会议,出席对象来自不同单位,应设置签名簿,请出席者签署姓名、单位、职务等。

3. 忠实记录会议上的发言和有关动态。会议发言的内容是记录的重点。其他会议动态,如发言中插话、笑声、掌声、临时中断以及别的重要的会场情况等,也应视情况予以记录。

记录上的发言可分摘要与全文两种。多数会议只要记录发言要点,即把发言者讲了哪几个问题,每一个问题的基本观点与主要事实、结论,对别人发言的态度等,作摘要式的记录,不必"有闻必录"。某些特别重要的会议或特别重要人物的发言,需要记下全部内容。有录音设备的,可先录音,会后再整理出全文;没有录音条件,应由速记人员担任记录;没有速记人员,可以多配几个记得快的人担任记录,以便会后互相校对补充。

4. 记录会议的结果,如会议的决定、决议或表决等情况。

会议记录要求忠于事实,不能夹杂记录者的任何个人情感,更不允许有意增删发言内容。会议记录一般不宜公开发表,如需发表,应征得发言者的审阅同意。

(二) 记录重点

会议记录应该突出的重点有:

1. 会议中心议题;

2. 会议讨论、争论的焦点及其各方的主要见解;

3. 权威人士或代表人士的言论;

4. 会议开始时的定调性言论和结束前的总结性言论;

5. 会议议决的或议而未决的事项;

6. 对会议产生较大影响的其他言论或活动。

五、会议记录的写作要求

写好会议记录应做到以下几点:

(一) 真实、准确

会议记录必须如实记载发言者的讲话,客观反映会议内容,体现会议精神。绝不能丢三拉四,马马虎虎,不能以偏概全,产生歧义,不能篡改歪曲,断章取义。

(二) 快速、完整

会议记录人员应采用快速记录的技巧,如用简称、用拆码、用符号代替一个词组或一个句子,在记录稿中进行各种语码转换等,或者运用速记的方法,力求快速、完整地记下会议的内容。

(三) 严密、规范

会议记录人员对重要的会议要注意保密,不得透露给无关者,更不能把会议内容外传。凡是会议记录都应设有单独记录本,便于保存,重要会议记录本应编写号码。

(四) 清楚、整洁

会议记录要用钢笔书写,不得使用圆珠笔或铅笔书写。记录字迹应端正、清晰、整齐,不得乱写乱画。否则,整理时就会不知所云。

【例文】

××市城南开发区管委会办公会议记录

时间:2010年4月8日上午

地点:管委会会议室

主持人:李××(管委会主任)

出席者:杨××(管委会副主任)、周××(管委会副主任管城建)、李××(市建委副主任)、肖××(市工商局副局长)、陈××(市建委城建科科长)及建委、工商局有关科室宣传人员、街道居委会负责人。

列席者:管委会全体干部

记录:邹××(管委会办公室秘书)

讨论议题:1.如何整顿城市市场秩序。2.如何制止违章建筑、维护市容市貌。

杨主任报告城市现状:我区过去在开发区党委领导下,各职能单位同心协力、齐抓共管在创建文明卫生城市方面取得了一定成绩,相应的城市市场秩序有一定进步,市容街道也较可观。可近几个月来,市场秩序倒退了,街道上小商贩逐渐多起来,水果、蔬菜、小百货满街乱摆,一些建筑施工单位沿街违章搭棚,乱堆放材料,搬运泥土撒落大街。这些情况严重地破坏了市容市貌,使大街变得又乱又脏,社会各界反应很强烈。因此今天请大家来研究如何整顿市场秩序,如何治理违章建筑、违章作业、维护市容干净整洁。

讨论发言(按发言顺序记录)

肖××(市工商局副局长):个体商贩不按规定到指定市场经营,管理不得力、处理不坚决,我们有责任。这件事我们坚决抓落实:重新宣传市场有关规定,坐商归店、小贩归市、农民卖蔬菜副食到专门的农贸市场。工商局将全面展开工作,也希望街道居委会配合,具体行动方案正在考虑。

罗××(工商局市管科科长):市场是到了非整不可的地步了。我们的方针、办法都有了,过去实行过,都是行之有效的,现在的问题是要有人抓,敢于抓落到实处。只要大家齐心协力问题是能够解决的。

秦××(居委会主任):整顿市场纪律我们居委会也有责任。我们一定发动群众配合好,制止乱摆摊、乱叫卖的现象。

李××(市建委副主任):去年上半年创建文明卫生城市时,市上出了个7号文件,其中规定施工单位不能乱摆战场。工棚、工场不得临街设置,更不准侵占人行道。沿街面施工要有安全防护措施……今年有的施工单位不顾市上文件,在人行道上搭工棚、堆器材。这些违章作业严重地影响了街道整齐、美观,也影响了行人安全。基建取出的泥土,拖斗车装得过多,外运时沿街散落,到处有泥沙,破坏了街道整洁。希望管委会召集施工单位开一次会,重申市府7号文件,要求他们限期改正。否则按文件规定惩处。态度要明确、坚决。

陈××(市建委城建科科长):对犯规者一是教育,二是处理。"不教而杀谓之虐"，我们先宣传教育，如果施工单位仍我行我素不执行，那时按文件从严处理，他们也就无话可说。

　　周××(管委会副主任管城建)：城市管理我们都有文件、有办法，现在是贵在执行，职能部门是主力军，着重抓，其他部门配合抓。居委会把居民特别是"执勤老人"(退休职工)都发动起来，按7号文件办事，我们市区就会文明、清洁，面貌改观。

　　与会人员经过充分讨论、协商，一致决定：

　　一、由工商局牵头，居委会和其他部门配合，第一周宣传、第二周行动，监督实施，做到坐商归店、摊贩归点、农贸归市、彻底改变市场紊乱状况。

　　二、由管委会牵头，城建委等单位配合对全区建筑工地进行一次检查。然后召开一次施工单位会议，对违章建筑、违章工场限期改正。一个月内改变面貌。过时不改者，坚决照章处理。

　　散会。

　　　　　　　　　　　　主持人(签名)

　　　　　　　　　　　　记录人(签名)

　　　　　　　　　　　　2010年4月8日

【评析】

这是一篇××市城南开发区管委会办公会议记录。

文章结构清晰，条理分明。文首对会议召开的时间、地点、参会方及议题交待得很明确，文中对参会人员的发言进行了较为准确的记录，并在最后达成了共识，有利于下一步工作的开展。

文章取材真实，语言平实易懂。虽是与会者的口头发言，但是记录者在现场发言的基础上进行了简单的归纳总结，去粗取精，既保持了原意，又使得该记录得体大方，是一篇很具典型性的会议记录。

第五节　简　　报

一、简报的概念

简报是传递某方面信息的简短小报，又称"动态"、"简讯"、"摘报"、"工作通讯"、"内部参考"等。可以说，简报就是简要的调查报告、情况报告、工作报告、消息报道。

二、简报的特点

简报具有一般报纸新闻性的特点，同时又具有本身的特点：

(一) 内容专业性强

公开的报纸，一般是综合性的，内容广泛，各方面的新闻都有，政治经济文化、工农商各行各业、城市乡村、国内国外的新闻等；除了新闻，还有文艺作品。它不仅要满足各阶层读者的需要，还有宣传政策、沟通信息、传播知识和陶冶性情等多方面的作用。

简报与之不同,它一般由有关单位、部门主办,专业性十分明显。如《××市水利工程简报》、《计划生育情况简报》、《××学校招生简报》、《××专项教育活动简报》等等,分别由主办单位组织专人撰写,传递该项工作的各种信息,包括情况、经验、问题和对策等,一般性的东西少说,无关的东西不说,专业性的东西多说。这样能使读者以最快速度了解工作的进展情况,增强工作责任感。

(二) 篇幅简短精炼

虽然所有报纸篇幅都有限,文章都较简短,但比较起来,公开的大报,一般都有 8 版以上,几万多字;地方小报,每期也有 2 万多字。而简报的"简"是它区别于其他报刊的最显著的特点。一期简报甚至只登一篇文章,几段信息,或一期几篇文章,总共一两千字,长的也不过三五千字,读者可以用很短的时间把它读完,适应现代快节奏工作的需要。

(三) 内部范围交流

一般报纸面向全社会,内容是公开的,没有保密价值,读者越多越好,正因为如此,它除了新闻性外,还要求有知识性和趣味性。简报则不同,它一般在编报机关管辖范围内各单位之间交流,不宜甚至不能公开传播,特殊机关主办的简报更是如此。有的简报,往往是专给某一级领导人看的,有一定的保密要求,不能任意扩大阅读范围。

三、简报的分类

简报的种类,按时间分,有定期的简报、不定期的简报;按性质分,有工作简报、生产简报、学习简报、会议简报;按内容分,有综合反映情况的简报和反映特定情况的专题简报。

(一) 日常工作简报又称业务简报

这是一种反映本地区、本系统、本部门日常工作或问题的经常性简报。它包含的内容较广,工作情况、成绩问题、经验教训、表扬批评,对上级某些政策或指示执行的步骤、措施都可以反映。它常以定期或不定期的形式出现,在一定范围内发行。

(二) 中心工作简报又称专题简报

它是一种阶段性的简报。它往往是针对机关工作中某一时期的中心工作、某项中心任务办的简报,中心工作完成,简报也就停办了。

(三) 会议简报是会议期间反映会议情况的简报

它是一种临时性的简报,内容包括会议中的情况、发言及会议决定等。规模较大、时间较长的会议常要编发多期简报,以起到及时交流情况、推动会议进程的作用。小型会议一般是一会一期简报,常常在会议结束后,写一期较全面的总结性的情况反映。

(四) 动态简报

包括情况动态和思想动态。这类简报的时效性、机密性较强,要求迅速编发,发送范围有一定限制,在某一个时期、某一阶段要保密。

四、简报的写法

简报的种类尽管很多,但其结构却大致相同,一般都包括报头、标题、正文和报尾四个部分。有些还由编者配加按语,成为五个组成部分。

(一) 报头

简报一般都有固定的报头,包括简报名称、期号、编发单位、发行日期、密级和保存要求、编号。

1. 简报名称

印在简报第一页上方的正中处,为了醒目起见,字号宜大,尽可能用套红印刷。

2. 期号

位置在简报名称的正下方,一般按年度依次排列期号,有的还可以标出累计的总期号。属于"增刊"的期号,要单独编排,不能与"正刊"期号混编。

3. 编发单位

应标明全称,位置在期号的左下方。

4. 发行日期

以领导签发日期为准,应标明具体的年、月、日,位置在期号的右下方。

5. 密级和保存要求

密级要求印在报头的左上角顶格。如"秘密"、"机密"、"绝密"等,还需加上保密期限。位置在简报名称的左上方。

6. 编号

编号位于报头右上方,保密性简报才编号,一般简报不用编号。

报头部分与标题和正文之间,一般都用一条粗线隔开。

(二) 标题

简报的标题类似新闻的标题,要揭示主题,简短醒目。

(三) 正文

正文往往需要导语来引出。通常导语是简明的一句话或一段话,用来概括全文的主旨或主要内容,给读者一个总的印象。导语的写法多种多样,有提问式、结论式、描写式、叙述式等。导语一般要交待清楚谁(某人或某单位),什么时间,干什么(事件),结果怎样等内容。

主体需用足够的、典型的、有说服力的材料,把导语的内容加以具体化。

正文一般使用较为凝练、简洁的语言来进行表述,力求达到"简"的效果。

(四) 报尾

报尾部分包括简报的报、送、发单位。报,指简报呈报的上级单位;送,指简报送往的同级单位或不相隶属的单位;发,指简报发放的下级单位。如果简报的报、送、发单位是固定的,而又要临时增加发放单位,一般还应注明"本期增发×××(单位)"。报尾还包括本期简报的印刷份数,以便于管理、查对。报尾部分印在简报末页的下端。

五、简报的写作要求

(一) 抓住时机,掌握策略

简报具有很强的新闻性。因此,必须对当前中心工作的重要情况,领导十分关心的问题,对推动工作起积极作用的新事物、新经验,不失时机地迅速进行报道。简报在反映新情况、新问题时,难免涉及人和事,必须考虑周到,掌握策略,以求达到最佳效果,真正发挥其积极的指导作用。

(二) 实事求是,真实可靠

简报的生命力就在于真实。凡是写入简报的材料,都必须反复核实,达到真实可靠。

简报中写到的人物、事件、时间、地点、数字,甚至环境气氛都要认真核实,不能把道听途说的东西当事实,更不能无中生有,搞"合理现象"。

(三) 认真斟酌,把握分寸

简报具有上情下达、下情上达的重要作用。因此,对动态的估计、问题的分析、趋势的预测、思想的评判等,都要认真斟酌,把握分寸,仔细推敲,既不随便夸大,也不任意缩小。

(四) 简明扼要,言简意赅

简报就是简要的报道。它基本上是一事一文。一份简报,无论反映一种情况,一个意见,一件事情,一条建议,一个经验,都要求内容集中,开门见山,篇幅短小。文字要简洁精当,干净利落,不拖泥带水。

【例文】

中国共产党苏州农业职业技术学院第一次代表大会

简　报

第 18 期

党委组宣处　　　　　　　　　　　2×××年5月28日

食品系召开党员大会讨论党代会两委报告征求意见稿

5月27日下午,食品系党总支全体党员在406会议室集中学习讨论学院即将召开的第一次党代会党委和纪委工作报告的征求意见稿。本次会议由系党总支副书记×××同志主持。

全体党员同志在会前已经认真学习了党委与纪委工作报告的征求意见稿,同志们对学院即将召开的第一次党代会十分关注,并投入了高度的热情。党员同志在会上积极讨论,分别对两委报告的征求意见稿发表了自己的看法与建议。

学院即将召开的第一次党代会是在我院进入新百年、谋求跨越式发展的关键时期召开的一次具有十分重要意义的会议,回顾总结我院五年来的发展历程,进一步明确今后五年发展的目标,并将在本次党代会中选举出中共苏州农业职业技术学院第一届委员会委员和第一届纪律检查委员会委员。食品系党总支全体党员对第一次党代会顺利召开既殷切期盼又充满信心。

最后×××副书记对参加第一次党代会的各位党员代表提出了殷切希望,希望他们在思想上要高度重视,并以高度的责任感和使命感认真参加会议,加强纪律性,坚持党的组织原则,为第一次党代会的顺利召开发挥应有的作用。

食品系党总支预祝学院第一次党代会圆满成功!

报:中共江苏省委组织部,省委教育工委,江苏省农林厅党组,中共苏州市委。

送:各党总支,直属党支部,党委各部门。

(共印:50 份)

【评析】

这是一篇苏州农业职业技术学院食品系的会议简报。

简报撰写方是党委组宣处,报头是该单位会议专项报头。

文章内容准确地说明了食品系党员大会召开的有关情况。全文结构完整清晰,对大会召开的要素、进展情况和简要流程,以及对发言代表的讲话也进行了提炼总结。文章字句简练,只用了不足五百字,符合简报"简"的特点。报尾表述也规范清晰,分别写明了需要"报"和"送"的相关部门。

【思考题】

1. 简述开幕词和闭幕词的特点。

2. 简述讲话稿的分类及其主要内容。

3. 会议记录的记录重点是什么?

4. 根据系部或班级团组织的某次活动内容,编写一期团组织活动简报。

5. 根据材料回答问题。

据新疆维吾尔自治区公安厅提供的消息,2012年6月29日,由新疆和田飞往乌鲁木齐的GS7554航班于12:25分起飞,12:35分飞机上有6名歹徒暴力劫持飞机,被机组人员和乘客制服,飞机随即返航和田机场并安全着陆,6名歹徒被公安机关抓获。在制服歹徒过程中,有机组人员和乘客受轻伤,案件在进一步调查中。据了解,GS7554航班为天津航空的EMB190型客机,中国民航注册号为B-3171号。此次劫机事件发生时,客机上共有乘客92人,机组成员9人。综合各方媒体报道,此次反劫机中共有八人受伤,分别为两名安全员、两名乘务员、四名乘客。

中国民航局研究决定,授予该机组"中国民航反劫机英雄机组"荣誉称号,对英勇搏斗并光荣负伤的机组成员给予记功表彰,对积极协助处置的旅客表示感谢和慰问,并给予奖励表彰。希望全行业以他们为榜样,坚持国家利益和人民利益至上,立足岗位,确保民航持续安全。

2012年7月9日上午,海南省委、省政府在海口举行大会,隆重表彰"6·29"反劫机英雄机组。

问:假设你是海南省省委领导的秘书,在召开表彰大会前,请为领导拟一篇表彰会上使用的讲话稿。

第十一章　社交文书写作

社交是指在较大或隆重的社会交际场合,为表示重视、尊重、敬意等所举行的合乎社会和道德规范的仪式。社交文书,就是指人们在各种社交场合,用以表示礼节的,具有比较固定格式的应用文。在现实生活中,必然会有各种各样的社交礼仪活动,人们礼尚往来、交际应酬是不可缺少的。因此,社交文书就是在人们互相平等、相互尊重的基础上逐渐形成的。

社交文书具有交际性强、针对性强、感情真挚、语言简明等特点。社交文书的写作往往是约定俗成的,写作时一定要做到全面把握,仔细分析,恰如其分,准确朴实。

第一节　启事与海报

一、启事

(一) 启事的概念

启事就是机关、团体或个人需要公开说明或者希望公众协助办理的事情,用文字的形式简明扼要地写出来,张贴在公共场所,或登在报刊杂志上,或通过其他新闻媒介广为传播的一种应用文体。启事不具有法令性和政策性,没有约束力和强制性。社会公众可以参与启事中的事项,也可以仅仅是了解而不采取任何行动。

(二) 启事的种类

常见的启事主要有以下两种类型:

1. 征招类。它包括招聘、招标、招生、招工、招领、征稿、征婚、换房、对调等启事。

2. 声明类。它包括遗失、作废、辨伪、迁移、更名、更正、开业、停业、竞赛等启事。

(三) 启事的写作

启事一般由标题、正文、签署三部分组成。

1. 标题。启事的标题有四种写法:一是以文种名称作为标题,即在首行正中写上"启事"二字;二是以事由作为标题,如《更正》《招领》等;三是以启事单位名称和文种构成标题,如《××公司启事》等;四是以启事性质作为标题,如《寻物启事》等。

2. 正文。正文应写启事的事项,一般包括目的、意义、内容、形式、要求等。如果内容较多,可以分条列项,逐一交代明白。正文部分是体现各类启事不同特点的关键部分,应根据启事的内容要求,变通处置,应突出主旨,抓住要领,让人一目了然。启事正文可以用"此启"、"特此启事"等语作结,也可以略而不写。

3. 签署。即在正文的右下方写明启事单位名称或个人姓名,再在下一行注明年、月、日。如果在标题中已写明启事单位名称,署名处即可省略不写。以机关、团体名义张贴的启事,应加盖公章,以示负责。在报刊、广播公开发表的启事常常不写日期,以当日报刊、广播日期为准。

(四) 启事的写作要求

1. 标题要醒目、简短、达意。为了让启事引人注目,取得理想效果,必须把标题写得醒目些,给人以清晰、强烈的印象。如果是属于宣传性、广告性的启事,还要讲究文面设计的艺术性,以吸引更多的读者。

2. 内容要完整周全,表达要清楚具体。启事主要是说明什么时间,要办什么事情,有什么具体要求等,让人们周知并希望人们有所反应,因而,应写得清楚、周全、具体。启事内容应力求单一,最好一事一启,以便读者迅速理解和记忆文意。

3. 语言要简洁准确,中肯礼貌。启事的语言宜直截了当,忌铺陈修饰,更忌空话、套话;启事的语气应诚恳亲切,注意礼貌,使读者对启事内容有信任感,对启事请求有责任感,从而达到启事的目的,收到预期的效果。

4. 交代要具体、完备、明确。凡是在启事内容中涉及的时间、地点、单位、电话号码及联系人等都要一一注明,以备有关人员进行联系。

5. 撰写启事和公布启事要迅速及时。启事具有广告性质和信息传递的作用,必须突出一个"快"字,这样才能起到应有的积极效果和达到理想的目的。值得注意的是千万不要把"启事"写成"启示",以免造成笑话。

二、海报

(一) 海报的概念

海报是用来向广大群众报道或介绍有关活动演出、会议等消息时使用的一种文体。

海报的使用范围很广,如举办图片展览、学术报告、文娱演出、体育比赛等活动,都可借助它,以扩大影响。

(二) 海报的写作

海报一般由标题、正文、签署三部分组成。

1. 标题。海报的标题常见的三种写法:一种是在海报的上方,用醒目的字体写上"海报"二字;另一种是直接写海报的性质,如"影讯"、"象棋比赛"等;还有一种是用正、副标题的形式,写明主办单位和具体内容。如第一行写"中国社会科学院外国文学研究所主办",第二行写"'百花'外国文艺讲座"。

2. 正文。海报的正文,一般应分项、分行交代清楚三方面的内容:一是活动时间、地点、内容等;二是举办活动的意义、目的;三是参加或参观办法以及其他应注意的事项,如是否凭票入场,票价及售票地点、时间等。海报的正文一般可以写上一两句鼓动性的话,如以"欢迎参观"、"欢迎指导"等作结。

3. 签署。写明举办单位或演出单位名称;另起一行,注明年、月、日。有的还可写上询问电话、联系人等。

(三) 海报的写作要求

海报的写作应做到四点:其一,海报内容必须写得明白、具体、准确、真实,不可渲染夸张。其二,文字力求简洁明了,干净利落,行文直截了当,突出主旨,切忌啰嗦,少用虚词;其三,色彩要讲究,根据内容的需要,可加些象征内容的,或与内容有关的图案或图画,但必须与海报的内容相一致,色彩和构图都要给人以美感;其四,海报应张贴于公众聚集、醒目显眼之处。

(四) 海报和启事的异同

海报和启事都具有告启性,都不具有约束力,都可以在公共场所张贴。但两者也有明显的区别:其一,使用范围不同。海报以报道文化、娱乐、体育等为主,而启事可以反映政治、经济和生活等多方面的内容。其二,制作形式不同。启事以文字说明为主,而海报除文字说明外,可作美术加工,配备图片、图画、图案,运用美术装饰材料及手段。其三,公布方式不同。启事除张贴外,可登报刊,用广播、电视传播,而海报只能在公共场所张贴或悬挂。

【例文】

××大学出版社有限公司招聘启事

　　××大学出版社有限公司位于历史文化名城××省××市,是国家首批按照现代企业制度设立的文化出版企业之一。现因业务发展需要,出版社面向社会招聘编辑人员。

　　一、招聘岗位

　　图书编辑7—8名。

　　二、岗位要求

　　硕士研究生及以上学历,30岁以下,英语六级,具备较强的策划、编辑能力,有较高的计算机应用水平,有从业经验者年龄放宽至40周岁以下。

　　专业要求:计算机、机械工程、电气、化学、材料等理工科专业。

　　三、岗位性质

　　录用人员与出版社签订聘用合同书,实行合同管理。

　　四、报名截止时间

　　2012年5月25日。

　　五、联系方式

　　请有意者将简历和学历证明及相关业绩证明材料复印件寄至××大学出版社综合办公室。

　　联系人:×××

　　联系电话:×××××××

　　电子邮件:××××××××

　　联系地址:××省××市××巷×号

　　邮政编码:××××××

××大学出版社有限公司

2012年4月28日

【评析】

这则招聘启事内容完整、具体,开头先对发文单位情况作了简要介绍,接着分项列出招聘岗位及岗位性质、要求,写明招聘截止时间及具体联系方式。内容翔实,简明扼要,条理清楚,使人一目了然。同时,语言简洁得体,行文严肃认真,充分体现了发文单位的诚意。

【例文】

> ### ×××××大学××××学院
> ### 第四届心理健康节系列活动
> ### 之心理电影欣赏周
> **精彩不断　有你好看**
>
> 活动时间:2010 年 5 月 22 日—29 日
> 活动地点:××××宾馆多功能报告厅
> 主办单位:×××××大学××××学院
> 承办单位:×××××大学××××学院心理健康中心

【评析】

这则海报短小精悍,标题即明确地交代了主办单位"×××××大学××××学院"和活动的主要内容"第四届心理健康节系列活动之心理电影欣赏周",接着以鼓动性语言"精彩不断　有你好看"来激发公众对这一活动的兴趣,最后写明具体活动时间、地点及主办和承办单位名称。行文直截了当,内容清楚明了,语言简练而极富吸引力。

第二节　申请书与求职书

一、申请书

(一) 申请书的概念

申请书是个人或集体向组织表达自己愿望,向机关团体、单位领导提出请求的一种文书。

申请书在日常生活、工作中使用范围十分广泛,诸如个人申请加入党组织、团组织或其他党派、群众性组织、团体,或者申请报考学校,申请迁移至某地工作,申请予以某种补助,或者申请调整住房等,都要写申请书。可见,申请书不仅是一种表达情意的工具,而且是沟通个人与组织、个人与领导、下级与上级的桥梁。

(二) 申请书的写作

申请书一般由标题、称谓、正文、结尾、签署五部分组成。

1. 标题。在首行居中位置,以较大字体书写标题"申请书"三个字。为了明确起见,引起领导者、上级部门的注意,标题还可以写明内容、目的和类型。如"入党申请书"、"开业申请书"、"住房申请书"等。

2. 称谓。即在标题的下一行顶格写上称呼。一般应书写接受申请的单位、团体、组织的名称或负责人的姓名、职务等,后面应加上冒号。

3. 正文。正文部分应依次说明三个方面的内容:一是申请什么。要直截了当地说明申请的具体内容。二是为什么申请。要说明提出申请较为充分的理由。三是申请的态度。它可以使受理者充分了解申请者的意愿与决心,从而予以批准。

4. 结尾。结尾的方法有两种:一种是致敬语。即在正文之后,另起一行低两格写"此致"二字,然后在下一行顶格写"敬礼"二字,后面不必加任何标点符号。另一种是在正文之后,另起一行低两格写上"请接受我的申请"或写上"请党支部考验我,帮助我,使我早日加入中国共产党组织",然后再写上"此致、敬礼"等致敬语。

5. 签署。即结尾之后,在下一行靠右下角,写上申请单位,且要加盖公章。如果申请者是个人,应在姓名之前写上"申请人"三个字。在署名下一行位置写上申请书的年、月、日。

(三) 申请书的写作要求

1. 要把申请的事情和理由写清楚。要想使受理者能够透彻地了解申请人或申请单位的意愿、要求和具体情况,就要把理由写得充分、具体、令人信服。这样才能使管理机关或负责人研究考虑,并予以批准。

2. 要明确、直截地提出自己的申请与要求。申请书是一种为申明请求而写的专用书信,所以应开门见山,不要绕弯子,兜圈子,有话则长,无话则短。另外,对申请自己应负责任,不能隐瞒,要忠诚老实。

3. 要做到语言准确,行文朴实。申请书是用叙述的方法写作,语言要诚恳、准确、流畅,切忌故弄玄虚,着意渲染。交代要简洁明了,切忌拖沓冗长。字迹要工整,标点符号的运用要准确无误。

二、求职书

(一) 求职书的概念

求职书是求职人借助文字以书面形式向招聘的团体、机关、学校、企事业单位、公司等提出请求和愿望,以达到任职目的的一种特殊形式的应用文体。

改革开放后,我国改革了人事制度,使人才能够合理流动。在谋求一份职业,尤其是理想的工作时,求职书就显得格外重要。它是每一个谋职者推销自己、使别人了解自己、最终能聘用自己的一件法宝。会不会写求职书、善不善于写求职书是影响谋职结果的一个重要因素。求职书在社会生活中的作用越来越受到人们的重视。

(二) 求职书的写作

求职书一般由标题、称谓、问候语、正文、结束语、附件、签署组成。

1. 标题。在首行居中位置,以较大字体书写标题,即"求职书"三个字。

2. 称谓。即在标题之下,顶格写明读信人的职务或姓名,以引起对方的注意并能阅读正文。由于求职者往往不知对方的详情,一般写较为笼统的称呼。如"××公司负责人"、"××厂厂长"等。

3. 问候语。写在称呼的下一行,空两格,独立成段。如"您好"等。表示对用人单位的尊重和敬意。

4. 正文。这部分是求职书的主要内容。它应交代清楚求职的目的,应聘的原因,作必要的自我介绍。要较客观地表现自己,陈述自己的经历、主要成绩,突出自己的优势,不要给人以自我吹嘘、炫耀的感觉。包括:姓名、性别、年龄、籍贯、身高、政治面貌、身体状况、专业、懂何种外语、家庭住址、户口所在地、邮政编码、履历(学历)、所学的主要课程(成绩的复印件)、特长、毕业证书的复印件,另附免冠近照、身份证复印件等。对此,都应实事求是地如实填报。在正文结束时,还可以提出自己的希望与要求,比如希望录用自己或希望早日答复等。

5. 结束语。它往往是一些祝辞。可以写"此致、敬礼"、"顺祝财安"、"祝万事如意"等。

6. 附件。即对求职能够起作用的证明、证书,或发表过的论文等。但附件不宜过多,多则滥,反而起不了太大作用。

7. 签署。在附件的右侧下方,写上自己的姓名。下一行再把年、月、日注明。

(三) 求职书的写作要求

1. 要有一定的针对性。在求职书中首先要陈述一定的缘由,既要了解用人单位对工作人员的需求和招聘的基本条件,又要充分了解自己的实际情况。做到"知己知彼,百战而不殆"。因而求职书要根据用人单位的要求写,针对自己的实际情况和求职的目标写,力求有的放矢。

2. 要善于毛遂自荐。招聘单位与求职者之间常常是素不相识,要想获得对方的信任和肯定,求职书就要发挥这种说服作用。写作时要恰如其分地、客观地介绍自己,用自己的成绩、优势、特长、闪光点吸引对方,赢得对方的信赖,以求被录用。

3. 要做到简洁明快。求职者向用人单位提出请求和愿望时,要开门见山,不要拐弯抹角。直截了当地提出应聘的职位,请求用人单位能够满足自己的愿望和要求。另外,语言的运用也要干净利落,简明扼要,以节省对方的宝贵时间,这样也就不至于引起对方的厌烦。

【例文】

入党申请书

敬爱的党组织:

今天,我怀着无比激动的心情向党组织递交我的入党申请书。我志愿加入中国共产党,拥护党的纲领,遵守党的章程,履行党员的义务,执行党的决定,严守党的纪律,保守党的秘密,对党忠诚,永不叛党,随时准备为党和人民奉献自己的一切。

中国共产党是中国工人阶级的先锋队,是中国人民和中华民族的先锋队,是中国特色社会主义事业的领导核心,代表中国先进生产力的发展要求,代表中国先进文化的前进方向,代表中国最广大人民的根本利益。党的最高理想和最终目标是实现共产主义。中国共产党以马克思列宁主义、毛泽东思想、邓小平理论、"三个代表"重要思想和科学发展观作为自己的行动指南,领导和团结全国各族人民,以经济建设为中心,坚持四项基本原则,坚持改革开放,自力更生,艰苦创业,为把我国建设成为富强民主文明和谐的社会主义现代化国家而奋斗。

我是一名大学本科生,从小学到现在一直在认真学习科学知识。大学阶段,在《中国近代史》和《毛泽东思想、邓小平理论和"三个代表"重要思想概论》等课程的学习中,更加深刻地认识到,一个国家要想繁荣富强,一定要有一个先进的政党来领导,而中国共产党就是这样的一个政党。自1921年建党以来,党领导中国人民英勇奋斗,不怕牺牲,前赴后继,经过长期的反帝国主义、封建主义、官僚资本主义的革命斗争,取得了新民主主义革命的胜利,建立了人民民主专政的中华人民共和国。建国以后,顺利地进行了社会主义改造,完成了从新民主主义到社会主义的过渡,确立了社会主义制度,发展了社会主义的经济、政治和文化。十一届三中全会后,在马列主义、毛泽东思想和邓小平建设有中国特色社会主义理论指导下,中国共产党领导人民实行改革开放政策,在社会主义现代化经济建设中,取得了辉煌的成就,我国的综合国力大大增强,人民的生活水平不断提高。

在不断追求思想进步的同时,我时刻记得自己还是一名学生,学习是十分重要的。共产党员只有精通自身的业务,才能在群众中起到良好的模范带头作用。为此,我努力、认真学习各门文化专业课,成绩优秀,同时利用课外时间阅读关于中国共产党的书籍,我深深认识到中国共产党的先进性,认识到马克思主义的辩证唯物主义和历史唯物主义是人类哲学思想和科学知识发展的结晶,是科学的世界观。此外,在学校组织的各项活动中,我积极参与并取得了一定的成绩。大一大二的时候,我加入了我们学院的体育部,工作中踏实肯干,任劳任怨,响应国家全民健身的号召,积极组织、带领全体同学参加学院的活动,在班中也积极营造良好的学习和研讨氛围。作为在校大学生和共青团员,我明白只有将自己的爱国热情化作行动,将自己的理想和祖国的前途命运结合起来,将自己的聪明才智完全地贡献给祖国,坚决拥护共产党领导,紧跟共产党并使自己成为其中的一员,坚决贯彻执行一个中心、两个基本点的基本路线,才能够真正实现自己的抱负,才能真正富国强兵,提高综合国力,才能真正谈得上民族和国家的独立。

今天,我郑重地向党组织递交我的入党申请书,希望能够在党组织的正确引导下更快地成长。我深知,按照党的要求,自己还有一定的差距,因此,我希望党组织从严要求我,以使我更快进步。如果党组织批准我的申请,我一定会戒骄戒躁,继续以党员的标准严格要求自己,自觉学习党的理论,在思想和行动上与党中央保持一致,努力学习,积极工作,做一个名副其实的共产党员,为共产主义事业奋斗终身。如果党组织没有接受我的请求,我也不会气馁,我会继续为成为一名合格的共产党员而努力奋斗！

请党组织在实践中考验我吧！

此致

敬礼

申请人：×××

××××年×月×日

【评析】

入党申请书是申请人向党组织提交的一种书面材料，它能使党组织了解申请人的政治信仰和追求，便于党组织对申请人有针对性地进行培养、教育、考察，同时也是党组织确定入党积极分子和发展对象的重要依据。这篇入党申请书格式完备，从标题、称谓、正文，到结尾、署名、日期，书写都很规范、清楚。正文部分首先表达自己"志愿加入中国共产党"的意愿，接着写明自己为什么要申请加入中国共产党，阐述了自己对党的历史、性质、宗旨、指导思想、奋斗目标的认识，并谈了自己在思想、学习、工作等方面的主要表现，进一步表明了入党的态度和决心；同时，指出了自身今后努力方向以及如何以实际行动争取入党；最后，以恳切的语言表达了请党组织考察的心情和愿望。阅读全文，可以看出作者对党的性质、宗旨等方面有着较为深刻的认识，并能联系自己的实际情况加以阐述，申请理由充分，内容具体，行文朴实，言辞恳切，能使接受者充分了解申请人的意愿、要求和具体情况，便于研究处理。

【例文】

求 职 书

尊敬的校领导：

您好！

首先，向您辛勤的工作致以深深的敬意！同时也感谢您在百忙之中阅读我的自荐材料。我是××××大学××学院英语专业2×××届的一名学生，即将面临毕业。经历了四年的高校生活，面对新的机遇和挑战，我更坚定了"自信、自强、勤奋、谦虚"的人生信条。

××××大学是我国著名的英语人材培养基地，素以治学严谨、育人有方而著称。在这样的学习环境下，我切身地体会到了学习英语的乐趣，并立志当一名人民教师。四年里，无论是在知识能力，还是在素质修养方面，××××大学的教育都使我受益匪浅。

"学高为师，身正为范"是我一直铭记的警言。以此为鉴，我在大学四年中努力学习，不断充实自我，调整自我。在校期间，我从英语专业特点入手，在听、说、读、写、译等方面严格要求自己，各学科成绩良好。大二时以良好的成绩通过了专业四级的考试，大三时又以良好的成绩通过了××××大学××学院专业六级考试，现在正积极备考全国英语专业八级考试。同时,我大量汲取课外的知识,阅读英文原文著作、报刊、杂志,经常参加各院系的学术报告活动,扩展知识的广度和深度。能够熟练地回复英文商业信函并能及时翻译各种日常文稿,能用英语进行流利的交流。对于第二外语(法语)也具备了一定的听说能力。计算机方面能熟练运用 office 办公软件和 windows 操作系统,熟练处理各种文档。除此之外,我还参加了学校组织的各种英语专业相关培训以及教师资格证培训。在大学四年中共获得了四次奖学金奖励。

我性格开朗、乐观向上,自信、稳重、幽默、务实,待人热情、真诚。工作认真负责,积极主动,能吃苦耐劳。有较强的组织能力、实际动手能力和团体协作精神,能迅速适应各种环境,并融于其中。在学校与同学关系融洽,在各类社会实践活动中,如家教、各种企事业单位的销售和推广工作等,与同事建立了良好的人际关系。这些社会实践工作使我具备了敏锐的洞察力、独立的思考判断能力、果断的行事作风以及团队合作精神,最重要的是学会了为人处世之道。扎实的专业知识和积累的社会实践经验使我自信能胜任贵校所要求的工作。

我的知识与胆识期待您的赏识!

我的慧心、爱心与信心也定会助您实现伟业雄心!

最后,祝贵校教育事业一浪高过一浪,明天更胜今天!

附:个人简历及相关证书×份

自荐人:×××

××××年×月×日

【评析】

这份求职书开篇先对收信人致以诚挚的问候和谢意,以示尊敬;接着对自己的基本情况做了简要介绍,给人以总体印象;随后在主体部分写明求职理由和求职目标,有针对性地介绍了自己的人生理想、所学专业、性格特点、实践能力等,充分展示了自己的实力、才能和自信;结尾以热情而诚恳的语言表达了盼望被录用的心情。全文内容具体充实,具有较强的针对性,表达热情、有礼,充满自信,易于为人接受。

第三节　请柬与聘书

一、请柬

(一)请柬的概念

请柬,也称请帖。它是为邀请客人参加某项活动而专门制发的通知书。它也是人们在社会交际和社会活动中经常使用的文书。

请柬的适用范围十分广泛。从使用对象看,机关、团体、个人均可使用。从内容看,大至国家级大型宾宴、纪念活动、奠基仪式,小至个人生日婚娶都可使用。

（二）请柬的写作

请柬一般由标题、称谓、正文、结束语、签署五部分组成。

1. 标题。应在首行居中位置，用大于正文字号的字体写上"请柬"二字。字迹要工整、美观。

2. 称谓。在第二行顶格写明被邀请者的姓名或单位名称。写姓名时一般要写明其职务或职称。

3. 正文。首先要交代应邀参加的活动内容；其次要交代举行活动的时间和地点。正文的最后常用"敬请光临"、"敬请莅临指导"、"恭候光临"等词语，以表示真诚、礼貌。

4. 结束语。在正文下面空两格写明"此致"，在其下面顶格写明"敬礼"，作行文的收束。

5. 签署。在请柬的右下角署上邀请单位的全称或个人姓名。再另起一行，写明请柬发出的年、月、日。如果是单位发出的要加盖单位印章。

（三）请柬的写作要求

1. 要根据会议、典礼、活动的内容、目的，慎重书写邀请单位或个人。

2. 主体内容要简洁明确，交代清楚时间、地点，活动内容即可，不需详细说明。

3. 要根据具体活动内容和场合的不同，仔细斟酌词句，做到分寸得当，礼仪周详，态度诚恳。

4. 要掌握好请柬的发送时间。发送太早，被邀请者容易遗忘；发送太晚，又容易使被邀请者感到仓促，安排有困难。因而，请柬的发送应有专人负责，以便适时发送。

5. 请柬的语言要简洁明了，措辞文雅、得体、热情、大方，要真诚，带有请求、希望的语气，以表达邀请者的盛情。

二、聘书

（一）聘书的概念

聘书是用以聘请专家学者或者适于做某项工作的合适人选担任某一职务或从事某项工作而制作的一种应用文书。

随着我国人事制度的改革，聘书的使用范围越来越广。它适用于外单位人员参与本单位技术攻坚或某项任务的完成；也可适用于请本单位人员从事受聘人专长以外的工作；还适用于请外单位有关人员从事某项活动。聘书表现了聘者对受聘人的信任、尊重，有利于受聘人充分发挥其聪明才智。

（二）聘书的写作

聘书一般由标题、称谓、正文、结束语、签署五部分构成。

1. 标题。在居中位置写上"聘书"、"聘请书"或"聘约"、"聘任书"字样。标题，要用线条或花边装饰，以示喜庆。聘书的用纸，最好用彩色的或红色的。

2. 称呼。在标题之下、正文之前顶格写明被聘人的姓名、称呼。它也可写在正文之中。

3. 正文。这是聘书的主体，它应写明聘请缘由，受聘者承担的任务和聘方对受聘者的期望，受聘者的职务、权限、受聘期限、待遇等。这部分如果内容较多，可以分条列项去写。

4. 结束语。应在正文之后,另起一行,空两格写上"此聘"二字。有的用敬语或祝颂语作结语。

5. 签署。写明发聘书单位全称、发聘书日期并加盖公章。

(三) 聘书的写作要求

1. 要掌握发聘书的时间。发聘书之前,双方要经过多次的协商交流,必须在取得受聘者的同意下,才能正式发聘书。

2. 要交代清楚被聘者的职责范围。一定要把为何聘请,聘请谁,聘去做什么事,怎么做,做到什么程度等一一交代明白。

3. 如果聘书是以单位领导名义发的,就要由领导本人签名盖章,并在姓名前冠以职务名称。

4. 聘书的语言要简洁、明白,用语礼貌、谦和,字迹工整,不潦草。

【例文】

请　束

××先生:

　　兹定于 2012 年 1 月 18 日上午 9 时在政协礼堂举行春节茶话会,敬请届时光临。

　　此致

敬礼

　　　　　　　　　中国人民政治协商会议××市委员会(印章)
　　　　　　　　　　2012 年 1 月 8 日

【评析】

这份请束语言精炼简洁、文雅大方。寥寥数语,即把内容交代得清楚明了,时间、地点、活动名称等一应俱全,使人一目了然。

【例文】

聘　书

　　兹聘请×××同志为××家电集团维修部总工程师、主任,聘期自××××年×月×日至××××年×月×日,聘任期间享受集团高级工程师全额工资待遇。

　　此聘

　　　　　　　　　　××家电集团(印章)
　　　　　　　　　　××××年×月×日

【评析】

这份聘书格式规范，内容完整。标题写明"聘书"字样，正文部分交代了受聘者担任的职务、聘任期限及聘任待遇，最后以"此聘"二字收尾，落款写明发文单位名称及发文日期，并加盖印章。全文内容具体明确，语言简洁流畅，充分体现出发文单位郑重严肃、谦虚诚恳的态度。

第四节　推荐信与证明信

一、推荐信

（一）推荐信的概念

推荐信就是为向有关单位或人员介绍推荐相关产品、项目、技术、人员等而写的书信。

（二）推荐信的种类

推荐信可以从两个方面来分：从推荐对象看，有推荐人和推荐物两种；从推荐作者看，有自荐和荐他人。如果你推荐的是产品，就应当说明该产品的性能、特点、用途、价格、与同类产品比较的优势，以及市场占有情况等；如果推荐的是项目，则要把项目的科学依据、价值、专家评估意见等交待明确；如果推荐的是技术，则应该对技术的适用范围、操作规程、能创造的价值及购买价格等有所介绍；如果推荐的是有关人员，则必须将该人员的基本情况（包括姓名、性别、学历等）、特长、工作经历等加以说明，尤其要把特长和工作能力作为重点。自荐，就是作者表明自己适合担任某项工作或从事某种活动。荐他人，就是写信单位或个人向收信单位或个人介绍第三者的情况，希望对方能加以任用或予以协助。

（三）推荐信的写作

1. 标题。可以直接写"推荐信"；也可以写"×××致×××学院的推荐信"。

2. 称谓。写明收信单位（或个人）名称。

3. 正文。正文是推荐信的主体，是能否推荐成功的关键所在。一般要表明推荐人与被推荐人之间的关系，随后介绍被推荐人的相关情况。

4. 推荐单位（或个人）名称。

5. 发信日期。写明具体的年、月、日。

（四）推荐信的写作要求

1. 慎重行事，认真负责。推荐人写信之前，一定要认真了解对方与被推荐人的详细情况。特别是要在详细了解被推荐人的具体情况后，在考虑双方条件是否合适的基础上，再决定是否提出推荐意见，绝不可草率行事，给一方或双方造成不好影响。

2. 实事求是，内容真实。无论是荐人还是荐物，都要实事求是地介绍真实情况，不要言过其实，不能弄虚作假；自荐信也不能文过饰非，或妄自菲薄；荐他人也要对双方负责，需要客观地介绍被推荐人的真实情况，必要时还可以说明被推荐人的优点和缺点，以供对方参考。

3. 态度诚恳，语言得体。一般讲，绝大多数的推荐信都是求人相助的，因此，推荐信的语言运用一定要诚恳有度，不能强人所难。

二、证明信

(一)证明信的概念

证明信,也称证明。它是机关团体、企事业单位证明有关人员的身份、经历、学历或某种事情真实性的一种专用书信。

(二)证明信的种类

证明信可以从两个方面来分:

1. 根据证明信的作用分,可以分为存档材料的证明信、证实情况的证明信、作为证件的证明信。

2. 根据证明信的写作者分,可以分为以组织的名义写的证明信、以个人名义写的证明信。

(三)证明信的写作

1. 标题。标题有两种写法:一种是首行居中写"证明信"或"证明";另一种是写"关于×××问题的证明"。

2. 称谓。标题下一行顶格写明收信单位(或个人)的名称,然后加上冒号。

3. 正文。另起一行空两格写清要证明的事项。如果是证明学历的,就应写清姓名、性别、年龄、籍贯、何年考入何学校、学何专业、何年毕业等;如果是证明是否参加某项活动的,应据实说明参加与否,如参加了,应写清时间、地点、具体情况等;如果证明证件丢失的,应写清失主姓名、丢失时间、地点、经过、失物号码、特征等。

写完需要证明的事项后,应另起一行写"特此证明",以结束正文。

4. 出具证明单位(或个人)名称。在正文的右下方书写证明信制发单位或个人的名称,并加盖公章或个人私章、手印。

5. 发信日期。在单位(或个人)名称之下写上发信的具体时间,即年、月、日。

(四)证明信的写作要求

1. 内容真实可信。因为证明信的内容对收信方来说就是一种凭据,而且能够起到影响对方判断的作用,所以开证明信一方必须真正了解情况,实事求是,高度负责地开具证明信。

2. 语言简洁准确。证明信的语言表述必须清楚、准确,不能使用吞吞吐吐、模棱两可、含糊不清的词语,以此保证证明信的可信度。

3. 书写工整干净。证明信若有涂改,必须在涂改处加盖单位公章。个人出具的证明信要在涂改处签名或者盖私章。

4. 留有存根。证明信一定要留有存根,以备核查,而且必须加盖印章,否则无效。

【例文】

推　荐　信

××××大学:

　　本人是××大学××学院教学院长,现应我院××级××专业××同学的请求,推荐其到贵校进行研究生阶段的学习。

　　××同学于××××年9月进入我院学习,学习成绩优秀。本人于××××—××××学年曾担任其《××××》及《××××》课程的授课教师,在与该同学课堂内外的互动中,发现该同学表现比较突出,不仅上课认真听讲,能提出很有独创性的问题,而且对我提出的案例分析题,能勇于上台发言,清楚地阐述自己的观点。该同学还具备了一定的科研工作能力,曾经主持参与大学生创新性科研项目数项,并取得了优异的成绩。通过学术研究可以发现,该同学做事刻苦勤奋,认真负责,有着较强的独立思考能力;思维活跃,能运用现有知识,并查阅相关文献来解决研究中出现的问题;总结分析能力和文字表达能力极强,工作能力十分出色。

　　××同学还曾担任我院的××××、××××等工作,有着较强的统筹能力,踏实严谨。相比其他学生干部,该同学善于沟通交流,能与不同背景的同学进行良好高效的沟通与合作。在个人品质方面,该同学尊师敬长,团结同学,为人谦虚礼貌,自强不息,在困难面前不曾言放弃,有着较强的进取心。

　　经过近两年的了解,可以看出,××同学有专长,有潜质,综合表现优异,故予以推荐,望审核通过!

推荐人:×××
××××年×月×日

【评析】

　　这封推荐信的正文部分首先交代了推荐者的身份(××大学××学院教学院长)及与被推荐者的关系(师生关系),接着对被推荐者作了较为全面的介绍和评价,包括学习成绩、科研能力、思维特点、工作经验、组织能力及个人品行等方面,既写出了被推荐者的专长及与众不同之处,又反映出其发展潜力,并以充分、具体的事例作为佐证,内容翔实,观点明确,态度诚恳,措词得体,易于为人接受。

【例文】

证 明 信

××××学校:

　　××同志,性别×,政治面貌××,身份证号×××××××××。于××××年×月×日至××××年×月×日在我公司××部门从事××××工作,工作积极,团结集体,遵纪守法,各方面表现优秀。我单位对本证明真实性负责。

　　特此证明

××××公司(印章)
××××年×月×日

【评析】

　　这则证明信从标题、受文单位、正文到落款，都非常符合证明信的写作规范，属于标准的证明信样式。从内容上来看，这是一份有关个人身份、工作经历及表现的证明信，文中首先写明××同志的性别、政治面貌及身份证号，然后对该同志在××××公司工作期间的表现加以证明。为了说明该证明信的真实性、可信性，最后特加了一句"我单位对本证明真实性负责"，体现了发文单位认真负责的态度。全文内容真实、具体，语言精炼，要言不烦，值得借鉴。

第五节　邀请信与感谢信

一、邀请信

（一）邀请信的概念

　　邀请信是用来邀请有关朋友或合作伙伴参加本单位（或本人）举办的纪念会、订货会、物资交流会、学术报告以及宴会、茶话会、酒会、婚宴等活动使用的一种公关应用文书。

（二）邀请信的写作

　　邀请信一般由标题、称谓、正文、结束语、签署五部分组成。

　　1. 标题。在封面或首行居中位置写上"邀请书"三个字，字体要比正文的字大一点，必要时可加花边，以示喜庆；也可采用双标题格式，正标题揭示活动主题或主要内容，副标题说明是什么邀请信。

　　2. 称谓。在标题之下，正文之前，顶格写明被邀请单位名称或个人姓名、职称（职务）。如"××教授"、"××经理"以示尊重。

　　3. 正文。应写明活动的内容、时间、地点。如有参观和文艺活动，还应附上入场券；如有礼品赠送，应附上领取礼品的证券；如有宴请，应写明"敬备菲酌"字样，并注明"席设"何处，以及宴请时间等。正文结尾常用"敬请光临"、"请您届时莅临"、"欢迎指导"等用语。

　　4. 结束语。正文结束后，常在左下方另起一行空两格写"此致"等用语，以结束全文。

　　5. 签署。在邀请信末尾右下方适当位置写上邀请单位名称或个人姓名，再在下一行写上邀请的年、月、日，并加盖印章。

（三）邀请信的写作要求

　　1. 有关事项要交代清楚。邀请对方参加活动的缘由、内容、时间、地点要简明扼要地概括说明，不能含糊不清，模棱两可。

　　2. 要做到热情诚恳。邀请信多以个人名义发出，参加人数不多，既可派专人递送，也可以邮寄并需对方确认是否应邀。这就需要态度诚恳，语气热情，彬彬有礼，使对方从字里行间感到邀请者的诚意而愉快地接受邀请。

　　3. 语言运用要简洁、明确、庄重。为了表示对邀请者的尊重，表明郑重的态度，在使用语言时一定要仔细推敲，再三斟酌，不能乱用任何词语。

二、感谢信

（一）感谢信的概念

感谢信是对某一单位、集体或个人的支持、关心和帮助等表示感谢的信件。感谢信可以直接寄给对方或对方的单位，也可以送交报社、电台、电视台刊登、广播，还可以亲自送往对方单位，张贴于公布栏，以表达真诚的谢意。

（二）感谢信的写作

感谢信一般由标题、称谓、正文、结束语、签署五部分组成。

1. 标题。感谢信的标题有两种写法：一是只用文种。即在首行居中位置直接写"感谢信"三个字。二是由受文对象和文种组成。如"致×××的感谢信"，字体应比正文稍大些。

2. 称谓。即在标题之下、正文之前，顶格写明被感谢对象的单位名称或个人姓名，个人姓名后面加上"先生"、"同志"等相应的称呼，然后加冒号，引出正文。

3. 正文。第三行开始书写正文，前面空两格。首先概述对方的先进事迹或优秀品德作风，叙述中写清事件的时间、地点、人物、起因、结果等，尤其应重点说明由于对方的支持、关心和帮助而产生的良好效果。然后，在对对方的行为和精神赞扬的同时，诚恳地表示向对方学习的态度和决心。

4. 结束语。一般应写上表示感激、敬意的敬祝语。如"此致"、"敬礼"，有时也写"致最诚挚的敬意"。

5. 签署。在正文的右下角，写上致谢人或单位名称，再在其下一行注明年、月、日。

（三）感谢信的写作要求

1. 赞扬应得体，符合实际情况，切不可随意拔高，评价失真，造成不良影响。
2. 叙事线索要清楚，突出主要内容，表现出做好事的人的可贵行为与高尚情操。
3. 文字要简练，语言要朴实、亲切，篇幅不宜过长，字里行间应该洋溢着感激之情。

【例文】

接口与转化：从前沿语言学理论到汉语国际教育应用
——汉语国际教育语境下的句式
研究与教学专题研讨会
邀　请　信

尊敬的×××先生/女士：

为进一步满足第二语言教学对汉语句式研究的迫切需要，促进语法研究新成果向国际汉语教学应用的转化，××××大学××学院拟于2011年8月20日在××××大学举办"汉语国际教育语境下的句式研究与教学专题研讨会"。鉴于您在第二语言研究领域的丰厚学术成果，诚邀您出席并发表鸿文，嘉惠学林。

有关会议安排如下：

一、会议时间：

2011 年 8 月 20 日——22 日

二、会议地点：

××××大学

三、会议主旨：

促进前沿语言学理论的创新及其向国际汉语教学的转化与应用；推动语言学理论的本土化研究。

四、会议议题：

1）类型学视角下的汉语句式研究；

2）汉语句式研究的跨文化视角与相关语言事实；

3）跨文化视角下的汉语第二语言句式教学；

4）汉语教材、大纲、教学设计中的句式问题；

5）汉语作为第二语言句式教学中的相关问题。

五、遴选参会论文，出版论集《汉语句式研究与教学》。

六、2011 年 7 月 5 日前，将论文题目及摘要以 Word 2003 文档发至会务组邮箱。

摘要 1000 字，标题用三号宋体，正文用小四号宋体。摘要请标注作者姓名、单位、电子邮箱、通讯地址、邮政编码、联系电话、传真。

请于 8 月 10 日前提交论文全文，以便制作论文集。

七、会议日程：

8 月 19 日下午，在××××大学会议中心大堂报到。报到地址：××市××区××路××号。乘坐地铁×号线到×××换乘×号线×××下车(A 西北出口)，步行至××会议中心。

8 月 20 日，8:30 开幕式、大会发言、分组研讨。

8 月 21 日，上午分组研讨，下午闭幕式。

8 月 22 日，文化考察一天。如不参加文化考察，请回函说明，以便筹备组统计人数。

8 月 22 日，离会。

八、会议通讯地址：

××市××区××路××号××××大学××学院(邮编×××
×××)

九、往返交通由会议代表自行购票。会议筹办费、餐费、住宿费、论文集出版费由会议主办方承担。

如有特殊情况，需代买车票，请于 7 月 8 日前将身份证号及返程日期通过邮箱通知会务组，过期不再受理。

电话：××××

e-mail：××××××××××

句式研究与教学研讨会筹备组

2011 年 6 月 24 日

【评析】

　　这是一封学术会议邀请信，内容清楚，格式规范。标题采用双标题写法，正标题点明会议主要内容："接口与转化：从前沿语言学理论到汉语国际教育应用"，副标题补充说明是什么会议发出的邀请信："汉语国际教育语境下的句式研究与教学专题研讨会邀请信"，使人一目了然；正文部分先交代发函缘由及目的，接着采用分条列项的写法，逐项写明会议时间、地点、主旨、议题、日程安排和其他有关事宜，内容完整具体，条理分明；语言表达简洁明确、庄重文雅而礼貌谦和，既体现出邀请者严肃认真的态度，又能让人感受到其诚意。

【例文】

感　谢　信

尊敬的各位家长：

　　你们好！

　　捐资助学，功在当今，利在后世。首先，我谨代表中心小学家长委员会及全校师生向你们表示最诚挚的感谢！是你们的无私赞助为改善学校的办学条件创造了机会，是你们的爱心撑起了学校现代化建设的明天！

　　我校师资力量相对雄厚，近年来学校想尽办法改善办学条件，但相比较县城及周边的乡镇中心小学来说，仍然比较落后，难以适应当前信息化教学的新要求。在家长委员会的大力支持下，在家长们的积极配合下，我们这次捐资助学活动到目前为止已经收到家长捐助近万元，这就为咱们农村孩子享受和县城的孩子一样的教育创造了条件。（学校预计将在9月份建成班级多媒体及微机室，到时欢迎也将真诚地邀请各位家长到校参观，指导工作！）

　　你们功德无量的仁慈之爱、温暖无限的爱心真情定将得以切实传递。我们拿什么来回报？只有我们教师在工作上扎扎实实、勤勤恳恳，学生在学习上好好学习、天天向上，用优异的工作业绩和学习成绩来回报你们的爱心援助。

　　我们一定将家长们的爱心接力棒传递下去，让你们捐资助学的精神发扬光大，让关心教育、支持教育、关爱孩子、关怀下一代成为一种良好的社会风气，并继续保持下去。千言万语总是情，写不完对你们的感谢之情。只有真诚地祝福你们！感谢你们的无私援助！

　　祝大家身体健康！家庭幸福！

　　此致

敬礼

×××

××××年×月×日

【评析】

这是一封对捐资助学者表示感谢的信件。开篇即点明捐资助学的意义所在:"捐资助学,功在当今,利在后世";紧接着以真诚的语言对为改善办学条件而无私赞助的家长们表示真挚的谢意;随后具体阐述了致谢的背景、原因,说明了捐助行为所产生的良好效果,并对其所体现的精神予以极高评价;最后表明决心,并进一步表达了感谢之意。全文体式规范,主旨明确突出,行文朴实自然,字里行间流露出真挚的感激之情。

第六节　贺信与慰问信

一、贺信

(一) 贺信的概念

贺信是为了密切单位之间、个人之间的关系,增进友谊,每逢过年过节常常要向对方表示祝贺;或为了庆贺重大胜利、寿辰、重要会议等使用的文书。贺信既可以直接发给对方,也可以同时在报刊发表,或在电台、电视台播发。贺信除了具有祝贺的作用外,还具有激励、鼓舞、教育被祝贺者的功能。

(二) 贺信的种类

贺信就使用范围而言,主要有以下两种:

1. 专用贺信。上下级之间、同级单位之间、或以单位名义写给名人、领导等等。

2. 私人贺信。对自己的长辈、同辈、晚辈等表示祝贺、赞扬等等。

(三) 贺信的写作

贺信一般由标题、称谓、正文、结束语、签署五部分组成。

1. 标题。在第一行居中位置,以较大字体书写标题"贺信"或"×××致×××的贺信"。

2. 称谓。即在第二行顶格写明被祝贺单位的名称或个人姓名(可加职称、职务等),其后再加上冒号。

3. 正文。即在第三行空两格写起。其内容包括贺信写作的具体社会、时代背景和历史条件,或者概述对方取得重大成绩的原因,或者是对方会议召开的重要性,或者陈述对方的先进思想、先进事迹、高贵品德以及所作贡献,除了表示热烈的祝贺,还要给以鼓励,提出殷切的希望。

4. 结束语。即在结尾写上敬祝语。可以写"此致"、"敬礼"、"祝大会圆满成功"、"衷心祝愿健康长寿"等等。

5. 签署。在敬祝语之后,右下角书写署名与日期,各占一行,如果祝贺者是机关单位,需要加盖本单位的公章。

(四) 贺信的写作要求

1. 要有明确的目的。贺信的主要目的是向对方表示祝贺,但上级还会提出希望、要求和鼓励,同级也可能表达向对方学习的态度,下级还可能表达完成某项任务的决心。

2. 贺信的内容要实事求是。颂扬、赞美之词要恰如其分,评价要客观中肯,不要故意拔高,甚至献媚。

3. 要贺得及时。祝贺会议的贺信一定要在会议开幕时送到;祝贺寿辰的贺信一定要在对方生日前几天或当天送到。

4. 语言文字要充满热情、喜悦、鼓励、希望、褒扬之意,使人感到温暖、愉快,能够受到教育和鼓舞,给人以积极向上的力量。

二、慰问信

(一) 慰问信的概念

慰问信是党政领导机关和人民团体在重大节日或遇到重大事件时,向作出贡献或遭受困难的有关单位及人员表示问候、慰籍、鼓励、关心的一种专用文体。

慰问信在社会生活中有巨大的作用,喜庆之日对有关人员予以鼓励,对有贡献人员予以表彰,对遭遇困难的予以安慰。体现了集体和组织的温暖,反映了同志间的情谊,给人以奋发向上的信心、克服困难的勇气和勤奋工作的力量。

(二) 慰问信的种类

慰问信主要有以下三种类型:

1. 对有杰出贡献的集体或个人表示慰勉,鼓励他们戒骄戒躁,继续努力。

2. 对遭受灾害或遇到巨大困难的集体或个人表示慰问,激励他们战胜困难,走出困境。

3. 向现役、退役、转业军人及军烈属表示节日慰问,向假日坚持工作的人员表示节日慰问,向作出贡献的单位或个人表示节日慰问。

(三) 慰问信的写作

慰问信一般由标题、称谓、正文、结束语、签署五部分组成。

1. 标题。在居中位置,以较大字体,书写"慰问信"或"×××致×××的慰问信"。

2. 称谓。顶格写被慰问的单位、团体或个人的名称,其后加上冒号。

3. 正文。其内容包括三个方面:一是说明慰问的原因、背景及问候用语;二是概述对方的先进事迹、先进思想、高尚品格,战胜困难的宝贵精神,为党、为国家、为人民作出的贡献;三是明确表达向对方慰问和学习的态度。

4. 结束语。即最后用一句鼓励、祝愿的话作结语。如"此致"、"敬礼"、"祝节日快乐"等。

5. 签署。在正文的右下方署单位名称或个人姓名,其下一行注明年、月、日。

(四) 慰问信的写作要求

1. 针对性要强。应根据不同的慰问对象,确定内容和重点,选用勉励用语。

2. 感情要真挚。应以高度的热情、真挚的感情,表彰先进思想,赞颂高尚品德。

3. 用语要亲切。慰问信语言要富有感情色彩,用语生动活泼,语气诚恳真切,文字朴实精炼,篇幅短小精悍。

【例文】

中共中央祝徐特立七十寿辰的信

亲爱的特立同志：

　　党中央委员会热烈祝贺你的七十大寿！

　　你的道路，代表了中国革命知识分子的最优秀传统。你是热爱光明的，你为了追求光明，百折不挠，在五十岁加入了中国共产党。你对于民族和人民的事业抱有无限忠诚，在敌人面前，你坚持着不妥协不动摇的大无畏精神，你的充沛热情，使懦虫为之低头，反动派为之失色。你是密切联系群众的，你的知识是和工农相结合、生产相结合的，你把群众当作先生，群众把你当作朋友。你对自己是学而不厌，你对别人是诲人不倦，这个品质使你成为中国杰出的革命教育家。你痛恨官僚主义与铺张浪费，你的朴素勤奋七十年如一日，这个品质使你成为全党自我牺牲和艰苦奋斗作风的模范。你的这一切优良品质是全党同志和全国人民的骄傲，把你的这一切优良品质发扬光大是全党同志和全国人民的革命任务。

　　祝你永远健康

中国共产党中央委员会

1947 年 1 月 10 日

【评析】

　　这封贺信是中国共产党中央委员会于 1947 年 1 月 10 日为祝贺徐特立先生七十寿辰而写的，信中首先向徐特立先生表示了热烈的祝贺，紧接着对徐特立先生予以高度评价——"你的道路，代表了中国革命知识分子的最优秀传统"，并赞颂了徐特立先生身上所体现的优秀品质：追求光明，对民族和人民的事业无限忠诚，密切联系群众，学而不厌，诲人不倦，痛恨官僚主义与铺张浪费，是"全党自我牺牲和艰苦奋斗作风的模范"。全文热情洋溢，行文简洁，措词精当，字里行间中充满热烈的喜庆气氛和真挚的祝贺之情，同时体现出组织的权威性。如"热烈祝贺"、"最优秀"、"无限忠诚"、"大无畏"、"杰出"、"模范"、"骄傲"、"发扬光大"等词的使用，感情充沛而评价适当，既有关怀，又有赞扬和激励，用语非常得体。

【例文】

致邹韬奋夫人沈粹缜的慰问信

粹缜先生：

　　在抗战胜利的欢声中，想起毕生为民族的自由解放而奋斗的邹韬奋先生已经不能和我们同享欢喜，我们不能不感到无限的痛苦。您所感到的痛苦自然是更加深切的了。我们知道，韬奋先生生前尽瘁国事不治生产,由于您的协助和鼓励,才使他能无所顾虑地为他的事业而努力。现在,他一生光辉的努力已经开始获得报偿了。在他的笔底,培育了中国人民的觉悟和团结,促成了现在中国人民的胜利。中国人民一定要继续努力,为实现韬奋先生全心向往的和平、团结、民主的新中国而奋斗不懈,韬奋先生的功业在中国人民心目中永垂不朽,他的名字将永远是引导中国人民前进的旗帜。想到这些,您,最亲切地了解韬奋先生的人,一定也会在痛苦中感到安慰吧!您的孩子——嘉骝,在延安过得很好,他的品格和勤学,都使他能无负于他的父亲,这也一定是可以使您欣慰的事吧!谨向您致衷心的慰问,并祝您和您的孩子们健康!

周恩来　启

1945 年 9 月 12 日

【评析】

　　《致邹韬奋夫人沈粹缜的慰问信》是一篇文情并茂、质朴诚挚的佳作。正文开头先说明致信的缘由,表达了对邹韬奋先生的缅怀之情;然后以简洁精炼的语言概述了邹韬奋先生一生的光辉业绩,并对其进行郑重的评价:"在他的笔底,培育了中国人民的觉醒和团结,促成了现在中国人民的胜利。"由于写信的目的是给处于深切痛苦之中的邹韬奋夫人粹缜先生以抚慰和关切,因此在评价之后对粹缜先生表示了亲切的慰问,并说明嘉骝在延安的近况:"他的品格和勤学,都使他能无负于他的父亲",这对粹缜先生来说,无疑是最感欣慰的;最后,再次向粹缜先生表示了衷心的慰问和良好的祝愿。这封慰问信语言精炼简洁、朴实无华,内容充实,饱含挚情,既体现了组织的关怀和温暖,又表达了同志的关切和爱心,读来真挚、委婉,感人至深。

第七节　祝酒词与答谢词

一、祝酒词

(一)祝酒词的概念

　　祝酒词是指党政领导人在喜庆佳节、外宾初到、举行宴会前,所发表的表示热烈欢迎和挚诚感谢的一种讲话文稿。

　　祝酒词的用途很广,可用于国宴祝酒、家宴祝酒、婚宴祝酒、节日祝酒、生日祝酒、饯行祝酒、接风洗尘祝酒等。

(二)祝酒词的写作

　　祝酒词一般由标题、称谓、正文、结尾四部分组成。

　　1. 标题。一般由致词场合、致词人和文种三个要素构成,如《在国庆招待会上×××的祝酒词》等;或采用双标题格式,正标题说明致词主旨,副标题写明是什么场合的祝酒词。

2. 称谓。即对出席者的称呼,其后要加上冒号。称呼要热情友好,可以加上头衔或表示亲切、尊重的词语,并注意称呼的准确性和包容性。如"××先生,今天在座的所有来宾"等。

3. 正文。它可以分层表述:一是致词在什么情况下,代表谁,向出席者表示欢迎、感谢和问候;二是回顾过去,概括以往所取得的成就以及变化和发展;三是放眼全局,展望未来,联系当前所面临的光荣而艰巨的使命。正文部分主要是表达友好的情谊,对商谈或共同关心的问题可以提及,但以不冲淡友好气氛为原则。

4. 结尾。祝酒词的显著特点在于结尾的提议,要说明为什么而干杯,祝语既要突出客(主)人中的代表人物,又要兼顾所有的参加者。如"我请求诸位同我一起举杯,为×××先生,为所有在座的贵宾,干杯"。要单独占一行,"干杯"后面用感叹号作结。

(三) 祝酒词的写作要求

1. 要掌握和了解出席者的情况。素材的选择,结构的安排,语言的运用都要以出席对象为依据,力求做到客观中肯,符合实际,有的放矢。

2. 要做到恰当得体。所讲内容既要符合一定的对象、场合,又要注意用语的分寸。尤其是外交场合的祝酒词,更应注意得体,既要措词谨慎,表明立场,又要感情真诚,气氛友好。

3. 篇幅宜短,语言宜精。要简洁洗练,干净利落,切忌啰嗦拖沓,繁琐冗长。

二、答 谢 词

(一) 答谢词的概念

答谢词是在专门仪式或酒宴、招待会上,由客人对主人的热情接待表示感谢的一种讲话稿。往往是在主人致欢迎词之后,由客人致答谢词。其主要作用在于制造和谐的气氛,交流主客之间的感情,以达到相互尊重,友好相处,以诚相待的目的。

(二) 答谢词的写作

答谢词一般由标题、称谓、正文三部分组成。

1. 标题。它有两种写法:一是只写"答谢词";二是由致词人姓名、职务和会议名称组成。

2. 称谓。标题之下顶格写明听众的称呼,其后加上冒号。称呼宜用尊称,一般在姓名前要加上表示亲切的修饰语。如国际友人常在姓名前冠以"尊敬的"、"亲爱的"等词语,或"先生"、"女士"等称呼;国内一般应加上职称、职务,如"厂长"、"教授"、"董事长"等。

3. 正文。它可分为开头、主体和结尾三个部分。开头要写感谢之类的话。主体要写双方之间的交往、友谊;彼此之间合作的成就;来访的意义、作用等。结尾要写再一次表示衷心的感谢,并写上祝愿和希望之类的话。

(三) 答谢词的写作要求

1. 要礼貌待人,热情友好。答谢词应诚恳、真挚,力求表达内心的真情实感,同时,应根据不同的对象,作切合实际的表达。

2. 要坚持原则,委婉表态。答谢词既要表示亲切友好,又不能丧失原则、立场。这就要求措辞严谨、慎重、准确,将自己的原则、立场通过巧妙、委婉的方式表达出来。

3. 篇幅要简短,语言要精当。语气要热情,态度要谦和,以造成一种亲切友好的氛围,给人以舒畅之感。

【例文】

祝 酒 词

女士们、先生们:

晚上好!

中国国际××展览会今天开幕了。今晚,我们有机会同各界朋友欢聚,感到非常高兴。我谨代表中国国际贸易委员会××市分会,对各位朋友光临我们的招待会,表示热烈的欢迎!

中国国际××展览会自上午开幕以来,已引起了我市及外地科技人员的浓厚兴趣。这次展览会在××市举行,为来自全国各地的科技人员提供了经济技术交流的好机会。我相信,展览会在推动这一领域的技术进步以及经济贸易的发展方面将起到积极作用。

今晚,各国朋友欢聚一堂,我希望中外同行广交朋友,寻求合作,共同度过一个愉快的夜晚。

最后,请大家举杯:

为中国国际××展览会的圆满成功,

为朋友们的健康,

干杯!

【评析】

这篇祝酒词是主人在酒席宴会开始前对来宾表示热烈欢迎的致词。正文部分包含了以下几层意思:一是表明自己代表谁讲话;二是对来宾的问候和欢迎;三是说明中国国际××展览会在××市举办的意义;四是表明希望;最后是祝贺语。内容虽多,但篇幅短小,文字极为精炼、概括,感情热烈而真挚,富有感染性和鼓动性。

【例文】

答 谢 词

尊敬的×××先生,

尊敬的××集团公司的朋友们:

首先,请允许我代表××××代表团全体成员对×××先生及××集团公司对我们的盛情接待表示衷心感谢!

我们一行五人代表××××公司首次来贵地访问,此次来访时间虽短,但收获颇大。仅三天时间,我们对贵地的电子业有了比较全面的了解,与贵公司建立了友好的技术合作关系,并成功地洽谈了××××

电子技术合作事宜。这一切,都得益于主人的真诚合作和大力支持。对此,我们表示衷心的感谢!

电子业是新兴的产业,蒸蒸日上,有着广阔的发展前景。贵公司拥有一支由网络专家组成的庞大的队伍,技术力量相当雄厚,在网络工作站技术市场中一枝独秀。我们有幸与贵公司建立友好的技术合作关系,为我地电子业的发展提供了新的契机,必将推动我地的电子业迈上一个新台阶。

最后,我代表××××公司再次向××集团公司表示感谢! 并祝贵公司迅猛发展,再创奇迹! 更希望彼此继续加强合作,共创明天!

最后,我提议:

为我们之间正式建立友好合作关系,

为今后我们之间的密切合作,

干杯!

【评析】

这是一篇来访者对主人的热情款待表示感谢的答谢词。开篇首先表达了真挚的感谢之意,接着写明致谢的缘由,强调了双方之间建立友好合作关系的重大意义,并对对方所给予的支持表示衷心的感谢,最后表达了希望进一步加强合作的良好愿望。全文内容具体,感情真挚,语言简洁明快,热情友好,充分表现出致词者发自肺腑的诚意。

【思考题】

1. 什么是启事与海报? 二者有何区别?
2. 启事与海报各有哪些写作要求?
3. 什么是申请书与求职书? 各有哪些写作要求?
4. 试拟写一份求职书。
5. 什么是请柬与聘书? 写作时应注意些什么?
6. 什么是邀请信与感谢信? 请根据实际情况拟写一份邀请信和感谢信。
7. 什么是贺信与慰问信? 各有哪些种类?
8. 请以本单位的名义起草一份给春节值勤公安干警的慰问信。
9. 什么是祝酒词与答谢词? 各有什么作用?
10. 请写一份饯行的祝酒词。

第十二章 经济文书写作

经济应用文是经济部门、企事业单位处理经济事务、传播经济信息、协调经济活动的格式相对固定的一种专用文书，又称经济文书。经济文书记载和反映了国家、企业和个人的经济信息，是经济活动中重要的凭证，是沟通经济信息、分析经济活动状况、促进经济效益提高的管理工具。

本章着重介绍了招标书、投标书、意向书、合同和可行性研究报告这五种经济文书，举实例详细说明了这类文书的格式和写法，同时还简要介绍了这些经济文书所涉及到的法律法规以及相关注意事项。

第一节 招 标 书

一、招标书的概念

招标和投标，是经济活动中广泛采用的一种经济手段，是竞争机制进入商品交易活动的产物。所谓招标，是招标者为出包建设项目、购买大宗商品或合作经营某项业务、出包或出赁企业等，事先对外公布标准和条件，提出价格，等待投标者们前来投标承建或承包，从中择优选取投标者的行为。招标书即在招标过程中使用的书面材料，又叫招标广告、招标公告、招标启事，是招标者为邀请符合条件的有关单位投标，将业务项目、项目标准及要求、条件等有关内容写成书面的一种文书。

1999 年 8 月 30 日，第九届全国人民代表大会常务委员会第十一次会议通过《中华人民共和国招标投标法》，并于 2000 年 1 月 1 日起施行。招投标这一交易活动在我国也被纳入了法制的轨道。该法的颁布实施，对规范招标投标行为，维护工程建设市场秩序，保护国家利益、社会公共利益和招标投标人的合法权益，对提高工程质量、降低工程造价和提高投资效益具有重要意义。同时，该法律对必须进行招标的项目范围作了强制性的规定，对招标人和投标人的资格以及招投标的程序作了详尽的规定。同样，写作招标书和投标书也必须遵循该法律的有关规定。因此，写作招投标书是一种专业性很强的写作活动，写作者必须对《中华人民共和国招标投标法》中所规定的招标程序、招标分类以及与之相关的国际惯例有相当的了解，才能准确无误地从事招投标书的写作。

二、招标书的作用

(一)招标书是投标者编制投标书、参加投标的依据

招标书将招标项目、招标内容及要求、招标步骤、投标须知、合同条款等告诉广大投

标者,一方面可吸引众多的单位前来投标,从而引入竞争机制,实现以最少的投入获取最佳经济效益的目的;另一方面,便于投标者根据招标书提供的信息材料,进行调查研究,制定投标方案,填制投标书,编写答辩词,以及做好其他各项准备工作,从而使自己在竞标中处于有利地位。

(二) 保证招标投标活动顺利进行

招标书中写明的要求、目的、程序、须知、条款等内容,既是招标方工作的依据,又是投标方工作的准则。只有双方都按照招标书中的规定去做,才能保证招标投标顺利进行。

(三) 促使双方切实执行合同及约定事项

促使双方加强管理,保证质量,保证按期完工或交货,提高经济效益。

(四) 有利于对外贸易渠道的拓展

随着对外开放的深入和发展,国际招标投标活动越来越多,因此,做好招标书撰写工作是国际招标活动顺利实施和对外贸易健康发展的重要保证,有利于对外贸易渠道的拓展。

三、招标书的特点

(一) 目的性

招标书通过对招标内容及其条件、要求等作出具体规定并告诉广大投标者,引入竞争机制,实现以最少投入获得最佳经济效益的根本目的。

(二) 确定性

招标书中写明的招标项目、招标内容及其条件、要求,招标程序、招标须知等内容必须明确、具体。这样一方面保证了招标单位的招标目标得以顺利实现,另一方面也为投标者制定可行的投标方案明确了方向。

(三) 广泛性

招标人在公共传媒上发布招标书,就是要在法律、政策允许的范围内最广泛地吸引投标者前来竞标,提升了投标者的整体水平,加强了投标者之间的实力竞争,有利于招标者从中择优选取对象。

四、招标书的分类

招标书可以从如下三个方面进行分类:

一是按招标内容分,主要有建筑工程招标书、劳务招标书、大宗商品交易招标书、设计招标书、企业承包招标书、企业租赁招标书等。

二是按招标范围分,可分为国际招标书、国内招标书、部门系统内招标书和单位内部招标书等。

三是按合同期限分,可分为长期招标书和短期招标书。长期招标书中规定的合同期限都较长,一般在 3 年以上,如大型工程项目的招标、选聘经营者的招标、企业租赁的招标等。短期招标书中规定的合同期限一般都较短,如大宗商品交易的招标。

五、招标书的主要内容

因招标项目的不同,招标书的内容也有所差异,但一般来说包括:

（一）投标须知

主要写明以下内容：项目名称；资金来源；对合格投标者的要求；投标文件填制的要求；投标文件的提交；中标后应履行的手续等。

（二）技术规格

即所招标项目的参数指标及特殊要求。

（三）合同条款及合同格式

涉及合同的具体条款和相应的格式。

（四）附件

主要包括投标格式、投标报价表格式及要求、技术差异修订表格式及要求、投标保证金函格式及要求、履约保证金函格式及要求、招标资格审查所需文件、货物清单及开标一览表等。

六、招标书的写作格式

招标书一般由标题、正文和结尾三部分组成。

（一）标题

招标书标题有三种表现形式：

1. 完全式标题，由招标单位、招标项目或内容、招标形式及文书名称四部分组成，如《山西省××学校关于采购学生组合床的公开招标书》；

2. 简明式标题，可由招标项目加文种构成，如《电力工程招标公告》，或者只写明"招标书"的字样，而招标内容、形式等不在标题中体现；

3. 广告式标题，即在标题中除写明招标项目等内容外，还加入一些广告性字样，如《请您来做总经理——××公司招标书》。

（二）正文

正文一般由前言和主体构成。前言部分要用简练的语言写明招标目的、依据及招标项目名称等内容，开宗明义，一目了然。主体部分是招标书的中心，详细写明招标内容、条件、要求及有关事项，构成招标文件。

大宗商品交易类招标文件主要由投标须知、需求表、规格、合同条款、合同格式、附件等构成。建筑工程类招标文件主要由投标须知、招标工程项目介绍、工程技术质量要求、包工包料情况、合同条款、合同格式及附件等构成。招聘企业经营者类招标文件主要由招标范围、招标程序、企业基本情况、合格投标者标准、承包期限、中标人的责权与待遇、合同变更中止的原则等构成。

（三）结尾

主要写明投标方式、截止期限、招标者联系方式等内容，最后署名。

七、招标书的写作要求

招标书是关系招标单位的目标能否实现和招标工作能否顺利进行的重要文件。在编写招标书时一定要做到以下几点：

（一）熟悉招标的程序

在编写招标书时首先要熟悉招标的一般程序，即：

1. 招标单位组织有关人员编制招标文书并报请有关部门审批；

2. 公开发布招标公告、招标邀请通知书；

3. 进行投标人前期资格预审，必要时还可发售资格预审文，对愿意参加投标的公司进行资格预审；

4. 发售招标文书；

5. 投标者递交投标书，密函报价，并交纳投标保证金；

6. 开标；

7. 评标，确定中标人，并发出中标通知书；

8. 双方签订合同，中标人交纳履约保证金；

9. 履行合同。

（二）编写招标书一定要做到真实可靠

编写招标文件必须贯彻、执行党和国家的方针、政策及有关法律、法规，维护国家利益。同时，内容要真实可靠，不能弄虚作假，欺骗投标者。

（三）编写招标书必须做好深入的调查研究

编写招标文件之前，必须经过大量的市场调查研究，掌握充分的信息资料，从而在需要和可能的基础上，制定出公正、合理的数据指标，保证自己目标的实现。

（四）招标书内容要明确清晰，详尽具体

招标文件是投标者填制投标文书和编写答辩词的依据，是双方签订合同的基准。因此，招标文书内容陈述一定要明确、具体，能数字化的尽量数字化，数据要准确，不可使用模糊词语，避免产生歧义、发生误解，严禁出现错别字。

（五）编好招标书要装订成册

招标书编写完毕后，一般都要整理并装订成册，外加封面和底页，便于使用。必要时，招标书还要分册装订，避免混乱。

【例文】

合肥市瑶海区乐水路工程施工招标公告

合肥招标投标中心受合肥市瑶海区城建投资有限公司的委托，现对"合肥市瑶海区乐水路工程施工项目"进行公开招标，欢迎符合条件的投标人参加投标。

一、项目名称及内容

招标编号：2011GCYZ0073

项目名称：合肥市瑶海区乐水路工程施工

工程地点：合肥市

建设单位：合肥市瑶海区城建投资有限公司

工程概况：合肥市瑶海区乐水路工程实施路段为郎溪路至曹冲路和东二环至土山路两段，路宽15 m，8.5 m，机非并板＋3.25 m，人行道×2。

项目概算：3800万元

招标类别:施工-市政

标段划分:共分为1个标段

二、投标人资质要求

投标人资质:投标人资质等级为市政公用工程施工总承包二级及其以上资质。

项目经理资质:注册建造师资质要求为市政公用专业一级注册建造师资质,具备近五年来承担过一个及其以上单项工程造价2500万元及以上的市政道路工程,注册建造师必须是投标人本单位工作人员,且不能有其他在建工程,否则没收投标保证金,取消该投标人中标资格,并按提供虚假资料谋取中标依法处罚。市招投标监督管理机构将记入不良信用档案,并予以曝光。

资格审查方式:资格后审

其他要求:外地建安企业在合肥招投标中心投标并中标后必须在合肥市注册子公司,以子公司名义与业主单位签订合同。

三、报名或领取招标文件和资格审查文件方式及时间

报名时间:2011年02月10日—2011年02月15日

(上午:08:00—12:00 下午:14:30—17:30)

报名方式:网上报名

领取方式:网上下载

招标文件价格:400元整(招标文件售后不退)

四、联系方式

单位:合肥招标投标中心

地址:合肥市阜阳路×号一楼

本项目联系人:×××

电话:×××××××

邮编:××××××

五、重要说明

本项目只接受合肥招标投标中心会员库中已审核通过会员报名,未入库的投标人请及时办理入库手续(会员办理网址请参见栏目中"合肥招标投标中心会员注册流程",联系电话:×××××××,联系人:××)因未及时办理入库手续导致无法报名的,责任自负。

会员报名程序请登陆合肥招标投标中心网办理(具体操作步骤和程序请参见"办事指南"栏目—"会员报名操作手册")。

会员报名成功后直接采用网上支付系统支付标书费用,直接下载招标文件及其他资料(含澄清和补充说明)。如无网上银行账号,请及时前往银行办理(本系统目前支持以下银行网上支付服务:中国农业银行、中国工商银行、中国建设银行、交通银行、招商银行、光大银行、浦发银行、徽商银行)。

图纸、光盘等资料按成本费收取,该项资料接通知后到合肥招投标中心一楼服务大厅缴纳费用后现场领取。

六、其他事项

投标人网上报名后,必须在报名截止日期前完成网银在线支付,逾期网上报名系统将自动关闭。

【评析】

这是一篇招投标中心受雇主委托,对该市路面工程施工项目进行公开招标,等待投标者们前来投标而公开发布的招标书,它有利于招标者实现以最少的投资获得最佳效益的目的。

本文内容详尽,所提条件细致明确,全篇紧紧围绕合肥市瑶海区乐水路工程施工项目进行说明,对投标者提出的要求也详尽合理。

本招标书结构完整规范,分条款将所提要求进行罗列,分别介绍了该项目所涉及的主要方面,及投标的时间、地点、方式、投标方资质和其他注意事项等,便于投标者有的放矢,是一篇规范的招标书。

第二节　投　标　书

一、投标书的概念

投标书,亦称标书、标函,是投标者经招标单位资格审查准予参加投标后,按招标文件提出的条件和要求,具体地向对方提出承包此业务项目的愿望时编写的文件材料。投标书与招标书相对应,是整个投标过程中的关键性环节。投标书编制是否合适,直接关系到投标者能否中标,因此,写好投标书十分重要。

二、投标书的作用

(一)让招标单位了解投标者的素质能力、组织机构、技术力量、报价等基本情况,为评标提供依据

投标书是投标者按招标文件的要求编制的书面材料,既说明投标者的投标方案,又能反映出投标者的素质高低、能力大小,尤其是投标者分析判断能力、创新能力及管理水平等。招标单位通过对投标者情况及提供的方案或服务进行分析、比较,分析哪一个投标者条件最好,哪一个投标者提供的方案或服务最有利于实现招标单位的招标目的,才能确定中标人。

(二)投标书是投标者中标后履行职责的依据,是编制实施方案的基础

投标书中所写明的标价、指标、权责、奖罚条款等内容,是招标、投标双方都给予认可的,因此成为双方签约后开展各项经济活动的依据。中标人编制项目实施方案和履行职责,都要按投标书所写的去做。中标的投标书具有法律效力,双方必须遵守和执行,否则会受到一定的处罚。

三、投标书的特点

(一) 真实性

指投标者通过投标书真实、客观地反映自己的基本情况。例如投标建筑工程类的标书反映投标者的组织结构、人员构成、施工质量评级、类似工程履历等；投标招聘经营者类的标书反映投标者的资历、学历等；投标大宗商品交易类的标书则反映投标者的资金货源实力、诚信记录等情况。这些情况是招标单位在评标、定标过程所必须考虑的。

(二) 目的性

指投标书反映了投标者希望成为中标人的目的，即投标是为了中标。

(三) 手段性

指投标书是投标者战胜竞争对手、成为中标人的有力武器。评标、定标等重要环节围绕投标书开展，投标编写答辩也是配合投标书进行，因此投标书拟写合适与否，直接关系到投标者能否中标。

四、投标书的种类及内容

投标书按投标项目划分可分为：建筑工程投标书、大宗商品交易投标书、招聘经营者投标书、企业承包投标书、企业租赁投标书等。

(一) 建筑工程投标书的主要内容

1. 工程总报价及各项费用标价；
2. 保证达到的工程质量；
3. 工程项目开工、竣工日期；
4. 施工技术组织措施；
5. 工程进度安排；
6. 附件。

(二) 大宗商品交易投标书的主要内容

1. 商品总报价及分项报价；
2. 投标方如何组织生产招标方要求的商品；
3. 商品规格、型号及质量等要求；
4. 交货方式、交货时间、交货地点；
5. 对交纳银行担保书和履行保证金的承诺；
6. 附件。

(三) 招聘企业经营者投标书的主要内容

1. 经营管理方案，主要说明要达到的技术经济指标及其实现的依据、步骤及措施等；
2. 个人简历，包括学习、工作履历；
3. 业务经验及证明材料；
4. 其他证明材料；
5. 附件。

企业承包投标书和租赁投标书主要写明投标方在承包期或租赁期内希望达到的技

术经济指标及方案运行的步骤、措施等内容。

不管编写哪一类投标书，都必须按照招标文件中的有关规定和要求，认真调查研究，精心测算，确定合适的标价，填制投标文件，并按规定期限向招标单位递交。

五、投标书的写法

一般由标题、招标单位称呼、正文、结尾、附件五部分构成。

（一）标题

一般有以下几种表现形式：

1. 完全式标题，由投标方名称、投标项目及文种三部分内容构成，如《××公司承包××大学教学新楼建设工程投标书》。

2. 不完全式标题，由投标方名称或投标项目与文种两部分构成，如《××建筑工程公司投标书》、《承建××大学新办公大楼工程投标书》。

3. 简易标题，即只写明文种，而不再写入投标单位名称、投标项目等事项，如《投标书》。

（二）称呼

在标题下隔行顶格写招标单位的全称，如需呈送具体负责人，应在单位下一行顶格写称呼，与书信体中称呼的写法相同。称呼一般要用敬称，而不能直呼其名，在国际性招标活动中更应该注意这一点。

（三）正文

这是投标书的中心，又可分为前言和主体两部分。

前言（或称引言）部分一般用简练的语言说明投标方名称，投标的方针、目标以及对中标后的承诺等内容，起开宗明义、提纲挈领的作用。

主体部分一般包括以下内容：

1. 投标的具体指标。这是投标书的关键性内容，是招标单位评标、定标的重要依据。这部分内容一般很多，且通常以表格形式出现。因此，一般做法是把其中的表格部分放在投标书后面，作为附件形式处理，而在此处只说明投标总报价等总体性指标。

2. 若为大宗货物贸易投标，应写明投标方对应履行责任义务作出的承诺；若为建筑工程项目投标，则写明项目开工、竣工日期。

3. 说明此投标书有效期限。

4. 说明投标方将按招标文件要求，交纳银行担保书和履约保证金。

5. 最后礼貌性地说明对任何结果都可以表示理解。

（四）结尾

结尾应写明投标单位名称、地址、邮编、电话、授权代表人姓名等内容，便于双方联系。其中，单位名称和授权代表人要分别盖章签名。最后，注明投标日期。

（五）附件

主要包括：1.投标报价表；2.货物清单；3.技术差异修订表；4.资格审查文件；5.开户银行开具的投标保证金保函；6.开户银行开具的履约保证金保函等。

六、投标书的写作要求

投标书编写合适与否，直接关系到投标者能否中标事宜。因此，投标者在编写投标

书过程中,必须注意以下问题:

(一) 投标者必须熟知投标程序

投标一般程序为:

1. 掌握招标信息,了解招标项目、工作进度、设备选型和采购倾向等情况;

2. 向招标单位递交投标申请书,介绍自己的情况,通过招标单位的前期资格预审;

3. 购买招标文件并认真研究,根据自己的技术经济实力,决策投标品目和投标方案;

4. 填制投标文件,编制答辩词;

5. 按规定期限递交投标书;

6. 如招标方有现场竞标安排,投标者需携带相关材料参加竞标会;

7. 若中标,持中标通知书按期与招标单位签订合同,并按合同价的10%交纳履约保证金;

8. 中标者执行合同,组织生产或施工,按期交货或交工。

(二) 投标者必须认真研究招标文件

尤其是其中的工程项目介绍、技术要求、性能参数及合同条款等内容,必要时向招标单位或业主提出询问,真正弄懂招标项目内容、条件及要求,做到有的放矢。

(三) 进行市场调查研究

应深入调查研究,分析自身内部条件,把握有利条件和优势,做出正确的投标方案决策。再根据研究结果,按照招标文件要求,认真填制投标文件和编写答辩词。

(四) 按期递交投标书,避免因逾期递交而不被受理

(五) 要避免发生无效标的情况

无效标一般是由于违反国家、政府有关规定,或不符合招标文件要求等原因造成。

(六) 若出现问题应寻求合理的解决办法

若发现招标文件中某些技术经济指标或参数有误差,切勿自行涂改,也不能按自己核实的数字进行标价,而应及时向招标单位咨询,寻求合理解决办法。

(七) 在文字处理上要注意以下事项

1. 巧用外交语言。在投标书中应使用外交语言,如"贵公司"、"我们对……给予充分理解"等,使人感觉受到尊重,给中标与否留下余地。

2. 要重点突出。重点说明那些对投标成功与否起决定作用的内容,如技术规格、报价表和资格证明等。

3. 文字要准确精炼。不可使用模糊词语,避免产生歧义和误解,严禁出现错别字。

4. 大量运用数字和图表,增强投标书说服力。尤其是附件部分更是如此。

【例文】

投 标 书

××××公司:

　　一、根据已收到的招标编号为××××的××××工程的招标文件,遵照《工程施工招标投标管理办法》的规定,经考察现场和研究上述工程招标文件的投标须知、合同条件、技术规范、图纸、工程量清单和其

他有关文件后,我方愿以人民币××××万元的总价,按上述合同条件、技术规范、图纸、工程量清单的条件承包上述工程的施工、竣工和保修。

二、一旦我方中标,我方保证在20××年××月××日开工,20××年××月××日竣工,即×××天内竣工并移交整个工程。

三、如果我方中标,我方将按照规定提交上述总价5%的银行保函或上述总价10%的由具有独立法人资格的经济实体企业出具的履约担保书,作为履约保证金,共同地和分别地承担责任。

四、我方同意所递交的投标文件在"投标须知"第11条规定的投标有效期内有效,在此期间内我方的投标有可能中标,我方将受此约束。

五、除非另外达成协议并生效,你方的中标通知书和本投标文件将构成约束我们双方的合同。

六、我方金额为人民币××××元的投标保证金与本投标书同时递交。

　　投标单位名称:××××建筑工程公司

　　单位地址:(略)

　　邮政编码:(略)

　　电　　话:(略)

　　开户银行名称:(略)

　　银行账号:(略)

投标单位:××××建筑工程公司(盖章)

法定代表人:×××(签字、盖章)

20××年××月××日

【评析】

这是一篇投标书,是投标方经考察研究招标文件的具体要求后,愿意承包此次工程并对招标方作出的承诺。

文章的标题为简易标题。正文对工程总额、工期、保证金及双方权责等比较重要的方面进行了说明。结尾处写明了投标单位的名称、地址、邮编、电话、开户银行及账号,最后签字盖章。

文章结构清晰,行文顺畅。使用的条款式结构一目了然,便于招标方审核。

该文语言通顺,字句凝练,谦卑有度,同时在表述中将双方责权进行了简单而明确的划分,便于以后工作的开展。

第三节　意　向　书

一、意向书的概念

意向书是当事人双方或多方之间,在对某项事物正式签订条约、达成协议之前,表达初步设想的意向性文书。意向书为进一步正式签订协议奠定了基础,是"协议书"或"合同"的先导,多用于经济技术的合作领域。它是公司或个人为某项业务出具的非正式函件。虽然它不具备合约的约束力,但也表明了签署人的意向和严肃态度。

二、意向书的特点

(一) 协商性

意向双方本着友好往来的态度进行合理磋商,进而达成有关协定。双方在洽谈过程中,在阐述己方意见的同时,还要充分考虑对方的相关要求,达到和谐共赢的目的。

(二) 灵活性

意向书不像协议、合同那样,一经签约不能随意更改,意向书比较灵活,在协商过程中,当事人各方均可按各自的意图和目的提出意见,在正式签订协议、合同前亦可随时变更或补充,最终达成协议。

(三) 简略性

因为意向书只是双方有关意向,不是最终决定,因而在表述清楚的基础上做到简洁明了、更为实用。

三、意向书的写法

意向书的结构大致分三个部分,即标题、正文和尾部。

(一) 标题

1. 可用项目名称＋文种,如《关于××集团在××地区建立食品工厂的投资意向书》。

2. 直接用文种做标题,如《意向书》。

(二) 正文

正文由导语、主体和结尾构成:

1. 导语

写明合作各方当事人单位的全称,双方接触的简要情况,磋商后达成的意向性意见。然后用"本着××原则,兴建××项目"作为导语的结束。

2. 主体

分条款写明达成的意向性意见,可参照合同或协议的条款排列。

3. 结尾

写明"未尽事宜,在签订正式合同或协议书时再予以补充"一语,以便留有余地。

(三) 尾部

意向书签订各方单位的名称、代表人姓名并加盖公章、私章及日期。

四、意向书的写作要求

意向书作为"协议"或"合同"的先导,将会为下一步合作奠定基础,因而在写作时要注意以下事项:

(一) 要坚持诚信、公平的原则

在当今的经济往来中,诚信是市场竞争中最为珍贵的从商信条,而公平也是双方贸易得以继续开展的基础,故在意向书中应处处体现着双方的诚信,买卖的公平。双方都应本着诚信的原则进行协商,进而订立公平的买卖方案,在下一步的洽谈中也都应遵照意向书中所写条目予以兑现。

(二) 要坚持准确、简明的表述

意向书在签订后还会有进一步的具体合作,但在初步商榷意见形成后,要对关键核心问题进行准确表述,涉及数据及相关说明要简洁明了,使后续的买卖行为有据可依。

(三) 要坚持谦虚、诚恳的态度

为了今后工作的更好开展以及合作双方的友谊常在,意向书所写文字应努力做到诚恳待人,谦虚谨慎。

【例文】

意 向 书

尊敬的 X 先生:

根据 A 公司提供 B 投资公司的信息和预测数据,B 投资公司与 A 公司原则上同意 B 投资公司将在完全稀释后("完全稀释后"是指已经考虑计算了员工股票期权和其他认股权等可能性之后)的基础上以八百万美元的融资后作价(或六百万美元的融资前作价)投资 A 公司的 W 系列优先股票。投资条件如下:

一、股票的购买

双方同意 B 投资公司投资二百万美元购买 A 公司的 W 系列优先股,此项投资将换取 A 公司 25% 的完全稀释后的股权。

二、调查时限

A 公司同意给 B 投资公司三十天的限制时间完成尽职调查,时间从本协议签字之日起计算。如果在这段时间结束时 B 投资公司对尽职调查的结果感到满意并决定投资,A 公司将根据附件的条款清单所列条件出售 W 系列优先股给 B 投资公司。本条款不限制其他投资公司在此同一期间内对 A 公司做尽职调查。

三、投资前提条件

(一) 双方最后签订令 B 投资公司满意的投资合同;

(二) 对 A 公司的法律、公司业务和财务等方面尽职调查令 B 投资公司满意;

(三) 投资案最后得到 B 投资公司投资决策委员会的批准;

(四) A 公司的业务没有发生本质变化;

(五) A 公司在香港(或英属维京群岛或开曼群岛)重新注册,本地的 A 公司变成一个境外公司的子公司。

四、保密约定

在双方认可(或否决)投资许诺之前,双方有关人士及其代理人负有保密责任,不对外泄露谈判内容及进展。如果现行法律或法院认为

确实有必要,披露信息的一方在此情况下需预先通知另一方,并尽可能把披露内容限制在最小范围内。

五、免责声明

双方均放弃基于本条款清单和投资意向而向法院起诉的企图和权力。

六、无约束力声明

本投资意向书不是 B 投资公司的许诺书。正式的投资承诺必须在签订投资合同之后才能生效。

七、适用法律

本投资意向书适用中华人民共和国法律。

本协议信件所附之条款清单只作为进一步调查和谈判的基础,不是任何一方对所提及的投资交易的许诺。如果你同意以上条件及所附条款清单的投资条件,并愿意以此为基础继续往下做。那么请在下面适当的地方签字,并递交一份正式副本给 B 投资公司。时间最迟不能超过本地时间 2012 年 6 月 31 日,否则上述建议将自行终止。

同意并接受上述条件:

A 公司代表　　　　　　　　　　B 投资公司代表

签字:　　日期:　　　　　　　签字:　　日期:

【评析】

这是一篇关于 A、B 两所公司之间投资行为的意向书。

文章内容详尽,完全围绕 A、B 两公司之间的投资行为展开,双方所关心的关键问题解释清晰明了,对有关术语(如"完全稀释")还在必要处进行了特别标注,对双方责权分配及合作后续工作也进行了声明。

文章格式采用了条款式,主要内容清楚明白,条理有序,便于双方达成意向。文尾也本着公平的原则进行了双方共同签署。

文章语言表述严谨规范。因为涉及投资购买等行为,在经济往来及法律问题上,语言的表述相当严谨规范,便于今后双方工作的顺利开展,也有力地减轻了自身风险。

第四节　合　　同

一、合同的概念

随着社会经济的逐步发展,尤其是市场竞争的日益激烈,企业之间、人与人之间的经济往来日益频繁,涉及的经济关系也越来越复杂,这就使得合同文书的使用也越来越多。为了适应经济发展的需要,国家对合同关系进行了有效的调整。中华人民共和国第九届全国人民代表大会第二次会议于 1999 年 3 月 15 日通过了《中华人民共和国合同法》(以下简称《合同法》),1999 年 10 月 1 日起实施。

《合同法》明确规定:合同是平等主体的自然人、法人、其他组织之间设立、变更、终止民事权利义务关系的协议。依法成立的合同,受法律保护。因此,各类企业要依据国家的一系列法律、法规规范自己在经济活动中的行为,加强经济合同的管理,以维护自己的合法权益不受侵犯。有关人员应掌握合同文书的写法,以胜任其工作。

二、合同的作用

在当今繁荣而复杂的市场经济活动中,合同具有非常重要的作用。

(一) 有利于保护当事人的合法权益,维护社会经济秩序

《合同法》规定,依法订立的合同,对当事人具有法律约束力,其合法权益受到法律的保护。合同当事人既是合同的执行者,又是合同的直接受益者。当事人既要按照约定履行自己的义务,同时也享有合同规定的权利。这有利于社会经济活动的正常运转,有利于维护社会的经济秩序。

(二) 有利于加强经济核算,提高管理水平

合同是根据国家有关法令,在平等互利、协商一致、等价有偿的基础上订立的。合同一经签订,双方当事人都将承担经济上、法律上的责任。为了保证合同的履行,双方当事人都必须千方百计地做好经营管理工作,加强经济核算,降低成本,提高劳动生产率。这样,在履行合同的过程中,也就能不断地提高管理水平,提高经济效益。

(三) 有利于主管部门的监督管理

合同是国家运用经济手段和法律手段管理经济的重要措施。企业执行合同的好坏,直接反映企业的经营活动和管理水平。上级主管部门和金融、税务等职能部门可以通过对合同的审查、监督,及时发现经营管理中的问题,加以指导,改进工作。工商行政管理部门和其他有关行政主管部门在各自的职权范围内,依照法律、行政法规的规定,对利用合同危害国家利益、社会公共利益的违法行为,负责监督处理;构成犯罪的,依法追究刑事责任。

(四) 有利于促进和加强社会生产的专业化协作和经济联合

在相互协作的基础上,社会分工正朝着愈来愈细的专业化方向发展。合同正是开展经济活动、进行经济往来、发展市场经济、获得经济效益的有效形式。签订合同,有利于优势互补,扬长避短,加强协作,横向联合,使社会生产形成良性循环。

三、合同的特点和种类

(一) 合同的特点

《合同法》以法律的形式对合同的各个方面都作了具体规定。概括起来讲,合同具有以下几个主要特点:

1. 合法性

合同的订立和履行,应是当事人受到法律保护和监督的合法行为。合同的主体是具有平等民事权利的法人、其他经济组织或自然人。当事人任何一方不履行合同,都要承担由此引起的法律后果。订立合同时必须遵守法律和行政法规。如果订立的合同符合当事人双方的意愿,但损害国家利益和社会公共利益,也是违法的。

2. 合意性

合同是双方或多方当事人意思表示一致的法律行为,不是单方面的法律行为。当事

人在合同关系中的地位是平等的。订立合同,应当遵循平等互利、协商一致的原则。任何一方不得把自己的意志强加给对方,任何单位和个人不得非法干预。

订立合同,必须经过要约和承诺的法律程序,以贯彻平等、协商原则。所谓要约,指当事人一方向另一方提出订立合同的要求或建议。所谓承诺,指当事人一方对另一方提出的订立合同的要求或建议表示完全同意。事实上,双方一拍即合、一下就取得完全一致意见是很难做到的,通常都要经过讨价还价、多次洽谈,才能最后达成双方都能接受的协议。

3. 公平性

合同是一种以公平为取向的法律行为。合同的公平性首先表现在当事人的法律地位平等,不允许一方有超越他方的法律地位;其次表现为双方应采取自愿协商、自主的方式来达成合同。显失公平的合同,或乘人之危情况下签订的合同,都是存在瑕疵的合同,存在着被撤销的可能。

(二) 合同的种类

根据《合同法》分则规定,按照合同的性质和内容,合同一般可分为以下 15 种:

1. 买卖合同

买卖合同是出卖人转移标的物的所有权于买受人,买受人支付价款的合同。其内容包括包装方式、检验标准和方式、结算方式、合同使用的文字及其效力等条款。

2. 供用电、水、气、热力合同

供用电合同是供电人向用电人供电,用电人支付电费的合同。其内容包括供电的方式、质量、时间,用电容量、地址、性质,计量方式,电价、电费的结算方式,供用电设施的维护责任等条款。

供用水、气、热力合同,参照供用电合同的有关规定。

3. 赠与合同

赠与合同是赠与人将自己的财产无偿给予受赠人,受赠人表示接受赠与的合同。其内容包括给付赠与物名称,赠与合同约定的期限、地点、方式等条款。

4. 借款合同

借款合同是借款人向贷款人借款,到期返还借款并支付利息的合同。其内容包括借款种类、币种、用途、数额、利率、期限、返还借款方式等条款。

5. 租赁合同

租赁合同是出租人将租赁物交付承租人使用、收益,承租人支付租金的合同。其内容包括租赁物的名称、数量、用途,租赁期限,租金及其支付期限和方式,租赁物维修等条款。

6. 融资租赁合同

融资租赁合同是出租人根据承租人对出卖人、租赁物的选择,向出卖人购买租赁物,提供给承租人使用,承租人支付租金的合同。其内容包括租赁名称、数量、规格、技术性能、检验方法、租赁期限、租金构成及其支付期限和方式、币种、租赁期届满租赁物的归属等条款。

7. 承揽合同

承揽合同是承揽人按照定作人的要求完成工作,交付工作结果,定作人给付报酬的合同。其内容包括承揽的标的、数量、质量、报酬,承揽方式,材料的提供,履行期限,验收标准和方法等条款。

8. 建设工程合同

建设工程合同是承包人进行工程建设,发包人支付价款的合同。其内容包括勘察、设计、施工等条款。

9. 运输合同

运输合同是承运人将旅客或者货物从起运点运输到约定地点,旅客、托运人或者收货人支付票款或者运输费用的合同。其内容包括运输对象的名称、种类,费用,方式,地点等条款。

10. 技术合同

技术合同是当事人就技术开发、转让、咨询或者服务订立的确立相互之间权利和义务的合同。其内容包括项目名称,标的的内容、范围和要求,履行的计划、进度、期限、地点、地域和方式,技术情报和资料的保密,风险责任的承担,技术成果的归属和收益的分成办法,验收标准,使用方法等条款。

11. 保管合同

保管合同是保管人保管寄存人交付的保管物,并返还该物的合同。其内容包括保管物名称、保管场所或者方法、保管期限、保管凭证等。

12. 仓储合同

仓储合同是保管人储存存货人交付的仓储物,存货人支付仓储费的合同。其内容包括存货人的名称或姓名、住所;仓储物的品种、数量、质量、包装、件数和标记;仓储物的损耗标准;储存场所;储存期间;仓储费;仓储物已经办理保险的,其保险金额、期间以及保险人的名称等条款。

13. 委托合同

委托合同是委托人和受托人约定,由受托人处理委托人事务的合同。其内容包括受托人姓名,委托人支付报酬的数额、时间,受托人的损害赔偿责任等内容。

14. 行纪合同

行纪合同是指行纪人以自己的名义为委托人从事贸易活动,委托人支付报酬的合同。行纪合同又称信托合同。其主要内容包括行纪事务的种类,行纪货物的价格或劳务、服务的价格,行纪货物的要求或代办劳务、服务的要求,行纪人对行纪货物的保管责任等条款。

15. 居间合同

居间合同是居间人向委托人报告订立合同的机会或者提供订立合同的媒介服务,委托人支付报酬的合同。其内容包括居间人从事中介介绍服务的内容、委托人应支付的报酬、当事人双方应承担的义务等条款。

上述 15 种合同是根据《合同法》"分则"的顺序一一列出的,各种合同定义也均引自《合同法》。此外,因为合同的类别太多,《合同法》中不便逐一加以阐述,还有出版合同、旅游组团合同、房屋装修合同等种类未列入。制定这些合同,仍要以《合同法》的总则为据。

四、合同的主要内容

根据《合同法》第十二条所述,合同的内容由当事人约定,一般包括以下条款:

(一) 当事人的名称或者姓名和住所

当事人的名称可以是公司,也可以是商店、学校等。个人签订合同可以写姓名和住所。

(二) 标的

指合同当事人双方权利和义务共同指向的对象。如货物、劳务、工程项目、劳动成果等。

(三) 数量

指标的的计量,是以数字和计量单位来衡量标的的尺度。

(四) 质量

是标的在质的方面的规定,是标的内在素质和外观形态优劣的标志。某些合同中标的的质量还应规定验收办法和允许误差。

(五) 价款或者报酬

价款,指根据合同取得标的物(产品或商品)一方当事人向另一方当事人支付的代价。报酬,指根据合同取得劳务(设计、加工、运输等)的一方当事人向另一方支付的酬金。

(六) 履行期限、地点和方式

履行期限,指合同履行的时间界限,即合同具有法律效力的期限。地点和方式,指当事人完成承担义务的地点和方式,应根据合同的标的或当事人双方的约定而定。

(七) 违约责任

违约责任是对不按合同规定履行义务的制裁措施,这是维护合同双方合法权益的保证。

(八) 解决争议的方法

解决争议的方法有友好协商和向有关工商局经济合同仲裁委员会申请仲裁等。

以上是《合同法》第十二条列出的八条主要条款。因为合同的种类太多,有些条款未必适用,有些内容在以上条款中又包容不了,所以《合同法》第十二条末尾又另起一段加了一句"当事人可以参照合同的示范文本订立合同"。这样,给订立合同的当事人一个机动的余地、灵活的空间,使合同的条款更符合当事人的实际操作需求。

五、合同的写法

这里所讲的合同主要指经济文书中的合同。

(一) 合同的格式

格式主要有三种,即表格式、条款式和综合式。

1. 表格式

表格式合同是把当事人达成的协议内容制成表格的合同样式。表格式合同具有简便、完善和防止疏漏的特点,适用于大量反复使用的合同,如订货合同、销售合同、运输合同等。

2. 条款式

条款式合同是把当事人达成的协议内容写成条款的合同样式。条款式合同具有机动灵活、适用范围广的特点。

3. 综合式

综合式合同是既有条款又有表格的合同样式。表格与条款综合式合同具有以上两种结构方式的优点。凡内容涉及面广，又有定型化内容的合同，一般采用这种方式。

(二) 合同的结构

一份较完整的合同文书应具备首部、正文、签署三个部分。

1. 首部

主要包括：

(1) 标题。合同的标题一般由"合同的性质＋合同"组成，即标明是哪一类合同，如"买卖合同"、"借款合同"、"技术合同"等。有的还点明标的物，如"施工机械设备租赁合同"。

(2) 合同编号。为了便于管理，一般在合同标题下一行标注合同编号。

(3) 双方当事人名称在标题下面，顶格写"订立合同单位"或"订立合同人"，然后并列写上双方当事人的单位全称或个人姓名。为了行文方便，在名称后用圆括号注明"以下简称甲方"、"以下简称乙方"，或"买方"、"卖方"，或"供方"、"需方"；注意不可写"我方"、"你方"，以免引起混乱和误解。

2. 正文

正文部分一般包括两个方面的内容：

(1) 双方签订合同的依据或目的。常见的写法如"为了……，根据《合同法》及有关政策规定，经双方协商同意签订本合同，以资共同恪守"。根据不同的合同内容，这部分在写法上可有适当变化。

(2) 双方协议的内容。合同的内容由当事人约定。一般包括标的，数量，质量，价款或者报酬，履行期限、地点和方式，违约责任，解决争议的方法等条款。因为合同事项千差万别，所以当事人协商之后，还可以另加附则，如在什么特殊情况下不能履行合同的处理办法，以及补充办法"本合同未尽事宜，经双方商定均可补充。补充的条文与本合同具有同等效力"等等。

如有表格、图纸或其他附件，应在正文后面标注"附件"字样，然后使用序码一次写清附件的名称和份数。

3. 签署

包括署名、日期和附项。

(1) 署名。即双方当事人单位名称、法定代表人的签名，并加盖公章或合同专用章。用印要端正、清晰。如果需要主管机关或鉴(公)证机关审批，需写上主管机关、鉴(公)证机关名称、意见，审批日期，经办人签名，并加盖印章。

(2) 日期。以签订合同的日期为准。签约日期关系到合同的效力，必须写清楚。表格式合同常将签订时间、地点写在标题下方。

（3）附项。分别写明双方当事人的单位地址、邮编、电话、传真、开户银行、银行账号等项内容。

六、合同的写作要求

（一）必须符合国家的法律法规和现行政策

《合同法》规定，有下列情形之一的，所签合同无效：一方以欺诈、胁迫的手段订立合同，损害国家利益；恶意串通，损害国家、集体或者第三人利益；以合法形式掩盖非法目的；损害社会公共利益；违反法律、行政法规的强制性规定。而依法订立的合同，受法律保护。因此，当事人订立、履行合同，必须遵守《合同法》等法律和行政法规，尊重社会公德，不得扰乱社会经济秩序，损害社会公共利益。

（二）必须坚持平等、自愿、公平和诚实信用的原则

合同当事人的法律地位平等，一方不得将自己的意志强加给另一方。当事人依法享有自愿订立合同的权利，任何单位和个人不得非法干预。当事人应当遵循公平原则，确定各方的权利和义务。在享有权利、履行义务时，应当遵循诚实信用原则。

（三）内容表述要具体明确

合同条款应该明确具体，因为合同一经签订就具有法律的约束力，因此不能有半点疏漏，稍有差错就要承担经济责任乃至刑事责任。合同中，除了主要条款之外，各种不同类型的合同有各项不同的具体内容，订立时不能缺漏。

合同条款越具体，越有利于合同的履行。例如购销合同，应明确到产品规格、产品质量、技术标准、包装要求、价款、运输方式、交货日期和地点、何种货币结算等等，以有"章"可循。

（四）用词要准确无误

签订合同时，要"咬文嚼字"，字斟句酌，精心琢磨，把可能出现的争议、可能出现的偏差都要考虑周到，并在条款中加以明确。

除了用词准确之外，标点符号的应用也应准确。某报曾登载过一篇《错用一个标点，损失十万巨款》的报道，买方需要优质羊皮，每张羊皮的规格是一平方尺以上，羊皮上没有剪刀斑。结果合同中写的是"一平方尺以上、有剪刀斑的不要"。就因为中间用了一个顿号，卖方所给羊皮是碎的，虽无剪刀斑，但依然无法使用。

（五）文面整洁美观

1. 书写要工整，字迹要清晰。最好用正楷，不写潦草字。尽量不在合同上进行修改。如有修改，应在修改处另盖双方印章，以示认可。

2. 条款合同表示层次时，第一层用"一"或"第一条"，第二层用"（一）"，第三层用"1."，第四层用"（1）"。

3. 金额要大写。如果有总有分，至少总数应大写。如果用表格式合同，不需要的空格要划去，以示不必而不是缺漏。

4. 签订非统一文本，即当事人自行草拟、自行书写的合同，用纸也要注意，宜选择质地坚韧耐久又不易涂改挖补、适合长时间保存的纸张。

【例文】

销售合同书

合同编号：　　　　　　　　签订地点：　　　　　　　　签定时间：

买方	单位名称	太原市×××局		
	地址	太原市××区××路××号	邮编	×××××
	电话	0351-×××××××	传真	×××××
	开户银行	中国工商银行	账号	××××××××××
		××区支行	税号	××××××××××
卖房	单位名称	北京×××电子产品有限公司		
	地址	北京市××区××路××号	邮编	×××××
	电话	010-×××××××	传真	×××××
	开户银行	中国工商银行	账号	××××××××××
		海淀区支行	税号	××××××××××

买卖双方同意按照下述条款签订本合同

商品名称	型号	主要技术指标	数量	单位	单价(元)	金额(元)
显示器	931BW	三星	×	台	××××	×××××
数字电视	KLV-40V300A	SONY	×	台	××××	×××××
DV	SR-62E	SONY	×	台	××××	×××××
路由器	TL-R4419	TP-Link	×	台	××××	×××××
				合计(人民币)：×××××元整		

一、质量要求：符合最新国际标准

二、交货地点：太原市××区××路××号

三、运输方式及费用承担：卖方负责

四、包装标准：符合最新国际标准

五、结算及期限：预付总额30%，安装调试后两周内付清余额

六、如需提供担保，另立合同担保书，作为本合同附件

七、交货时间：××××年×月下旬

八、其他约定事项：卖方对以上货品质量保修一年

买方(盖章)：　　　　　　　　　　　　　　卖方(盖章)：

【评析】

这是一份某单位和某电子产品公司的设备器材采购合同。

合同内容是某单位的电子设备采购计划，合同中对设备的具体规格、型号、数量、价格等方面进行了细致准确的说明，便于上级主管部门进行审核，也便于双方操作。

合同格式：在买卖双方同意的情况下，将商品的名称、型号、主要技术指标、数量、单价、金额等内容用表格形式列出，其他内容如质量要求、交货时间、交货地点、运输方式及费用、包装标准、结算及期限等以条款形式记载，是现在销售合同中使用频率较高的格式。

第五节　可行性研究报告

一、可行性研究报告的概念

可行性研究是从事一种经济活动之前，双方从经济、技术、生产、供销到社会环境、法律等各种因素进行具体调查、研究、分析，确定有利和不利的因素、项目是否可行、估计成功率大小、分析经济效益和社会效果程度，为决策者和主管机关审批提供理论依据的研究活动。

在经济文书中，可行性研究报告是通过对项目的主要内容和配套条件，如市场需求、资源供应、建设规模、工艺路线、设备选型、环境影响、资金筹措、盈利能力等，从技术、经济、工程等方面进行调查研究和分析比较，并对项目建成以后可能取得的财务、经济效益及社会影响进行预测，从而提出该项目是否值得投资和如何进行建设的咨询意见，为项目决策提供依据的一种综合性的分析方法。

二、可行性研究报告的分类

可行性研究报告按用途主要分为 6 类：

（一）用于企业融资、对外招商合作的可行性研究报告

这类研究报告通常要求市场分析准确、投资方案合理，并提供竞争分析、营销计划、管理方案、技术研发等实际运作方案。

（二）用于国家发改委立项的可行性研究报告、项目建议书、项目申请报告

这类研究报告通常是根据《中华人民共和国行政许可法》和《国务院对确需保留的行政审批项目设定行政许可的决定》而编写，是大型基础设施项目立项的基础文件，发改委根据可行性研究报告进行核准、备案或批复，决定某个项目是否实施。另外医药企业在申请相关证书时也需要编写可行性研究报告。

（三）用于银行贷款的可行性研究报告

商业银行在贷款前进行风险评估时，需要项目方出具详细的可行性研究报告，对于国家开发银行等国内银行，若该报告由甲级资格单位出具，通常不需要再组织专家评审，部分银行的贷款可行性研究报告不需要资格，但要求融资方案合理，分析正确，信息全面。另外在申请国家的相关政策支持资金、工商注册时往往也需要编写可行性研究报告，这种报告类似用于银行贷款的可行性研究报告。

（四）用于境外投资项目核准的可行性研究报告、项目申请报告

企业在实施走出去战略，对国外矿产资源和其他产业投资时，需要编写可行性研究报告或项目申请报告，报给国家或省发改委。需要申请中国进出口银行境外投资重点项目信贷支持时,也需要可行性研究报告和项目申请报告。

(五) 用于企业上市的可行性研究报告

这类可行性研究报告通常需要出具国家发改委的甲级工程咨询资格。

(六) 用于申请政府资金(发改委资金、科技部资金、农业部资金)的可行性研究报告

这类报告通常需要出具国家发改委的甲级工程咨询资格。

在上述六种可行性研究报告中,第二、三、五、六准入门槛最高,需要编写单位拥有工程咨询资格,该资格由国家发改委颁发,分为甲级、乙级、丙级三个等级,甲级最高。

三、可行性研究报告写法

可行性研究报告篇幅较长,涉及方面也非常详尽,这里主要介绍可行性研究报告的一般格式及写法,包括标题、正文、附件和尾部四个部分。

(一) 标题

主要有两类,一种即"事由＋文种"的格式,如《关于兴建××电子仪器厂的可行性研究报告》。另一种较为详尽,由"编写单位＋项目名称＋文种"构成,如《江西省交通银行关于新建南昌市青云谱区居民点的可行性研究报告》。

(二) 正文

正文由前言、主体和结尾三部分构成。

1. 前言

这部分主要写明项目名称、项目主办单位及负责人、可行性研究工作实施单位、可行性研究项目的技术、经济负责人及相关参与人员。另外还要说明可行性研究的总体情况、项目提出的背景和依据、实施项目的意义等。

2. 主体

这部分主要针对项目的可行性展开研究分析,要求以系统分析为主要方法,以经济效益为核心,围绕影响项目的各种因素,运用大量的事实论证项目是否可行。各类投资项目可行性研究的内容及侧重点因行业特点而差异很大,但一般应包括以下内容:

(1) 投资的必要性

主要根据市场调查及预测的结果,以及有关的产业政策等因素,论证项目投资建设的必要性。在投资必要性的论证上,一是要做好投资环境的分析,对构成投资环境的各种要素进行全面的分析论证,二是要做好市场研究,包括市场供求预测、竞争力分析、价格分析、市场定位及营销策略论证。

(2) 技术的可行性

主要从项目实施的技术角度,合理设计技术方案,并进行比选和评价。各行业不同项目技术可行性的研究内容及深度差别很大。对于工业项目,可行性研究的技术论证应达到能够比较明确地提出设备清单的深度;对于各种非工业项目,技术方案的论证也应达到目前工程方案初步设计的深度,以便与国际惯例接轨。

(3) 财务的可行性

主要从项目及投资者的角度,设计合理财务方案,从企业理财的角度进行资本预算,评价项目的财务盈利能力,进行投资决策,并从融资主体(企业)的角度评价股东投资收益、现金流量计划及债务清偿能力。

（4）组织的可行性

制定合理的项目实施进度计划、设计合理的组织机构、选择经验丰富的管理人员、建立良好的协作关系、制定合适的培训计划等,保证项目顺利执行。

（5）经济的可行性

主要从资源配置的角度衡量项目的价值,评价项目在实现区域经济发展目标、有效配置经济资源、增加供应、创造就业、改善环境、提高人民生活等方面的效益。

（6）社会的可行性

主要分析项目对社会的影响,包括政治体制、方针政策、经济结构、法律道德、宗教民族、妇女儿童及社会稳定性等。

（7）风险因素及对策

主要对项目的市场风险、技术风险、财务风险、组织风险、法律风险、经济及社会风险等风险因素进行评价,制定规避风险的对策,为项目全过程的风险管理提供依据。

3. 结尾

这部分内容是作者根据所陈事实和研究分析,确定投资少、成本低、利润高、综合效益好的项目方案,是向主管方或投资方最终的汇报结果。

（三）附件

因某些具体数据或原始资料不宜放入报告正文,可以当作文件的附件附在正文后面。如统计图表、设计图表、专项说明材料等。

（四）尾部

包括项目可行性研究方、负责人及相关人员的签字盖章和时间。

四、可行性研究报告的写作要求

为了保证可行性研究工作的科学性、客观性和公正性,有效地防止错误和遗漏,在可行性研究中应做到:

（一）必须基于客观公正的立场进行调查研究,做好基础资料的收集工作

对于收集的基础资料,要按照客观实际情况进行论证评价,从客观数据出发,如实地反映客观经济规律,通过科学分析,得出项目是否可行的结论。

（二）可行性研究报告的内容深度必须达到国家规定的标准

可行性研究报告的写作要合乎国家标准,基本内容要完整,应尽可能多地占有数据资料,避免粗制滥造,搞形式主义。一要做到先论证,后决策;二要处理好项目建议书、可行性研究、评估这三个阶段的关系,哪一个阶段发现不可行都应当停止研究;三要将调查研究贯彻始终。一定要掌握切实可靠的资料,以保证资料选取的全面性、重要性、客观性和连续性;四要多方案比较,择优选取。对于涉外项目,或者在加入 WTO 等外在因素的压力下必须与国外接轨的项目,可行性研究的内容及深度还应尽可能与国际接轨。

（三）要保证设计单位的工作周期

为保证可行性研究的工作质量,应给咨询设计单位足够的工作周期,防止因各种原因的不负责任或草率行事。

【例文】

上海××电器有限公司××项目投资可行性研究报告

一、项目概况

随着人类社会文明程度的不断提高和电器化时代的到来,能源危机逐渐显现,尤其是电力的日趋紧缺,将严重制约人类社会的生产、生活。上海××电器有限公司致力于照明节能灯的开发与研究,其生产的"上海××"品牌系列灯具为新型照明器材,具有光谱好、调旋光性优、使用寿命长、形式多样化、能效高的特点,其能效比普通照明灯具节能40%—50%。

1. 项目名称:上海××电器有限公司××项目
2. 投资总额:××××万人民币
3. 建设单位:上海××电器有限公司
4. 项目法人:陈××
5. 项目地址:××省××市××区××镇

二、项目建设的必要性和自然条件

(一)项目建设的必要性

我国作为拥有14亿人口的大国,电力能源相对贫乏。随着经济的发展、人民生活水平的提高,照明用电在电力消费中所占的比例逐年提高,特别是进入21世纪,我国照明用电的年增长率将在15%以上。同时,我国人均拥有光源的数量却比较低,与日本相比,灯头数量是日本的4.7倍,使用电力是日本的5.9倍,而灯头平均效率只是日本的三分之一。因此,推广"绿色节能灯照明工程"在我国非常必要。

(二)项目建设的自然条件

1. 劳动力资源优势

上海××电器在××实施规模扩张,在招工用工上有着得天独厚的人力资源条件。××镇是××区人口大镇,全镇人口规模近15万,农村富余劳力多达6万人左右,全镇每年不能升学的初、高中毕业生近1000人。同时,周边的××、××等乡镇均有相当数量的富余劳动力,能充分保障企业的用工需求。

2. 社会需求空间大

上海××电器公司在××镇投资生产的节能灯,是城乡家庭首选的生活必需品,其巨大的消费市场无法估量。目前,我国拥有4.5亿户家庭,按每户每年使用1只节能灯计算,其需求量就达4.5亿只,况且全国众多的机关、学校、宾馆、酒楼、娱乐业、工厂以及大中小城市的亮化工程,对节能灯的需求量远远超过家庭使用的数量,所以,新型绿色节能灯的社会需求空间相当大。

3. 交通便利

本镇地处××区东南中心地带,境内××公路贯穿东西,东临××高速公路,西靠××运河,北傍×一级公路,距××机场60公里,距××铁路20公里,距××城区16公里,水、陆、空交通十分便利,产品外销方便、快捷。

4. 电力条件

本镇拥有 110 kV 变电所,其进线有 110 kV 和 35 kV 线路各一条;主变为 31500 kVA;出线有 35 kV 线路 2 条、10 kV 线路 7 条。全年用电高峰在农灌时节仅为 18000 kVA/max,所以××镇的供电设施在一定时间内,完全可以适应不断增长的负荷需求。

5. 人文环境和社会治安环境

近年来,××镇从整治软环境、提高全民文明程度入手,大力开展文明村镇、文明一条街、文明行业和十星级文明户的评创工作,贯彻落实软环境建设的"八项"规定,树立"诚信××"形象,努力营造"亲商、安商、便商"的良好氛围。同时,结合社会治安综合治理工作,严厉打击各类违法犯罪行为,创建最安全地区,辖区民风淳朴,治安稳定,全镇已连续 5 年未发生重大刑事案件。

三、项目规模、资金来源、项目内容及市场分析

(一)项目规模

项目预算总投资人民币××××万元。

(二)资金来源

自筹。

(三)项目内容

详见下表

项目内容和规模

建设项目内容	单位	数量	预算资金(万元)	备注
主厂房	m²	××××	××××	
办公用房	m²	×××	×××	
配套用房	m²	×××	×××	
厂区铺路	m²	×××	×××	
生产设备	组(台、套)	××××	××××	
自来水安装	m	××××	×××	
地下输水工程	m	××××	×××	
其他	××	××		
合计			××××	

(四)市场分析

1. 供需情况

节能灯以其环保、省电、光效高等特点倍受国内外消费者的青睐。据有关资料显示,在我国 4.5 亿户家庭中,使用节能灯的比例较低,其主要原因就是求大于供。目前,全国年生产节能灯仅在 2 亿只左右。排除机关、学校,宾馆、酒楼以及城市亮化工程的节能灯需求外,仅全国家庭,按每户年需求一只计算,国内家庭节能灯需求缺口就达 2.5 亿

只。因此,生产节能灯系列产品,市场前景广阔,不存在市场风险。

2. 价格情况

上海××电器有限公司开发生产的电子节能灯,价格非常低廉,质量非常优良,配套工业非常成熟,并形成了规模化生产,其出厂价格约为发达国家产品的六分之一至十分之一。据统计资料分析,全世界范围内使用的节能灯有 80% 以上在中国制造。

3. 节能情况

以全国每个家庭都将一只 40 W 的白炽灯换成同亮度的 8 W 节能灯,中国 4.5 亿户家庭每年省出来的电源,就相当于几座三峡电站的年发电量。

4. 生产规模

上海××电器通过在××镇的投入建设,建立起一个年产各种节能灯 1 亿只的大型节能灯及节能光源的生产基地,建立起一个完整的节能灯配套产业链。

四、预期目标与实施计划

(一)预期目标

1. 经济效益

本项目总投资为××××万元。企业投产后,年可生产节能灯×亿只,年销售收入×亿元,年销售税金及附加××××万元,年总成本费用×亿元,年利润总额××××万元。经综合经济测算,本项目投资回收期为×年(含建设期)。

2. 社会效益

节能灯厂建成投产后,能有效解决当地富余劳力的就业难问题。按照企业设计生产规模,可就地转化剩余劳动力×××人,按进厂工人年收入××××元计算,每年就可增加当地农民收入×万多元。同时,还可带动××镇的运输业以及餐饮、服务等第三产业的快速健康发展。特别是普及使用节能灯,将为国家节省大量的电力,为可持续发展奠定坚实的能源基础。

(二)实施计划

该项目计划用地××亩,总建筑面积×万平方米,计划分二期建设,建设周期为 2 年。2009 年 8 月开工建设一期工程,一期工程总投资×××万元以上,2010 年 2 月一期工程投产达效;2010 年 3 月开始二期工程建设,2011 年上半年建成投产。

五、结论

经过反复调研论证和综上所述分析,该项目建设是可行的,建设计划和周期也切合实际。

【评析】

这是一份关于某地能否建设电器厂的可行性研究报告。

从报告内容来看,对项目概况、建设地自然条件、项目资金及市场规模等方面进行了调查研究,在研究基础上进行了分析说明,虽然篇幅比起常见的可行性研究报告只能算得上是"微型"报告,但要言不繁,分析也比较准确、全面。

报告结构采用了条目式和表格式相结合的方法,在第三部分用表格的形式明确规定了建设项目的内容、单位、数量、预算资金及备注,而后用文字具体分析了上海××电器有限公司开发生产电子节能灯的供需、价格、节能情况与生产规模等,两种形式结合使用简洁明晰。

报告的语言通顺,措辞严谨。作者在充分调查的基础上得出结论,用较为严谨规范的书面用语进行陈述,可以对项目的下一步开展产生较强的指导性作用。

【思考题】

1. 简述招标书的作用。
2. 简述投标书的特点。
3. 简述意向书的概念及特点。
4. 根据下面提供的材料,写一份条款式合同。要求:符合规范的格式,语言准确,书写工整,标点正确。

××超市代表×××与××纺织品公司代表×××经过协商,决定由纺织品公司向超市供应下列商品:彩条毛巾,货号211,规格330克,单位10条,数量100,单价18元,金额1800元;提花枕巾,货号212,规格1100克,单位10条,数量50,单价42元,金额2100元;印花枕巾,货号210,规格1000克,单位10条,数量50,单价39元,金额1950元;彩条浴巾,货号213,规格1650克,单位10条,数量50,单价53元,金额2650元。以上4个品种合计金额8500元。

双方商定,4个品种按上述顺序分别在今年7、8、9、10月,每月15日前,由纺织品公司送货到超市后街仓库交货,运费由超市负担。货到验收后3天内付款,由工商银行托收承付。双方商定,产品质量及技术标准按部颁标准执行,检验以纺织品公司自检为主,超市在货到时抽检。产品包装质量应符合统一规定的针织品包装标准,费用由纺织品公司负担。双方还商定,如果不按规定交货,延期交货一天,纺织品公司应向超市偿付延期供货部分货款总额千分之五的罚金。如果超市未按规定付款,每延期一天,应偿付纺织品公司延期供货部分货款总额千分之五的罚金。双方提出,根据这些内容即日签订一份合同。如有未尽事宜由双方协商解决或另订协议附件。双方一致同意,合同签订后请本市街坊路工商行政管理所鉴证,从鉴证之日起到本年12月31日为有效期。××超市地址是××市××路××号,电话:××××××××,开户银行:工商银行××路办事处,账号:××××××××。××纺织品公司地址是××市××路××号,电话:××××××××,开户银行:工商银行××路办事处,账号:××××××××。双方在××××年×月×日正式签订合同,并于×月×日由街坊路工商行政管理所进行鉴证。

5. 假设一位投资商拟在你们学校学生宿舍区兴建一所小型综合超市,委托你写一份可行性研究报告提交主管机关审批。请你在认真调研基础上写一份3000字以内的可行性研究报告。

第十三章　法律文书写作

法律文书是指国家司法机关及其司法组织和当事人,在处理各项法律事务中,依照法定的诉讼程序而制作的具有法律效力或法律意义的文书总称。法律文书与其他机关常用文书相比,有其自身的特点,即制作的合法性、形式的程式性、内容的法定性、语言的精确性、使用的实效性。法律文书是司法实践活动的真实记录,是法制宣传的生动教材,是诉讼当事人依法维护自身合法权益的有力工具。可见,法律文书的写作就要求符合格式,事项齐全;事实清楚,因果明确;分析事理,有根有据;文风朴实,准确精炼。

随着市场经济体制的不断发展,法律文书在我们生活中的应用越来越重要。因此,法律文书的选择和写作也显得越来越重要,应引起足够的重视,要学会用法律的武器保护自己的合法权益。

第一节　起诉状

一、起诉状的概念、作用与种类

起诉状是指在诉讼过程中,公民、法人及其他社会组织对于自身有直接利害关系的权利和义务方面的争执,或者其他纠纷,向应当作为第一审受理的人民法院提起诉讼的法律文书。

刑事起诉状既是检察机关对公安、国家机关侦查活动的最后确认和对案件的总结和处理意见的反映,也是审判机关审判案件和检察机关派员出庭支持公诉的法律依据。同时,还是刑事诉讼活动中第一份公开对外的文书,具有代表国家揭露和指控被告人的犯罪行为,教育广大群众遵纪守法的法制宣传作用。可见,起诉状不仅是公民行使诉讼权利,维护自身合法权益的重要手段,而且是法院对案件进行审理和调解的依据和基础。

公民要告状,就得写诉状。诉讼的成败,并不取决于诉状写得好坏。但是,如果诉状写得好,格式规范,起诉目的明确,举证齐全,理由充分,事实叙述清晰,可以促使司法机关迅速受理立案,提高办事效率,缩短诉讼时日,较快地达到诉讼的目的。所以,学习写作诉状,掌握写作技法十分重要。

根据案件性质,起诉状可以分为民事起诉状、刑事起诉状和行政起诉状。下面我们就介绍一下这几种类型的写作。

二、民事起诉状的写作

(一) 民事起诉状的概念和作用

民事诉讼状是为了维护民事权益,民事案件的原告或其法定代理人就有关民事权利和义务争执或纠纷,向人民法院提交的诉讼状。

民事诉讼状是民事审判的前提,只有在当事人提出诉讼后,人民法院才能对民事纠纷进行审理。可见,当事人向人民法院递交起诉状,将直接引起民事诉讼程序的发生。它是人民法院立案和审理的依据,便于人民法院首先了解原告一方的目的和要求,提出的事实和理由,这就为人民法院对该案进行调查了解和依法处理打下了基础。同时,民事诉讼状也是被告方应诉答辩的依据,因此,民事起诉状在民事诉讼中具有非常重要的作用。

（二）民事起诉状的特征

根据我国民事诉讼法的有关规定,民事起诉状具有以下特征:

1. 原告必须是与本案有直接利害关系的公民、法人和其他组织。

2. 纠纷的焦点应是民事权益或其他民事纠纷,如财产所有权、继承权、知识产权、债权、经济合同纠纷及婚姻、家庭纠纷,属于民法、经济法和婚姻法等所调整的范围。

3. 必须向第一审受理本案的人民法院起诉。

4. 民事原告除向人民法院提交民事诉状外,还应按被告人数提交该诉状的副本份数。

（三）民事起诉状的写法

1. 首部

首部,包括标题和当事人的基本情况。

标题:应在文书的正中间写“民事起诉状”或“民事诉状”。不要写“离婚民事诉状”,也不要写“×××诉×××继承案民事诉状”。

当事人的基本情况:公民、法人或其他组织,其基本情况在内容上要求不同。

当事人系公民的,写原告姓名、性别、出生年月日、民族、籍贯、职业或工作单位和职务、住址。原告如是无行为能力或限制行为能力的人,在其本人的基本情况后,另起一行写明其法定代理人的基本情况,所写项目与原告相同,并应注明与原告的关系。

当事人系法人或其他组织的,依次写明:原告的单位名称、所在地址,法定代表人(或代表人)姓名、职务、电话,企业性质、工商登记核准号、经营范围和方式,开户银行、账号等特定项目。

被告及第三人所写的项目同原告。对被告的出生年月日确实不知的,可写其年龄。对法人或其他组织的被告、如有的项目不知的,可以不写,但必须写明被告的单位名称和所在地址,因为“明确的被告”是人民法院受理案件的必要条件之一。如有的被告下落不明(如离婚案件的一方当事人)则要说明原因和有关情况。

2. 正文

正文,包括诉讼请求、事实与理由、证据和证据来源、证人姓名和住址。

诉讼请求:即原告提起诉讼所要达到的目的要求,也是原告要求法院解决的有关民事权益的具体问题。如请求通过审理解决合同纠纷、损害赔偿、给付赡养费、离婚等具体问题。

事实与理由:这是起诉状的核心,要求摆事实、讲道理,写明足以支持诉讼请求的事实、理由和证据材料,以证明其诉讼主张的合法性和合理性,届时便于人民法院调查核实,依法处理。具体地说,事实部分,主要应写明被告侵犯原告民事权益的具体事实或者当事人双方权益发生争议的具体内容,以及被告所应承担的责任,写明发生争执的时间、地点、原因、情节及事实经过等,以便人民法院全面了解案情,分清是非。其中应着重写清被告侵权行为所造成的后果和应承担的责任;理由部分,应当列举证据,援引法律说明提出诉讼的理由。这里要写明两点:一是根据事实和依据,写明认定被告侵权行为或发生争执的权益性质,所造成的后果以及应承担的责任,并阐明理由。二是写明提出请求的法律依据,分析问题必须有理有据,引用法律必须准确无误。

证据和证据来源、证人姓名和住址:民事诉讼的原告负有举证责任,要能够举出证明案件事实、支持自己诉讼请求的各种证据,包括书证、物证、证人证言、鉴定结论、视听资料、当事人的陈述等等。列举物证,要写明什么样的物品,在何地由何人保存;列举书证,要附上原件复印件,如系摘录式抄件,要如实反映原件本意,切忌断章取义,并应注明材料的出处;列举证人,要写明证人的姓名、职业、住址以及他所提供证言的内容要点。

3. 尾部

尾部,包括受诉法院名称和附项。

在正文之后,要另起一行空两格写"此致",再另起一行顶格写送达法院名称。然后再在下一行的右下方写明具状人姓名或盖章,并注明具状的年月日。民事起诉状如请律师代书,应在具状年月日的下一行写明代书人的姓名和职务,如"代书人×××(姓名)××律师事务所"。

附项,这是民事诉讼的附加部分。应当具体写明民事起诉状副本的份数和证据的种类、名称、数量以及证人的姓名、住址等。

(四) 民事起诉状的写作格式

【格式一】

民事起诉状

（公民提起民事诉讼时用）

原告:_____

被告:_____

诉讼请求:_____

_____

_____。

事实与理由:_____

_____

_____。

证据与证据来源,证人姓名和住址:_____

_____

_____。

此致

_____人民法院

具状人:_____

____年____月____日

附:1. 本状副本_____件。

2. 物证_____件。

3. 书证_____件。

【格式二】

民事起诉状

（法人及其他组织提起民事诉讼时用）

原告名称：＿＿＿＿＿＿＿＿＿＿＿＿＿＿＿＿＿＿＿

住所地：＿＿＿＿＿＿＿＿＿＿＿＿＿＿＿＿＿＿＿＿

法定代表人(或主要负责人)姓名：＿＿＿＿＿　职务：＿＿＿＿＿

电话：＿＿＿＿＿＿＿＿＿＿＿＿＿＿＿＿＿＿＿＿＿

企业性质：＿＿＿＿＿＿＿＿＿＿＿＿＿＿＿＿＿＿＿

工商登记核准号：＿＿＿＿＿＿＿＿＿＿＿＿＿＿＿

经营范围和方式：＿＿＿＿＿＿＿＿＿＿＿＿＿＿＿

开户银行：＿＿＿＿＿＿＿＿　账号：＿＿＿＿＿＿＿＿

被告名称：＿＿＿＿＿＿＿＿＿＿＿＿＿＿＿＿＿＿＿

住所地：＿＿＿＿＿＿＿＿＿＿＿＿＿＿＿＿＿＿＿＿

法定代表人(或主要负责人)姓名：＿＿＿＿＿　职务：＿＿＿＿＿

电话：＿＿＿＿＿＿＿＿＿＿＿＿＿＿＿＿＿＿＿＿＿

诉讼请求：＿＿＿＿＿＿＿＿＿＿＿＿＿＿＿＿＿＿＿

＿＿＿＿＿＿＿＿＿＿＿＿＿＿＿＿＿＿＿＿＿＿＿＿

＿＿＿＿＿＿＿＿＿＿＿＿＿＿＿＿＿＿＿＿＿＿＿＿

＿＿＿＿＿＿＿＿＿＿＿＿＿＿＿＿＿＿＿＿＿＿＿。

事实与理由：＿＿＿＿＿＿＿＿＿＿＿＿＿＿＿＿＿

＿＿＿＿＿＿＿＿＿＿＿＿＿＿＿＿＿＿＿＿＿＿＿＿

＿＿＿＿＿＿＿＿＿＿＿＿＿＿＿＿＿＿＿＿＿＿＿＿

＿＿＿＿＿＿＿＿＿＿＿＿＿＿＿＿＿＿＿＿＿＿＿。

证据与证据来源，证人姓名和住址：＿＿＿＿＿＿＿

＿＿＿＿＿＿＿＿＿＿＿＿＿＿＿＿＿＿＿＿＿＿＿＿

＿＿＿＿＿＿＿＿＿＿＿＿＿＿＿＿＿＿＿＿＿＿＿＿

＿＿＿＿＿＿＿＿＿＿＿＿＿＿＿＿＿＿＿＿＿＿＿＿

＿＿＿＿＿＿＿＿＿＿＿＿＿＿＿＿＿＿＿＿＿＿＿。

此致

＿＿＿＿＿＿＿＿人民法院

起诉单位：＿＿＿＿＿＿

＿＿＿年＿＿＿月＿＿＿日

附：1. 本状副本＿＿＿＿件。

　　2. 物证＿＿＿＿件。

　　3. 书证＿＿＿＿件。

三、刑事起诉状的写作

（一）刑事起诉状的概念与作用

刑事起诉状就是指刑事案件的被害人及其法定代理人，根据事实和法律直接向人民法院提起诉讼时所使用的法律文书。

根据我国法律规定,刑事案件分为公诉案件和自诉案件。公诉案件由人民检察院代表国家向人民法院起诉,使用的诉状称为起诉书。自诉案件由被害人及其法定代理人直接向人民法院提起诉讼,使用的诉状称为刑事自诉状。自诉案件包括侮辱罪、诽谤罪、干涉婚姻自由罪、虐待罪、遗弃罪等等。

刑事诉状的作用在于向人民法院提起诉讼,通过刑事诉状,把案件的犯罪的事实记叙清楚,把起诉的理由和法律根据讲明白,把诉讼的目的和请求告诉法院,让法院了解刑事自诉人对案件的看法、意见和要求,以便对案件进行审理。由此可见,刑事诉状就是人民法院对案件进行审理的依据。

(二) 刑事起诉状的特征

1. 必须是被害人或法定代理人提起自诉的书状;
2. 必须是被告人的行为构成犯罪行为;
3. 必须是对法定的自诉案件提起诉讼的书状。

(三) 刑事起诉状的写法

1. 首部

首部,包括标题和当事人的基本情况。

标题:应写明文书名称,即"刑事自诉状",也可以写成"刑事附带民事自诉状"。(下面我们主要讲刑事自诉状的写法)

当事人的基本情况:应先写自诉人,后写被告人,并分别写明其姓名、性别、出生年月日、民族、出生地、文化程度、职业或工作单位和职务、住址等项。对被告人出生年月日确实不知的,可写其年龄。当事人是数人的,应分别写明其各自的基本情况。

如自诉人已委托代理,或者自诉人是未成年人或精神病人的,应在自诉人的下行写明其委托代理人或法定代理人的基本情况,并注明与自诉人的关系。

2. 正文

正文,包括案由和诉讼请求、事实与理由、证据和证据来源、证人姓名和住址。

案由和诉讼请求:案由是对案件性质的说明,即控告被告人的罪名。案由要准确、简明。诉讼请求是自诉人依照被告人对自身权益的损害事实,请求人民法院追究被告人的刑事责任、赔偿损失的主张和要求。如需赔偿的,应写明请求赔偿的具体事项和赔偿的数额。诉讼请求要写得简明、清楚。

事实与理由:事实是自诉人指控被告人犯罪的具体情况,要写明被告人在何时、何地、出于什么目的、采用何种手段实施了何种犯罪行为、造成的后果如何等等。叙述时应注意把被告人实施犯罪行为的关键情节写清楚,以便于人民法院查证核实。如果由于被告人的犯罪行为而遭受物质损失的,还要写明损失的实际情况。写作事实部分,一定要做到四点:一是要实事求是,不夸大、不虚饰;二是要具体清楚,不抽象、不空洞;三是要突出主要情节,少写过程;四是要和请求事项一致,不应互相矛盾。理由要指出被告人行为的性质和社会危害性,并引用有关法律条款,指控被告人已触犯刑律,应依法追究刑事责任或者同时承担民事责任等。结束语,援引有关法律条文重审诉讼请求,可表述为:"综上所述,被告人×××的行为,触犯了《中华人民共和国刑法》第×条第×款和《中华人民共和国刑事诉讼法》第×条第×款的规定,构成××罪,后果严重,情节恶劣,请求对被告人依法判处。"写作理由部分,应做到三点:一是要讲道理,不要强词夺理;二是要提供证据,不要空口无凭;三是要引用法律、法规,不要无法律根据。

证据和证据来源,证人姓名和住址:自诉人对提起诉讼的刑事案件负有举证责任,他所指控的犯罪事实应当有证据证明,如果起诉缺乏证据,经人民法院调查又未能收集到必要的证据,自诉人应当撤回自诉,否则,人民法院将依法驳回自诉。因此,自诉状中写明证据十分重要,所列举的物证、书证、人证等都要交待清楚。

3. 尾部

尾部,应写明受诉法院名称,分两行写明"此致"、"×××法院";自诉人签名或者盖章,注明起诉时间。附项,写明自诉状副本的份数。自诉状副本的份数,按被告人的人数提交。

(四) 刑事自诉状的写作格式:

刑事自诉状

自诉人:＿＿＿＿＿＿＿＿＿＿＿＿＿＿

被告人:＿＿＿＿＿＿＿＿＿＿＿＿＿＿

案由:＿＿＿＿＿＿＿＿＿＿＿＿＿＿＿

诉讼请求:＿＿＿＿＿＿＿＿＿＿＿＿

＿＿＿＿＿＿＿＿＿＿＿＿＿＿＿＿＿＿

＿＿＿＿＿＿＿＿＿＿＿＿＿＿＿＿＿＿

＿＿＿＿＿＿＿＿＿＿＿＿＿＿＿＿。

事实与理由:＿＿＿＿＿＿＿＿＿＿

＿＿＿＿＿＿＿＿＿＿＿＿＿＿＿＿＿＿

＿＿＿＿＿＿＿＿＿＿＿＿＿＿＿＿＿＿

＿＿＿＿＿＿＿＿＿＿＿＿＿＿＿＿。

证据和证据来源,证人姓名和地址:＿＿

＿＿＿＿＿＿＿＿＿＿＿＿＿＿＿＿＿＿

＿＿＿＿＿＿＿＿＿＿＿＿＿＿＿＿＿＿

＿＿＿＿＿＿＿＿＿＿＿＿＿＿＿＿。

此致

＿＿＿＿＿＿＿人民法院

自诉人:＿＿＿＿＿＿

代书人:＿＿＿＿＿＿

＿＿年＿＿月＿＿日

附:本诉讼副本＿＿＿＿份

四、行政起诉状的写作

(一) 行政起诉状的概念和法律依据

行政起诉状是行政诉讼原告(行政管理相对人)认为行政机关和行政机关工作人员

的具体行政行为侵犯其合法权益,根据行政诉讼法的规定,向人民法院提起诉讼要求依法裁判所提交的书面请求。

《中华人民共和国行政诉讼法》第 37 条规定:对属于人民法院受案范围的行政案件,公民、法人或者其他组织可以先向上一级行政机关或者法律、法规规定的行政机关申请复议;对复议不服的,再向人民法院提起诉讼;也可以直接向人民法院提起诉讼。提起行政诉讼必须符合法定的起诉条件,并要根据《中华人民共和国行政诉讼法》第 11 条规定的人民法院受理行政案件的范围。

(二) 行政起诉状的作用

公民、法人或者其他组织认为行政机关和行政机关工作人员的具体行政行为侵犯其合法权益,有权书写行政起诉状向人民法院提起行政诉讼,所以,行政起诉状是当事人提起诉讼的工具,是人民法院受理和审查的依据。对于及时解决当事人之间的行政争议,保证行政机关依法行政,保护当事人合法权益,维护法律的尊严都起着积极的作用。

(三) 行政起诉状的写法

1. 首部

首部的内容除标题应写明"行政起诉状"外,其他内容的写法和民事起诉状相同。

2. 正文

正文,包括诉讼请求、事实和理由。

诉讼请求:即原告向法院提出的请求事项,也就是原告要求法院解决的问题。由于原告起诉是对行政机关的处理、复议决定不服而提起的诉讼,所以在写法上与民事起诉状不同。

在行政诉讼中,原告的诉讼请求通常有三种类型:一是请求法院撤销违法的具体行政行为,即"撤销之诉";二是请求法院变更不当的具体行政行为,即"变更之诉";三是因具体的行政行为违法或者不当,给原告造成经济损失,原告在请求法院撤销或者变更行政行为的同时,要求行政机关给予经济赔偿,即"给付之诉"。不论是哪种类型,诉讼请求都应写明被告的名称、处罚(处理)决定的名称、发文年度及文书字号。如"请求撤销××市工商行政管理局〔××××〕第×号《关于×××的处理决定》。"

事实和理由:要围绕"具体行政行为是否合法"这一重点来叙述事实和论证理由。根据《中华人民共和国行政诉讼法》第 5 条"人民法院审理行政案件,对具体行政行为是否合法进行审查"的规定,原告在起诉时就要抓住这个重点,向人民法院阐述被告作出的具体行政行为违背了事实真相,不符合有关的法律、法规或行政规章的规定,或者滥用职权、超越职权等,在此基础上,论证提出行政诉讼请求的合理性、合法性,以维护自己的合法权益。

3. 尾部

尾部的写法与民事起诉状的写法相同,这里就不多赘述了。

（四）行政起诉状的写作格式

行政起诉状

原告：_____

被告：_____

法人代表：_____

诉讼请求：_____

_____

_____

_____。

事实与理由：_____

_____

_____

_____。

此致

_____人民法院

起诉人：_____

____年____月____日

附：1. 本状副本_____件。

2. 物证_____件。

3. 书证_____件。

【例文】

民事起诉状

原告：张×，女，现年 35 岁，汉族，××市人，××市××钢厂干部，现住××市××区××路 10 号。

被告：杨××，女，现年 50 岁，汉族，××市人，××市×××厂工人，现住××市××区××路 8 号。

请求事项：

依法要求继承祖传房产××路 50 号平房 5 间（共 110 平方米）。

事实与理由：

我父亲张山与母亲王氏，生育子女二人，哥哥张华，妹妹即原告张×。一家 4 口人，有私房 5 间。1981 年哥哥张华与本案被告杨××结婚。××××年张华因公死亡，××××年初父亲张山病逝，由母亲王氏维持一家 3 口的生活。××××年底我结婚另过。被告与我母亲住在一起。被告脾气古怪，经常与母亲吵架，只顾自己快活，毫无孝心，叫我母亲为她洗衣做饭、操持家务。母亲每年都要到我家住上两个月。××××年母亲病逝。我要求继承祖传房产，并考虑到被告与母亲共同生活过较长时间，我同意杨××继续住在东屋，但杨××拒不同意，双方为此多次发生纠纷。

　　　　根据我国《继承法》第十条的规定,我是我家祖传房产的唯一合法
继承人,被告对公婆未尽赡养义务,长期婆媳不和,不应享有继承权。
特依法提出上述诉讼请求,请贵院依法裁判。
　　　　此致
××市××区人民法院

　　　　　　　　　　　　　　　　　具状人:张×
　　　　　　　　　　　　　　　××××年××月××日
　　　附:本状副本一份。

【评析】

　　这份民事起诉状写得较好,符合各项写作要求,具体来讲,主要有以下几点:

　　其一,格式规范,要素齐全。首部,写明了标题和当事人的基本情况。标题直接明确地写了"民事起诉状";当事人的基本情况一一作了详细交代,因当事人是公民,所以起诉状依次写明了姓名、性别、年龄、民族、籍贯、职务、住址。正文,写明了诉讼请求、事实与理由、证据等。尾部,写明了致送受诉法院名称、起诉人签名盖章、日期等,附项写明了民事起诉状的副本份数。每项内容交代得十分清晰,给人一目了然之感。

　　其二,请求具体,合理合法。这份民事起诉状的诉讼请求是"依法要求继承祖传房产××路50号平房5间(共110平方米)",写得具体明确,适度合理,又简明扼要,干净利落。

　　其三,事实清楚,理由充分。这份起诉状对纠纷发生的来龙去脉交代得一清二楚,对被告不孝顺、不赡养公婆,不应享受祖传房产,并对遗产如何处理作了具体阐述,清楚明白,还以我国《继承法》第十条规定作为理论上的支持,为实现诉讼请求奠定了坚实的基础,事实清楚、明白,说理充分、有力,应依法处理。

　　总之,这份民事起诉状结构完整,请求具体,事实清楚,格式规范,语言简洁,是我们学习的典范。

第二节　上　诉　状

一、上诉状的概念、作用与种类

　　上诉状是指民事案件、刑事案件或行政案件中有权提出上诉的当事人,或者他们的法定代理人,不服地方一审人民法院的审判或裁定,在法定上诉期内,向原审法院的上一级法院要求撤销、变更原判决所提交的法律文书。

　　上诉是法律赋予当事人的一项权利,上诉状是当事人行使上诉权,维护自身合法权益的有力工具,也是二审人民法院受理和审理案件的依据,通过对上诉案件的重新审理,有利于二审人民法院对下级法院审判工作的监督。它对匡正误判,实现整个社会司法公正,充分保护当事人的合法权益,具有不可忽视的重要作用。

　　上诉状根据案件的性质,可分为刑事上诉状、民事上诉状和行政上诉状。

二、刑事上诉状的写作

(一) 刑事上诉状的概念与作用

刑事上诉状是刑事公诉案件的被告人、被害人和刑事自诉案件的自诉人、被告人不服地方人民法院第一审案件的判决或裁定,在法定的上诉期内按照法定的程序,向原审人民法院的上级法院提出要求撤销、变更原审判决、裁定或发回重新审理的法律文书。

根据《中华人民共和国刑事诉讼法》的规定,有权提起刑事上诉的主体,主要是刑事案件的当事人或者他们的法定代理人;被告人的辩护人和近亲属经被告人同意,也可以提起上诉;附带民事诉讼的当事人和他们的法定代理人可以对附带民事诉讼部分提出上诉。法律特别强调"对被告人的上诉权,不得以任何借口加以剥夺"。

刑事上诉状是引起二审的法律文书,对于二审法院坚持正确裁决或纠正错误裁决有着重要的意义;有利于保护刑事案件当事人的合法权益,有利于防止冤假错案的发生,从而保证审判的质量。

(二) 刑事上诉状的写法

1. 首部

首部,包括标题、上诉和被诉人的基本情况。

标题:居中写明"刑事上诉状",如有附带民事诉讼的,则写明"刑事附带民事上诉状"。

上诉人的基本情况:上诉人基本情况所写的项目与起诉状的当事人的基本情况相同。但要注意上诉人如系原审当事人,在上诉人后用括号注明其在原审中的诉讼称谓,如"上诉人(原审自诉人或原审被告人)×××";上诉人是原审当事人的法定代理人或近亲属的,在上诉人的称谓后应用括号注明上诉人与当事人之间的关系,如"上诉人(原审被告人之父)×××",然后另起一行,写明"原审被告人或原审自诉人"的基本情况。

上诉人的基本情况列完后,另起一行,写明"被上诉人"的基本情况。其书写项目与上诉人同。刑事公诉案件的上诉状只写上诉人,没有被上诉人,不能把公诉机关列为被上诉人。

首部,按统一样式的规定,可表述为"上诉人因××一案,于×年×月×日收到×××人民法院×年×月×日(××××)×字第×号刑事判决(裁定),现因不服该判决(或裁定),提出上诉。"

2. 正文

正文,包括上诉请求和上诉理由。

上诉请求:上诉请求是上诉人提出上诉所要达到的目的,反映了上诉人的利益,体现了上诉人的愿望。上诉请求主要应写明上诉人不服一审裁判,要求二审人民法院撤销、变更原审裁判或重新审判。应写明对原审裁判全部不服,还是对其中某一部分不服。如"请二审人民法院撤销原判,宣告上诉人无罪。"上诉请求,一定要写得明确、具体,不能模棱两可,含糊其辞。

上诉理由:上诉理由是为实现上诉请求服务的,应针对原审判决或裁定的不当之处进行有理有据的论证。上诉的理由主要应从四个方面去论证:其一,从犯罪事实方面,上诉人认为一审裁判认定犯罪事实有错误、有出入,或遗漏了重要犯罪事实,或张冠李戴,或混淆罪与非罪界限,或缺乏足够的证据,对存在的问题应进行反驳,力争使案件得到客观公正的处理。其二,从性质方面,上诉人就定性方面提出上诉的,要说明就本案的客观事实,根据有关法律、规定应什么罪,原裁判为什么错,错在哪。如把故意伤害误定为故意杀人,把抢夺误定为抢劫等等。犯罪性质同刑事处罚有密切关系,所以,上诉状应抓住这方面的问题阐述理由,以求定性准确、刑罚合理。其三,从适用法律方面,上诉人认为原裁判适用法律不当的,可作为上诉理由提出。适用法律方面的主要是违反或不正确运用法律条文,或错误理解法律规定或立法精神。这些错误都可能造成量刑的畸轻畸重,造成罪与罚不相适应。上诉理由从这方面反驳时,应提出正确适用法律的理由。所依据的法律要准确、具体、恰当。其四,从审判程序方面,如果一审法院在审查案件过程中有违背刑事诉讼程序之处的,就会影响到对案件的公正审理。如没有将检察院的起诉书副本在法定日期前送达被告人,或者没有依法为被告人指定辩护人以致被告人没有来得及将有关重要证据提供出来,影响了原审正确裁判,或者诉讼参与人中有应当自行回避、法庭也未征询当事人是否要求回避的意见等等,都可作为上诉理由。这四点都与定罪量刑有密切的关系,写作时一定要从实际出发,针对不同情况,有的放矢地进行反驳。

3. 尾部

尾部,应写明致送法院名称,分两行写明"此致"、"×××人民法院";上诉人签名或者盖章,注明上诉时间。附项,写明上诉状副本的份数。

(三) 刑事上诉状的写作格式:

刑事上诉状

　　上诉人(刑事公诉案件被告人或被害人、刑事自诉案件自诉人或被告人、刑事附带民事案件原告人或被告人):＿＿＿＿＿＿＿＿＿＿

　　被上诉人(刑事自诉案件的自诉人或被告人、刑事附带民事案件被告人或原告人,刑事公诉案件被告人提出上诉者不列被上诉人):＿＿＿＿＿＿＿＿＿＿＿＿＿＿＿＿＿＿＿＿＿＿

　　上诉人因××一案,不服＿＿＿＿＿＿＿人民法院＿＿＿年＿＿月＿＿日(　　)字第＿＿号刑事判决(或裁定),现提出上诉。

　　上诉请求:＿＿＿。

　　上诉理由:＿＿＿。

　　此致

＿＿＿＿＿＿＿人民法院

上诉人:＿＿＿＿＿＿
＿＿年＿＿月＿＿日

　　附:1. 本上诉状副本＿＿＿＿＿份。
　　　　2. 书证＿＿＿＿＿份。

三、民事上诉状的写作

(一)民事上诉状的概念与作用

民事上诉状是民事案件的当事人或其法定代理人不服地方各级人民法院第一审民事判决或裁定,依照法定程序和期限要求上一级人民法院撤销、变更原裁判所提出的书面请求。

根据我国民事诉讼法的规定,提出上诉必须具备一定的条件:第一,有权提起上诉的主体,仅限于民事案件的当事人,即第一审案件中的原告、被告或第三人,这与刑事案件的上诉主体有一定的区别;第二,上诉必须是对地方各级人民法院的第一审裁判不服提起的;第三,必须是在法定期限内向上级人民法院提起上诉。对判决不服提起上诉的期限为15日,对裁定不服提起上诉的期限为10日。

当事人书写民事上诉状提起上诉,可引起第二审程序,使第二审法院对上诉案件进行全面审查,正确审理,同时有利于二审法院对下级法院审判工作进行监督。可见,它既是民事诉讼当事人不服人民法院作出的一审裁判的"声明",也是第二审人民法院开始第二审程序的依据,对推动二审依法改正错判或维持正确的裁决有着重要作用。当事人依法行使上诉权,可以保护自己的合法权益。另外,通过上诉审查,对于人民法院正确行使审判权和提高审判质量,也起着十分重要的作用。

(二)民事上诉状的写法

1. 首部

首部,包括标题、当事人基本情况以及案由。

标题:写明"民事上诉状"即可。

当事人基本情况:当事人是公民的,在"上诉人"和"被告人"栏内写明其各自的基本情况,所写项目与民事起诉相同,当事人是法人或其他组织的,其基本情况的写法与民事起诉状相同。

案由:这是一段承上启下的文字。应写明原审案件的案由(如离婚案、继承案等)、原审人民法院的名称、文件名称、案号和上诉人对第一审判决或者裁定不服的情况。具体可表述为:"上诉人因××案,不服××××人民法院××××年×月×日(　　　)字第×号判决,现提出上诉。"用"上诉的请求和理由如下:"过渡到下一部分。

2. 正文

正文,包括上诉请求和上诉理由。

上诉请求:上诉请求是上诉人请求上一级人民法院所要解决的问题,即上诉的目的。由于民事案件(含经济纠纷)有的案件较复杂,当事人在一审中争执的内容涉及面较宽,因此一审判决结果的项目也较多,这就要求上诉人提出上诉请求时要经过周密的思考,对不服的内容如何处理,要逐项列出,务使上诉请求条理清晰、直截了当。具体可以表述为:"要求二审法院撤销原判,改判被上诉人赔偿经济损失×××元。"或"请二审人民法院撤销原判。"

上诉理由:这是上诉人提出上诉请求的具体依据,要抓住足以影响裁判结果的问题进行分析论证。影响裁判结果的问题主要有三个方面:第一,认定事实方面。如果一审判决或裁定认定事实有错误,或有出入,或遗漏了重要事实,或缺乏证据,那么作出的判决或裁定就不可能正确。因而,就应具体提出原审判在认定事实上有哪些错误,并阐述否定或变更原审认定的事实根据和证据。第二,适用法律方面。原审裁判适用的法律错了,则作为依据的准绳就会有偏差。应具体提出原审裁判在适用法律方面的错误及有关定性、量刑的不当之处,并论证原审裁判应予变更或撤销的事实依据和法律依据。第三,适用程序方面。第一审人民法院违反法律规定的诉讼程序,可能影响判决,如审判人员应该回避而没有回避,应该辩护而没有辩护,应公开审判而没有公开审判等,都可作为上诉的理由,应具体提出原审法院在审理案件、作出裁判的过程中有哪些违反诉讼程序之处,并指出纠正的法律依据。

3. 尾部

尾部,应写明致送法院名称,分两行写明"此致"、"×××法院";上诉人签名或者盖章,注明上诉时间。附项,写明上诉状副本的份数。

(三) 民事上诉状的写作格式

【格式一】

民事上诉状
(公民提出上诉时用)

上诉人(原审原告或被告):＿＿＿＿＿＿＿＿＿＿＿

被上诉人(原审原告或被告):＿＿＿＿＿＿＿＿＿＿＿

上诉人因＿＿＿＿一案,不服＿＿＿＿人民法院＿＿年＿＿月＿＿日(　　)字第＿＿号判决,现提出上诉。

上诉请求:＿＿＿＿＿＿＿＿＿＿＿＿＿＿＿＿＿＿＿

＿＿＿＿＿＿＿＿＿＿＿＿＿＿＿＿＿＿＿＿＿＿＿。

上诉理由:＿＿＿＿＿＿＿＿＿＿＿＿＿＿＿＿＿＿＿

＿＿＿＿＿＿＿＿＿＿＿＿＿＿＿＿＿＿＿＿＿＿＿。

此致

＿＿＿＿＿＿人民法院

上诉人:＿＿＿＿＿＿

＿＿年＿＿月＿＿日

附:本上诉状副本＿＿＿＿份。

【格式二】

民事上诉状

（法人及其他组织提出上诉时用）

上诉人名称(原审原告和被告)：＿＿＿＿＿＿＿＿＿＿＿

所在地址：＿＿＿＿＿＿＿＿＿＿＿＿＿＿＿＿＿＿＿

法定代表人(或主要负责人)姓名：＿＿＿＿＿ 职务：＿＿＿＿＿电话：

＿＿＿＿＿＿＿

委托代理人：＿＿＿＿＿＿＿＿＿＿＿＿＿＿＿＿

被上诉人名称(原审原告或被告)：＿＿＿＿＿＿＿＿＿＿

所在地：＿＿＿＿＿＿＿＿＿＿＿＿＿＿＿＿＿＿＿

法定代表人(或主要负责人)姓名：＿＿＿＿＿ 职务：＿＿＿＿＿＿

委托代理人：＿＿＿＿＿＿＿＿＿＿＿＿＿＿＿＿

上诉人因＿＿＿＿＿＿＿一案,不服＿＿＿＿＿＿＿＿人民法院

＿＿＿＿年＿＿＿月＿＿＿日( )字第＿＿＿＿＿＿号判决,现提出

上诉。

诉讼请求：＿＿＿＿＿＿＿＿＿＿＿＿＿＿＿＿＿＿＿

＿＿＿＿＿＿＿＿＿＿＿＿＿＿＿＿＿＿＿＿＿＿＿＿＿＿

＿＿＿＿＿＿＿＿＿＿＿＿＿＿＿＿＿＿＿＿＿＿＿＿＿＿

＿＿＿＿＿＿＿＿＿＿＿＿＿＿＿＿＿＿＿＿＿＿＿＿＿。

事实理由：＿＿＿＿＿＿＿＿＿＿＿＿＿＿＿＿＿＿＿

＿＿＿＿＿＿＿＿＿＿＿＿＿＿＿＿＿＿＿＿＿＿＿＿＿＿．

＿＿＿＿＿＿＿＿＿＿＿＿＿＿＿＿＿＿＿＿＿＿＿＿＿。

此致

＿＿＿＿＿＿＿人民法院

上诉人：＿＿＿＿＿＿

＿＿＿年＿＿＿月＿＿＿日

附:1. 本上诉状副本＿＿＿＿＿＿份。

　　2. 书证＿＿＿＿＿＿份。

注:致送机关也可写为：

此致

＿＿＿＿＿＿＿人民法院　转报

＿＿＿＿＿＿＿(中级或高级)人民法院

四、行政上诉状的写作

(一) 行政上诉状的概念与作用

行政上诉状是行政诉讼当事人不服人民法院第一审行政判决或裁定,在法定期限内依据法定程序向上一级人民法院提起上诉的书面请求。

《中华人民共和国行政诉讼法》规定:"当事人不服人民法院第一审判决的,有权在判决送达之日起十五日内向上一级人民法院提起上诉。当事人不服人民法院第一审裁定的,有权在裁定书送达之日起十日内向上一级人民法院提起上诉。逾期不提起上诉的,人民法院的第一审判决或者裁定发生法律效力。"《中华人民共和国行政诉讼法》还规定:"没有诉讼行为能力的公民,由其法定代理人代为诉讼。"法定代理人互相推诿代理责任的,由人民法院指定其中一人代为诉讼。

行政上诉状是行政诉讼当事人行使上诉权的一种书面形式。行政诉讼当事人依法上诉,正确行使上诉权,可以引起上诉程序,保护自己的合法权益;二审人民法院通过对案件的审理,正确地使用法律,对维护法律的尊严起着积极的作用。

(二)行政上诉状的写法

1. 首部

首部,包括标题与当事人的基本情况。其写法与民事上诉状基本相同。

2. 正文

正文包括上诉请求和上诉理由。

上诉请求:行政上诉状的上诉请求具有双重性,既要对原审裁判,也要对行政机关的具体行政行为提出重新评断的要求,以最终解决当事人之间的行政争议。

上诉理由:行政上诉状的上诉理由首先应概括叙述案情,以及原审法院的处理经过和结果。然后简要叙述原审原告因什么事项经原审被告作出具体行政行为,原审原告对具体行政行为不服,曾否申请上级行政机关复议,复议机关是否改变了原具体行政行为,原审原告因何不服而提起行政诉讼,一审法院作出的判决或裁定的具体内容是什么,上诉人为什么对裁判不服而提起上诉。叙述这些内容时,简明扼要讲清案件的来龙去脉即可。

3. 尾部

尾部,应写明致送法院名称,分两行写明"此致"、"×××法院";上诉人签名或者盖章,注明上诉时间。附项,写明上诉状副本的份数。

【格式】

行政上诉状

上诉人:_____

被上诉人:_____

法定代表人:_____

上诉人因_____一案,不服_____人民法院_____年_____月_____日( )字第_____号判决,现提出上诉。

上诉请求:_____

_____

_____

_____。

上诉理由：_____

_____

_____。

此致

_____人民法院

上诉人：_____

___年___月___日

附：本上诉状副本_____份。

【例文】

刑事上诉状

上诉人（原审被告人）：××，男，现年 32 岁，汉族，××市××县人，××县供销社干部，住××县和平路 18 号，现羁押于××看守所。

上诉人因收受贿赂一案，不服××县人民法院(20××)×法刑字第 50 号判决，提出上诉。

上诉请求：

(1) 撤销××县人民法院××年×月×日第 50 号刑事判决；

(2) 宣告上诉人××无罪。

上诉理由：

(1) 原审判决书认定我"身为国家干部，不务正业，利用职务之便推销商品"是没有根据的。我帮助推销商品，一没有打着供销社干部的旗号，二没有利用工作关系，三没有利用自己的身份、手中的权力强求任何一方出售或购买商品，与自己的职务没有任何联系。只不过是利用业余时间，传递商品供销的信息，以中间人的身份介绍双方业务，促成双方成交，与《刑法》第 185 条关于利用职务之便收受贿赂之规定明显不符。根据最高人民法院、最高人民检察院《关于当前办理经济犯罪具体应用法律的若干问题的解答》(试行)中规定：国家工作人员没有利用职务之便为他人推销商品、购买物资、联系业务，以"酬劳费"等名义索取、收受财物的，不应定受贿罪而属于行政处罚的范围。

(2) 上诉人帮助××公司推销了大批积压棉布，为××公司的地毯找到了销路，加快了上述公司的资金周转，提高了经济效益，另一方面也满足了买方的需要。我们现在缺乏有效的交易市场，流通渠道不畅，商品信息交流不发达，我的活动客观上对商品经济活动有利。上诉人并没有索取"酬劳费"，虽然是错误的，但根据"两院"《解答》的精神只是一般违反党政机关工作人员工作纪律，可由所在单位给予行政处理，不应以受贿定罪。

(3) 一审判决书对上诉人的行为适用全国人大常委会《关于严惩

严重破坏经济的罪犯的决定》显属不妥。适用这一《决定》是以罪犯为前提的。上诉人的行为并不构成受贿罪,自然不能比照受贿罪论处。

综上所述,特提出前列上诉要求。鉴于上诉人已在本案宣判之前被捕,实属无罪受押,恳请二审法院尽快依法作出无罪的终审裁判。

此致
××市中级人民法院

上诉人:××
××××年×月×日

【评析】

这份上诉状的制作技艺,颇有可取之处,主要表现如下:

第一,分析有理,批驳有据。上诉人不服一审刑事判决,理由有三:一是原审判决认定我"身为国家干部,不务正业,利用职务之便推销商品"是没有根据的;二是上诉人帮助××公司推销了大批积压棉布,为××公司的地毯找到了销路,加快了上述公司的资金周转,提高了经济效益,另一方面也满足了买方的需要,不应以受贿定罪;三是以全国人大常委会《关于严惩严重破坏经济的罪犯的决定》比照显属不妥。上诉状从三个方面驳斥了原审判决确认的受贿罪的错误认定,反驳论据充分,说理也很客观,有理有据,具有一定的力度,故最终提出"尽快依法作出无罪的终审裁判",显得合情合理又合法。

第二,简明扼要,条理清晰。本上诉状否定一审有罪判决,但文书却没有长篇大论,旁征博引,而是对针对原判定罪的事实依据,从三个方面指出其事实不符或依据不足。考虑到上诉状只是引起二审程序的文书,更详细的事实证明和法理分析有待二审中进行,故上诉理由点到为止,简明扼要,层次条理,有助于尽快向二审法院传递要求上诉的信息。

这份上诉状格式规范,要素齐全,逻辑严密,次序清楚,语言简洁准确,是符合写作要求的,值得我们借鉴和学习。

第三节　申　诉　状

一、申诉状的概念与作用

申状诉是诉讼当事人、被害人及其家属或者其他公民,认为人民法院已经发生效力的判决、裁定错误的,向人民法院或者人民检察院提出申诉,请求重新审查案件的法律文书。

申诉是人民法院和检察院发现错案的重要途径,是密切联系群众、倾听群众意见、加强审判监督、维护公民合法权益的一种好形式。

二、申诉状的特征

申诉状的特征,主要有以下两点:

其一,申诉必须由当事人、被害人及其家属或者其他公民和民事案件中的当事人或其法定代理人提出。

其二,刑事案件申诉可以向人民检察院、原审法院提出,也可以向原审法院的上级法院提出,但不限于"上一级",可以是"上两级"或"上三级"。民事案件申诉,不向人民检察院提出。

三、申诉状的种类

(一) 刑事申诉状

刑事申状诉是指诉讼当事人、被害人及其家属或者其他公民,对已经发生效力的判决、裁定认为确有错误,向人民法院或者人民检察院提出申请复查纠正的诉状。

(二) 民事再审申请书

民事再审申请书是指民事诉讼中的当事人对已经发生法律效力的民事判决、裁定认为确有错误,向原审人民法院或者上级人民法院申请再审时提交的诉状。

(三) 行政申诉状

行政申诉状是指行政诉讼的当事人认为已经生效的行政判决或裁定确有错误,向原审人民法院或者上级人民法院提出申请复议纠正的诉状。

四、申诉状的写作

(一) 首部

首部,包括标题、当事人的基本情况以及案由。

标题:应依据案件的不同性质写明"刑事申诉状"、"民事再审申请书"、"行政申诉状"。

当事人基本情况:如系公民,依次写明姓名、性别、出生年月日、民族、籍贯、职业或工作单位和职务、住地等。如系法人或其他组织的,写明单位名称、所在住址、法定代表人或代表人的姓名、职务等。

案由:应写明申诉人的姓名、原案件的案由、原裁判法院的名称和裁判日期、文书的名称和编号等。并标明对原裁判不服,提出申诉的意思。具体可以表述为"申诉人(或申请人)×××(姓名)因××(案由)一案,对×××人民法院×年×月×日(年限)×字第×号××(案件性质)判决(或裁定)不服,提出申诉(或申请再审)。"

(二) 正文

正文,包括申诉事项、事实与理由。

申诉事项:申诉人申诉的目的是希望通过审判监督程序对案件进行再审,以求得公正合法的裁判,所以应写明申诉人(或申请人)要求人民法院或人民检察院解决的问题,达到的要求。一般要指明申诉人原受到处理的不当之处,尤其是要明确提出希望怎样解决,如请求撤销、变更原裁判,或请求人民检察院自行复查,或请求人民法院进行再审等等。若有多项请求,应分项列出。具体可表述为:"请依法重新审理,作出公正的判决"、"请撤销原判第×项,改判第×项"等。

事实与理由:首先对案件事实、原审的经过和结果进行综合概括,以便受案机关了解案件的全貌。然后阐述不服的观点,针对裁判中不服的观点予以反驳,阐述已生效的裁判的错误之处;如果已生效的裁判认定事实有错误,申诉状应举出正确的事实和足以推翻原处理决定的证据予以证明。如果已生效的裁判适用法律不当,则应从法律规定方面分析论证,指出其错误所在和应当如何适用等。在分析论证的基础上,自然引起申诉或申请再审的具体要求,与请求事项相呼应。

总之,事实与理由是通过事实和法律,反驳原审判的错误,申说正面的主张和法律依据,以达到推翻原审判决,促使法院公正裁决的目的。

(三)尾部

尾部,应写明致送法院名称,分两行写明"此致"、"×××法院"。与上诉状、起诉状的写法基本相同,不同的是:刑事的称"申诉人",民事的称"申请人"。尾部还要有申(请)诉人签名或者盖章,注明上诉时间。附项,写明申诉状副本的份数。

五、申诉状的写作要求

第一,申诉必须是针对已经发生法律效力的判决、裁定或调解协议等,一般来讲申诉不受时间限制,只要发现新的事实和证据或者有新的理由,随时都可以申诉,但要注意的是,民事再审申请必须在判决、裁定发生法律效力后的两年内提出,否则,再审申诉的诉讼权利丧失。

第二,提出申诉请求应当有足够的证据。刑事案件的当事人不服人民法院已经生效判决、裁定,请求司法机关重新审理,应当有足够的证据证明已经生效的判决、裁定确有错误,否则,很难达到申诉的目的。律师接受委托后,应当尽量调查、收集新的证据,以保证申诉请求有足够的证据支持。

第三,申诉状的写作要求有的放矢,紧扣案情,针对原审裁判的错误,依照法律条文说理。申诉理由要抓住要害、举证反驳、中心突出、有理有据、逻辑严密、说服力强,切忌含糊其辞、四面出击,或者强词夺理、无理狡辩。

六、申诉状与上诉状的区别

(一)申诉状和上诉状的制作主体不同

上诉状的制作主体是具有法定身份的人,刑事上诉状的主体是当事人和他的法定代理人,民事上诉状的制作主体是当事人、第三人和他们的法定代理人。刑事申诉状的制作主体是自诉案件的当事人、公诉案件的被害人及其法定代理人,也可以是其他公民、社会团体、组织等。民事申诉状制作主体是当事人、法定代理人、利害关系人等。

(二)针对的原审判决或裁定的实施情况不同

上诉状是针对还没有发生法律效力的一审判决和裁定提出的;而申诉状是针对已经发生法律效力的判决和裁定提出的。

（三）呈送的对象不同

上诉状只能向原审人民法院的上一级人民法院呈送（可通过原审人民法院转送）；而申诉状既可直接向原审人民法院呈送，也可以直接向上一级人民法院呈送，还可提交人民检察院。

（四）提出后能否引起诉讼程序的发生不同

上诉人依法提出上诉，必定引起二审程序的发生，不管当事人提出的上诉是否合理，二审法院都要对案件进行审理。而申诉人把申诉送出后，经审查，认为原判决和裁定确有错误的，才对原案进行再审。经审查认为原裁决没有错误的，申诉无理，则由人民法院驳回原诉，就不会引起审判监督程序的发生。

七、申诉状的写作格式

【格式一】

民事再审申请书

（申请人为法人）

申请人：_____

所在地：_____

法人代表（或主要负责人）：_____，职务_____，电话_____

_____

申请人_____对_____人民法院_____年_____月_____日（ ）字第_____号_____不服，请求再审。

申请事项：_____

_____

_____

_____

_____。

事实与理由：_____

_____

_____

_____

_____。

此致

_____人民法院

申请人：名称（加盖公章）

法定代表人（或主要负责人）：（签名或盖章）

____年____月____日

附：原审判决书（或裁定）抄件1份。

【格式二】

刑事申诉状

申诉人：(刑事案件的当事人及其法定代理人、近亲属、委托律师)：

_____

　　申诉人因_____一案，对_____人民检察院_____年_____月_____日所作的字第_____号不起诉决定书不服(对人民法院_____年_____月_____日字第_____号刑事判决或裁定不服)，现提出申诉，现将申诉的请求和理由分述如下：

　　请求事项：_____

_____

_____

_____

_____。

　　事实与理由：_____

_____

_____

_____

_____。

　　证据和证据来源，证人姓名和住址：_____

_____

_____

_____

_____。

　　此致

_____人民法院(或人民检察院)

申诉人：_____

____年____月____日

附：1. 原审判决(或裁定)_____份。

　　2. 证据材料_____份。

　　(此格式也适用民事再审申请书，但标题要写成"民事再审申请书"；正文及附项中的申诉人相应地改为"申请人"。)

【例文】

刑事申诉状

　　申诉人：李××，男，32岁，汉族，××省××县××村人，现在××省第二监狱服刑。

　　申诉人因"过失杀人"一案，对××县人民法院20××年3月5日(20××)刑上字第90号刑事判决不服，特提出上诉。

诉讼请求:撤销原判,重新审理,公正判决。

事实与理由:

我因意外事故将帮我开山取石的姑父王××打死,××县人民法院认定我为过失杀人,判我八年有期徒刑,我对此不服,认为法院认定的罪行性质不当,特提出申诉,请××市中级法院予以再审,纠正错判。

事实的经过是这样的:我为建房,请了姑父王××帮我开山取石(作房基用)。在开山过程中,我与邻村青年李××发生口角,姑父帮我去同对方辩理,我也趁势夺过了李××手中所持猎枪向远处一扔。不想,刚好将装有弹药的猎枪撞响,子弹飞出打在了我姑父的头部,经紧急送往医院抢救,终因子弹穿过大脑,伤势严重,抢救无效,不幸身亡(当时在场的×××村村民杨××、南××、黎××均可作证)。

我在此事件中虽却有一定的责任,但既非故意,也不属于过失,而纯属不能预见的意外事故。因此,××县法院认定我犯有过失杀人罪与法不合。判我八年,量刑过重;且对于我设法补偿姑父的不幸去世,设法照顾姑姑及其子女,极为不利。有鉴于此,特向贵院提出申诉,请对此案进行再审,秉公改判。

此致
××市中级人民法院

申诉人:李××
××××年×月×日

附:1. 原审判决书一份。

2. 书证六份。

3. 证人:杨××、南××、黎××,住××村。

【评析】

这是一份刑事申诉状,虽然短小,但要素齐全,内容完整,给人以启迪,给人以借鉴。

其一,申诉目的明确。申诉人申诉的目的就是希望通过审判监督程序对案件进行再审,以求公证合法的裁判,本申诉状的请求就是"撤销原判,重新审理,公正判决"。态度明朗,目的明确,简洁清楚,干净利落,没有任何马虎繁琐、拖沓冗长之词。

其二,申诉理由充分。制作申诉状,关键是写好申诉理由。诉讼请求能否成立,能否收到预期的效果,以求达到提起再审,就在于申诉理由申辩力及反驳力的强弱。这份申诉状针对原审裁判认定事实不准确、有出入提出了纠正和否定事实依据和证据。申诉人认为一无故意,二无过失,是纯属不能预见的意外事故。量刑过重,无法照顾姑姑及其子女,而且还附有书证和证人,更加增强了说服力。可见,这份申诉状,叙述事实客观中肯,分析问题合情合理,很值得一读。

其三,申诉逻辑严密。所谓逻辑性就是指所运用的论据和论点之间有密切的联系,原因和结果之间要有内在的关联,前提与结论之间要相吻合,保持一致性。这份申诉状符合逻辑严密的写作要求,叙述事件的原因和结果很清楚,观点和论据也很鲜明,行文结构脉络条理,短小精悍,是一份较好的申诉状。

第四节　答　辩　状

一、答辩状的概念与作用

答辩状是指民事、行政、刑事自诉案件的被告人、被上诉人或被申诉人针对起诉状、上诉状或申诉状的内容,进行回答并提出反驳理由的法律文书,在诉讼过程中,被告针对原告的起诉或上诉作出回答和辩驳的书状。

根据刑事诉讼法、民事诉讼法和行政诉讼法的有关规定,人民法院应当在立案或收到上诉状之日起 5 日内将起诉状、上诉状副本发送被告或被上诉人,被告或被上诉人应当在收到之日起 15 日提出答辩状。被告或被上诉人提出答辩状的,人民法院应当在收到答辩状之日起 5 日内将副本发送原告或上诉人。被告或被上诉人不提出答辩状的,不影响人民法院审理。

答辩状是与起诉状、上诉状相对应的文书,是被告或被上诉人维护自己的合法权益,反驳原告或上诉人的诉讼请求,实现在诉讼上保护自己所采取的一种手段,是一种应诉行为,也是被告或被上诉人依法享有的诉讼权利,体现了当事人的诉讼地位和权利平等的原则。另一方面,被告或被上诉人通过答辩状,向人民法院阐明意见和主张,使人民法院全面了解案情,以便做到"兼听则明",避免"偏听则暗",这对于人民法院查清案件事实,全面分析案情,正确断案,有着十分重要的作用。

二、答辩状的种类

答辩状一般分为一审答辩状、上诉答辩状和申诉答辩状。一审答辩状,是被告人针对一审程序中原告起诉状的内容提出的答辩状。其中针对民事、行政起诉状提出的称民事答辩状、行政答辩状,针对刑事自诉状提出的(刑事案件中,一般只有自诉案件才用答辩状),称刑事自诉答辩状;上诉答辩状是被上诉人针对二审程序中的上诉状提出的;申诉答辩状是针对审判监督程序的申诉状的内容提出答复和辩驳。

三、答辩状的写作

(一) 首部

首部,包括标题、答辩人的基本情况和案由。

标题:根据种类的不同,属于一审程序的,按照案件性质写为"民事答辩状"、"刑事自诉案件答辩状"等;属于第二审程序和审判监督程序的,还应在标题中标明审判程序,如"民事上诉答辩状"、"刑事申诉答辩状"等。

答辩人的基本情况:答辩人基本情况的写法同起诉人情况的写法基本一样。若有法定代表人诉讼代理人的,在答辩人的下面另起一行写明其基本情况。被答辩人的情况一般不作介绍,但刑事案件的二审答辩状一般同时写明答辩人与被答辩人的个人基本情况。

案由:主要写明对原告(或上诉人)因什么纠纷案件起诉(或上诉)进行答辩。具体可表述为"因××(案由)一案,提出答辩如下:"或者"因原告(或上诉人)×××(姓名)提起××××(案由)诉讼一案,提出答辩如下:"。

(二) 正文

正文,包括答辩理由和答辩意见。

答辩理由:答辩理由就是答辩人针对原告在起诉状或上诉人在上诉状中提出的诉讼请求及其所依据的事实和理由进行答复和辩驳,对起诉状、上诉状中的不实之词、错误论点以及不当的诉讼请求进行驳斥,并阐述自己的意见和主张。答辩的理由一般应从以下几方面考虑:

1. 要看起诉状或上诉状所诉事实能否成立,不能成立,予以否定;部分不能成立,部分予以否定,并提出与起诉状或上诉状不同的、新的客观真实的事实加以证明。如果答辩人提出新的事实,则依法负有举证责任。所列证据要确实、充分,并要讲清证据来源,注明证人的姓名、住址等,以便人民法院调查核实。

2. 要看起诉状或上诉状适用的法律条文有无错误。如原告或上诉人对实体法条理解错误,以致提出不合理的诉讼请求,答辩理由应对其曲解了的法律从立法精神和具体规定及适用方面加以反驳。

3. 如果原告和上诉人的起诉违反程序法的规定,没有具备或已经失去引起诉讼发生和进行的条件,答辩理由可针对适用程序法方面进行反驳。

总之,答辩的理由应做到三点:一是要尊重事实。无论是对方或是自己,都要按照事实的本来面目,如实去写;二是要有针对性。应针对起诉状、上诉状所提的诉讼请求进行答复和反驳,不要人家指东你指西,而且要注意抓住重点,突出中心;三是要写得具体。不要用空洞的概念代替具体事实的阐述,要注意提供证据,并注明证据可证明什么事实,现在保存何处,证人的姓名、住址、工作单位及与当事人的关系。

答辩意见:经过充分阐明理由之后,简要归纳出答辩的意见。归纳意见的方法主要有三种:即依据有关法律,说明答辩理由的正确性;根据正确的事实,说明自己法律行为的合理性;根据答辩事实,揭示对方法律行为的谬误性。最后,请求人民法院予以公正的裁决。

(三) 尾部

尾部,应写明受诉法院名称、附项、答辩人姓名或名称、答辩状制作日期。其中,附项部分要注明副本的份数,如有答辩时提交证据的,还要依次注明证据的名称和数量。

四、答辩状的写作要求

第一,针锋相对,有的放矢。撰写答辩状时要针对起诉状或上诉状的诉讼请求进行答复和反驳,抓住双方在案件中争执的焦点,避开枝节,有目的地进行辩驳。

第二,实事求是,以理服人。答辩要遵循实事求是的原则,真实反映所争执事实的固有面貌和实质,真实客观地罗列自己所持有的反驳理由和各种证据。对方要求不合理的,要用坚决的语气拒绝、驳斥,而对于对方所告属实和请求合理的部分,就应予以接受认可。

第三,语言犀利,推理严密。答辩状语言文笔应该是论战性的,要善于用犀利有力的语言、精当的词语找出对方的矛盾与破绽,击中其要害,驳倒其错误。但语言尖锐不等于意气用事或恐吓谩骂,要平心静气,以达到胜诉的目的。

五、答辩状的写作格式

民事答辩状

答辩人:_____

答辩人因_____(写明案由,即纠纷的性质)一案,进行答辩如下:

答辩的理由:_____

_____

_____。

答辩的意见:_____

_____

_____。

此致

_____人民法院

答辩人:_____

____年____月____日

附:本答辩状副本_____份(按被答辩人人数确定份数)

(注:民事、行政、刑事自诉各类案件答辩状的格式基本相同)

【例文】

民事答辩状

答辩人:××市××公司,地址:××市××路××号,电话:××××××××。

法定代表人:××,××公司经理。

答辩人因××市卷烟厂诉××公司买卖合同纠纷一案,特答辩如下:

我公司向原告交付的三台烟草过滤机无质量问题,是合格产品。

一、这三台过滤机是我公司从美国原装进口的,有经美国权威机构检测的质量合格证书(证据);

二、原告依据的××市甲研究所的检测报告没有任何说服力。他们属同一地区,不能保证检测的公正性。我公司要求贵院安排重新检测。

综上,我公司一直严格履行《烟草过滤机买卖协议》的约定,交付的过滤机质量合格。原告自己使用不当造成过滤机故障,一切后果应由其自行承担,与我公司无关。请贵院依法公正裁判,驳回原告无理请求。

　　此致
　　××市××区人民法院

　　　　　　　　　　　　　　　　　答辩人:××市××公司
　　　　　　　　　　　　　　　　　××××年×月×日

附:1. 本答辩状副本两份
　　2. 过滤机质量合格证书。

【评析】

这份答辩状虽然短小,但写作内容全面,具体说来主要有以下几点值得借鉴:

第一,针锋相对,反驳有力。这份答辩状对原告起诉"本公司"烟草过滤机不合格一事作了针锋相对的反驳,且有证据,即美国权威机构检测的质量合格证书。对原告的依据也进行了驳斥:××市甲研究所的检测报告没有任何说服力,因为他们属于同一地区,不能保证检测的公正性。答辩状对原告起诉的内容予以了有力的反击,充分维护了自己公司的利益。

第二,答辩意见,清楚合理。本答辩状在充分阐述客观存在的事实、确凿的论据和理由的基础上,经过分析论证,提出了自己的答辩意见,即"请贵院依法公证裁判,驳回原告无理请求"。答辩意见正确合理,实事求是,真正维护了自己的合法权益。

第三,语言朴实,文字精炼。答辩状的语言虽然是论战性的,但也不允许使用谩骂性的词语,肆意进行人身攻击。本答辩状语言运用文明礼貌,朴实准确,通俗易懂,读得顺口,文字极其精炼,要言不烦,句句中的。总之,这份答辩状层次分明,理由充分,论据有力,格式规范,值得参考。

第五节　辩　护　词

一、辩护词的概念与作用

辩护词,是辩护人在法庭辩论阶段为维护犯罪嫌疑人、被告人的合法权益,根据事实和法律,提出证明犯罪嫌疑人、被告人无罪、罪轻或者减轻、免除其刑事责任所作的综合性发言。

辩护人可以是被告,还可以委托下列人员进行辩护:律师,人民团体或被告所在单位推荐的人,或者经人民法院许可的公民,被告人的近亲属、监护人。

辩护词的作用,主要集中体现在两个方面:一是能够维护被告人的合法权益,使被告人不受枉法裁判。如果被告人是无罪的,应列举事实理由,依据法律条款,详加论证,使无罪的人不受惩罚。如果被告人有罪,可以从认罪态度、检举立功等方面对被告人进行从轻惩罚辩护。二是能够有力地保证办案质量。辩护词是与公诉人的公诉词相对而存在的,两者分别从不同角度剖析案件事实,论证案件性质,并提出使用的法律意见,能够使审判人员在充分听取公诉人的正面意见和辩护人的反面意见中,去客观地采用证据,准确地认定事实,恰当地运用法律,作出既公正又有根据的判决。

二、辩护词的写作

(一) 首部

首部,包括标题和称谓。

标题:可以直接写文种"辩护词";也可以由案名加文种构成,如"被告人×××盗窃案辩护词"或"关于×××(姓名)×××(案件)的辩护词"。

称谓:即写明该辩护词的听取人。一般为"审判长、人民陪审员"、"审判长、审判员"或"各位法官"等等,具体选择可根据法庭组成人员和辩护人的用语习惯来确定。

(二) 正文

正文,包括序言、辩护理由及结束语。

序言:即"开场白",这是一段简洁明了的说明文字。通常应写明三方面的内容:一是辩护出庭的合法身份,即辩护权的来源。讲明或是接受被告人的委托,或是接受法院的指定;二是出庭之前的准备工作,即简要叙述辩护人为出庭辩护进行的各项准备工作,如阅读起诉书,会见被告人,阅读案卷材料,进行调查收集证据等活动的有关情况;三是表明对本案的基本看法,简要而明确地概述辩护人的辩护观点。

辩护理由:这是辩护词的核心部分,它要用足够的典型事实,对序言中的基本观点分若干分论点进行阐述。可以从以下方面阐述:

1. 从诉讼程序方面进行辩护。当认为公安、检察人员及人民法院在侦查、起诉、审判案件的过程中有违法行为,并对该案的正确判决有影响时,可以首先提出。如在侦查、起诉中有无刑讯逼供的现象,收集调取证据是否符合法律程序和方式,对犯罪嫌疑人有无超期羁押或滥用强制措施的情况;人民法院在审判过程中是否违反了回避制度,是否非法剥夺了被告人的法定诉讼权利以及法院审判组织的组成是否合法等等。

2. 从认定事实方面进行辩护。犯罪事实是定罪量刑的基础和依据,如果起诉书指控的犯罪事实不存在;或部分事实有原则性的出入;或认定事实缺乏准确、充分的证据,那么辩护人应当从事实和证据方面进行分析论证,阐明辩护理由,从而全部或部分否定犯罪事实,以达到辩护的目的。

3. 从法律方面进行辩护。即对公诉方适用法律错误或不当的地方进行反驳。法律证据是定刑量罪的法定原则及标尺,若公诉方适用法律出现了错误,影响到案件的定性、量刑,辩护人可据此辩驳,指明本案应适用的法律依据是什么,从而达到减轻被告人罪责的目的。

4. 从情理方面进行辩护。所谓情理,就是指符合社会主义制度初级阶段的伦理道德、处事准则,体现国家根本利益,反映人民群众意愿的一般道理。如被告人的一贯表现较好;或者犯罪社会危害不大,民愤较小;或者无作案的动机、目的等。从情理方面辩护,只要言之有理,人民法院是会考虑辩护人意见的。

总之,写辩护理由时,可以据实辩驳,可以据法辩驳,也可以兼而有之。但不论从哪个方面,都要有针对性,即辩护人对公诉人所持的基本观点进行针锋相对的反驳,在反驳中阐明自己的观点,提出证明被告人无罪、罪轻的辩护意见。当然也可以采用直接证明的方法来写,即辩护人根据事实和法律,对本案提出自己的看法和观点是正确的,但最好把说理和反驳有机地结合在一起,这样才更能发挥辩护词维护被告人合法权益的作用。

结束语:一般需要讲清两个内容:一是对所作出的辩护发言进行归纳总结,强调其基本观点;二是对本案如何处理,向法庭提出自己的看法、要求和建议。

(三)尾部

尾部,写明辩护人姓名、单位、职务,注明日期。辩护词当庭宣读时,不必通报姓名和日期,但向法院递交的书面辩护词,格式要完整,就应写上这一部分。

三、辩护词的写作要求

(一)紧扣论点,深入论证

辩护词无论是正面说理,还是反驳论辩,都必须紧紧围绕论点,抓住案件关键性和实质性的问题,深入剖析,充分论证,使辩护词具有鲜明的针对性和辩驳性。

(二)遵循法律,实事求是

辩护人应当忠于事实和法律,站在国家和人民的立场上履行辩护职责,遵循"以事实为依据,以法律为准绳"的原则,维护法律的正确实施,维护被告人的合法权益,而不能满足被告人不正当的无理要求。

(三)观点鲜明,有理有据

辩护人主张什么,反对什么,支持什么,必须十分明确,一目了然,切忌似是而非,模棱两可。分析事理,要做到合乎分寸,言之有理,持之有据,切忌在枝节问题上纠缠。

(四)态度端正,语言文明

辩护人在态度上一定要心平气和,不卑不亢,以理服人,既要做到坚持原则,又要做到用词准确,语言文明,分寸得体,决不允许对他人讽刺嘲笑,指手画脚,更不允许攻击公诉人或法庭审判人员。

【例文】

马××诈骗案辩护词

审判长、审判员:

根据刑事诉讼法第26条规定,被告人马××委托我们担任其辩护人。我们查阅了有关卷宗,会见了被告人,访问了被告的家属。现在又听取了被告人马××在法庭审理调查阶段的陈述。我们提出如下意见:

起诉书认为被告马××构成诈骗罪,我们认为这是不妥当的。理由是:

一、诈骗罪最大的特征是使用欺骗的手法,使人受骗上当。被告人马××承包××经销处的业务活动,是经过××垦殖总场所属工作单位同意的,都有原始单据、凭证、发票。检察院在侦查结束报告中认为,被告人与××客户及××垦殖场所属各单位的账目都已结清。

二、从其犯罪构成要件看,马××构不成诈骗罪。因他所进行的业务活动,是以双方签订的合同为据的。合同规定,被告人负责的经销处是自负盈亏的实体单位,是合格的法人,有经营自主权,因此,被告人是没有欺骗的主观意图的。

三、本案实际是没有按照《经济合同法》第12条规定签订合同,因条款不完善所引起的经济合同纠纷。根据承包合同第五条规定,被告人每年要上缴利润16000元。若有盈余怎么办? 不明确。被告人有哪些权利? 也不明确。在产品质量验收方面,用什么计量标准及计量方法,合同也未按国务院颁发的《国务院关于农副产品购销合同条例》第8条规定制订。因而,在验收结算中,没有确定超欠幅度、合理损耗和正负尾差。

综上所述,本案只是一起经济合同纠纷,不是触犯刑法的刑事案件。对犯罪定性,只能是以事实为根据,以法律为准绳,在适用法律上,任何公民一律平等。我们希望检察机关认真研究,撤销该案件,移送合同管理机关处理,希望法院实事求是,撤销原判。

辩护人:××市律师事务所

律　师:杨××　张××

××××年×月×日

【评析】

这是属于一份无罪辩护词,其写作特点如下:

其一,观点鲜明,有理有据。辩护人运用法律理论结合案件事实进行了具体而深刻的论述,并通过充分精要的分析,坚实而严谨的反驳,证明了辩护观点的成立,驳斥了公诉机关指控的错误所在。辩护词从三个方面进行了辩驳:一是从诈骗罪的特征予以分析;二是从犯罪的要件陈述;三是从法律依据阐述,认为本案属于一起经济合同纠纷,不是触犯刑法的刑事案件,马××构成诈骗罪显然是不妥当的。通过摆事实,讲道理,依法分析案情,从而得出正确的结论。本辩护词条理清晰,层次分明,言之有理,持之有据,令人信服。

其二,语言平实,不卑不亢。本辩护词语言运用严谨平实,分寸得体,没有任何强词夺理,无理狡辩,更没有用讽刺、挖苦式语言对公诉人进行人身攻击。如开头提出自己的观点,"起诉书认为被告马××构成诈骗罪,我们认为这是不妥当的"。语言运用很平和,阐述理由也很客观、中肯。结尾提出的希望也很谦恭,"我们希望检察机关认真研究,撤销该案件,移送合同管理机关处理,希望法院实事求是,撤销原判"。可见,辩护人态度端正,既坚持原则,又做到用词准确朴实,简明扼要,既维护了被告人的合法权益,又保证了办案质量。

其三,格式规范,内容完整。本辩护词的首部,将标题写得清楚明白,"马××诈骗案辩护词"让人一目了然;将称谓写得正确无误,写明了该辩护词的听取人,即"审判长、审判员",顶格写在了标题之下第一行,其后用了冒号,书写位置也很正确。正文,写明了序言、辩护理由及结束语。尾部,写明了辩护人的姓名、单位、职务以及日期。总之,本辩护词在逻辑上是严密的,表述上是清晰的,语言上是平实的,格式上是规范的,应该是一份上乘之作。

【思考题】

　　1. 起诉状、上诉状、申诉状、答辩状的概念是什么?

　　2. 起诉状和上诉状有什么不同?

　　3. 答辩状、辩护词的写作各有什么要求?

　　4. 申诉状的结构是什么样的?

　　5. 材料题:

根据下面××贸易公司负责人口述材料,写一份起诉状。

××贸易公司负责人口述材料:今年3月5日,通过招标,我单位与××公司签订了安装单位内部局域网的合同。所需电脑50台和1台服务器,及安装网线、调试运行均由该公司负责,总计设备费58万元,工程费5万元,合计63万元。3月10日,××公司来安装,3月20日完工。4月1日我公司付款。安装后,自4月中旬,设备就开始三天两头出问题,开始打电话,公司还来修理、调整,后来干脆不理,让我们自己解决。可合同上说:"设备硬件保修一年,在一年内无偿更换。"可他们根本不履行。我们找了几个电脑专业人员,大家都认为是元件质量太差,所以,我们要求退货,但该公司不肯。我们觉得损失太大,所以要求起诉他,不仅要退货,还得赔偿我们损失。

　　6. 指错并改正:

离婚起诉状

原告:张××,女,住××市××区××路×号。

被告:李××,男,住××市××路×栋×号房。

诉讼请求:离婚

事实与理由:

我与被告是夫妻,婚后两人感情一直不好,两人经常吵架,无法生活在一起,特向法院提出诉讼,请法院依法判决。

　　此致

法院

起诉人:张××

附录

党政机关公文处理工作条例

中办发〔2012〕14 号

第一章　总　　则

第一条　为了适应中国共产党机关和国家行政机关（以下简称党政机关）工作需要，推进党政机关公文处理工作科学化、制度化、规范化，制定本条例。

第二条　本条例适用于各级党政机关公文处理工作。

第三条　党政机关公文是党政机关实施领导、履行职能、处理公务的具有特定效力和规范体式的文书，是传达贯彻党和国家方针政策，公布法规和规章，指导、布置和商洽工作，请示和答复问题，报告、通报和交流情况等的重要工具。

第四条　公文处理工作是指公文拟制、办理、管理等一系列相互关联、衔接有序的工作。

第五条　公文处理工作应当坚持实事求是、准确规范、精简高效、安全保密的原则。

第六条　各级党政机关应当高度重视公文处理工作，加强组织领导，强化队伍建设，设立文秘部门或者由专人负责公文处理工作。

第七条　各级党政机关办公厅（室）主管本机关的公文处理工作，并对下级机关的公文处理工作进行业务指导和督促检查。

第二章　公文种类

第八条　公文种类主要有：

（一）决议。适用于会议讨论通过的重大决策事项。

（二）决定。适用于对重要事项作出决策和部署、奖惩有关单位和人员、变更或者撤销下级机关不适当的决定事项。

（三）命令（令）。适用于公布行政法规和规章、宣布施行重大强制性措施、批准授予和晋升衔级、嘉奖有关单位和人员。

（四）公报。适用于公布重要决定或者重大事项。

（五）公告。适用于向国内外宣布重要事项或者法定事项。

（六）通告。适用于在一定范围内公布应当遵守或者周知的事项。

（七）意见。适用于对重要问题提出见解和处理办法。

（八）通知。适用于发布、传达要求下级机关执行和有关单位周知或者执行的事项，批转、转发公文。

（九）通报。适用于表彰先进、批评错误、传达重要精神和告知重要情况。

（十）报告。适用于向上级机关汇报工作、反映情况，回复上级机关的询问。

（十一）请示。适用于向上级机关请求指示、批准。

（十二）批复。适用于答复下级机关请示事项。

（十三）议案。适用于各级人民政府按照法律程序向同级人民代表大会或者人民代表大会常务委员会提请审议事项。

（十四）函。适用于不相隶属机关之间商洽工作、询问和答复问题、请求批准和答复审批事项。

（十五）纪要。适用于记载会议主要情况和议定事项。

第三章　公文格式

第九条　　公文一般由份号、密级和保密期限、紧急程度、发文机关标志、发文字号、签发人、标题、主送机关、正文、附件说明、发文机关署名、成文日期、印章、附注、附件、抄送机关、印发机关和印发日期、页码等组成。

（一）份号。公文印制份数的顺序号。涉密公文应当标注份号。

（二）密级和保密期限。公文的秘密等级和保密的期限。涉密公文应当根据涉密程度分别标注"绝密"、"机密"、"秘密"和保密期限。

（三）紧急程度。公文送达和办理的时限要求。根据紧急程度，紧急公文应当分别标注"特急"、"加急"，电报应当分别标注"特提"、"特急"、"加急"、"平急"。

（四）发文机关标志。由发文机关全称或者规范化简称加"文件"二字组成，也可以使用发文机关全称或者规范化简称。联合行文时，发文机关标志可以并用联合发文机关名称，也可以单独用主办机关名称。

（五）发文字号。由发文机关代字、年份、发文顺序号组成。联合行文时，使用主办机关的发文字号。

（六）签发人。上行文应当标注签发人姓名。

（七）标题。由发文机关名称、事由和文种组成。

（八）主送机关。公文的主要受理机关，应当使用机关全称、规范化简称或者同类型机关统称。

（九）正文。公文的主体，用来表述公文的内容。

（十）附件说明。公文附件的顺序号和名称。

（十一）发文机关署名。署发文机关全称或者规范化简称。

（十二）成文日期。署会议通过或者发文机关负责人签发的日期。联合行文时，署最后签发机关负责人签发的日期。

（十三）印章。公文中有发文机关署名的，应当加盖发文机关印章，并与署名机关相符。有特定发文机关标志的普发性公文和电报可以不加盖印章。

（十四）附注。公文印发传达范围等需要说明的事项。

（十五）附件。公文正文的说明、补充或者参考资料。

（十六）抄送机关。除主送机关外需要执行或者知晓公文内容的其他机关，应当使用机关全称、规范化简称或者同类型机关统称。

（十七）印发机关和印发日期。公文的送印机关和送印日期。

（十八）页码。公文页数顺序号。

第十条　公文的版式按照《党政机关公文格式》国家标准执行。

第十一条　公文使用的汉字、数字、外文字符、计量单位和标点符号等，按照有关国家标准和规定执行。民族自治地方的公文，可以并用汉字和当地通用的少数民族文字。

第十二条　公文用纸幅面采用国际标准 A4 型。特殊形式的公文用纸幅面，根据实际需要确定。

第四章　行文规则

第十三条　行文应当确有必要，讲求实效，注重针对性和可操作性。

第十四条　行文关系根据隶属关系和职权范围确定。一般不得越级行文，特殊情况需要越级行文的，应当同时抄送被越过的机关。

第十五条　向上级机关行文，应当遵循以下规则：

（一）原则上主送一个上级机关，根据需要同时抄送相关上级机关和同级机关，不抄送下级机关。

（二）党委、政府的部门向上级主管部门请示、报告重大事项，应当经本级党委、政府同意或者授权；属于部门职权范围内的事项应当直接报送上级主管部门。

（三）下级机关的请示事项，如需以本机关名义向上级机关请示，应当提出倾向性意见后上报，不得原文转报上级机关。

（四）请示应当一文一事。不得在报告等非请示性公文中夹带请示事项。

（五）除上级机关负责人直接交办事项外，不得以本机关名义向上级机关负责人报送公文，不得以本机关负责人名义向上级机关报送公文。

（六）受双重领导的机关向一个上级机关行文，必要时抄送另一个上级机关。

第十六条　向下级机关行文，应当遵循以下规则：

（一）主送受理机关，根据需要抄送相关机关。重要行文应当同时抄送发文机关的直接上级机关。

（二）党委、政府的办公厅（室）根据本级党委、政府授权，可以向下级党委、政府行文，其他部门和单位不得向下级党委、政府发布指令性公文或者在公文中向下级党委、政府提出指令性要求。需经政府审批的具体事项，经政府同意后可以由政府职能部门行文，文中须注明已经政府同意。

（三）党委、政府的部门在各自职权范围内可以向下级党委、政府的相关部门行文。

（四）涉及多个部门职权范围内的事务，部门之间未协商一致的，不得向下行文；擅自行文的，上级机关应当责令其纠正或者撤销。

（五）上级机关向受双重领导的下级机关行文，必要时抄送该下级机关的另一个上级机关。

第十七条　同级党政机关、党政机关与其他同级机关必要时可以联合行文。属于党委、政府各自职权范围内的工作，不得联合行文。党委、政府的部门依据职权可以相互行文。部门内设机构除办公厅（室）外不得对外正式行文。

第五章　公文拟制

第十八条　公文拟制包括公文的起草、审核、签发等程序。

第十九条　公文起草应当做到：

（一）符合国家法律法规和党的路线方针政策，完整准确体现发文机关意图，并同现行有关公文相衔接。

（二）一切从实际出发，分析问题实事求是，所提政策措施和办法切实可行。

（三）内容简洁，主题突出，观点鲜明，结构严谨，表述准确，文字精炼。

（四）文种正确，格式规范。

（五）深入调查研究，充分进行论证，广泛听取意见。

（六）公文涉及其他地区或者部门职权范围内的事项，起草单位必须征求相关地区或者部门意见，力求达成一致。

（七）机关负责人应当主持、指导重要公文起草工作。

第二十条　公文文稿签发前，应当由发文机关办公厅（室）进行审核。审核的重点是：

（一）行文理由是否充分，行文依据是否准确。

（二）内容是否符合国家法律法规和党的路线方针政策；是否完整准确体现发文机关意图；是否同现行有关公文相衔接；所提政策措施和办法是否切实可行。

（三）涉及有关地区或者部门职权范围内的事项是否经过充分协商并达成一致意见。

（四）文种是否正确，格式是否规范；人名、地名、时间、数字、段落顺序、引文等是否准确；文字、数字、计量单位和标点符号等用法是否规范。

（五）其他内容是否符合公文起草的有关要求。

需要发文机关审议的重要公文文稿，审议前由发文机关办公厅（室）进行初核。

第二十一条　经审核不宜发文的公文文稿，应当退回起草单位并说明理由；符合发文条件但内容需作进一步研究和修改的，由起草单位修改后重新报送。

第二十二条　公文应当经本机关负责人审批签发。重要公文和上行文由机关主要负责人签发。党委、政府的办公厅（室）根据党委、政府授权制发的公文，由受权机关主要负责人签发或者按照有关规定签发。签发人签发公文，应当签署意见、姓名和完整日期；圈阅或者签名的，视为同意。联合发文由所有联署机关的负责人会签。

第六章　公文办理

第二十三条　公文办理包括收文办理、发文办理和整理归档。

第二十四条　收文办理主要程序是：

（一）签收。对收到的公文应当逐件清点，核对无误后签字或者盖章，并注明签收时间。

（二）登记。对公文的主要信息和办理情况应当详细记载。

（三）初审。对收到的公文应当进行初审。初审的重点是：是否应当由本机关办理，是否符合行文规则，文种、格式是否符合要求，涉及其他地区或者部门职权范围内的事项是否已经协商、会签，是否符合公文起草的其他要求。经初审不符合规定的公文，应当及时退回来文单位并说明理由。

（四）承办。阅知性公文应当根据公文内容、要求和工作需要确定范围后分送。批办性公文应当提出拟办意见报本机关负责人批示或者转有关部门办理；需要两个以上部门办理的，应当明确主办部门。紧急公文应当明确办理时限。承办部门对交办的公文应当及时办理，有明确办理时限要求的应当在规定时限内办理完毕。

（五）传阅。根据领导批示和工作需要将公文及时送传阅对象阅知或者批示。办理公文传阅应当随时掌握公文去向，不得漏传、误传、延误。

（六）催办。及时了解掌握公文的办理进展情况，督促承办部门按期办结。紧急公文或者重要公文应当由专人负责催办。

（七）答复。公文的办理结果应当及时答复来文单位，并根据需要告知相关单位。

第二十五条　发文办理主要程序是：

（一）复核。已经发文机关负责人签批的公文，印发前应当对公文的审批手续、内容、文种、格式等进行复核；需作实质性修改的，应当报原签批人复审。

（二）登记。对复核后的公文，应当确定发文字号、分送范围和印制份数并详细记载。

（三）印制。公文印制必须确保质量和时效。涉密公文应当在符合保密要求的场所印制。

（四）核发。公文印制完毕，应当对公文的文字、格式和印刷质量进行检查后分发。

第二十六条　涉密公文应当通过机要交通、邮政机要通信、城市机要文件交换站或者收发件机关机要收发人员进行传递，通过密码电报或者符合国家保密规定的计算机信息系统进行传输。

第二十七条　需要归档的公文及有关材料，应当根据有关档案法律法规以及机关档案管理规定，及时收集齐全、整理归档。两个以上机关联合办理的公文，原件由主办机关归档，相关机关保存复制件。机关负责人兼任其他机关职务的，在履行所兼职务过程中形成的公文，由其兼职机关归档。

第七章　公文管理

第二十八条　各级党政机关应当建立健全本机关公文管理制度，确保管理严格规范，充分发挥公文效用。

第二十九条　党政机关公文由文秘部门或者专人统一管理。设立党委（党组）的县级以上单位应当建立机要保密室和机要阅文室，并按照有关保密规定配备工作人员和必要的安全保密设施设备。

第三十条　公文确定密级前，应当按照拟定的密级先行采取保密措施。确定密级后，应当按照所定密级严格管理。绝密级公文应当由专人管理。公文的密级需要变更或者解除的，由原确定密级的机关或者其上级机关决定。

第三十一条　公文的印发传达范围应当按照发文机关的要求执行；需要变更的，应当经发文机关批准。涉密公文公开发布前应当履行解密程序。公开发布的时间、形式和渠道，由发文机关确定。经批准公开发布的公文，同发文机关正式印发的公文具有同等效力。

第三十二条　复制、汇编机密级、秘密级公文,应当符合有关规定并经本机关负责人批准。绝密级公文一般不得复制、汇编,确有工作需要的,应当经发文机关或者其上级机关批准。复制、汇编的公文视同原件管理。复制件应当加盖复制机关戳记。翻印件应当注明翻印的机关名称、日期。汇编本的密级按照编入公文的最高密级标注。汇编,确有工作需要的,应当经发文机关或者其上级机关批准。复制、汇编的公文视同原件管理。

复制件应当加盖复制机关戳记。翻印件应当注明翻印的机关名称、日期。汇编本的密级按照编入公文的最高密级标注。

第三十三条　公文的撤销和废止,由发文机关、上级机关或者权力机关根据职权范围和有关法律法规决定。公文被撤销的,视为自始无效;公文被废止的,视为自废止之日起失效。

第三十四条　涉密公文应当按照发文机关的要求和有关规定进行清退或者销毁。

第三十五条　不具备归档和保存价值的公文,经批准后可以销毁。销毁涉密公文必须严格按照有关规定履行审批登记手续,确保不丢失、不漏销。个人不得私自销毁、留存涉密公文。

第三十六条　机关合并时,全部公文应当随之合并管理;机关撤销时,需要归档的公文经整理后按照有关规定移交档案管理部门。

工作人员离岗离职时,所在机关应当督促其将暂存、借用的公文按照有关规定移交、清退。

第三十七条　新设立的机关应当向本级党委、政府的办公厅(室)提出发文立户申请。经审查符合条件的,列为发文单位,机关合并或者撤销时,相应进行调整。

第八章　附　　则

第三十八条　党政机关公文含电子公文。电子公文处理工作的具体办法另行制定。

第三十九条　法规、规章方面的公文,依照有关规定处理。外事方面的公文,依照外事主管部门的有关规定处理。

第四十条　其他机关和单位的公文处理工作,可以参照本条例执行。

第四十一条　本条例由中共中央办公厅、国务院办公厅负责解释。

第四十二条　本条例自2012年7月1日起施行。1996年5月3日中共中央办公厅发布的《中国共产党机关公文处理条例》和2000年8月24日国务院发布的《国家行政机关公文处理办法》停止执行。

二〇一二年四月十二日

ICS 35.240.20

A 13

GB

中 华 人 民 共 和 国 国 家 标 准

GB/T 9704—2012
代替 GB/T 9704—1999

党政机关公文格式

Layout key for official document of Party and government organs

2012 - 06 - 29 发布　　　　　　　　2012 - 07 - 01 实施

中华人民共和国国家质量监督检验检疫总局
中国国家标准化管理委员会　　发布

GB/T 9704—2012

目　　次

GB/T 9704—2012

前　言

本标准按照 GB/T 1.1—2009 给出的规则起草。

本标准根据中共中央办公厅、国务院办公厅印发的《党政机关公文处理工作条例》的有关规定对 GB/T 9704—1999《国家行政机关公文格式》进行修订。本标准相对 GB/T 9704—1999 主要作如下修订：

a）标准名称改为《党政机关公文格式》，标准英文名称也作相应修改；

b）适用范围扩展到各级党政机关制发的公文；

c）对标准结构进行适当调整；

d）对公文装订要求进行适当调整；

e）增加发文机关署名和页码两个公文格式要素，删除主题词格式要素，并对公文格式各要素的编排进行较大调整；

f）进一步细化特定格式公文的编排要求；

g）新增联合行文公文首页版式、信函格式首页、命令（令）格式首页版式等式样。

本标准中公文用语与《党政机关公文处理工作条例》中的用语一致。

本标准为第二次修订。

本标准由中共中央办公厅和国务院办公厅提出。

本标准由中国标准化研究院归口。

本标准起草单位：中国标准化研究院、中共中央办公厅秘书局、国务院办公厅秘书局、中国标准出版社。

本标准主要起草人：房庆、杨雯、郭道锋、孙维、马慧、张书杰、徐成华、范一乔、李玲。

本标准代替了 GB/T 9704—1999。

GB/T 9704—1999 的历次版本发布情况为：

——GB/T 9704—1988。

党政机关公文格式

1　范围

本标准规定了党政机关公文通用的纸张要求、排版和印制装订要求、公文格式各要素的编排规则,并给出了公文的式样。

本标准适用于各级党政机关制发的公文。其他机关和单位的公文可以参照执行。

使用少数民族文字印制的公文,其用纸、幅面尺寸及版面、印制等要求按照本标准执行,其余可以参照本标准并按照有关规定执行。

2　规范性引用文件

下列文件对于本标准的应用是必不可少的。凡是注日期的引用文件,仅所注日期的版本适用于本标准。凡是不注日期的引用文件,其最新版本(包括所有的修改单)适用于本标准。

GB/T 148　印刷、书写和绘图纸幅面尺寸

GB 3100　国际单位制及其应用

GB 3101　有关量、单位和符号的一般原则

GB 3102(所有部分)　量和单位

GB/T 15834　标点符号用法

GB/T 15835　出版物上数字用法

3　术语和定义

下列术语和定义适用于本标准。

3.1　字 word

标示公文中横向距离的长度单位。在本标准中,一字指一个汉字宽度的距离。

3.2　行 line

标示公文中纵向距离的长度单位。在本标准中,一行指一个汉字的高度加 3 号汉字高度的 7/8 的距离。

4　公文用纸主要技术指标

公文用纸一般使用纸张定量为 $60 \text{ g/m}^2 \sim 80 \text{ g/m}^2$ 的胶版印刷纸或复印纸。纸张白度 $80\% \sim 90\%$,横向耐折度 $\geqslant 15$ 次,不透明度 $\geqslant 85\%$,pH 值为 $7.5 \sim 9.5$。

5　公文用纸幅面尺寸及版面要求

5.1　幅面尺寸

公文用纸采用 GB/T 148 中规定的 A4 型纸,其成品幅面尺寸为:210 mm×297 mm。

5.2 版面

5.2.1 页边与版心尺寸

公文用纸天头（上白边）为 37 mm±1 mm，公文用纸订口（左白边）为 28 mm±1 mm，版心尺寸为 156 mm×225 mm。

5.2.2 字体和字号

如无特殊说明，公文格式各要素一般用 3 号仿宋体字。特定情况可以作适当调整。

5.2.3 行数和字数

一般每面排 22 行，每行排 28 个字，并撑满版心。特定情况可以作适当调整。

5.2.4 文字的颜色

如无特殊说明，公文中文字的颜色均为黑色。

6 印制装订要求

6.1 制版要求

版面干净无底灰，字迹清楚无断划，尺寸标准，版心不斜，误差不超过 1 mm。

6.2 印刷要求

双面印刷；页码套正，两面误差不超过 2 mm。黑色油墨应当达到色谱所标 BL100%，红色油墨应当达到色谱所标 Y80%、M80%。印品着墨实、均匀；字面不花、不白、无断划。

6.3 装订要求

公文应当左侧装订，不掉页，两页页码之间误差不超过 4 mm，裁切后的成品尺寸允许误差±2 mm，四角成 90°，无毛茬或缺损。

骑马订或平订的公文应当：

a）订位为两钉外订眼距版面上下边缘各 70 mm 处，允许误差±4 mm；

b）无坏钉、漏钉、重钉，钉脚平伏牢固；

c）骑马订钉锯均订在折缝线上，平订钉锯与书脊间的距离为 3 mm～5 mm。

包本装订公文的封皮（封面、书脊、封底）与书芯应吻合、包紧、包平、不脱落。

7 公文格式各要素编排规则

7.1 公文格式各要素的划分

本标准将版心内的公文格式各要素划分为版头、主体、版记三部分。公文首页红色分隔线以上的部分称为版头；公文首页红色分隔线（不含）以下、公文末页首条分隔线（不含）以上的部分称为主体；公文末页首条分隔线以下、末条分隔线以上的部分称为版记。

页码位于版心外。

7.2 版头

7.2.1 份号

如需标注份号，一般用 6 位 3 号阿拉伯数字，顶格编排在版心左上角第一行。

7.2.2　密级和保密期限

如需标注密级和保密期限,一般用 3 号黑体字,顶格编排在版心左上角第二行;保密期限中的数字用阿拉伯数字标注。

7.2.3　紧急程度

如需标注紧急程度,一般用 3 号黑体字,顶格编排在版心左上角;如需同时标注份号、密级和保密期限、紧急程度,按照份号、密级和保密期限、紧急程度的顺序自上而下分行排列。

7.2.4　发文机关标志

由发文机关全称或者规范化简称加"文件"二字组成,也可以使用发文机关全称或者规范化简称。

发文机关标志居中排布,上边缘至版心上边缘为 35 mm,推荐使用小标宋体字,颜色为红色,以醒目、美观、庄重为原则。

联合行文时,如需同时标注联署发文机关名称,一般应当将主办机关名称排列在前;如有"文件"二字,应当置于发文机关名称右侧,以联署发文机关名称为准上下居中排布。

7.2.5　发文字号

编排在发文机关标志下空二行位置,居中排布。年份、发文顺序号用阿拉伯数字标注;年份应标全称,用六角括号"〔〕"括入;发文顺序号不加"第"字,不编虚位(即 1 不编为01),在阿拉伯数字后加"号"字。

上行文的发文字号居左空一字编排,与最后一个签发人姓名处在同一行。

7.2.6　签发人

由"签发人"三字加全角冒号和签发人姓名组成,居右空一字,编排在发文机关标志下空二行位置。"签发人"三字用 3 号仿宋体字,签发人姓名用 3 号楷体字。

如有多个签发人,签发人姓名按照发文机关的排列顺序从左到右、自上而下依次均匀编排,一般每行排两个姓名,回行时与上一行第一个签发人姓名对齐。

7.2.7　版头中的分隔线

发文字号之下 4 mm 处居中印一条与版心等宽的红色分隔线。

7.3　主体

7.3.1　标题

一般用 2 号小标宋体字,编排于红色分隔线下空二行位置,分一行或多行居中排布;回行时,要做到词意完整,排列对称,长短适宜,间距恰当,标题排列应当使用梯形或菱形。

7.3.2　主送机关

编排于标题下空一行位置,居左顶格,回行时仍顶格,最后一个机关名称后标全角冒号。如主送机关名称过多导致公文首页不能显示正文时,应当将主送机关名称移至版记,标注方法见 7.4.2。

7.3.3　正文

公文首页必须显示正文。一般用 3 号仿宋体字,编排于主送机关名称下一行,每个

GB/T 9704—2012

自然段左空二字,回行顶格。文中结构层次序数依次可以用"一、"、"(一)"、"1."、"(1)"标注;一般第一层用黑体字、第二层用楷体字、第三层和第四层用仿宋体字标注。

7.3.4　附件说明

如有附件,在正文下空一行左空二字编排"附件"二字,后标全角冒号和附件名称。如有多个附件,使用阿拉伯数字标注附件顺序号(如"附件:1.×××××");附件名称后不加标点符号。附件名称较长需回行时,应当与上一行附件名称的首字对齐。

7.3.5　发文机关署名、成文日期和印章

7.3.5.1　加盖印章的公文

成文日期一般右空四字编排,印章用红色,不得出现空白印章。

单一机关行文时,一般在成文日期之上、以成文日期为准居中编排发文机关署名,印章端正、居中下压发文机关署名和成文日期,使发文机关署名和成文日期居印章中心偏下位置,印章顶端应当上距正文(或附件说明)一行之内。

联合行文时,一般将各发文机关署名按照发文机关顺序整齐排列在相应位置,并将印章一一对应、端正、居中下压发文机关署名,最后一个印章端正、居中下压发文机关署名和成文日期,印章之间排列整齐、互不相交或相切,每排印章两端不得超出版心,首排印章顶端应当上距正文(或附件说明)一行之内。

7.3.5.2　不加盖印章的公文

单一机关行文时,在正文(或附件说明)下空一行右空二字编排发文机关署名,在发文机关署名下一行编排成文日期,首字比发文机关署名首字右移二字,如成文日期长于发文机关署名,应当使成文日期右空二字编排,并相应增加发文机关署名右空字数。

联合行文时,应当先编排主办机关署名,其余发文机关署名依次向下编排。

7.3.5.3　加盖签发人签名章的公文

单一机关制发的公文加盖签发人签名章时,在正文(或附件说明)下空二行右空四字加盖签发人签名章,签名章左空二字标注签发人职务,以签名章为准上下居中排布。在签发人签名章下空一行右空四字编排成文日期。

联合行文时,应当先编排主办机关签发人职务、签名章,其余机关签发人职务、签名章依次向下编排,与主办机关签发人职务、签名章上下对齐;每行只编排一个机关的签发人职务、签名章;签发人职务应当标注全称。

签名章一般用红色。

7.3.5.4　成文日期中的数字

用阿拉伯数字将年、月、日标全,年份应标全称,月、日不编虚位(即1不编为01)。

7.3.5.5　特殊情况说明

当公文排版后所剩空白处不能容下印章或签发人签名章、成文日期时,可以采取调整行距、字距的措施解决。

7.3.6　附注

如有附注,居左空二字加圆括号编排在成文日期下一行。

7.3.7 附件

附件应当另面编排,并在版记之前,与公文正文一起装订。"附件"二字及附件顺序号用 3 号黑体字顶格编排在版心左上角第一行。附件标题居中编排在版心第三行。附件顺序号和附件标题应当与附件说明的表述一致。附件格式要求同正文。

如附件与正文不能一起装订,应当在附件左上角第一行顶格编排公文的发文字号并在其后标注"附件"二字及附件顺序号。

7.4 版记

7.4.1 版记中的分隔线

版记中的分隔线与版心等宽,首条分隔线和末条分隔线用粗线(推荐高度为 0.35 mm),中间的分隔线用细线(推荐高度为 0.25 mm)。首条分隔线位于版记中第一个要素之上,末条分隔线与公文最后一面的版心下边缘重合。

7.4.2 抄送机关

如有抄送机关,一般用 4 号仿宋体字,在印发机关和印发日期之上一行、左右各空一字编排。"抄送"二字后加全角冒号和抄送机关名称,回行时与冒号后的首字对齐,最后一个抄送机关名称后标句号。

如需把主送机关移至版记,除将"抄送"二字改为"主送"外,编排方法同抄送机关。既有主送机关又有抄送机关时,应当将主送机关置于抄送机关之上一行,之间不加分隔线。

7.4.3 印发机关和印发日期

印发机关和印发日期一般用 4 号仿宋体字,编排在末条分隔线之上,印发机关左空一字,印发日期右空一字,用阿拉伯数字将年、月、日标全,年份应标全称,月、日不编虚位(即 1 不编为 01),后加"印发"二字。

版记中如有其他要素,应当将其与印发机关和印发日期用一条细分隔线隔开。

7.5 页码

一般用 4 号半角宋体阿拉伯数字,编排在公文版心下边缘之下,数字左右各放一条一字线;一字线上距版心下边缘 7 mm。单页码居右空一字,双页码居左空一字。公文的版记页前有空白页的,空白页和版记页均不编排页码。公文的附件与正文一起装订时,页码应当连续编排。

8 公文中的横排表格

A4 纸型的表格横排时,页码位置与公文其他页码保持一致,单页码表头在订口一边,双页码表头在切口一边。

9 公文中计量单位、标点符号和数字的用法

公文中计量单位的用法应当符合 GB 3100、GB 3101 和 GB 3102(所有部分),标点符号的用法应当符合 GB/T 15834,数字用法应当符合 GB/T 15835。

10 公文的特定格式

10.1 信函格式

发文机关标志使用发文机关全称或者规范化简称,居中排布,上边缘至上页边为 30 mm,推荐使用红色小标宋体字。联合行文时,使用主办机关标志。

发文机关标志下 4 mm 处印一条红色双线(上粗下细),距下页边 20 mm 处印一条红色双线(上细下粗),线长均为 170 mm,居中排布。

如需标注份号、密级和保密期限、紧急程度,应当顶格居版心左边缘编排在第一条红色双线下,按照份号、密级和保密期限、紧急程度的顺序自上而下分行排列,第一个要素与该线的距离为 3 号汉字高度的 7/8。

发文字号顶格居版心右边缘编排在第一条红色双线下,与该线的距离为 3 号汉字高度的 7/8。

标题居中编排,与其上最后一个要素相距二行。

第二条红色双线上一行如有文字,与该线的距离为 3 号汉字高度的 7/8。

首页不显示页码。

版记不加印发机关和印发日期、分隔线,位于公文最后一面版心内最下方。

10.2 命令(令)格式

发文机关标志由发文机关全称加"命令"或"令"字组成,居中排布,上边缘至版心上边缘为 20 mm,推荐使用红色小标宋体字。

发文机关标志下空二行居中编排令号,令号下空二行编排正文。

签发人职务、签名章和成文日期的编排见 7.3.5.3。

10.3 纪要格式

纪要标志由"×××××纪要"组成,居中排布,上边缘至版心上边缘为 35 mm,推荐使用红色小标宋体字。

标注出席人员名单,一般用 3 号黑体字,在正文或附件说明下空一行左空二字编排"出席"二字,后标全角冒号,冒号后用 3 号仿宋体字标注出席人单位、姓名,回行时与冒号后的首字对齐。

标注请假和列席人员名单,除依次另起一行并将"出席"二字改为"请假"或"列席"外,编排方法同出席人员名单。

纪要格式可以根据实际制定。

11 式样

A4 型公文用纸页边及版心尺寸见图 1;公文首页版式见图 2;联合行文公文首页版式 1 见图 3;联合行文公文首页版式 2 见图 4;公文末页版式 1 见图 5;公文末页版式 2 见图 6;联合行文公文末页版式 1 见图 7;联合行文公文末页版式 2 见图 8;附件说明页版式见图 9;带附件公文末页版式见图 10;信函格式首页版式见图 11;命令(令)格式首页版式见图 12。

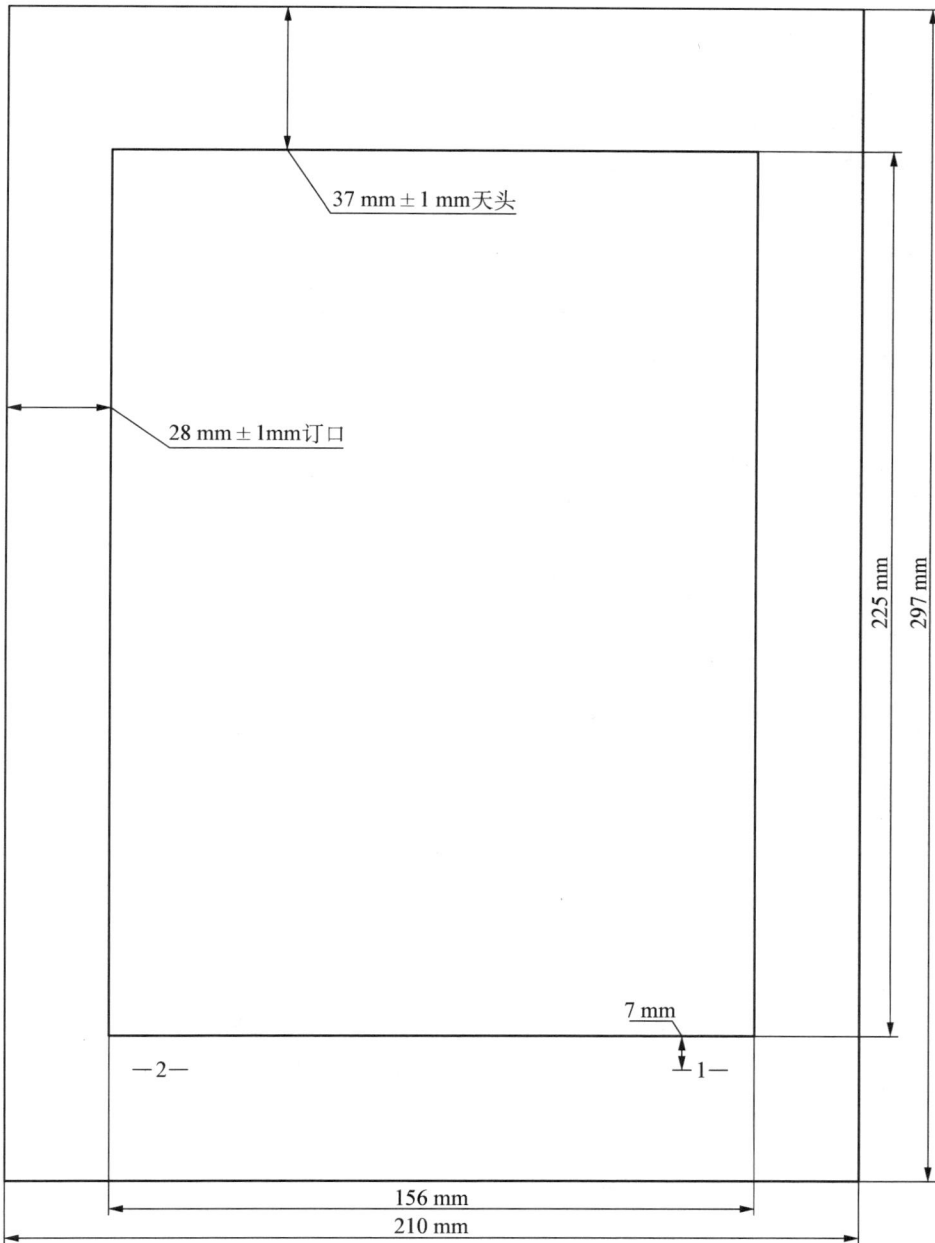

37 mm±1 mm天头

28 mm±1mm订口

225 mm

297 mm

7 mm

—2—

—1—

156 mm

210 mm

图1　A4 型公文用纸页边及版心尺寸

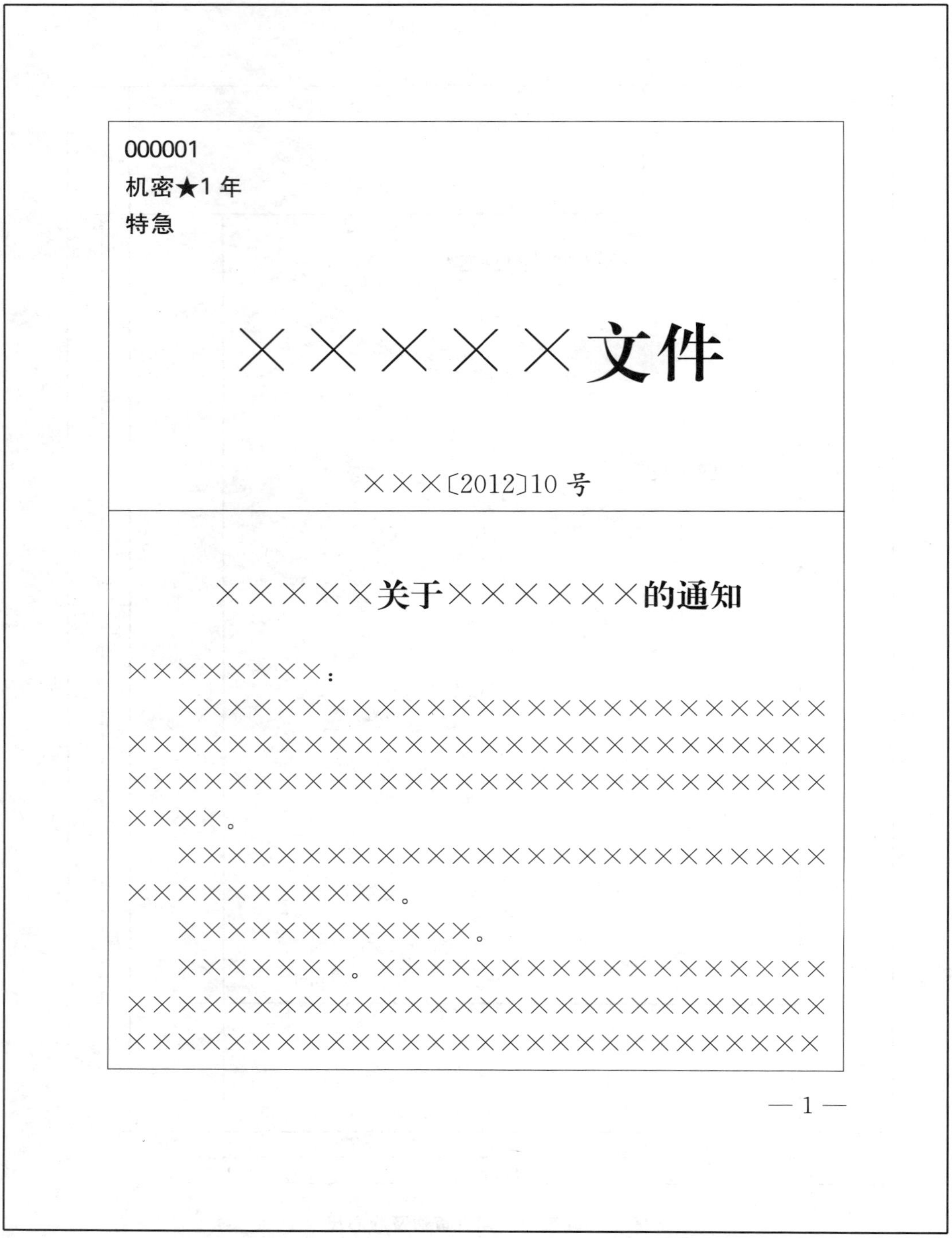

000001
机密★1 年
特急

×××××文件

×××〔2012〕10 号

×××××关于××××××的通知

××××××××：

　　××××××××××××××××××××××××××××
××××××××××××××××××××××××××××
××××××××××××××××××××××××××××
××××。
　　××××××××××××××××××××××××××
××××××××××××××。
　　××××××××××。
　　××××××××。××××××××××××××××××
××××××××××××××××××××××××××××
××××××××××××××××××××××××××××

图 2　公文首页版式

注：版心实线框仅为示意，在印制公文时并不印出。

000001
机密★1年
特急

××××××
×　　×　　×文件
××××××

×××〔2012〕10 号

×××××关于×××××××的通知

×××××××××：
　　×××××××××××××××××××××××。
　　×××××××××××××××××××××××××
××××××××××××××××××××××××××××
××××××××××××××××××××××××××××
××××。

图 3　联合行文公文首页版式 1

注：版心实线框仅为示意，在印制公文时并不印出。

000001

机　密
特　急

××××××

×　　×　　×

×××××

签发人:×××　×××
　　　　　　　×××

×××〔2012〕10 号

× × × × × ×关于× × × × × × ×的请示

×××××××:
　　×××××××××××××××××××××××××××
　　×××××××××××××××××××××××××××
　　×××××××××××××××××××××××××××
　　××××。
　　×××××××××××××××××××××××××××

—1—

图4　联合行文公文首页版式2

注:版心实线框仅为示意,在印制公文时并不印出。

××××××××××××××××。
　××××××××××××××××××××
×××××××××××××××××××××××
××××××××××。

中华人民共和国×××
×（×）部
2012 年 7 月 1 日

（×××××）

抄送：××××××××,××××××,×××××,××××
×,×××××。

×××××××××　　　　　　　　2012 年 7 月 1 日印发

图 5　公文末页版式 1

注:版心实线框仅为示意,在印制公文时并不印出。

××××××××××××××××。
　　××××××××××××××××××××
×××××××××××××××××××××××
××××××××。

　　　　　　　　　　××××××××××
　　　　　　　　　　2012 年 7 月 1 日

抄送：××××××××,××××××××,×××××,××××
　　×,×××××。

×××××××××　　　　　　　　2012 年 7 月 1 日印发

图 6　公文末页版式 2

注：版心实线框仅为示意，在印制公文时并不印出。

×××××××××××××××。
　×××××××××××××××××××××
×××××××××××××××××××××××××
××××××××××××。

（×××××）

2012 年 7 月 1 日

抄送:×××××××××,×××××××,×××××,××××
　×,×××××。

××××××××××　　　　　　　　　　2012 年 7 月 1 日印发

— 2 —

图 7　联合行文公文末页版式 1

注:版心实线框仅为示意,在印制公文时并不印出。

××××××××××××××××。
　××××××××××××××××××××××
×××××××××××××××××××××××××
××××××××××××。

中华人民共和国×××　×□部　嫄

中华人民共和国×××　×□部　嫄

中华人民共和国×××　×□部　嫄

中华人民共和国×××　×□部　嫄

中华人民共和国×××　×□部　嫄
2012 年 7 月 1 日

(×××××)

抄送:×××××××××,×××××××,×××××××,××××
×,×××××。

×××××××××　　　　　　　　2012 年 7 月 1 日印发

图 8　联合行文公文末页版式 2

注:版心实线框仅为示意,在印制公文时并不印出。

×××××××××××××××。
　×××××××××××××××××××××××
×××××××××××××××××××××××
××××××××××。

　　附件:1.×××××××××××××××××××
　　　　　×××××
　　　　2.×××××××××××

　　　　　　　　　　　　×××××××
　　　　　　　　　　　　×　×　×　×
　　　　　　　　　　　　2012 年 7 月 1 日
（×××××）

图 9　附件说明页版式

注:版心实线框仅为示意,在印制公文时并不印出。

附件 2

$$\times\times\times\times\times\times\times\times\times\times\times\times\times$$

　　×××。
　　×××。

抄送：××××××××××，××××××××，×××××××，××××××，×，×××××。

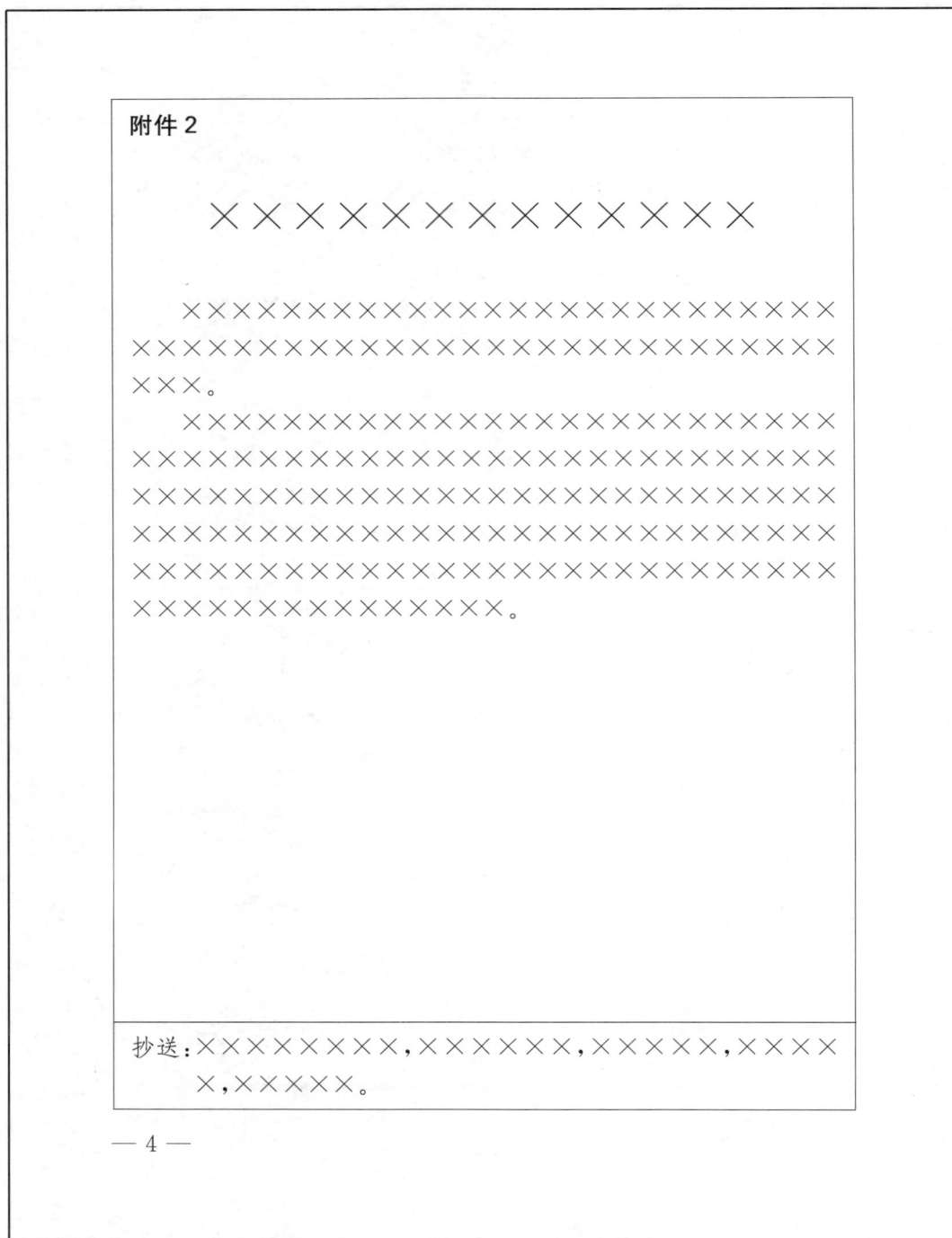

图 10　带附件公文末页版式

注：版心实线框仅为示意，在印制公文时并不印出。

中华人民共和国×××××部

000001　　　　　　　　　　　　　×××〔2012〕10 号

机　密

特　急

×××××关于×××××××的通知

×××××××××:

　　×××××××××××××××××××××

×××××××××××××××××××××××

×××××××××××××××××××××××

×××××××××××××××××××××××。

　　×××××××××××××××××××××××

×××××××××××××××××××××××

×××××××××××××××××××××××。

　　×××××××××××××××××××××××

×××××××××××××××××××××××

×××××××××××××××××××××××

×××××××××××××××××××××××

×××××××××××××××××××××××

×××××××××××××××××××××××。

图 11　信函格式首页版式

注:版心实线框仅为示意,在印制公文时并不印出。

×××××令

第×××号

×××××××××××××××××××××××××
×××××××××××××××××××××××××。
×××××××××××××××××××××××××
××××××××××××××××××××××××。

部长　×××

2012 年 7 月 1 日

图 12　命令(令)格式首页版式

注:版心实线框仅为示意,在印制公文时并不印出。

公文格式变化

行文关系	原格式	新格式
上行文	发文机关标识上边缘距上页边为 117 mm	发文机关标志上边缘距上页边为 72 mm
下行文（平行文）	发文机关标识距上页边为 62 mm	
信函格式	发文机关名称上边缘距上页边为 30 mm	发文机关标志上边缘距上页边为 30 mm
纪要格式	会议纪要标识由"×××××会议纪要"组成,上边缘距上页边为 62 mm	纪要标志由"×××××纪要"组成,上边缘距上页边为 72 mm

请各单位据此设计文头。

参考文献

［1］杨霞.公文写作规范与例文解析［M］.北京:北京大学出版社,2009.

［2］吴士健,张国利.秘书快速写作与快速记录［M］.北京:中国人民大学出版社,2004.

［3］李振辉.应用文写作实训教程［M］.北京:机械工业出版社,2007.

［4］翁敏华,高晓梅.商务应用文［M］.大连:东北财经大学出版社,2003.

［5］李振辉.应用文写作［M］.北京:清华大学出版社,2005.

［6］张建.应用写作［M］.北京:高等教育出版社,2005.

［7］孙莉,邱平.实用应用文写作［M］.北京:北京交通大学出版社,2008.

［8］ 何建民.应用写作［M］.2版.北京:中国电力出版社,2011.

［9］ 郭冬.秘书写作［M］.北京:高等教育出版社,2008.

［10］ 杨安华.办公室常用应用文写作与范例全书［M］.北京:中国华侨出版社,2009.

［11］邹绍荣,罗朋飞.应用写作［M］.武汉:武汉大学出版社,2008.

［12］洪威雷.事务文书写作［M］.北京:北京师范大学出版社,2007.

［13］陆雅慧.公文写作［M］.北京:北京师范大学出版社,2007.

［14］任文贵,杭海路.应用文写作词典［M］.北京:人民日报出版社,2004.

［15］赵国鹏,陈岗林.新编应用写作教程［M］.西安:陕西人民出版社,2006.